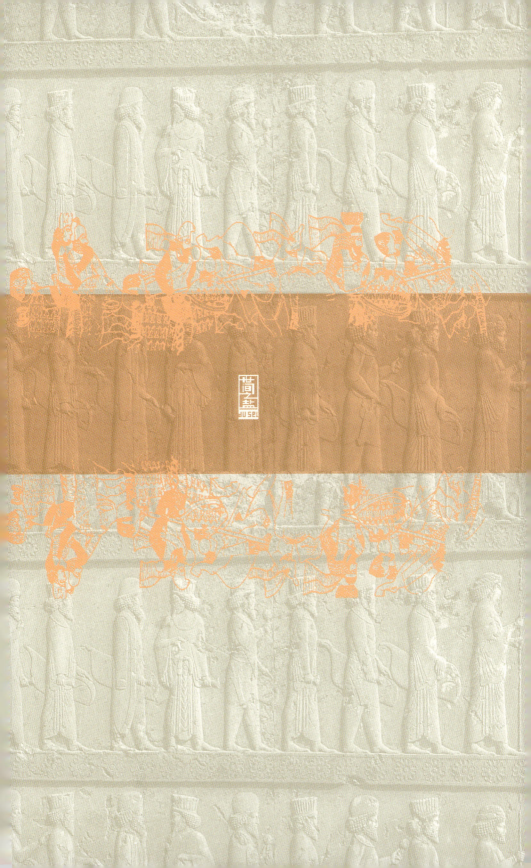

国家社会科学基金西部项目 15XZS013 资助

陕西师范大学优秀学术著作出版基金资助

韩香

著

西部边疆研究丛书

Medieval China and
Sasanian Culture

中古中国
与萨珊文明

与
锁子甲

波斯锦

Persian Brocades
and Hauberk

社会科学文献出版社

萨珊波斯时期印章

大同出土北魏胡人驯狮灯

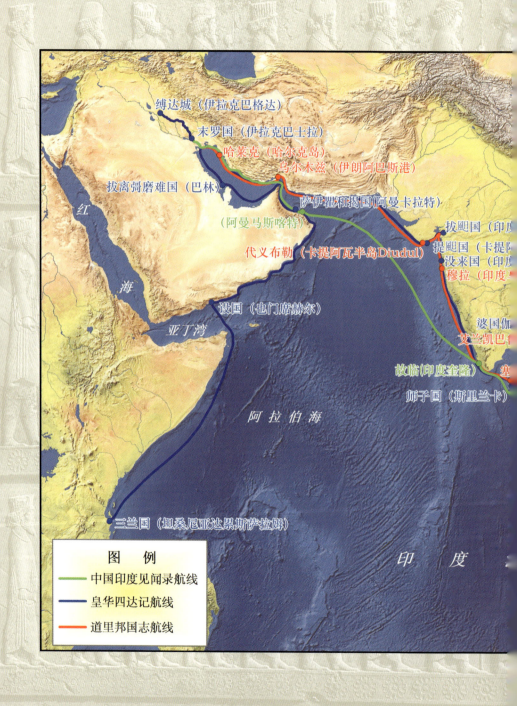

缚达城（伊拉克巴格达）

末罗国（伊拉克巴士拉）

哈莱克（哈尔克岛）

乌尔木兹（伊朗阿巴斯港）

拔离谒磨难国（巴林）

萨伊瞿和揭国（阿曼卡拉特）

（阿曼马斯喀特）

拔颸国（印度

提颸国（卡提颸

代义布勒（卡提阿瓦半岛Diudul）

没来国（印度

穆拉（印度

渿国（也门席赫尔）

婆国伽

艾兰凯巴（

故临（印度奎隆）

塞

师子国（斯里兰卡）

红

海

亚丁湾

阿 拉 伯 海

印　度

三兰国（坦桑尼亚达累斯萨拉姆）

图　例

中国印度见闻录航线

皇华四达记航线

道里邦国志航线

唐代海上丝绸之路路线图

审图号：GS(2021)6204 号

拉湾

缅甸海

马群岛）
群岛）
卡）

（巴鲁斯岛）

（苏门答腊岛日里）

罗越国（马来半岛南端）

佛逝国（苏门答腊岛东南）

汉府（广州）　　广州

鲁金（越南河内）

屯门山（香港九龙半岛屯门）

九州石（海南七洲列岛）

象石（海南大洲岛）

栈府（越南占婆）　　占婆（越南占婆）

陵山（越南燕子岬）

门毒国（越南归仁）

古笪国（越南芽庄）

奔陀浪洲（越南潘朗）

军突弄山（越南昆岛）

南

海

泰国湾

簡罗国（马六甲地区）

凯莱赫岛

葛葛僧祇国

海硖（马六甲海峡）

河陵国（瓜哇岛）

香料园之国（马鲁古群岛）

陕西师范大学中国西部边疆研究院吴正浩制图

大英博物馆藏金兽首来通

"西部边疆研究丛书"
总　序

　　中国西部边疆地域广袤，资源丰富，民族众多，历史悠久，文化灿烂。古代丝绸之路贯穿其间，东西方四大文明荟萃于此，故近代以来一直是国际学术界关注的重点研究区域，产生了一批具有世界意义的经典学术领域和"热门学科"，诸如藏学、敦煌吐鲁番学、西域学、中亚学、丝路学等，代表并引领着国际学术界的发展潮流，成为多种学科的活水源头。历史上，西部边疆各族人民创造的辉煌历史，成为中国历史不可分割的部分。在新形势下，西部边疆已发生了巨大的变化，焕发了新的活力，边疆各族人民与全国人民一道正向全面建成小康社会奋进。然而，处于中国西部的边疆地区，在当今的新形势下，仍然存在着一系列亟须研究和解决的问题。比如，西部边疆地区面临中南亚复杂多变的政治局势，西方势力插手中南亚事务的意图越来越强烈，中南亚一些国家内部事务也日趋复杂化，民生问题、毒品问题、极端主义、分裂主义和恐怖主义等不确定因素日益增多，突发事件频发。这也与我国的能源安全、边疆安全息息相关。又如，西部边疆地区大部分处于生态环境脆弱地区，不合理的开发极易造成环境的恶化；而西部边疆各少数民族地区社会经济发展水平普遍滞后，区域发展差距显著，由此引发了一系列社会问题，进而影响到民族团结、社会稳定乃至国家安全。西部边疆地区的长治久安可以说是我国全面建成小康社会的重中之重。总之,无论是从边疆学及其他世界热门学科的继承和发展,还是从现实西部边疆面临的复杂局势和层出不穷的新问题来看,西部边疆研究均具有十分重大的意义。而边疆学是从多学科角度对边疆开展综合研究的一门新兴交叉学科,是在传统边疆史地研究、民族研究的基础上,将边疆视为一个整体、一个完整的研究对象,综合运用民族学、历史学、政治学、经济学、国际关系等学科知识和理论,将基础研究与应用研究相结合,对边疆的历史、现状和未来展开多角度考察,以揭示边疆形成发展的历史和规律,全面科学地认识边疆的现状,更好地服务于边疆经济社会的发展、边疆的和谐稳定、国家的对外开放和外交政策的制定。有鉴于此,陕西师范大学中国西部边疆研究院组织编写"西部边疆研究丛书"。这套丛书是原陕西师范大学西北民族研究中心(2013 年改建为"陕西师范大学中国西部边疆研究院")创办的"西北民族研究丛书"改版之继续,基本保持原丛书的风貌及宗旨:以编辑出版那些探讨古今(特别是当今现实问题)与西部边疆(主要是新疆、西藏,兼及西部其他边疆地区)相关的学术专著为主,酌情收录有价值的资料汇编、译著等。该丛书由丛书编辑委员会负责审定选题、书稿及联系出版事宜,并面向全国(包括港台)及世界各国学术界征稿。我们仍然殷切希望本套丛书能一如既往地继续得到中外学者和广大读者的支持和批评。

"西部边疆研究丛书"编辑委员会

2016 年 11 月

目　录

图目录

绪　论

中国与萨珊波斯作为丝绸之路东西两大文明策源地，有着源远流长的关系。公元 3～8 世纪双方在丝绸之路上展开的交流不仅是物质上的，而且是艺术、宗教、工艺、科学技术、游艺等方面的。这种深层次的交流对古代波斯文明、中国汉唐文明的发展，意义非常重大。中古时期所推崇的外来文明应该是波斯等地的文明，中国与萨珊波斯的交往在中外关系史、中西文化交流史上占有相当特殊的地位。

近年来，国内外的学术热点主要集中到了"粟特学""中亚学"等方面，其实粟特人及其他中亚诸国人更多扮演的是中转（转输）贸易商的角色，学界对文明的本源如波斯文明、印度文明、罗马文明的影响等重视不够。在中国与罗马（包括东罗马）、波斯之间，也更多倾向于中国与罗马关系的研究。其实作为古文明大国，中国与波斯之间有更多的相似性，都建立过帝国，都具有专制及多元色彩，即便是中国与罗马有过直接或间接的交往，无论是陆路还是海路，都是绕不过波斯的，因而探讨中国与波斯的关系就具有重要的学术意义。本书着力探讨中国与波斯的互动关系，以及双方在文化交流与传播中存在的文化转译与文化适应等问题。

对于古代中国和西方文明之间的交流，国内学界较多地关注波斯、罗马等西方文明对中国的影响，而文明的交流是双向的，中国文明也曾通过丝绸之路影响到西方。波斯作为西亚大国，也是其中一个重要影响地区，不论是丝绸、瓷器还是麝香、樟脑等，不论建筑工艺还是装饰艺术等，东方（中国）文明的影响都是存在且发挥着重要作用的，这也是我们需要努力研究的问题。可以说深入探讨中国与波斯的文明交往与交流不仅推动了"丝路学""伊朗学"等的发展，也为我们进一步探索文明本源之间的交流提供了参考与借鉴。

从学术史上看，关于古代中国的对外交流，国内学者关注较多的是汉唐时期中国与西域（广义）的文化交流，其中包括波斯。向达先生于1933年在《燕京学报》上发表《唐代长安与西域文明》一文，集中而全面地探讨了唐代长安与西域（包括中西亚）的文化交流，对有关史实亦做了翔实精确的考证，至今仍是研究唐代中西文化交流史不可多得的佳作。此后，张星烺、陈垣、冯承钧、方豪等学者又做了许多史料整理及相关专题研究，如张星烺先生编注的《中西交通史料汇编》（中华书局，1977、2003），不但辑录了波斯与中国关系的多语种史料，对一些相关问题也做了探讨。方豪先生的《中西交通史》（岳麓书社，1987；上海人民出版社，2008），囊括了史前至近代中西之间的陆海交流，尤详于明清，对汉唐之间的交通与交流亦有充分的论述，前辈学者的工作为我们指明了方向并提供了重要的参考。

近年来，一些中青年学者利用新出土的考古文物资料及国内外新的研究成果进行研究，通过新史料探索新问题，开拓出更多新的研究领域，取得了不少相关研究成果，可以说为中西方文明交流的研究做出了很大贡献。如荣新江《中古中国与外来文明》（生活·读书·新知三联书店，2001，2014年再版）、《中古中国与粟特文明》（生活·读书·新知三联书店，2014）、《丝绸之路与东西文化交流》（北京大学出版社，2015），林梅村《西域文明：考古、民族、语言和宗教新论》（东方出版社，1996）、《汉唐西域与中国文明》（文物出版社，1998）、《古道西风——考古新发现所见中西文明的交流》（生活·读书·新知三联书店，2000）、《西域考古与艺术》（北京大学出版社，2017），姜伯勤《敦煌吐鲁番文书与丝绸之路》（文物出版社，1994）、《中国祆教艺术史研究》（生活·读书·新知三联书店，2004），林悟殊《波斯拜火教与古代中国》（新文丰出版公司，1985）、《中古三夷教辨证》（中华书局，2005）等，韩香《隋唐长安与中亚文明》（中国社会科学出版社，2006）、《两汉迄五代中亚胡人的来华及活动》（中国社会科学出版社，2015），张小贵《中古华化祆教考述》（文物出版社，2010），张云《上古西藏与波斯文明》（中国藏学出版社，2005），等等。这些著作从不同的视角进行讨论，推动了相关问题的研究。李零先生新出的《波斯笔记》（生活·读书·新知三联书店，2019）虽是一本行走与阅读的笔记，也主要涉及古波斯阿契美尼德时期，但作者东西方视角广阔，视野开放，提出很多值得思考的问题。

另外，近些年亦发表有一些相关主题的研究论文，最有代表性的是荣新江《波斯与中国——两种文化在唐朝的交融》（刘东编《中国学术》第4辑，商务印书馆，2002），综述了萨珊波斯与中国在唐朝的政治交往与文化交流情况，为本书的研究提供重要参考价值；叶奕良编《伊朗学在中国论文集》（第一、二、三集，北京大学出版社，1993、1998、2003）等，也汇集了一些关于中国伊朗学的研究成果；程彤主编《丝绸之路上的照世杯——"中国与伊朗：丝绸之路上的文化交流"国际研讨会论文集》（中西书局，2016）虽然多涉及元以后的情况，但对中古时期一些相关专题也进行了探讨，有助于我们进一步认识双方交流的发展情况。

就中国与波斯交流的具体方面来看，学界亦取得不少成果。如关于古代中国与中西亚政治交往、交流的情况，相关论著有余太山《两汉魏晋南北朝与西域关系史研究》（中国社会科学出版社，1995；商务印书馆，2011）、王银田《萨珊波斯与北魏平城》（《敦煌研究》2005 年第 2 期）、钱伯泉《"职贡图"与南北朝时期的西域》（《新疆社会科学》1988 年第 3 期）、马雍《西域史地文物丛考》（文物出版社，1990）、蓝琪《西突厥汗国与萨珊波斯的关系》［《贵州师范大学学报》（社科版）1986 年第 2 期］、岑仲勉《西突厥史料补阙及考证》（中华书局，2004）、薛宗正《波斯萨珊王裔联合吐火罗抗击大食始末——兼论唐与大食中亚对峙形势的演变》（《新疆社会科学》1988 年第 6 期）、张绪山《萨珊波斯帝国与中国—拜占庭文化交流》（《全球史评论》第三辑，中国社会科学出版社，2010）等，这些成果均涉及中古时期萨珊波斯与中国的政治军事等的联系与交往情况，但亦各有侧重。

关于在华波斯人活动情况，相关成果有赖存理《唐代"住唐"阿拉伯、波斯商人的待遇和生活》（《史学月刊》1988 年第

2 期），赵静《唐代来华的波斯使臣、僧侣和商人》（《黑龙江史志》2009 年第 20 期），张广达《唐代长安的波斯人和粟特人——他们各方面的活动》（唐代史研究会编《唐代史研究》第 6 号，2003），陈国灿《唐乾陵石人像及其衔名的研究》（《文物集刊》第 2 辑，文物出版社，1980），陕西省文物管理委员会《西安发现晚唐祆教徒的汉、婆罗钵文合璧墓志——唐苏谅妻马氏墓志》（《考古》1964 年第 9 期），〔日〕伊藤义教《西安出土汉婆合璧墓志婆文语言学的试释》（《考古学报》1964 年第 2 期），刘迎胜《唐苏谅妻马氏汉、巴列维文墓志再研究》（《考古学报》1990 年第 3 期），荣新江《一个入仕唐朝的波斯景教家族》［载叶奕良编《伊朗学在中国论文集》（第二集），后收入氏著《中古中国与外来文明》］，马小鹤《波斯国大酋长阿罗憾墓志考》（氏著《摩尼教与古代西域史研究》，中国人民大学出版社，2008），郑阳、陈德勇《扬州新发现唐代波斯人墓碑意义初探》（《中国穆斯林》2015 年第 3 期），周运中《唐代扬州波斯人李摩呼禄墓志研究》（《文博》2017 年第 6 期），荣新江《魏晋南北朝时期流寓南方的粟特人》（载韩昇主编《古代中国：社会转型与多元文化》，上海人民出版社，2007）等，虽然有关波斯人材料没有在华粟特人丰富，相关研究也大多集中于个案讨论，但也多少揭示出中古来华波斯人大致的活动轨迹。

关于波斯等地与中国的陆海交通情况，学界也颇多讨论。其中对陆路交通的研究论著有唐长孺《南北朝期间西域与南朝的陆道交通》（载《魏晋南北朝史论拾遗》，中华书局，1983）、石云涛《北魏中西交通的开展》（《社会科学辑刊》2007 年第 1 期）、莫任南《裴矩所记"丝路"考略》（《西北史地》1988 年第 3 期）、梁加龙《新出丝绸与中西交通》（《史学月刊》1991 年第 6 期）、齐东方《李家营子出土的粟特银器与草原丝绸之路》（《北京大学学报》1992 年第 2 期）、刘统《唐代羁縻府州研究》（西北大学出版社，1998）等，这些论著从不同角度探讨了中国和中西亚的线路、里程等交通情况。关于波斯阿拉伯与中国海上交通的相关研究有钱江《古代波斯湾的航海活动与贸易港埠》（《海交史研究》2010 年第 2 期）、周伟洲《长安与南海诸国》（西安出版社，2003）、荣新江《唐朝与黑衣大食关系史新证——记贞元初年杨良瑶的聘使大食》（氏著《丝绸之路与东西文化交流》，北京大学出版社，2015）等，均根据汉文文献及阿拉伯波斯文献等进行了探讨，使得中西海上交通的研究进一步深入。

中古时期东西方文化交流方面，学界有诸多贡献。在物质文化交流方面，林梅村《汉唐西域与中国文明》（文物出版社，1998），孙机《中国圣火——中国古文物与东西文化交流中的若干问题》（辽宁教育出版社，1996），马冬、陶涛《锁子甲的起源、形制及传入中国》（《中国典籍与文化》2005 年第 1 期），于志勇《1995 年尼雅考古的新发现》（《西域研究》1996 年第 1 期），张箭《下西洋与非洲动物的引进》（《西亚非洲》2005 年第 2 期），宋岘《古代波斯医学与中国》（经济日报出版社，2001），肖超宇《阿月浑子考》（《民族史研究》第 12 辑，中央民族大学出版社，2015）等，从诸多不同的方面进行了讨论，但整体论述偏专题性，对中国与西亚波斯的物质文化交流还有进一步探讨的空间。

关于造型装饰艺术与游艺方面的交流与影响，相关成果有陕西历史博物馆、北京大学考古文博学院、北京大学震旦古代文明研究中心编著《花舞大唐春——何家村遗宝精粹》（文物出版社，2003），王子今《说犀角杯——一种东西文化交流的文物见证》（《四川文物》2008 年第 1 期），周伟洲《扶南乐与骠国乐》（载氏著《汉唐气象——长安遗珍与汉唐文明》，中国社会科学出版社，2013），蔡鸿生《唐代九姓胡与突厥文化》（中华书局，1998），李零《入山与出塞》（文物出版社，2004），赵丰、齐东方主编《锦上胡风——丝绸之路纺织品上的西方影响（4 ~ 8 世纪）》（上海古籍出版社，2011），段文杰《莫高窟唐代艺术中的服饰》（《敦煌石窟艺术论集》，甘肃人民出版社，1988），黎虎《狮舞流沙万里来》（《西域研究》2001 年第 3 期），齐东方《虞弘墓人兽搏斗图像及其文化属性》（《文物》2006 年第 8 期），施安昌《北齐粟特贵族墓石刻考——故宫博物院藏建筑型盛骨瓮初探》（《故宫博物院院刊》1999 年第 2 期），罗丰《胡汉之间——"丝绸之路"与西北历史考古》（文物出版社，2004），韩香《绮席卷龙须，香杯浮玛瑙——何家村出土玛瑙杯与中西文化交流》（载《西北民族论丛》第 8 辑，中国社会科学出版社，2012），齐东方《从文物看古代中国与伊朗》（载程彤主编《丝绸之路上的照世杯——"中国与伊朗：丝绸之路上的文化交流"国际研讨会论文集》，中西书局，2016）等，对丝绸之路上的造型艺术等工艺的传播进行过专题探讨。

　　此外，关于装饰艺术的研究还有薄小莹《吐鲁番地区发现的联珠纹织物》（《纪念北京大学考古专业三十周年论文集》，文物出版社，1990）、《敦煌莫高窟六世纪末至九世纪中叶的装饰图案》（《敦煌吐鲁番文献研究论集》第五集，北京大学出版社，

1990），齐东方《唐代金银器研究》中的第三编《唐代金银器与外来文明》（中国社会科学出版社，1999），梁银景《莫高窟隋代联珠纹与隋王朝的西域经营》（《唐研究》第九卷，北京大学出版社，2003），许新国、赵丰《都兰出土丝织品初探》（《中国历史博物馆馆刊》，第 15、16 期，1991），〔日〕西谷正《丝绸之路的考古学》［《新疆师范大学学报》（哲学社会科学版）1992年第 2 期］，〔日〕樋口隆康《巴米羊石窟》（《敦煌研究》创刊号，1983），姜伯勤《莫高窟隋说法图中龙王与象王的图像学研究——兼论有联珠纹边饰的一组说法图中晚期犍陀罗派及粟特画派的影响》（《敦煌吐鲁番研究》第一卷，北京大学出版社，1996），姜伯勤《中国祆教艺术史研究》（生活·读书·新知三联书店，2004），罗丰《固原南郊隋唐墓地》（文物出版社，1996），荣新江《略谈徐显秀墓壁画的菩萨联珠纹》（《文物》2003 年第 10 期）等，均对中古时期丝绸之路上以联珠纹为主的装饰艺术等的流行问题研究有重要贡献。

关于中西亚印章及艺术传播等，相关研究有韩回之编著《他山之玉——域外高古印特集》（西泠印社出版社，2016），〔英〕汪涛《安瑙印章及其引出的问题》（《西域文史》第六辑，科学出版社，2012），李学勤《玺印的起源》（氏著《缀古集》，上海古籍出版社，1998），孙慰祖《中国玺印篆刻通史》（中国出版集团 东方出版中心，2016），尚磊明《萨珊王朝印珠试论》（《中国书法》2017 年第 6 期），〔日〕新关钦哉《东西印章史》（东丘印社，2003），〔苏联〕Б. Я. 斯塔维斯基《古代中亚艺术》（陕西旅游出版社，1992），〔苏联〕弗鲁姆金《苏联中亚考古》（新疆维吾尔自治区博物馆，1981），刘文锁《中亚的印章艺术》(《艺术史研究》第四辑，2002)，王珍仁、孙慧珍《新疆出土的肖形印介绍》(《文物》1999年第3期)，林梅村《固原粟特墓所出中古波斯文印章及其相关问题》(《考古与文物》1997年第1期)，郭物《固原史诃耽夫妻合葬墓所出宝石印章图案考》(《考古与文物》2015年第5期)，张庆捷、常一民《北齐徐显秀墓出土的嵌蓝宝石金戒指》(《文物》2003年第10期) 等，但对中西亚印章向东传播轨迹及影响等还有待于进一步梳理。

此外关于马球传播，相关研究有罗香林《唐代波罗球戏考》(《唐代文化史研究》，上海书店，1992)、阴法鲁《唐代西藏马球戏传入长安》(《历史研究》1959年第6期)、王尧《马球(Polo) 新证》(载《西藏文史考信集》，中国藏学出版社，1994)、陆水林选译《巴基斯坦北部地区的马球》(《国外藏学研究译文集》第十六辑，西藏人民出版社，2002) 等。对于唐代马球到底传自吐蕃还是波斯，学界还存在分歧，相关问题还有进一步讨论的空间。

在三夷教等宗教文化交流方面，相关成果有《敦煌艺术宗教与礼乐文明》(中国社会科学出版社，1996)，张广达《祆教对唐代中国之影响三例》(〔法〕龙巴尔、李学勤主编《法国汉学》第1辑，清华大学出版社，1996)，林悟殊《中古三夷教辨证》(中华书局，2005)，夏鼐《唐苏谅妻马氏墓志跋》(《考古》1964年第9期)，陈国灿《魏晋至隋唐河西人的聚居与火祆教》(《西北民族研究》1988年第1期)，芮传明《东方摩尼教的"佛教色彩"论考》(《暨南史学》第八辑，广西师范大学出版社，2013)，王媛媛《从波斯到中国——摩尼教在中亚和中国的传播》（中华书局，2012），林悟殊《摩尼教及其东渐》（中华书局，1987），林悟殊《唐代景教再研究》（中国社会科学出版社，2003），路远《景教与景教碑》（西安出版社，2009），陈寅恪《武㬊与佛教》（《金明馆丛稿二编》，生活·读书·新知三联书店，2001），荣新江、张志清主编《从撒马尔干到长安——粟特人在中国的文化遗迹》（北京图书馆出版社，2004），郑炳林《唐五代敦煌的粟特人与佛教》（《敦煌归义军史专题研究》，兰州大学出版社，1997）等。对于三夷教在中国的传播、发展等问题，林悟殊、姜伯勤、荣新江等先生研究甚详，但对于三夷教与波斯的关系，以及这几种宗教在传入中国以后所发生的入乡随俗的变化及转型等，还可以做进一步的梳理与探讨。

关于东方中国文明对中西亚文明的影响，鉴于史料阙载，相关成果不多，主要是一些考古文物方面的发现。对于中国丝绸、铁器、瓷器等的传播，丝路沿途不少考古发现提供了相关信息。与此相关的成果有赵丰主编《丝路之绸：起源、传播与交流》（浙江大学出版社，2015），〔苏联〕M. П. 格里亚兹诺夫、O. И. 达维母、K. M. 斯卡郎《阿尔泰巴泽雷克的五座古冢》（《考古》1960 年第 7 期），〔英〕吴芳思《丝绸之路二千年》（上海辞书出版社，2016 年），夏鼐《新疆新发现的古代丝织品——绮、锦和刺绣》（《考古学报》1963 年第 1 期），武敏《新疆出土汉—唐丝织品初探》（《文物》1962 年第 7、8 期），武敏《吐鲁番古墓出土丝织品新探》（《敦煌吐鲁番研究》第 4 卷，北京大学出版社，1999）等，相关的研究还需要中西亚地区考古进一步发现。

对于瓷器在伊朗一带的传播，英法等国学者做过一些调查，国内学者也有相关介绍，如宿白《考古发现与中西文化交流》（文物出版社，2012）提到了伊朗等地的相关发现，林梅村《波斯湾古港的变迁——2012 年伊朗考察记之一》（《紫禁城》2012 年第 4 期），张然、翟毅《古代中国与伊朗南部地区陶瓷贸易管窥——以安德鲁·乔治·威廉姆森的调查为中心》（《故宫博物院院刊》2019 年第 7 期）、《英藏威廉姆森波斯湾北岸调查所获的中国古代瓷片》（《文物》2019 年第 5 期）等对伊朗南部及波斯湾地区中国陶瓷的考古发现做了相关梳理，有不少属于唐宋时期的外销瓷器，增补了相关方面的材料和信息。虽然这些研究局限于考古材料，我们对该问题无法展开深入讨论，但是对相关问题进行梳理和探讨，多少可以窥见中国文明对中西亚文明的深远影响。

关于丝绸之路上的中国元素等问题，作为唐代安西四镇之一的碎叶城是一个值得重视的研究对象，国际中亚联合考古队对碎叶即今吉尔吉斯斯坦阿克贝西姆古城遗址的发掘，近些年取得不少成绩，也陆续出了一些相关成果。这其中以努尔兰·肯加哈买提《碎叶》（上海古籍出版社，2017）最为突出，书中运用考古及文献资料，从中西文化的角度，以唐代为中心对碎叶城的考古遗迹作了深入细致的研究，探讨了唐代中原文化对以碎叶为主的楚河流域产生的重要影响。周伟洲《吉尔吉斯斯坦阿克别希姆遗址出土残碑考》（载氏著《边疆民族历史与文物考论》（黑龙江教育出版社，2000），也对碎叶城残碑的归属、时代背景等进行了讨论。这些成果无疑丰富了我们对相关问题的认识。此外，中国麝香、樟脑的传播，相关研究有王一丹《波斯、和田与中国的麝香》（《北京大学学报》（哲学社会科学版）1993 年第 2

期），毕波《粟特文古信札汉译与注释》（《文史》2004 年第 2
辑）、《粟特人与晋唐时期陆上丝绸之路香药贸易》（《台湾东亚
文明研究学刊》第 10 卷第 2 期）等，这些研究成果为我们考察
丝绸之路上中国文化的西传提供了重要支持。

总体来看，这些成果或是侧重于某些方面，如目前学术热点
粟特与中国的交流等，或是进行一些专题性的探讨，如西亚宗教
的东传与影响等，对于中古时期萨珊波斯与中国的文明交流问
题，并没有进行专门或分专题式系统的研究。

国外研究情况：20 世纪以来，随着外国探险家的活动，中
国大批文物流失国外，日本、美国、英国、法国、德国及苏联等
国汉学家利用这些资料对丝绸之路上中西文化交流从不同角度进
行研究。另外，随着中西亚考古工作的开展，许多新的材料被发
掘出来，其中不少反映出当时的中西交流情况。这些成果为本课
题研究提供了新的方法、思路和依据。

在这方面，英国、日本、美国、法国、伊朗等国的学者从不
同角度对丝绸之路上文化交流问题进行了研究，如英国学者斯坦
因的几次西域中亚探险报告：*The Serindia-Detailed Report of the
Explorations in Central Asia and Westernmost China*（《西域考古
记》），Oxford University Press，1921；*Ancient Khotan：Detailed
Report of Explorations in Archaeological Explorations in Chinese
Turkestan*（《古代和田》），Oxford：Clarendon Press，1907。这些报
告为本课题提供重要参考资料。另外，美国学者爱德华·谢弗
《唐代的外来文明》（吴玉贵译，中国社会科学出版社，1995）、
美国学者劳费尔《中国伊朗编》（林筠因译，商务印书馆，
1964、2001、2015）、法国籍伊朗学者阿里·玛扎海里《丝绸之

路——中国—波斯文化交流史》（耿昇译，中华书局，1993）、法国学者布尔努瓦《丝绸之路》（耿昇译，新疆人民出版社，1982）、日本学者山田信夫《ベルシャと唐》（榎一雄《东西文明の交流》第 2 卷，平凡社，1971）、日本学者原田淑人《东亚古文化研究·正仓院御物を通して观たる东西文化の交涉》（坐右宝刊行会，1940）、日本学者伊藤义教《波斯文化渡来考——从丝绸之路到飞鸟时代的日本》（东京，1980）等都从不同角度探讨了丝绸之路上中国与西亚波斯之间的文化交流，也为本课题的研究提供了重要的参考。

这些成果更多地从物质文化或者综合性的角度进行探讨，对于中古时期中国与波斯深层次的文化交流并没有过多关注。值得一提的是，不少西方学者在古波斯历史文化、伊朗或近东考古、波斯文明、萨珊波斯考古与艺术等方面做了相当多的工作，其中有相当一批成果被译介过来，对本书的研究也提供了不少信息和参考资料。

古代波斯历史文化方面，有李铁匠选译《古代伊朗史料选辑（上古史部分）》（商务印书馆，1992），〔美〕米夏埃尔·比尔冈《古代波斯诸帝国》（商务印书馆，2015），〔日〕羽田亨《西域文化史》（新疆人民出版社，1981），〔英〕加文·汉布里《中亚史纲要》（商务印书馆，1994），〔苏联〕Б. Г. 加富罗夫《中亚塔吉克史》（中国社会科学出版社，1985），〔匈牙利〕哈尔马塔主编《中亚文明史》第 2 卷（中国对外翻译出版公司，2001），〔俄〕B. A. 李特文斯基主编《中亚文明史》第 3 卷（中国对外翻译出版公司，2003），〔英〕C. E. 博斯沃思、〔塔吉克斯坦〕M. S. 阿西莫夫主编《中亚文明史》第 4 卷（中国对外翻译出版公司，2010），〔英〕珀西·塞克斯《阿富汗史》（商务印书馆，1972），〔法〕雷奈·格鲁塞《近东与中东的文明》（上海人民美术出版社，1981），〔波斯〕菲尔多西《列王纪全集》（商务印书馆，2017），〔阿拉伯〕马苏第《黄金草原》（青海人民出版社，1998）等。这些译著对古代波斯历史文化方面有诸多涉及与研究。

此外，西方学界相关研究还有 Touraj Daryee, *Sasanian Persia：The Rise and Fall of an Empire*（《萨珊波斯：一个帝国的兴衰》），I. B. Tauris, 2009；Victor H. Mair, *Contact and Exchange in the Ancient World*（《古代世界的交往与交流》），University of Hawai'i Press, 2006；R. Ghirshman, *Persian Art ：The Parthian and Sassanian Dynasties*（《波斯艺术：帕提亚与萨珊波斯时期》），New York, Gorded Press, 249B. C. – A. D. 651, 1962；C. E. Bosworth Translated and Annotated, *The History of al-Tabari*（《塔巴里年代记》），Vol. V, State University of New York Press, 1999；Hādī Hasan, *A History of Persian Navigation*（《波斯航海史》），London：Methuen & CO. , LTD, 1928 等，也都对相关问题有所贡献。

关于近东考古、波斯文明方面的成果颇丰，如〔苏联〕弗鲁姆金《苏联中亚考古》（新疆维吾尔自治区博物馆，1981）；Otto Maenchen-Helfen, "From Rome to Palmyra"（《从罗马到帕尔米拉》），*The Art Bulletin*, Vol 25, No. 4, 1943；A. C. Gunter, "The Art of Eating and Drinking in Ancient Iran"（《古代伊朗的饮食艺术》），*Asian Art*, Spring, 1988；Clement Huart, *Ancient Persia and Iranian Civilization*（《古代波斯与伊兰文明》），London, 1972；Dominique Collon, *Ancient Near Eastern Art*（《古代近东艺

术》），University of California Press，Berkeley，1995；Vladimir G. Lukonin，*The Archaeologia Mundi：The Persia Ⅱ*（《世界考古：波斯Ⅱ》），The World Publishing Company，Cleveland and New York，1967；John Curtis and Nigel Tallis，*Forgotten Empire—The World of Ancient Persia*（《被遗忘的帝国：古代波斯》），The British Museum Press，2005；Shāpur Shahbazi，*The Authoritative Guide to Persepolis*（《波斯波利斯指南》），Safiran Mirdashti，2014；John Curtis，*Ancient Persia*（《古代波斯》），The British Museum Press，2000；Maria Brosius，*The Persians*（《波斯》），Routledge，2006；Predirk Hiebert and Pierre Cambon，*Afghanistan—Crossroads of Ancient World*（《阿富汗：古代文明的十字路口》），The British Museum Press，2011；Edited by Vesta Sarkhosh Curtis and Sarah Stewart，*The Sasanian Era：The Idea of Iran*（《萨珊时代：伊朗印象》），Volume Ⅲ，I. B. Tauris，2008；Herrmann，*The Iranian Revival*（《伊兰的复兴》），Elsevier Phaidon，1977 等。

关于西亚波斯、中亚等地的艺术考古等方面的研究有〔俄〕M. M. 梯亚阔诺夫《边吉坎特的壁画和中亚的绘画》（《美术研究》1958 年第 2 期），〔苏联〕Б. Я. 斯塔维斯基《古代中亚艺术》（陕西旅游出版社，1992）等。西文论著有 Ann C. Gunter and Paul Jett，*Ancient Iiranian Metalwork—In the Arhhur M. Sackler Gallery and the Freer Gallery of Art*（《古代伊朗的金属制品：美国费瑞尔美术馆和赛克勒博物馆的收藏品》），Smithsonian Instition，Washington D. C.，1992；B. I. Marshak，V. Raspopova，"Wall Painting from a House with a Granary. Panjikent，1ˢᵗ Quarter of the Eighth Century A. D. "〔《片吉肯特一所带有谷仓的房子中发现的壁画

（公元 8 世纪前 25 年）》], *Silk Road Art and Archaeology*, 1990; M. Belenitskii, B. I. Marshak, and Mark. J. Dresden, *Sogdian Painting the Pictorial Epic in Oriental Art* （《粟特绘画：东方艺术中的图画史诗》）, University of California Press, Berkeley, Los Angeles London, 1981; Dominique Collon, *Ancient Near Eastern Art* （《古代近东艺术》）, University of California Press, 1995; Vesta Sarkhosh Curtis, Robert Hillienbrand and J. M. Rogers, *The Art and Archaeology of Ancient Persian: New Light on the Parthian and Sasanian Empires* （《古代波斯的艺术与考古论集——对帕提亚与萨珊波斯帝国的新探索》）, I. B. Tauris Publishers, 1998; Prudence O. Harper, *In Search of a Cultural Identity: Monuments and Artifacts of the Sasanian Near East, 3rd to 7th Century A. D* [《寻求文化认同：萨珊时代近东的历史遗迹与艺术品（公元 3 ~ 7 世纪)》], Bibliotheca Persica, New York, 2006; Prudence O. Happer, Joan Aruz, and Francoisse Tallon, *The Royal City of Susa: Ancient Near Eastern Treasures in the Louvre* （《皇家城市苏萨：卢浮宫藏近东宝藏》）, The Metropolitan Museum of Art, New York, 1992; A. D. H. Bivar, *Catalogue of the Western Asiatic Seals in the British Museum: II the Sassnian Dynasty* （《大英博物馆藏西亚印章目录：II，萨珊波斯时期》）, The Trustees of the British Museum, 1969; Dominique Collon (ed.), *7000 Years of Seals* （《7000 年印章》）, London: British Museum Press, 1997 等。

日文论著有田边胜美《所谓大鸟、大鸟卵にする西アジア美术史の考察》（《东洋文化研究所纪要》第 89 册, 1982)、《がングーラ美术後期の片岩彫刻とハィル・ハネー出土の大理石彫刻の製作年代》(《东洋文化研究所纪要》第127册，1995)，道明三保子《ササンの连珠文锦成立と意味》(《ミルクード美术論文集》，吉川鸿文馆，1987)，《大系世界の美术》第二卷，《古代西アジア美术》(株氏会社，学习研究社，1980) 等，这些研究成果虽然较为具体而偏专题性，但为我们研究波斯与中国文化交流问题提供了坚实的资料基础和来自他者的视角。

总之，国内外相关文献文物资料与研究成果为本书提供了研究基础与研究思路，使得相关问题也可以进一步深入探讨。当然，鉴于史料与语言局限，无法做到全面翔实的研究，我们拟以专题形式对此问题进行探讨。

本书主要是从五个专题加以论述：

第一章主要论述萨珊波斯的历史文化以及与中国政治交往和交通情况，包括南北朝与隋唐时期萨珊波斯和中国的交往，以及中国与波斯之间的陆海交通情况；同时也对中国境内的波斯人活动情况做了较为详细的梳理，并分析指出波斯及其文化随着波斯人东来影响到东方中国，这在唐代达到了一个高潮。虽然在人数及文化传播上，他们比不上活跃在中古时期丝绸之路上的粟特人，但在泛海经商上，他们更有优势；在鉴宝识宝及医药技术上，他们更具有代表性；在宗教传播上，他们也更多地寻求到统治阶层的支持。因而在中古丝绸之路上的文化交流与传播方面，作为西国胡人的代表，他们的作用与影响不可忽视。

第二章主要探讨异域物种物品的输入与波斯文明的影响。重点讨论汉唐时期鸵鸟及鸵鸟卵如何传入中国，中古贡狮活动导致的驯狮现象与五方狮子舞等的出现，以波斯锦与锁子甲等为代表的西亚文明对中国的影响，中古波斯与中国贸易之大宗的香料与宝石，及以枣椰、青黛等为代表的植物等的输入与影响等问题。这些物品有些是贡品，更有不少是贸易之物，它们的到来，丰富了中国人的物质文化生活，也推动了中古丝绸之路上文化的传播与交流。

第三章探讨造型装饰艺术和游艺等与波斯文明的影响。包括玛瑙兽首杯与长杯等在丝绸之路上的传播与创新改造，以及其功能的转移与转化等；西亚联珠纹饰与中西文化之间的交流传播及对中国的影响。本章也根据中国境内零散收集的中西亚风格印章资料探讨中西亚印章及艺术风格等的东传问题；此外，作为学界关注较多但分歧亦大的唐代马球运动的起源与传播情况，笔者也在国内外相关研究成果的基础上进行了梳理和辨证，提出了一些新的看法。

第四章讨论了中古外来宗教与波斯文明的影响。主要探讨中古时期在中原流行的祆教、景教、摩尼教等外来宗教与中西亚文明之间的关系，指出它们在传播过程中受到中亚文明的改造，但又多多少少与波斯文明有着剪不断的联系。另外对三夷教等在中古中国发生的一些变化如入乡随俗与文化转型等问题也进行了专门讨论。

第五章主要探讨东方中国文明对波斯文明的影响。主要包括丝绸、铁器、瓷器等的西传，中国出产的麝香及樟脑等对波斯等地的影响，另外也尝试梳理中古丝绸之路上的中国故事与中国元素。鉴于相关史料的阙载，本章节主要利用一些考古文物资料进行讨论。

本书的终章，对中古时期波斯与中国文明交流的一些问题，如文化之间的转译以及文明交流的选择性、变异性及不对等性等也进行了一些思考。

　　需要说明的是，本书中的波斯，主要是指萨珊波斯，但也会涉及古波斯阿契美尼德王朝、帕提亚王朝以及阿拉伯占领波斯地区以后的一些情况。本书中所指的中古时期，主要是指公元 3～9 世纪，包括萨珊波斯存在时期以及波斯灭亡后阿拉伯统治波斯的一段时间。为了论述方便，也会涉及中国的两汉乃至唐宋及以后的时期。此外，因为笔者语言方面的欠缺，在波斯、阿拉伯文献方面掌握不充分，多少也会影响到对相关问题的认识。

第一章　萨珊波斯与中国

第一节　萨珊波斯的历史与文化

萨珊波斯是古波斯历史的一个重要组成部分。从公元前550年到公元651年，波斯人统治了以伊朗为中心，包括从黑海到中亚，甚至埃及、印度等的广大地区。在这个漫长的历史中，不同时期曾经有三个不同的波斯民族崛起掌权，但是他们具有相同的语言、文化，统治着同一片土地的大部分地区。[①] 这三个时期分别为阿契美尼德王朝（Achaemenid Empire，前550～前330）、帕提亚王朝（Parthian Empire，前247～224）和萨珊王朝（Sassanid Empire，224～651）。其中，帕提亚王朝和萨珊王朝都曾和东方中国发生过联系并产生过交往交流，这种交往交流对双方都产生了一定的影响。

一　萨珊王朝建立前古波斯的历史与文化

古波斯地区的早期居民可以追溯到公元前1000年左右的米

---

① 〔美〕米夏埃尔·比尔冈：《古代波斯诸帝国》，李铁匠译，商务印书馆，2015，第3页。

底人（Medes）和波斯人（Persian），他们均是公元前 2 千纪进入伊朗高原的雅利安人的后裔。公元前 7 世纪，米底人强大起来，不但打败了美索不达米亚一带的亚述人（Assyrian），还将势力扩张到波斯人的国家。公元前 6 世纪中期，波斯西部地区的安尚（Anshan）国王居鲁士二世（Cyrus Ⅱ，约前 585 ~ 前 529）统一了整个波斯地区，公元前 550 年左右，居鲁士二世率军打败了米底国王，统一了波斯、米底地区，并征服了巴比伦及中亚地区，开启了古波斯历史上的阿契美尼德王朝（前 550 ~ 前 330）。由于该王朝是由波斯人建立的，因此学术界也称其为波斯帝国或古波斯帝国。

居鲁士二世于公元前 529 年去逝之后，其子冈比西斯二世（Cambyses Ⅱ，前 530 ~ 前 522 年在位）继位，继续扩大帝国的势力，征服了埃及及地中海部分地区。至波斯贵族大流士一世统治时期（Darius Ⅰ the Great，前 522 ~ 前 486 年在位），中央加强了对地方及帝国各地的控制，波斯帝国势力达到顶峰。大流士一世向东征服了印度河流域，向西占领了马其顿（Macedonia）和色雷斯（Thrace）等，其疆域西北达巴尔干半岛，西南到埃及一带，东北至中亚锡尔河一带，东南至印度河流域，建立了一个地跨欧亚非三洲的大帝国。刻于公元前 521 年左右的著名的贝希斯屯（敦）纪功碑（Bagastana）中记载了马尔吉亚那（Margiana，即今之谋夫或木鹿）发生叛乱时，波斯王遣其臣下巴克特里亚知事去讨伐并使其归服之事。碑文中列举了邻属地区，有Parthava = Parthia（安息）、Zaranka = Drangiana（德兰吉安那）、Uvārazmia = Chorasmia（花剌子模）、Bākhtris = Bactria（巴克特里亚）、Suguda = Sogdiana（索格底亚那）、Gandhara（犍陀罗）、

Saka（塞）等名字；在大流士一世纳克希·鲁斯坦（Naqsh Rostam）陵墓（伊朗波斯波利斯附近）的铭文上也列举了该时期帝国各行省的名称，铭文以大流士口气说道："我占领了从波斯到下述遥远的地区：米底、依兰、帕提亚、阿里亚、巴克特里亚、索格底亚那、花剌子模、德兰吉安那、阿拉霍西亚……犍陀罗、印度、饮豪麻汁的西徐亚人、戴尖顶盔的西徐亚人、巴比伦、亚述、阿拉比亚、埃及……我统治他们，他们向我缴纳贡赋。"① 古希腊历史学家希罗多德在其名著《历史（希腊波斯战争史）》中，甚至列出了大流士大王所定的纳税区域，属中亚地区的有帕提亚、阿里亚、花剌子模、索格底亚那、巴克特里亚、德兰吉安那、犍陀罗、塞种等。②

根据波斯传说，巴克特里亚地区首先是琐罗亚斯德教（Zoroastrianism，即拜火教）传播地区，其王维什塔斯坦（Vishtaspa）曾为此教的保护者。③ 据古波斯王朝中心苏萨（Susa）的宫廷建筑铭文记载：大流士建筑宫殿的材料来自远方，其中针叶松（雪松）是从黎巴嫩山区运来的，柚木是从犍陀罗和克尔曼运来的，所用黄金来自萨狄斯和巴克特里亚，天青石和光玉髓来自索格底亚那，绿松石来自花剌子模，白银和乌木来自埃及，象牙是从努比亚、信德、阿拉霍西亚运来的，使用的石柱

---

① 李铁匠选译《古代伊朗史料选辑（上古史部分）》，商务印书馆，1992，第 35～36、50～51 页；〔日〕羽田亨：《西域文化史》，耿世民译，新疆人民出版社，1981，第 13 页。

② 〔古希腊〕希罗多德：《历史（希腊波斯战争史）》上册，王以铸译，商务印书馆，1997，第 237～238 页；〔英〕加文·汉布里：《中亚史纲要》，吴玉贵译，商务印书馆，1994，第 28 页。

③ 〔美〕麦高文：《中亚古国史》，章巽译，中华书局，1958，第 253～254 页。

是由依兰阿比拉杜斯地方运来的。[①] 而大流士在王朝的都城波斯波利斯（Persepolis）的石刻铭文中声称自己的疆域从索格底亚那那边的西徐亚人居住地到埃塞俄比亚，从印度到萨狄斯，[②] 说明了大流士统治时期帝国内部交往的密切程度及其政权扩张涉及的跨欧亚非的地域范围。

在大流士统治后期及其继承者薛西斯（Xerxes）统治时期，波斯帝国逐渐卷入希波战争，加上统治阶层内部争权夺利的斗争、混战，使得帝国的国力大为消耗。至公元前 336 年，大流士三世（Darius Ⅲ Codomannus）执政时，帝国已经处于内忧外患之中。公元前 4 世纪 30 年代，希腊马其顿帝国（The Macedonian Empire）兴起，公元前 334 年，由著名的亚历山大大帝（Alexander the Great）率领的希腊马其顿联军入侵波斯，在之后的三年里，陆续消灭了大流士三世在东西部行省集结起来的军队，占领了帝国的都城波斯波利斯，并放火烧了这座著名的城市。大流士三世兵败东逃，于公元前 330 年被部将所杀，波斯帝国灭亡。

亚历山大随后开展了一系列的东征活动，他用两年时间完成了经略阿富汗、巴克特里亚至索格底亚那的事业，在药杀水（Syr Darya，今锡尔河）河岸及其他地方筑有 8～12 座同样的亚历山大里亚城，导致大量希腊人流入中西亚，并在巴克特里亚形成了一个希腊人聚居中心。不过亚历山大对波斯的统治并没有持续很久，随着公元前 323 年亚历山大暴卒，马其顿帝国土崩瓦解。帝国分裂为三部分，即统治马其顿的安提克王朝（Antico

---

① 李铁匠选译《古代伊朗史料选辑（上古史部分）》，第 58 页。
② 李铁匠选译《古代伊朗史料选辑（上古史部分）》，第 50 页。

Dynasty)、统治埃及一带的托勒密王朝（Ptolemaic Dynasty）以及统治帝国亚洲部分的塞琉古王朝（Seleucid Dynasty），巴克特里亚、粟特、马尔吉亚那等成为塞琉古王朝的东方省区。王朝建立者塞琉古之子安条克统治以木鹿为中心的东伊朗地区，其任务是击败塞种人从草原的入侵。至安条克二世（Antiochos Ⅱ，前286~前246）时，巴克特里亚的希腊人总督狄奥多德（Diodotus）宣布脱离塞琉古王朝，建立了希腊—巴克特里亚王朝（中国史书称大夏），疆域包括索格底亚那及马尔吉亚那，之后又向北印度扩张，享国达一个半世纪之久。

与此同时，塞琉古王朝东部帕提亚地方（Parthia，今土库曼斯坦西南部和伊朗东北部）也宣布独立。帕提亚帝国的建立者是阿尔萨息斯（Arsaces），约于公元前247年，建立了一个以尼萨（Nisa，今土库曼斯坦的阿什哈巴德附近）为中心的独立王国，即阿尔萨息斯王朝（Parthian Empire，中国史书称安息）。公元前 2 世纪中期（前 174 ~ 前 136），米特里达特斯（Mithridates）当政，安息王朝达到极盛期，开拓了东越过兴都库什山到达印度河流域，西到幼发拉底河的广大地区。此时，其西部的塞琉古王朝因西方多事，无暇东顾，而希腊—巴克特里亚王朝亦处于末期，内乱不断。[①] 阿尔萨息斯王朝乘机从巴克特里亚王朝手里夺走西部几省，并入自己的版图。粟特（Sogdia）于公元前160年已脱离希腊—巴克特里亚王朝的统治。[②] 就在巴克特里亚王朝四分五裂之际，来自药杀水（锡尔河）彼岸的吐火

---

① 〔日〕羽田亨：《西域文化史》，耿世民译，第19页。
② 〔苏联〕Б. Г. 加富罗夫：《中亚塔吉克史》，肖之兴译，中国社会科学出版社，1985，第65页。

罗（Tochari）四部，渐次南下，夺取了巴克特里亚，结束了希腊人的统治。公元 1 世纪，建立了以大月氏为首的贵霜王朝（Kushan Empire）。

公元 1 世纪的形势是，中亚之东为中国汉朝（汉帝国），西为罗马帝国，两大帝国之间还存在着贵霜、帕提亚（安息）两个强大的政权。这些帝国及政权之间虽有着不少利益冲突，不过相互间的商业联系却十分密切。当时，以汉帝国的首都为起点，经过贵霜帝国和帕提亚帝国，到达罗马帝国的地中海沿岸，这是人类历史上第一条横跨亚洲的驼运商队的路——丝绸之路。①

安息帝国后期（114～224），安息与罗马进行了几次大战，安息都城泰西封（Cteasiphon）等重要城市多次被攻破、焚烧，加上内部割据势力的争斗此起彼伏，内外战争消耗了安息的实力。至公元 3 世纪，盛极一时的贵霜王朝走向衰落，其西面的帕提亚（安息）王朝这时被新兴的萨珊王朝所代替。

可以说，在萨珊王朝建立前，古波斯地区主要经历了阿契美尼德王朝、帕提亚王朝（帝国）的统治。阿契美尼德王朝时期奠定了古波斯文化的基础，确立了以琐罗亚斯德教为主要信仰的统治；阿契美尼德王朝被亚历山大灭亡后，这里经历了希腊化的统治与影响，继之而起的帕提亚（安息）王朝则兼具有波斯及希腊文化特点。不过至公元前 30 年，希腊化时代结束，安息帝国进入中后期，并由希腊化向伊朗化过渡。安息的伊朗化主要是

---

① 〔苏联〕Б. Я. 斯塔塔维斯基：《古代中亚艺术》，路远译，陕西旅游出版社，1992，第 36 页；〔日〕长泽和俊：《丝绸之路史研究》，钟美珠译，天津古籍出版社，1990，第 2 页。

波斯特色的琐罗亚斯德教文化与帕提亚特色的琐罗亚斯德教文化的发展与充实。

二 萨珊王朝的建立及其与周边政权的关系

公元 224 年，萨珊王朝的建立者阿尔达希尔一世（Ardashir Ⅰ）杀死了帕提亚（安息）王阿尔达汪五世（Ardavan Ⅴ），攻占了帕提亚首都泰西封（Ctesiphon，今伊拉克首都巴格达东南一带），宣称自己是帕提亚的统治者，建立了历史上著名的萨珊王朝。这个王朝的名称是阿尔达希尔一世以其所声称的祖父萨珊的名字命名的，萨珊曾是波斯法尔斯省伊斯塔赫尔城（Istakhr）安娜希塔神庙祭司。阿尔达希尔进入泰西封后，自封"众王之王"（Shahanshah），开始了他的正式统治。他不但下令在都城附近的纳克希·鲁斯坦（Naqsh Rostam）的岩石上刻了一座浅浮雕以示庆祝，还发行钱币，钱币上的他戴了一种新的王冠。[①]

阿尔达希尔及其继承者认为他们是古代阿契美尼德王朝的直接继承者，因而他们致力于收复曾经被居鲁士二世及大流士一世征服的土地。公元 227 年，贵霜王臣服萨珊波斯，原贵霜王朝统治区的巴克特里亚、索格底亚那及喀布尔河谷相继为萨珊波斯所有，贵霜残余势力仅局限于犍陀罗地区，[②] 萨珊诸国对上述征服地区定期派总督管理。至 5 世纪中叶，贵霜王朝最终走向灭亡。

萨珊王朝从建立之初便与罗马展开长期的战争，争夺包括亚

---

① 〔俄〕B. A. 李特文斯基主编《中亚文明史》第 3 卷，马小鹤译，中国对外翻译出版公司，2003，第 16 页。

② 萨珊皇帝沙普尔一世时（Shāpūr Ⅰ，240~272 在位）的铭文中所列出的萨珊帝国诸省中就包括"远在白沙瓦的贵霜帝国"，参见前引加文·汉布里《中亚史纲要》，第 72 页。

美尼亚在内的一些地区。公元 240 年，阿尔达希尔之子沙普尔一世（Shāpūr I，240～272 年在位）继位，同罗马发生过几次大战，在公元 258 年前后，双方在埃德萨（Edessa）决战，罗马军队惨败，沙普尔一世生擒罗马皇帝瓦勒良（Valerian，亦称瓦莱里安）。根据传说，沙普尔一世曾使用罗马战俘在美索不达米亚和胡泽斯坦（Khuzestan）建筑水坝和桥梁，靠近伊朗舒什塔尔（Shushtar）的卡伦（Karun）河上的堤坝和水闸大概就是沙普尔一世派罗马战俘修造的，其中最著名的是瓦莱里安（Valerian）水坝和桥梁。水坝以石板镶面，这使卡伦河一条支流的水位得以提高两三米。[①]

　　沙普尔一世巩固了萨珊在西部和西北部的统治，进一步扩大了萨珊帝国的势力，并营建了新都尼沙普尔（Nishapur），并以沙卜尔（沙普尔）之名建立了或者重新命名了一些城市。据说新都也是由罗马俘房所建，因而其浮雕及彩绘灰泥装饰具有明显的希腊艺术特点。不过泰西封依然是萨珊王朝的行政首都，是大多数萨珊国王居住的宫廷所在。在萨珊王都波斯波利斯附近的纳克希·鲁斯坦，沙普尔一世建造雕刻了大型摩崖石刻，这里曾是阿契美尼德王朝皇家陵墓所在地，萨珊人选择在此纪念他们的伟大功绩。石刻中沙普尔一世骑在战马之上，其对手瓦勒良则跪在马前求饶。[②]

　　在阿尔达希尔一世和沙普尔一世统治期间，大力扶持琐罗亚斯德教，广建寺院，重新修订波斯古经《阿维斯塔》，确立了琐

---

①　〔俄〕B. A. 李特文斯基主编《中亚文明史》第 3 卷，马小鹤译，第 38 页。

②　〔匈牙利〕哈尔马塔主编《中亚文明史》第 2 卷，徐文堪译，中国对外翻译出版公司，2001，第 385～386 页。

罗亚斯德教国教的地位。至沙普尔二世时期（Shāpūr II，309～379 年在位），萨珊王朝在和罗马的战争中占据上风，并进一步收复前人的失地，尤其是收复了罗马人所占底格里斯河以东的土地。罗马人放弃了对亚美尼亚的宗主权，一些中亚地区的游牧部落也成了波斯与罗马作战时的盟友，帝国更加强盛。

至白赫兰四世之子伊嗣侯一世（Yazdegerd I，399～420 年在位）在位时，东西罗马已于 395 年分裂，东罗马即拜占庭帝国和萨珊波斯关系友好，伊嗣侯也给予伊朗基督徒许多特权，允许他们建教堂。伊嗣侯死后，其次子白赫兰继位，即白赫兰五世（Bahram V，420～438 年在位），在他统治时期，新兴的嚈哒（Ephthalite）出现在中亚地区，随着其势力的扩张，双方发生过战争，嚈哒战败。白赫兰五世骁勇善猎，外号 Gor（波斯语野驴之意），据说其是狩猎时坠落悬崖而死的。

在白赫兰五世之子伊嗣侯二世（Yazdegerd II，438～457 年在位）在位期间，波斯和拜占庭帝国议和，双方维持现状。此后，萨珊波斯帝国王权与教权斗争尖锐，和嚈哒的战争也时断时续，一度向嚈哒交纳赋税。至卡瓦德一世（Kavadh I，488～496 年、498～531 年在位）继位时，国内掀起马兹达克运动。马兹达克（Mazdak）是马兹达克教派的组织者，该教派的创始人是法尔斯省巴萨城的琐罗亚斯德教高级祭司查拉杜士特（Zaradusht，是琐罗亚斯德的又一写法，与该教创立者同名）。至马兹达克时，其对该教教义做了一些改革，他声称最高神为人类在地上留下维生的手段，由他们平均分配，没有人应该比别人多得，实际上没有哪个人比别人占有更多的财富、妇女和动产，这是神所要求的一种虔诚的行为。他主张仁爱待人、禁止杀生

等。当时把这种要求恢复平等、反对教俗贵族特权的运动者称为
马兹达克派，也叫阿达利耶特派，即"为争取权利而奋斗"之
意。此运动得到国王卡瓦德一世的支持，并颁布了一些法令，限
制贵族特权，向富人征收特别税等，借以减轻穷人的负担。此举
遭到大贵族和袄教祭司的嫉恨，他们发动了宫廷政变，囚禁了卡
瓦德一世，不久，卡瓦德一世得到嚈哒王支持，嚈哒王出兵助其
复位。但卡瓦德一世复位后，开始镇压和屠杀马兹达克教徒，并
宣布其为邪教，换得袄教僧侣对他的支持。马兹达克本人被杀，
教徒四散奔逃。[①] 531 年，卡瓦德一世死，其子胡斯洛一世
（Khosrau Ⅰ，又称库思老一世，531～579 年在位）继位，马兹
达克教派只能在民间秘密传播。

　　胡斯洛一世继位后，首先与拜占庭签订了合约，着手恢复
社会秩序，并开展了一系列社会改革，如赋税改革、军事改革
等。其中，赋税改革包括征收土地税和人头税，税额依富裕程
度而定，而军事改革则是向较贫穷的贵族发放装备，付薪金让
他们服兵役，使得常常拥有私家军队的大贵族力量被削弱。胡
斯洛改革的目的是加强王权，使得拥有土地的贵族的权力受到
限制，所有的赋税掌握在国王手中。[②] 其结果是加强了帝国的
经济与军事力量，使国家进入了一个发展的高峰时期，可以说
这一时期帝国在军事、经济、文化等方面都取得了前所未有的
发展，史称"胡斯洛中兴"。这一时期也是胡斯洛一世致力于
发展与东方关系的时期，553～557 年，萨珊王朝与西突厥联合

---

① 孙培良：《关于马兹达克运动》，《世界历史》1982 年第 1 期，第 88～90 页。
② 〔俄〕В. А. 李特文斯基主编《中亚文明史》第 3 卷，马小鹤译，第 22 页。

攻击嚈哒，558 年稍前，双方以阿姆河为界瓜分其地，阿姆河以南属波斯，阿姆河以北的广大地区则归突厥所有。[①] 在征服嚈哒之后，突厥和波斯就成了当时丝绸之路贸易上两个最大的受益者，丝绸之路贸易对它们双方都具有重要的意义。[②] 无论是波斯还是突厥，都想通过控制丝路而占有贸易的主动权，因而萨珊波斯与突厥因灭嚈哒结成的联盟不久也因丝织品贸易问题而瓦解。突厥积极与波斯以西的拜占庭取得联系，谋求与拜占庭共同夹击波斯。

而胡斯洛一世又派兵征服南阿拉伯，570 年占领也门，把统治当地的埃塞俄比亚人赶出了也门，保障其在红海、印度洋的安全，可以说是控制了海上丝绸之路，断绝了拜占庭从海路直接获得东方丝绸的可能，导致拜占庭也积极寻求与突厥结盟。查士丁尼一世（Justinianus Ⅰ，518～527 年在位）曾想从印度的港口直接运送丝绸，他还努力将蚕种引进罗马，[③] 当然收效并不大。虽然突厥和拜占庭最终并没有实现共击萨珊波斯的计划，但也多少影响了波斯与突厥的关系。

胡斯洛一世死后，其子霍尔米兹德四世（Holmizd Ⅳ，579～590 年在位）继位，其为人公正，善待弱者和穷人，压制贵族，但与拜占庭及东部的突厥人一直发生战争。590 年，霍尔米兹德四世死于宫廷政变，其子胡斯洛二世（Khosrau Ⅱ，又称库思老二世，590～628 年在位）继位。其在位期间，陆续平定内乱，

---

① 〔法〕沙畹：《西突厥史料》，冯承钧译，中华书局，1958，第 193～203 页。

② 吴玉贵：《突厥汗国与隋唐关系史研究》，中国社会科学出版社，2007，第 49 页。

③ 〔英〕裕尔撰，〔法〕考迪埃修订《东域纪程录丛——古代中国闻见录》，张绪山译，中华书局，2008，附录Ⅶ、Ⅷ。

并与拜占庭修好，双方友好关系持续了 10 余年。602 年，拜占庭皇帝摩利斯在下级军官福卡斯发动的政变中被杀，胡斯洛二世以替摩利斯报仇为借口，对拜占庭宣战。604 年，胡斯洛二世亲自出征，数年之内，相继占领了亚美尼亚、美索不达米亚和叙利亚的大片土地。613 年，萨珊军队在安条克附近大败拜占庭军，攻占大马士革；次年，波斯名将沙赫贝拉兹攻下耶路撒冷，将基督教的圣物"真十字架"作为战利品送到泰西封。615 年，波斯军队横越阿纳托利亚到达卡尔西顿，威胁博斯普鲁斯海峡对面的拜占庭首都君士坦丁堡，但因波斯人没有渡海工具而放弃。[①] 其后波斯大军进入埃及，占领了亚历山大里亚，基本上重现了古波斯帝国阿契美尼德王朝的辉煌。

不过这种辉煌并没有持续很长时间。从 622 年开始，拜占庭皇帝希拉克略（Heraclius）开始发动反攻，把波斯军队赶出小亚细亚和亚美尼亚。623 年，胡斯洛二世想直捣君士坦丁堡以结束这场战争，但拜占庭凭借其强大的海上力量打败了从陆海围攻君士坦丁堡的萨珊波斯军队。627 年，希拉克略又与可萨突厥结盟，共同对付波斯军，628 年，希拉克略军队推进到胡斯洛二世的离宫达斯特伽德（Dastigard），威胁到波斯首都泰西封。[②]这时胡斯洛二世宫廷发生内讧，波斯大将及大贵族支持胡斯洛二世长子卡瓦德二世（Kavadh Ⅱ，628 年继位）继位，胡斯洛二世被杀。

胡斯洛二世在位 30 多年，开疆拓土，是萨珊波斯帝国版图

---

① 李铁匠：《伊朗古代历史与文化》，江西人民出版社，1993，第 266~267 页。
② 李铁匠：《伊朗古代历史与文化》，第 268 页；王新中、冀开运：《中东国家通史·伊朗卷》，商务印书馆，2002，第 131~133 页。

最大的时期，不过他取得的这些胜利也与拜占庭的内部混乱有关。而且胡斯洛二世本人奢侈无度，炫耀豪华，据阿拉伯史学家泰伯里的《年代记》记载，他有数千侍女和歌姬，数千仆人服侍他，还有 8500 匹坐骑、760 头大象、12000 头驮运行装的牲口，以及各种稀世珍宝等。[1] 他的穷兵黩武及疯狂聚敛钱财消耗了国力，也加剧了各种社会矛盾。胡斯洛二世死后，国内政权更迭频繁。至 634 年，波斯大贵族们拥立躲在乡间避难的胡斯洛二世的后裔伊嗣侯入主泰西封，稳定了政局，是为伊嗣侯三世（Yazdegerd Ⅲ，634~651 年在位）。虽然国家重新获得统一，但此时帝国西南面阿拉伯半岛的居民（中国史籍称大食）皈依了伊斯兰教，并很快以圣战的名义向周边武力扩张，他们首先攻入拜占庭，继而向波斯挺进。

637 年夏，阿拉伯军队与波斯主帅鲁斯塔姆（Rustam）率领的波斯军在卡迪西亚（Qadisiyya）展开一场大战，波斯军大败，主帅鲁斯塔姆战死，象征萨珊帝国荣光与辉煌的卡维战旗也落入阿拉伯人手中。这严重打击了波斯军的士气，国王伊嗣侯三世放弃泰西封东逃，阿拉伯军队顺利占领了泰西封。638 年，阿拉伯和波斯双方在扎格罗斯山两侧形成对峙局面，据中国史料记载，伊嗣侯三世曾遣使向中国唐朝求援，但唐高宗以路远为由没有派兵。[2] 此后随着奥斯曼哈里发于 644 年继位，加快了东征的步伐，

---

[1] C. E. Bosworth translated and annotated, *The History of al-Tabari*, Vol Ⅴ, State University of New York Press, 1999, p. 376.

[2] 《新唐书》卷 221 下《西域传》载："伊嗣侯不君，为大酋所逐，奔吐火罗，半道，大食击杀之。子卑路斯入吐火罗以免。遣使者告难，高宗以远不可师，谢遣。会大食解而去，吐火罗以兵纳之。"（中华书局，1975，第 6259 页）伊嗣侯三世为大食所杀或系误传。

他的军队在伊朗攻城略地，不但征服了亚美尼亚、阿塞拜疆及伊斯法罕和法尔斯首府伊斯塔赫尔，而且继续攻占伊朗东部的克尔曼（Kerman）、呼罗珊和阿富汗地区等。伊嗣侯三世一路东逃，从克尔曼经锡斯坦前往呼罗珊（Khurasān），后又逃到木鹿（Merv）。651 年，伊嗣侯三世被木鹿地区的一个见财起意的磨坊主所杀。[①]随着伊嗣侯三世被杀，统治伊朗 427 年之久的萨珊帝国灭亡。

伊嗣侯死后，其子卑路斯逃到吐火罗，遣使向唐求援，此时唐朝皇帝唐高宗同样以路远为由拒绝出兵之请。唐灭西突厥后，高宗龙朔元年（661）在西域包括中西亚设立一系列羁縻府州，曾设波斯都督府于疾陵城（今伊朗锡斯坦俾路支省东北之扎兰季，Zarang），以卑路斯为都督，[②] 这显然是个虚衔。卑路斯在吐火罗坚持了 10 多年后，归附唐朝，入唐避难，后死在中国。而公元 656 年后阿拉伯帝国也随着哈里发阿里的继位而忙于内战，停止了扩张。波斯、中亚等地处于唐、突厥、大食等的角逐之中。

至 8 世纪时，阿拉伯已基本上占领了波斯、中亚等地，而残存的波斯王朝余裔及属部，在唐朝的支持下，得以维持至 8 世纪中期。

三　萨珊波斯的文化及影响

萨珊波斯不但是古代波斯历史上的一个辉煌时期，在世界文明的发展过程中，萨珊文明也达到了一个顶峰。如果说罗马人继

---

① 张星烺编注，朱杰勤校订《中西交通史料汇编》第二册，中华书局，2003，第 1060~1061 页。

② 《新唐书》卷 43 下《地理志七下》，第 1137 页；《新唐书》卷 221 下《西域传下》，第 6259 页。

承了古代希腊人的成就，那么萨珊波斯人则继承了阿契美尼德王朝、帕提亚王朝等时代的遗产，并将其发展到一个新的高峰，对周边政权及后世均产生了重要的影响。

萨珊波斯地处中西交通的孔道，其在文化上可谓多元文化的融合与并存。这其中既有对前代文化的继承，也有对周边各种文明的吸收与融合，如萨珊波斯的建立者一直认为自己是古波斯阿契美尼德王朝的继承者，当然其也继承了塞琉古王朝、帕提亚（安息）王朝、贵霜王朝等的文化，同时也创造性地发展了自身的文化。可以说在萨珊波斯时期，一种生机勃勃的文化在萨珊帝国繁荣，许多宗教、艺术和科学著作纷纷问世。

在这个时期，萨珊波斯已经使用比较成熟的语言，即中古波斯语——巴列维语（Pahlavi），也叫婆罗钵语，是用阿拉米文字表示它的 14 个元音和辅音，这种语言一直使用到约 9 世纪初，为达里（Dari）波斯语所代替。祆教的经典《阿维斯塔》就是在萨珊波斯时期编成的，在此之前一直是口头相传的。由于在萨珊时代，阿维斯塔语已经被认为是一种死语言，它被翻译成巴列维文，并加了注释。① 现在所保存的该经残卷，仅及全经的十分之二三。除此之外，现存中古波斯语文献主要有萨珊国王和显贵的碑铭、萨珊钱币和印章等。

这一时期的文学作品主要有《列王咏》，是萨珊时期游吟诗人歌颂古代波斯英雄和君王的史诗，有些部分被应用在巴列维文编纂的《帝王记》中，后来被翻译成阿拉伯文，在伊斯兰史料中曾被提及，10 世纪诗人菲尔多西所著的史诗《列王纪》中也

---

① 〔俄〕B. A. 李特文斯基主编《中亚文明史》第 3 卷，马小鹤译，第 63 页。

转引其中的故事。另外，该时期波斯有代表性的故事集是《一千个故事》（Hazār Afsān）等，此书被翻译成阿拉伯文，在穆斯林中广泛流传，[①] 它是《一千零一夜》的最早蓝本。

萨珊时期地理类著作主要有《伊朗诸城志》，按伊朗四大行政区分述各主要城市的创建史。历史类则有萨珊时代后期编纂的伊朗诸王历史的汇编《帝王记》（khwādāynāmag，又称《君主书》），可能完成于萨珊王朝最后的国王——公元631年或632年登基的耶兹德格德三世（即伊嗣侯三世，632～651年在位）时期。这部著作详细记载了从开天辟地到胡斯洛二世（590～628年在位）统治结束的各种事件。在此书中，纯粹的历史事实与传奇紧密交织在一起。该书巴列维文原本已失，但在伊斯兰时代被翻译成阿拉伯文，10世纪时又被改写成波斯文的散文和韵文。在散文中，最著名的是阿布·曼苏尔（Abu Mansur）于公元957年完成的《列王纪》（Shāh-nāme），这部《列王纪》在编纂中使用了阿拉伯文译本和巴列维文资料，此后著名诗人菲尔多西据此创作出史诗《列王纪》，使用了这部书以及其他口头和书面材料。[②] 此外，胡斯洛一世统治时期，他鼓励在波斯发展科学和使用希腊、印度的资料，曾组织人员翻译希腊语、叙利亚语、梵语等的典籍作品，一批希腊占星学、天文学及印度的数学等著作被译成中古波斯文。

在宗教方面，萨珊波斯确定了琐罗亚斯德教的国教地位。该教起源于古代伊朗部落的宗教信仰，在阿契美尼德王朝时期开始

① 〔俄〕B. A. 李特文斯基主编《中亚文明史》第3卷，马小鹤译，第58～59页。
② 〔俄〕B. A. 李特文斯基主编《中亚文明史》第3卷，马小鹤译，第61～62页。

形成统一的宗教仪式,《贝希斯敦铭文》及纳克希·鲁斯坦崖壁上也都刻有大流士一世向琐罗亚斯德教主神阿胡拉·马兹达称颂、献祭等的铭文与场面,[①] 强调大流士一世获得王权是受阿胡拉·马兹达的庇佑和帮助的。继之而起的帕提亚王朝虽然深受希腊文化的影响,但安息人仍旧遵守琐罗亚斯德教的一些传统,把当时流传的宗教经典《阿维斯塔》及其他的史诗、民间文学等记载下来并传播。在此基础上,萨珊王朝才得以把琐罗亚斯德教文化推向高峰。

萨珊国王阿尔达希尔一世及沙普尔一世强调以宗教安邦,大力扶持琐罗亚斯德教。萨珊君主被认为是琐罗亚斯德教及其最高神阿胡拉·马兹达在人间的代表和对应者,是神所指定的保护者。因而可以说,该教在萨珊王朝时期成为占统治地位的宗教,获得空前发展,由此形成了完整的教义理论、完善的教会组织和烦琐的宗教仪式。波斯古经《阿维斯塔》在这一时期重新编订,阿尔达希尔一世还在全国各地广建琐罗亚斯德教祠,虔祀圣火。琐罗亚斯德教徒拜火时要唱赞美诗、诵经,并饮用一种具有宗教意义的饮料豪麻汁等,这种饮料有兴奋神经和麻醉作用。[②] 这种教权与王权的紧密结合,赋予琐罗亚斯德教很大的特权,并随着萨珊王朝的对外征服与发展向周边传播,尤其是在中亚一带迅速发展。此后随着与东方联系的密切,该教也沿着丝绸之路向东传播到了中国,唐代的文献典籍根据其祀火拜天的特点称之为祆教。该教对魏晋南北朝及隋唐时期的中国文化产生了一定的影

---

① 李铁匠选译《古代伊朗史料选辑》,第 35~52 页。
② 李铁匠:《伊朗古代历史与文化》,第 241 页。

响，在中古丝路沿线地区留下了不少祆教徒活动足迹。

虽然琐罗亚斯德教是萨珊王朝的国教，但萨珊王朝仍有其他宗教存在，如摩尼教就是在这个时间发展起来的。摩尼教是教主摩尼于公元 240 年以祆教为基础，吸收基督教、佛教等思想而创立的，其核心教义就是"二宗三际说"，即承认光明与黑暗、善与恶的"二宗"的斗争。摩尼教的传教活动主要在沙普尔一世时，教主摩尼用当时通用的中古波斯文写了一部教义《沙普尔干》（Shābuhragān，即沙普尔之书）给沙普尔一世，内容是摩尼教教义的概要，因此获得了传教的权利。这大概是摩尼要建立一个不受任何地区和国界限制的世界宗教，这一思想正好与沙普尔一世向外扩张，建立世界帝国的企图不谋而合，所以得到他的支持，[①] 摩尼教也因此传遍了萨珊全境。不过在白赫兰二世（Bahram Ⅱ，275～293 年在位）时，摩尼教遭到迫害，教主摩尼被处死，教徒四散逃亡，有相当多的摩尼教徒向中亚一带迁徙，并进一步将摩尼教沿丝绸之路向东方传播到中国，在唐武则天时期得到统治者支持，此后摩尼教因"安史之乱"曾一度成为回鹘人的国教。

萨珊王朝辉煌的文化成就还表现在装饰艺术、工艺、建筑等方面。萨珊时期的艺术风格，更多继承的是古代波斯美术的传统，强调王权至上，尤其表现在雕刻及金银器等工艺美术上，大多表现国王或贵族的活动与生活，如战争、饮宴、狩猎等。萨珊时代的建筑，继承了古代波斯时期的遗产，现在保存下来的主要是宫殿及寺院遗址。比较著名的建筑有阿尔达希尔一世在费鲁兹

---

① 李铁匠：《伊朗古代历史与文化》，第 242 页。

阿巴德（Firuzabad）的王宫、沙普尔在尼沙卜尔的宫殿及泰西封著名的胡斯洛王宫遗址。这些建筑具有承袭安息王朝建筑的特点，即多具有与主建筑相伴的长方形半圆拱顶结构，称"伊万"（Iwan）。尤其是主建筑的起券式屋顶及拱璧、壁龛等具有希腊罗马式建筑的风格。当然也有一些古典建筑的风格，具有阿契美尼德王朝的遗风。

萨珊时期还有一种与建筑密切相关的艺术就是在悬崖上的岩石浮雕，这种艺术显然是直接传承自阿契美尼德时期的艺术特点。早期的岩雕多分布在今法尔斯省，包括 3 世纪的大型摩崖石刻上有反映琐罗亚斯德教主神阿胡拉·马兹达给予萨珊国王进行君权神授的加冕场景。[①] 其目的是强调政权的合法性，无论从布局到技法，从形式到内容都有很浓厚的古波斯遗风，但场面更为宏伟，构图更为简洁。王朝后期的石刻则更加世俗化，如在克尔曼沙东北的塔克依布斯坦（Ta-k-i-Bustan）开凿的属于胡斯洛（库思老）二世的石窟浮雕（大岩穴）中，运用了壁画的构图方法，表现了国王狩猎等场景，主墙上国王的衣饰刻画精细，配墙上的狩猎物野猪、鹿等形态逼真，构图复杂，[②] 与前期的风格有所不同，更加突出众王之王的特点。

萨珊时代的艺术还表现在其发达的工艺美术上。尤其是金银器的制造工艺，技艺高超，制作精良。这个时期出土的金银器具，帝王狩猎、宴饮等题材相对较多，尤以银盘为多，用以表示

---

① 〔匈牙利〕哈尔马塔主编《中亚文明史》第 2 卷，徐文堪译，第 383～386 页。

② 〔日〕田边胜美：《がングーラ美术后期の片岩雕刻とハィル・ハネ大理石雕刻の制作年代》，《东洋文化研究所纪要》第 127 册，1995，第 120 页；Prudence O. Happer, *Silver Vessels of the Sasanian Period*, the Metropolitan Museum of Art, New York, 1981, fig43, p. 123。

帝王的伟大与英勇，如沙普尔二世狩猎野猪图、白赫兰五世的猎狮图、胡斯洛二世的行猎图等；但在相当一批器具及装饰上也表现出萨珊波斯贵族的奢侈与趣味，如胡斯洛一世的端坐金羊床等。① 有不少器皿上刻有铭文说明所有者的名字和重量。萨珊金银器数量繁多，制作精美，随着其扩张及贸易活动，也向周边地区流传。尤其影响到中亚一带，随着粟特人的大量东迁，也将他们的文化和习俗带入中国，并对当时东方中国的物质文化产生一定影响。

萨珊王朝几乎所有的统治者都铸造钱币（德拉克姆，Drakum），钱币有固定的面额和重量标准，正面是统治者的肖像，国王的名字和称号就镌刻在钱币周边，背面是拜火教祭火的圣坛或火坛与祭祀的组合。几乎每个统治者都有自己个性化的王冠，这是整个伊朗艺术及断代的可靠标志。② 钱币中金币比较少见，银币和铜币则在广大范围内流通，其中尤其是萨珊银币因其分量足、成色好成为当时中西亚地区流通的国际货币。在中国的西北地区如新疆、青海、西安等处也发现近千枚萨珊银币。③ 可见在中古时期的中国西北方，随着丝绸之路上人员、贸易往来的频繁，萨珊银币也一度可能成为西域、河西一带的流通货币。④

在物产方面，萨珊波斯地处中西交通要道，也是文明交往的

---

① Prudence O. Happer, *Silver Vessels of the Sasanian Period*, the Metropolitan Museum of Art, New York, 1981, fig46, 47, p. 140, p. l. 15, 19, p. l. 38, p. 216, p. 220, p. 239.

② 〔俄〕B. A. 李特文斯基主编《中亚文明史》第 3 卷，马小鹤译，第 24 页。

③ 夏鼐：《综述中国出土的波斯萨珊银币》，《考古学报》1974 年第 1 期，第 91 ~ 92 页。

④ 据《隋书》卷 24《食货志》记载："河西诸郡，或用西域金银之钱，而官不禁。"（中华书局，1973，第 691 页）

十字路口,其所出产的动植物、香料宝石等特产,也随着贸易的发展及人员的往来输入东方,对当时东方中国的物质文化也产生了一定的影响。除此之外,西亚的丝、毛织品、玻璃制造、装饰纹样、军事装备以及音乐游艺等也具有发达的工艺和独特的风格,对东方文明也产生了重要影响。我们会在后面的章节中继续讨论。

萨珊波斯所创造的辉煌灿烂的文化并没有随着波斯帝国的崩溃而消失,在阿拉伯统治时期继续得到发展,并进而向周边特别是东方一带传播。

四 萨珊波斯与东方的交通

古波斯帝国与东方中国已有间接的交往,在大流士一世时代,修建了连接帝国各地的交通网,称为"御道"。其中最著名的陆路交通线是由帝国首都苏萨(Susa)到小亚细亚海岸以佛所(Ephesus)的道路,全长 2400 公里,沿途每隔 25 公里就建有一个设备齐全、安全方便的驿站(旅馆)。由巴比伦经哈马丹、帕提亚到巴克特里亚的道路就是后来丝绸之路的主干线,大大促进了中亚与西亚的交往。当时的草原丝路亦有了发展,随着古波斯帝国对黑海一带西徐亚部落及中亚草原北部游牧的萨迦(Saka)部落的征服,加强了波斯与东方的联系。阿尔泰山巴泽雷克(Pazyryk)墓(前 5 至前 4 世纪)出土有波斯风格的挂毯、希腊罗马风格的马车,还有来自中国的丝绸、铜镜等,[①] 说明东西方的联系较为密切,波斯与中国之间至少存在着间接的交往。

---

① 〔苏联〕М. П. 格里亚兹诺夫、О. И. 达维母、К. М. 斯卡郎:《阿尔泰巴泽雷克的五座古冢》,《考古》1960 年第 7 期,第 65 ~ 67 页。

帕提亚王朝时期，通过草原丝路与东方的联系依旧保持，里海两侧是塞人和安息人交往的通道，由此也与北高加索草原地区发生交往，而草原丝路东段的匈奴，也通过塞人的活动，间接地与安息产生联系与交往。至于陆路丝路，随着西汉时期张骞出使西域，与安息、大夏、大月氏等政权产生了政治与经济的交往。张骞副使出使安息时，"安息王令将两万骑迎于东界"①。张骞及其副使所出使路线，应即传统陆上丝绸之路，也即《汉书·西域传》所记载的丝路走向："自玉门、阳关出西域有两道。从鄯善傍南山北，波河西行至莎车，为南道；南道西逾葱岭则出大月氏、安息。自车师前王廷（庭）随北山，波河西行至疏勒，为北道；北道西逾葱岭则出大宛、康居、奄蔡焉。"② 这里南道即为通安息（帕提亚）之路。与此同时，帕提亚王朝时期，航海业非常发达。当时王朝的影响力扩展到波斯湾、印度洋及红海等地，波斯湾的航海家们亦发现季风对航海的作用，使得这一时期远洋贸易关系得以形成，安息（帕提亚）王朝时期波斯湾航海家们应该是远洋贸易的奠基人。③ 安息通过波斯湾与西方的罗马、东方的印度等有了进一步贸易及政治军事联系。而同时期处于汉王朝统治之下的中国，其海上航路也曾到达印度东海岸一带，④ 通过印度和西方安息等地联系起来。

　　至萨珊波斯时期，无论是陆路还是海路，波斯与东方的联系都更加密切。公元 5~6 世纪，萨珊波斯和中国南北朝都有遣

---

① 《史记》卷 123《大宛列传》，中华书局，1959，第 3172 页。
② 《汉书》卷 96 下《西域传》，中华书局，1962，第 3872 页。
③ 〔伊朗〕穆罕默德·巴格尔·乌苏吉：《波斯湾航海家在中国港口的遗迹——广州、泉州、杭州》，穆宏燕译，四川人民出版社，2020，第 25~26 页。
④ 《汉书》卷 28 下《地理志下》，第 1671 页。

使往来，这其中也包括一部分贸易商借贡臣之名而来，也有北朝使臣前往波斯的记载。隋唐时期，随着丝绸之路的发展，中国与中西亚之间的交流达到一个高峰。双方遣使往来频繁、贸易交往密切，更因唐高宗时期，萨珊流亡政权的王室后裔来中国避难，唐也曾在锡斯坦（今阿富汗与伊朗交界地区锡斯坦的扎兰季，Zarang）一带设置过名义上的羁縻府州——波斯都督府。① 因而可以说，这一时期萨珊波斯与中国的交往更加直接和频繁，双方经济文化上的联系也更为密切，这其中离不开交通的进一步发展。

萨珊波斯与中国的交通主要从陆海两道进行。

（一）萨珊波斯与中国陆上交通的发展

萨珊时期与东方的交通无论从陆路还是海路都较前期有了进一步发展。从陆上交通来说，沿黑海的草原丝绸之路依旧在起着作用，考古发现有李家营子出土的粟特或萨珊风格的金银器、辽宁北票西官营子北燕冯素弗墓出土的玻璃器等，② 可以看出中西方的交往与文化交流。不过在萨珊波斯时期，陆上交通更多的是走丝绸之路的主干线，即从长安经河西走廊③、西域，越过帕米尔，经过中亚，从而至波斯。这条路中西段部分在《隋书·裴矩传》《新唐书·地理志》中等有较为详细的记载。

---

① 刘统：《唐代羁縻府州研究》，西北大学出版社，1998，第201页；韩香：《隋唐长安与中亚文明》，中国社会科学出版社，2006，第33~34页。

② 齐东方：《李家营子出土的粟特银器与草原丝绸之路》，《北京大学学报》（哲学社会科学版）1992年第2期；辽宁省博物馆编著《北燕冯素弗墓》，文物出版社，2015，彩版第29~32页。

③ 关于隋唐时期长安至河西走廊的道路情况，参见韩香《隋唐长安与中亚文明》，第64页。

发自敦煌,至于西海,凡为三道,各有襟带。北道从伊吾,经蒲类海铁勒部,突厥可汗庭,渡北流河水,至拂菻国,达于西海。其中道从高昌,焉耆,龟兹,疏勒,度葱岭,又经拔汗,苏对沙那国,康国,曹国,何国,大、小安国,穆国,至波斯,达于西海。其南道从鄯善,于阗,朱俱波,喝槃陀,度葱岭,又经护密,吐火罗,挹怛,忛延,漕国,至北婆罗门,达于西海。其三道诸国,亦各自有路,南北交通……故知伊吾、高昌、鄯善,并西域之门户也。总凑敦煌,是其咽喉之地。[①]

这里所提到的中道,即是直通波斯的主干线。这条道路自东向西从高昌出发,经焉耆、龟兹(今新疆库车)、疏勒(今新疆喀什),越葱岭过费尔干纳、苏对沙那(今塔吉克斯坦的乌腊提尤别)、康国、曹国(今撒马尔罕西北劫布咀那)、何国(今撒马尔罕至布哈拉之间的库沙尼亚)、大小安国(今布哈拉)、穆国(即木鹿,今土库曼斯坦的马雷)至波斯,并达于西海(即地中海),中道是丝路的重要干线。裴矩所记的南道从鄯善(今新疆若羌)出发沿塔里木河以南地区经于阗(今新疆和田)、朱俱波(今新疆叶城)、喝槃陀(今新疆塔什库尔干),度葱岭,又经护密(今阿富汗瓦罕地区)、吐火罗、挹怛(阿姆河以南地区)、忛延(今阿富汗之巴米扬)、漕国(今阿富汗加兹尼),至北婆罗门(南亚次大陆西北),而后达

---

① 《隋书》卷 67 《裴矩传》,第 1579～1580 页。

于西海，此西海也应指地中海。① 这也是通往波斯境内的一条道路。

唐继隋统一天下，国富民强，丝路畅通，达到鼎盛阶段。唐贞观时，"伊吾之右，波斯之东，职贡不绝，商旅相继"②。自隋发展起来的北、中、南三条道路依然畅通，不过，以中道最为兴盛，是西域中西亚使节商胡往来之路。南北两道亦有发展，南道出葱岭后可至吐火罗及印度，为西行求法者惯走的道路。北道的作用亦逐渐提高，因为从具体走向上看，北道经过天山以北后，即可南下经中亚河中地区（阿姆河和锡尔河之间）再向西去，也可继续向西，经咸海、里海和黑海北道，直达地中海，比起其他两道来，北道不仅大大缩短了东西方的距离，还可以避开翻越葱岭的险恶地势。③

唐德宗贞元年间（785～805）宰相贾耽曾记有"安西入西域道"，记载了由安西入碎叶、怛罗斯的详细路线。④《新唐书》卷40《地理志下》中"北庭大都护府"条介绍了由高昌可经庭州，越伊犁河至碎叶的道路。⑤ 这两条新发展起来的线路均与北道有关，⑥ 可见自唐代西域往西的道路随着中西交通与交往的密切，有了进一步的发展，道路之间的里程、驿站更为详细，表明

---

① 莫任南：《裴矩所记"丝路"考略》，《西北史地》1988年第3期。
② （宋）宋敏求编《唐大诏令集》卷130《讨高昌麴文泰诏》，商务印书馆，1959，第702页。
③ 卢苇：《唐代丝绸之路的发展变化》，《西域史论丛》（第三辑），新疆人民出版社，1990，第185页；氏著《中外关系史》，兰州大学出版社，1997，第100页。
④ 贾耽所记之书已散逸，《新唐书》卷43下《地理志七下》摘录其文，此书对"边州入四夷，通译于鸿胪者，莫不毕记"。与四夷最有关者，有七条路，"安西入西域道"是其一。（见第1149～1151页）
⑤ 《新唐书》卷40《地理志四》，第1047页。
⑥ 参见韩香《隋唐长安与中亚文明》，第65～69页。

了唐对西域经营的深入。

至于出西域至中亚一带道路情况，中国文献多是笼统地记载其大致走向。如按裴矩《西域图记》记载，西域北道通往中亚草原；中道则从疏勒出发，过葱岭，经拔汗、塔什干、河中一带直至波斯，这也是传统的丝路走向；南道则是经于阗、叶城、塔什库尔干过葱岭，至吐火罗斯坦一带，或至印度，或去波斯。贾耽所记西域至中亚道路情况多是根据来京城的当地人或出使西方使节或使者所述，[①] 比较可取，只是甚为简略，只记到怛罗斯而已，至于以西情况，未见记载。阿拉伯地理学家伊本·胡尔达兹比赫（Ibn khordadhben）所著《道里邦国志》一书提供了这方面的情况，该书写于9世纪中期，其所利用的材料则属于8世纪中期及9世纪初。[②] 书中在"东方的情形"一节中记载了呼罗珊（Khurasān）大道的一些情况。[③]

《道里邦国志》所记呼罗珊大道向西记至巴格达，向东至碎叶进入中国边境。其中木鹿地区（亦称梅尔夫，Merv，今土库曼斯坦马雷）是主要分界点。

自木鹿以西至巴格达，据伊本·胡尔达兹比赫记载大概有375法尔沙赫（1法尔沙赫约合6.24公里）。沿途城镇、驿站较

---

① 参见荣新江《唐朝与黑衣大食关系史新证——记贞元初年杨良瑶的聘使大食》，《文史》2012年第3期，中华书局，2012，第231～243页。后收入氏著《丝绸之路与东西文化交流》，北京大学出版社，2015，第94～95页。

② 〔阿拉伯〕伊本·胡尔达兹比赫：《道里邦国志》，宋岘译注，中华书局，1991。

③ 在古波斯语中，呼罗珊意为"东边之地"，一般来说这一名称从中世纪早期就开始使用了，该地区包括了"大沙漠"以东的所有伊斯兰地区，并远到印度边界。参见〔英〕G.勒·斯特兰奇《大食东部历史地理研究——从阿拉伯帝国兴起到帖木儿朝时期的美索不达米亚、波斯和中亚诸地》，韩中义译注，何志龙校订，社会科学文献出版社，2018，第549页。

多，其中可考的有几处。如从巴格达（别称和平城，Madīnatu al-Salām）出发经过一系列城镇可至盖尔米欣（Qarmīsīn，今伊朗克尔曼沙赫）、哈马丹、赖伊（今伊朗雷依），巴格达至赖伊为 167 法尔沙赫。从赖伊可至奈义萨布尔（Naysābūr，今伊朗尼沙普尔，又称内沙布尔）、图斯（Tūs）等地，到达木鹿·沙赫疆（Marwal-Shāhjān）。①

从木鹿往东的行程，据伊本·胡尔达兹比赫记载：从木鹿前行，道路分作两条，一条通石国（Al-Shāsh，即沙什），另一条通往巴勒赫（Balkh，今阿富汗北部巴尔赫一带）吐火罗斯坦等地。其中从木鹿出发至阿穆勒（Āmūl）为 36 法尔沙赫。从阿穆勒至布哈拉（Bukharā）有 19 法尔沙赫，布哈拉领有若干个小城，其中一座为"商人之城"拜堪德（Baykand，即沛悍）。从布哈拉再至撒马尔罕（Samarqand）有 39 法尔沙赫，撒马尔罕领有伐步西亚（东安国）、库沙尼亚（Kushāniyah，即贵霜尼亚，也即何国）、伊什替罕（Ishtīkhan，即西曹国，今撒马尔罕西北）、渴石（Kiss，即史国，今撒马尔罕以南之沙赫里夏勃兹）、奈塞夫[Nasaf，即那色波，亦称小史，今布哈拉东南之卡尔希（karshi）]、呼兼德（Khujandah，即俱战提）。这样，从木鹿至撒马尔罕的里程约为 586.56 公里。

从撒马尔罕至扎敏（Zamin）为荒野之路，扎敏是两条道路的岔口，一条通石国、突厥，这条道路应是传统上的草原道；另一条路通往拔汗那（Farghānah，即今乌兹别克斯坦之费尔干纳）。

---

① 〔阿拉伯〕伊本·胡尔达兹比赫：《道里邦国志》，宋岘译注，第 20～27 页。

据载，从扎敏至拔汗道路为：从扎敏经萨巴特（Sābāṭ），至乌斯鲁舍纳（Usrūshanah，译者认为即《新唐书》中之东曹国，又曰苏对沙那，今塔吉克斯坦之乌拉秋别）为 7 法尔沙赫。从萨巴特至拔汗国为 33 法尔沙赫。从撒马尔罕至拔汗国全程为 53 法尔沙赫，约为 330.72 公里。从拔汗国经固巴至窝什（Ūsh，译者认为即今吉尔吉斯斯坦奥什城，据说也即汉代所称贰师城）为 20 法尔沙赫，再至乌兹坎德（Uzkand，今吉尔吉斯斯坦乌兹根城）为 7 法尔沙赫，再经丘冈至艾吐巴什（Atbāsh）为两天行程，艾吐巴什是位于吐蕃及拔汗之间的城市（译者认为其在葱岭一带）。从艾吐巴什至上努舍疆（译者认为其为《新唐书·地理志》所记弩羯城），为 6 天的行程。从上努舍疆至土胡兹胡尔（Tughuzghur，即漠北之九姓乌古斯）可汗（Khāqān al-Tughuzghur）的都城有 3 个月行程。①这条道路的主要路程应是中古时期中国与波斯间的传统道路。

根据伊本·胡尔达兹比赫等所记呼罗珊大道通往中国之路总的来说是西起木鹿，东汇于碎叶或伊塞克湖（即热海）。其所记大概为唐中后期以后情况，但基本道路走向在公元 6～8 世纪没有太大变化。其中怛罗斯至碎叶路与贾耽所记安西至碎叶路有某些相合，只是道路里程差别较大，当以伊本所记为准。根据中外文献记载，我们大致可以勾勒出中国与波斯、阿拉伯间陆路交通的大致走向。

（二）萨珊波斯与中国海上交通的发展

公元 6 世纪前后，波斯与东方的海上交通也有进一步的发展。

---

① 〔阿拉伯〕伊本·胡尔达兹比赫：《道里邦国志》，宋岘译注，第 27～35 页。

在南方，胡斯洛二世（Khosrau Ⅱ，590～628 年在位）出兵帮助南阿拉伯的也门人赶走了埃塞俄比亚人，使也门成为萨珊王朝的一个边远省份，并控制了海上丝绸之路，断绝了拜占庭从海路与控制红海的埃塞俄比亚建立的联系，从而具有直接获得东方丝绸的可能。因而至 6 世纪时，波斯萨珊王朝控制了波斯湾，几乎垄断了印度洋至中国、红海等的东方贸易，与中国开始建立了贸易往来。当时的锡兰岛（今斯里兰卡）已变成东西方商贾约定俗成的中途交易站，来自东亚和西亚的商人每年都到锡兰岛互市，此地也是波斯湾与中国贸易的中途汇合点。① 这里和亚丁等地也是波斯人的移民地区。②

可以说在 7 世纪之前，波斯人曾在相当长的一段时间内执亚洲海洋世界之牛耳，影响相当深远。③ 尤其是"安史之乱"后，西北陆路日渐萧条，波斯地区与中国海上贸易有了进一步的发展，尽管这个时期波斯早已亡国，但波斯所在西亚及周边一带仍以波斯的名义发展外交关系。7 世纪以后波斯与中国直航的记载增多。

有唐一代，来自波斯湾诸港口的"波斯舶"，在当时印度洋、太平洋水域具有广泛的影响。波斯商人也经常泛海，前往印度寻宝。《广异记·南海大蟹》云：

近世有波斯，常云乘舶泛海，往天竺国者已六七度。其

---

① 〔希腊〕科斯马斯：《基督教诸国风土记》，载〔法〕戈岱司编《希腊拉丁作家远东古文献辑录》，耿昇译，中华书局，1987，第 100～101 页。

② 〔伊朗〕穆罕默德·巴格尔·乌苏吉：《波斯湾航海家在中国港口的遗迹——广州、泉州、杭州》，穆宏燕译，第 39 页。

③ 钱江：《古代波斯湾的航海活动与贸易港埠》，《海交史研究》2010 年第 2 期，第 20 页。

最后，舶漂入大海，不知几千里，至一海岛……岛上大山，悉是车渠、玛瑙、玻璃等诸宝，不可胜数，舟人莫不弃己贱货取之。①

不过，波斯等商胡更主要的目的地还是东方丝国——中国。僧人慧超《往五天竺国传》即载："波斯常于西海泛舶入南海，亦泛舶汉地，直至广州。"② 当时许多僧侣到海外求法，即乘坐波斯舶。僧人义净由广州赴室利佛逝（今印尼苏门答腊），金刚智从狮子国（今斯里兰卡）经苏门答腊回国，均搭乘波斯海舶。如史载：开元五年（717），金刚智

> 到狮子国（斯里兰卡）勃支利津口，逢波斯舶三十五只，其国市易珍宝。诸商主见和上（尚）同心陪从……至发行日，是诸商主并相随渡海……行至广府。③

这些在狮子国进行商贸的几十艘波斯舶最终目的地也是广州。

随着大食帝国国势鼎盛，阿拉伯人将罗马人、希腊人、印度人排斥在东来的航运之外，而与波斯人共同垄断，并控制了东西方之间的这一海上通道。可以说，唐代时期南海至波斯湾一带的贸易，是由波斯人、大食人共同来完成的。阿拉伯人其实是直接

---

① 《太平广记》卷464"南海大蟹"条引《广异记》，中华书局，1961，第3819页。
② （唐）慧超著，张毅笺释《往五天竺国传笺释》"波斯国"条，中华书局，2000，第101页。
③ （唐）圆照：《贞元新定释教目录》卷一四《金刚智传》，《大正新修大藏经》第55册，大正一切经行会，1932，第876页。

继承了早期波斯人的航海传统和经验，有时甚至雇用当时已经降服阿拉伯帝国并改信伊斯兰教的部分波斯水手，让其为阿拉伯商船服务，因为波斯人无论是在造船业还是航海家中都比阿拉伯人更占优势。可以说晚至 10 世纪时，波斯人还承担了阿拉伯在东西海上的大部分商业贸易。[①] 12 世纪及以后的阿拉伯人航海指南多是由波斯文翻译并增补的，许多古代波斯人使用的航海术语也被中世纪的阿拉伯人采纳、吸收后成为其航海著作的一部分，如波斯语"港口（bandar）"一词，就成为阿拉伯语对港埠的称呼，Nā khudā（Nā vkhudā，船长）、Shāhbandar（港务官）、zanj（zang，铃声）、Khan（Khānah，家）等词亦是如此。事实上，在阿拉伯人摧毁了波斯帝国之后很长一段时间内，波斯商贾和水手仍然活跃在波斯湾与印度洋上，掌控着波斯湾对东西方的海上贸易。[②] 而东西方海上交通路线的发展也是波斯与大食商旅前赴后继的结果。

唐五代时期东南沿海一带海上交通有了进一步的发展，穿越马六甲海峡之路得以进一步延伸，向西可以到波斯湾，向东直达广州等地。这条路线的开拓和发展与历时 4 个世纪的萨珊波斯帝国扩张和海外贸易有关，至少波斯湾沿岸成为海外商船聚集之地，此后又为 7 世纪兴起的阿拉伯人所继承。关于这条航线中外文献均有记载。如《新唐书·地理志》保存的德宗贞元年间宰相贾耽《皇华四达记》中所载"广州入海夷道"，详细记载了从

---

① Hādī Hasan, *A History of Persian Navigation*, London: Methuen & CO., LTD, 1928, pp. 123 – 126.

② 钱江：《古代波斯湾的航海活动与贸易港埠》，《海交史研究》2010 年第 2 期；〔伊朗〕穆罕默德·巴格尔·乌苏吉：《波斯湾航海家在中国港口的遗迹——广州、泉州、杭州》，穆宏燕译，第 82 页。

广州到缚达（巴格达）的路线。

广州东南海行，二百里至屯门山（今香港九龙半岛西北岸一带），乃帆风西行，二日至九州石（今海南岛东南）。又南二日至象石（今海南岛东北）。又西南三日行，至占不劳山（今越南占婆岛），山在环王国（今越南中部占城）东二百里海中。又南二日行至陵山（今越南归仁以北）。又一日行，至门毒国（今越南归仁）。又一日行，至古笪国（今越南芽庄）。又半日行，至奔陀浪洲（今越南藩朗）。又两日行，到军突弄山（今越南昆仑岛）。又五日行至海硖（今马六甲海峡），蕃人谓之"质"，南北百里，北岸则罗越国（今马来半岛南端），南岸则佛逝国（今苏门答腊岛东南部）。佛逝国东水行四五日，至诃陵国（今爪哇），南中洲之最大者。又西出硖，三日至葛葛僧祇国（今马六甲海峡南部），在佛逝西北隅之别岛，国人多钞暴，乘舶者畏惮之。其北岸则个罗国（今马来半岛西边吉打）。个罗西则哥谷罗国（今马来半岛克拉地峡一带）。又从葛葛僧祇四五日行，至胜邓（今苏门答腊岛东北岸日里一带）洲。又西五日行，至婆露国（今苏门答腊岛西北之巴鲁斯岛）。又六日行，至婆国伽蓝洲（今印度洋之尼科巴群岛）。又北四日行，至师子国（今斯里兰卡），其北海岸距南天竺大岸百里。又西四日行，经没来国（今印度马拉巴尔），南天竺之最南境。又西北经十余小国，至婆罗门西境。又西北二日行，至拔颭国（今印度西海岸孟买北之布罗奇）。又十日行，经天竺西境小国五，至提颭国（今印度西北海岸或巴基斯坦卡拉奇东），其国有弥兰太河（今印度河），一曰新头河，自北渤昆国来，西流至提飓国北，入于海。又自提飓国西二十日行，经小国二十余，至提罗卢和国（今伊朗西部波斯湾头阿巴丹附近），一曰罗和异国，国人于海中立华表，夜则置炬其上，使舶人夜行不迷。又西一日行，至乌剌国（今伊拉克奥波拉），乃大食国之弗利剌河（今幼发拉底河），南入于海（今波斯湾）。小舟溯流二日至末罗国（今伊拉克巴士拉），大食重镇也。又西北陆行千里，至茂门王所都缚达城（今伊拉克巴格达）。①

可以看出，当时海路是从广州出发，经越南，绕马来半岛南端，从苏门答腊岛东南行至爪哇岛，又西行，穿过马六甲海峡，从印度洋尼科巴群岛至狮子国（即斯里兰卡），然后又绕印度次大陆南端，从印度西海岸向西北，至伊朗西部波斯湾头，过波斯湾，到末罗国（即伊拉克巴士拉），海路航行至此。此后再沿陆路行千里，最终到缚达城，即巴格达一带。

另外在一些波斯、阿拉伯文著作中，也记载了公元8~9世纪间这条自西向东的海上航线。如阿拉伯文史籍《中国印度见闻录》记载了阿拉伯商人从波斯湾至广州所经历的各种见闻。该书约成书于公元851年，书中提到阿拉伯商人将货物从巴士拉（Bassorah）、阿曼以及其他地方运到尸罗夫（Siraf，今伊朗波斯

① （宋）欧阳修等：《新唐书》卷四三下《地理七下》，第1153~1154页。今地释名参见〔法〕伯希和《交广两道考》，冯承钧译，中华书局，2003，第234~284页；荣新江：《唐朝与黑衣大食关系史新证——记贞元初年杨良瑶的聘使大食》，氏著《丝绸之路与东西文化交流》，第92~95页；周伟洲：《长安与南海诸国》，西安出版社，2003，第132~133页。

湾港口），大部分中国船在此装货，巴士拉距尸罗夫水路一百二十法尔沙赫。从尸罗夫航行到阿曼北部一个叫马斯喀特（今阿曼首都）的地方，然后从马斯喀特前往印度。先开往故临（Koulam Malaya，今印度西海岸奎隆一带），中等风力需要一个月，这里供应淡水，并对中国船只征收关税，每艘中国船只缴税一千个迪尔汗（dirhems），其他船只缴税十到二十个迪纳尔（dinar）。从故临航行前往个罗国（Kalah-Vâra，约在今马六甲地区），这是爪哇王国。此后大约又航行一个月，到达一个叫占婆（今越南中南部）的地方，然后航行近一个月，穿过"中国之门"，向着涨海前进。船只通过"中国之门"后，便进入一个江口，在中国地方登岸取水，并在该地抛锚，此处即中国城市（今广州一带）。[①]

　　成书于公元846年，由阿拉伯人伊本·胡尔达兹比赫所著的《道里邦国志》亦记载从巴士拉出发，沿波斯海岸航行到东方去的海上航程，即从巴士拉出发，沿波斯湾航行。

　　　　海（即波斯湾）的右岸属阿拉伯人，海的左岸属波斯人……从巴士拉至哈莱克（哈尔克岛）为50法尔萨（沙）赫……至乌尔木兹（Urmūz，即霍尔木兹，今伊朗阿巴斯港一带）……至代义布勒（Al-Daybul，贾耽称提颶），从代义布勒至米赫朗（Mihrān，贾耽称"弥兰大河，一曰新头河"）的入海口，须行海路2法尔萨（沙）赫……至穆拉

---

① 〔阿拉伯〕佚名：《中国印度见闻录》，穆根来、汶江、黄倬汉译，中华书局，1983，第7~9页。

（贾耽记为"没来国"）为 5 日程……从穆拉到布林（Bullīn）须行 2 日程……前往塞兰迪布（今斯里兰卡）须行 1 日程……至艾兰凯巴鲁斯（Alankabālūs，今尼科巴群岛），其间有 10 日至 15 日程……前行 6 日，抵凯莱赫岛（Kalah，贾耽称之为"个罗"），这里是印度人的加巴（Jābah，即爪哇）帝国……再行 15 日，即抵香料园之国（今马鲁古群岛）……至海岸上的栓府（Al-Ṣanf，即占婆，今越南河内一带）为 3 日程。栓府产栓府沉香……从栓府至中国第一个港口鲁金（Lūqīn，即龙编，今越南河内一带），陆路、海路皆为 100 法尔萨（沙）赫。在鲁金，有中国石头、中国丝绸、中国的优质陶瓷，那里出产稻米。从鲁金至汉府（Khānfū，即广州），海路为 4 日程，陆路为 20 日程，汉府是中国最大的港口。①

该书还记载从汉府可至汉久（Khanjū，应指杭州），从汉久可至刚突（Qāntū，即江都郡），这几个港口，各临大河，海船能在这些大河中航行。该书可以说对行经的地点和里程都有记载，正好可以与贾耽的自东向西航路相互补充、印证，从另一个方面说明这条航线的重要性。自马六甲海峡以西一段航程多与《中国印度见闻录》重复，马六甲海峡以东的航路在南海及印度洋一带有了进一步的发展。

阿拉伯学者马苏第《黄金草原》也描述了阿拉伯商人从巴士拉乘船前往阿曼，然后又由海路前往吉打，并乘一艘中国船只前往广州。其中他也提到"中国的船只驶往阿曼、尸罗夫、法

---

① 〔阿拉伯〕伊本·胡尔达兹比赫：《道里邦国志》，宋岘译注，第 63~72 页。

尔斯和巴林海岸、乌布拉和巴士拉，而这些地区的人也直接航行到中国"①。《黄金草原》成书较晚，约 10 世纪初，其记载也说明中国南海和波斯湾、东非海岸等海路交往的频繁。

从东西方文献记载的分析可以看出，自 6 世纪以来随着波斯帝国称霸海上，东西方的航路有了进一步的发展，公元 6 世纪至 9 世纪，波斯舶横行于从波斯湾至中国南海之间的海面上，而中国的船只也直航至波斯湾尸罗夫、巴士拉一带，双方的贸易联系持续而有序地展开，大量的波斯商贾循海路来到中国，更加促进了这个时期海路的发展。尽管 10 世纪以后阿拉伯海上贸易向东非一带转移，自波斯湾至中国南海的海上航线依旧持续地进行。

总之，萨珊波斯帝国存在 4 个多世纪，其与东方中国的联系也存在了数百年，虽然相隔遥远，但无论是陆路还是海路，萨珊波斯都积极发展与中国的关系。陆上交通随着隋唐经营西域的深入而得到进一步发展，路线走向更加多样化，道路更加畅通，路线里程等记载更为翔实。海上交通自公元 6 世纪左右波斯湾一带为萨珊波斯所控制，与东方的海路贸易达到一个高潮。尤其是有唐一代，东西之间可以直航，不少波斯商胡泛海东来，活跃于中国东南沿海，有的继而北上中原，来到长安、洛阳等大都市。他们泛海经商、识宝卖宝等本领为中国人所熟知，从而成就了中西文化交流史上的一段佳话，也成就了唐及以后海上丝绸之路的一个大的发展，继之而起的阿拉伯人等在唐宋元时代的海外贸易和

---

① 〔阿拉伯〕马苏第：《黄金草原》，耿昇译，青海人民出版社，1998，第 182～183 页。

海上丝绸之路上举足轻重，与早期波斯商胡的努力和贡献是密不可分的。

随着萨珊波斯与东方尤其是中国交通交往的频繁与密切，双方之间的政治经济与文化宗教等的交流也得以展开，从而开启了中古时期波斯文明与东方文明的一次直接对话，对双方的文化生活都产生了深远的影响。

附录：萨珊朝世系表[①]

阿尔达希尔一世（Ardashir Ⅰ）　　224～240 年在位

沙普尔一世（Shāpūr Ⅰ）　　240～272 年在位

霍尔米兹德一世（Hormuz Ⅰ）　　272～273 年在位

白赫兰一世（Bahram Ⅰ）　　273～275 年在位

白赫兰二世（Bahram Ⅱ）　　275～293 年在位

白赫兰三世（Bahram Ⅲ）　　293 年在位

纳尔西或泥涅师（Nasir）　　293～303 年在位

霍尔米兹德二世（Hormuz Ⅱ）　　303～309 年在位

沙普尔二世（Shāpūr Ⅱ）　　309～379 年在位

阿尔达希尔二世（Ardashir Ⅱ）　　379～383 年在位

沙普尔三世（Shāpūr Ⅲ）　　383～388 年在位

白赫兰四世（Bahram Ⅳ）　　388～399 年在位

伊嗣侯一世（Yazdegerd Ⅰ）　　399～420 年在位

白赫兰五世（Bahram V）　　420～438 年在位

---

① 主要根据《中亚文明史》第 3 卷等整理，见〔俄〕B. A. 李特文斯基主编《中亚文明史》第 3 卷，马小鹤译，第 56 页。

伊嗣侯二世（Yazdegerd Ⅱ）　　　　438～457 年在位

霍尔米兹德三世（Hormuz Ⅲ）　　　457～459 年在位

卑路斯一世（Peroz Ⅰ）　　　　　459～484 年在位

巴拉什（Valash）　　　　　　　　484～488 年在位

卡瓦德一世（Kavadh Ⅰ）　　　　488～496 年、498～531 年
　　　　　　　　　　　　　　　在位

扎马斯普（Jamasp）　　　　　　　497～499 年在位

胡斯洛一世（Khosrau Ⅰ）　　　　531～579 年在位

霍尔米兹德四世（Holmizd Ⅳ）　　579～590 年在位

胡斯洛二世（Khosrau Ⅱ）　　　　590～628 年在位

白赫兰六世（Bahram VI）　　　　590～591 年在位

霍尔米兹德五世（Holmizd V）　　？～590 年在位

维斯塔赫姆（Vistakham）　　　　591～597 年在位

卡瓦德二世（Kavadh Ⅱ）　　　　628 年在位

胡斯洛三世（Khosrau Ⅲ）　　　　629 年在位

阿尔达希尔三世（Ardashir Ⅲ）　　629～630 年在位

卑路斯二世（Peroz Ⅱ）　　　　　630～631 年在位

霍尔米兹德六世（Holmizd VI）　　631～632 年在位

阿扎尔米杜赫特（Azarmigdukht）　633～634 年在位

伊嗣侯三世（Yazdegerd Ⅲ）　　　634～651 年在位

第二节　南北朝时期萨珊波斯与中国的交往

公元 224 年，萨珊王朝的建立者阿尔达希尔一世（Ardashir

I）杀死了帕提亚（安息）王阿尔达汪五世（Ardavan V），攻占了帕提亚首都泰西封，建立了历史上著名的萨珊王朝，此后直到公元651年波斯末代主伊嗣侯三世被大食所灭，萨珊王朝灭亡为止，这个王朝存在了4个多世纪，时间上也相当于中国的魏晋南北朝至唐初时期。这段时间波斯帝国与中国有了进一步的联系和交往，有不少波斯人循着丝绸之路来到中国。

萨珊王朝最强盛时，曾地跨欧亚非三洲，其东境包括巴克特里亚、索格狄亚那及喀布尔河谷等地，可以说与中国地域接近，双方的联系与交往也开始密切起来。

自萨珊王朝建立起，其与中国交往的记载，主要出现在南北朝时期。尽管这一时期中国南北政权对峙，但无论是南朝还是北朝都努力寻求与西域的交往和联系，其中也包括西亚的萨珊波斯帝国。

一 北朝与波斯

据史载，中国和中西亚自两汉以来在中断很长一段时间之后开始有了直接交往，主要在北魏时期，也即从公元5世纪中叶北魏统一北方开始。在这之前，中国长期处于彼此纷争的分裂状态，和西域的联系时断时续，更遑论遥远的西亚波斯。《魏书》中第一次出现波斯之名，是在文成帝时期，文成帝曾遣使者出使波斯，此处波斯即指萨珊波斯帝国。此后直到西魏废帝二年（553），波斯使者到访西魏都城长安为止，[①] 可以说波斯和北魏、西魏等都有通使往来，其中和北魏的通使就有10次之多。

自北魏建立以后，对西域的经营提上了日程。太祖初年

---

① 《周书》卷50《异域传》，中华书局，1971，第920页。

"经营中原，未暇于四表"，随着北魏太武帝灭北凉，打通与河西的联系，也开始了经营西域的步伐。如《魏书》载北魏太武帝拓跋焘太延中（435～440）曾出使西域等地。

> 魏德益以远闻，西域龟兹、疏勒、乌孙、悦般、渴盘陀、鄯善、焉耆、车师、粟特诸国王始遣使来献……于是始遣行人王恩生、许纲等西使，恩生出流沙，为蠕蠕所执，竟不果达。又遣散骑侍郎董琬、高明等多赍锦帛，出鄯善，招抚九国，厚赐之。[1]

尤其是北魏太平真君六年（445）以后，北魏与西域诸国的交通达到一个高潮，西域中西亚诸国遣使北魏不但多而且持续集中，更为重要的是北魏与西方大国波斯、拜占庭、南天竺等建立了正式的外交关系。

北魏与波斯的外交关系一直持续到西魏时期，其间波斯有数次遣使活动。《北史·波斯传》云："神龟中，其国遣使上书贡物，云'大国天子，天之所生，愿日出处常为汉中天子。波斯国王居和多千万敬拜。'朝廷嘉纳之。自此，每使朝献。"[2] 如北魏高宗和平二年（461）、北魏显祖天安元年（466）、北魏献祖皇兴二年（468）、北魏高祖承明元年（476）、北魏世宗正始四年（507），均遣使朝献；北魏肃宗熙平二年（517）、神龟元年

---

[1] 《魏书》卷102《西域传》，中华书局，1974，第2259～2260页。

[2] 《北史》卷97《西域传》，中华书局，1974，第3223页。神龟为孝明帝年号（518～519），考其时波斯王在位者，为卡瓦德一世（Kavadh Ⅰ）。《魏书》所记朝献之居和多，应即卡瓦德一世。

（518）与疏勒等并遣使朝献；肃宗正光二年（521），与居密并遣使朝贡，正光三年（522），遣使朝贡；① 西魏恭帝二年（555），其王又遣使献方物。② 《周书·异域传》"波斯"条云："魏废帝二年（553），其王遣使来献方物。"③ 终北魏、西魏时代，波斯遣使不下 10 次，都集中在 5 世纪下半叶至 6 世纪上半叶。其中 5 次是在定都平城时期，5 次在迁都洛阳以后。

而北朝时期亦有出使波斯的活动。约在北魏文成帝太安元年（455），北魏遣"使者韩羊皮出使波斯，波斯王遣使献驯象及珍物，经于阗"④。当时还有出使迷密的谷魏龙，⑤ 出使嚈哒的高徽等。⑥ 迷密应即隋唐时期的米国，《新唐书》称米国或弥末，其地在今撒马尔罕西南一带。而此时期的嚈哒也势力强盛，占据阿姆河以南及部分呼罗珊地区，波斯王曾数度向其称臣纳贡。看来这一时期是北魏出使西域的高峰期，有学者指出，在波斯一面，嚈哒作为中亚强权的出现，对波斯帝国的东部边境造成了严重威胁，使萨珊波斯帝国的安全面临新的考验，中国北方政权作为联合对象进入波斯的外交视野。⑦

---

① 《魏书·高宗纪》《魏书·显祖纪》《魏书·献祖纪》《魏书·高祖纪》《魏书·世宗纪》《魏书·肃宗纪》等。参见韩香《两汉迄五代中亚胡人的来华及活动》，中国社会科学出版社，2015，第 50 页。

② 《北史》卷 97《西域传》，第 3223 页。

③ 《周书》卷 50《异域下》，第 920 页。

④ 《魏书》卷 102《西域传》，第 2263 页。

⑤ 20 世纪七八十年代，巴基斯坦北部岩刻上发现一些古代行旅的汉文题记，其中一处刻有："大魏使谷魏龙今向迷密使去"。见马雍《巴基斯坦北部所见"大魏"使者的岩刻题记》，载氏著《西域史地文物丛考》，文物出版社，1990，第 129~137 页。

⑥ 《魏书》卷 32《高湖传》，第 754 页。平西将军高徽"延昌中，假员外散骑常侍，使于嚈哒，西域诸国莫不敬惮之，破洛侯、乌孙并因之以献名马"。

⑦ 张绪山：《萨珊波斯帝国与中国—拜占庭文化交流》，载《全球史评论》第 3 辑，中国社会科学出版社，2010，第 101 页。

除了韩羊皮，北朝遣使波斯的大概还有波斯使主张道义。据《周书》卷36《令狐整传》载：

> 寻而城民张保又杀刺史成庆，与凉州刺史宇文仲和构逆，规据河西……（令狐整）进军击保……于是乃推波斯使主张道义行州事，具以状闻。诏以申徽为刺史，征（令狐）整赴阙，授寿昌郡守。[1]

《资治通鉴》卷159亦载"乃推魏所遣使波斯者张道义行州事"[2]。此事发生在西魏大统十二年（546），使主为当时习语，指派遣使团之首领，张道义既称波斯使主，又非瓜州当地之人，当是西魏朝廷所遣。不过周一良先生根据《北史·波斯传》于恭帝二年献方物后，又记"隋炀帝遣云骑尉李昱出使波斯"，而不及张道义，疑其未能成行。[3] 姜伯勤先生也指出这位波斯使主张道义大概为西魏报聘波斯的正式使节，西魏大统十二年（546）正滞留在敦煌。而公元546年前后的萨珊波斯正值胡斯洛（库思老）一世在位，也是萨珊波斯鼎盛时期，在东方正向中亚一带推进，打败嚈哒，并与突厥结盟，公元558年突厥灭嚈哒，波斯和突厥得以瓜分阿姆河东西地区。因而此"波斯使主"一度在敦煌的政局动荡中"行州事"，也从一个侧面反映出敦煌是西魏、北周与波斯交通及通使的一个重要门户。[4]

---

① 《周书》卷36《令狐整传》，第642~643页。
② 《资治通鉴》卷159"武帝中大同元年"条，中华书局，1956，第4938页。
③ 周一良：《魏晋南北朝史札记》，中华书局，1985，第484页。
④ 姜伯勤：《敦煌吐鲁番文书与丝绸之路》，文物出版社，1994，第53~54页。

　　至于通使缘由，可能跟当时中亚政局有关。西魏大统年间（535～551），中西亚地区面临着嚈哒、突厥、波斯三方势力的角逐，随着波斯势力向东方的推进，和嚈哒发生冲突，此时期突厥势力也崛起于东方，西部可汗室点密势力控制了西域，波斯与突厥为邻。库思老一世与突厥结盟，共同对抗嚈哒，其后双方于公元558年前后，联兵灭嚈哒，他们以阿姆河为界，中分其地。在敦煌"行州事"的波斯使主大概负有一定的政治使命。在张道义为波斯使主行州事的前一年，也即西魏大统十一年（545），宇文泰也曾遣酒泉胡安诺槃陀使突厥，考虑到当时波斯与突厥结盟，但均愿通好中国，西魏的出使行动也应有响应之意。张星烺先生认为，宇文周之出兵，必为援波斯以抗突厥也。①

　　对于北朝时期遣使波斯情况，我们也仅有这两条材料。② 无论是北魏平城时代文成帝的遣使，还是西魏宇文泰时期的波斯使主，都说明在萨珊波斯强盛时期，与东方的交往日益密切。相对于北朝对波斯的遣使，萨珊王朝与东方中国的交往联系更为主动，从北魏至西魏时期源源不断地遣使朝贡可以看出。当然这其中有很多冒贡使之名而来的商人，对他们来说，东方中国在商业贸易上更具有吸引力，丝路沿线萨珊银币的大量发现可以为证。

---

① 张星烺编注，朱杰勤校订《中西交通史料汇编》第二册，第1053页。

② 据马尔科姆《波斯史》记载，在卡瓦德杰的儿子努细尔旺（Kosru Naoshirwan，汉文史籍中称库萨和）（531～579）执政时，中国皇帝派遣的一个使团来到波斯宫廷，带来豪华的礼品。〔英〕裕尔撰，〔法〕考迪埃修订《东域纪程录丛》，第75页。张星烺、夏鼐均认同双方有通使的可能性。夏鼐：《综述中国出土的波斯萨珊银币》，《考古学报》1974年第1期；姜伯勤：《敦煌吐鲁番文书与丝绸之路》，第51页。

另外，1981 年山西大同南郊小站村花圪塔台正始元年（504）北魏大将军封和突墓出土的狩猎纹银盘、高足银杯、八曲银盘、琉璃碗等，1970 年大同南郊轴承厂北魏遗址出土的八曲银盘、鎏金錾花银碗、高足铜杯等，都具有浓郁的西亚文化色彩。据学者研究，这几件狩猎纹银盘、银碗等具有萨珊波斯风格，是中国和西亚等地文化交流的历史见证。[①]

二　南朝与波斯

南朝历经宋、齐、梁、陈四朝，其中南朝的萧齐政权与西域的往来更加频繁。据《梁书》等载，当时遣使来贡的有龟兹、于阗、滑国（嚈哒）、高昌等，还有波斯、北天竺、呵跋檀国、胡密丹国、末国等葱岭以西诸国。其中波斯和梁朝通使约有三次，即梁中大通二年（530）、中大通五年（533）四月及八月，波斯均遣使献佛牙等方物。[②]

现存梁元帝萧绎所绘的《职贡图》宋摹本中就有波斯使者的形象及相关题记。据《梁书·元帝纪》载萧绎撰有《职贡图》一卷，该图宋人摹本残片曾收藏于南京博物院，现藏于中国国家博物馆。残存部分上绘有入贡十二国使臣，每位使臣肖像之后均有题记一则，所述诸国情况与《梁书》相符，但较梁书详细。这十

---

① 夏鼐：《北魏封和突墓出土萨珊银盘考》，《文物》1983 年第 8 期，第 5～7 页；马雍：《北魏封和突墓及其出土的波斯银盘》，《文物》1983 年第 8 期，第 9～11 页；王银田：《萨珊波斯与北魏平城》，《敦煌研究》2005 年第 2 期，第 52～56 页。

② 《梁书》卷 54《诸夷传》，中华书局，1973，第 815 页；《梁书》卷 3《武帝纪》，第 77 页。参见韩香《两汉迄五代中亚胡人的来华及活动》，中国社会科学出版社，2015，第 50 页。

二国中，属西域的有八国：滑国、波斯、龟兹、周古柯、呵跋檀、胡密丹、白题、末国。① 正如萧绎在《职贡图》序所云："瞻其容貌，诉其风俗，如有来朝京辇，不涉汉南，别加访采，以广见闻，名为《贡职图》云尔。"② 《职贡图》虽是宋人摹本，但较忠实于原作。这其中波斯国一些情况因《职贡图》所保存的图像和题记而得以存留下来。从图像来看，波斯使臣方脸，狮子鼻，连鬓大胡，剪发齐颈，戴汤锅形花帽，内穿贯头衫，外套翻领长袍，袍边袖口缘有锦绣，束腰带，踏皮靴，具有典型的胡人特征。其题记云："大通二年遣中经犍陀越奉表献佛牙。"犍陀越应即犍陀罗，《梁书》记载中大通二年（530），波斯遣使献佛牙，应为同一件事，只是时间有出入。考虑到此画为萧绎在梁武帝"君临天下四十载"、四处寻访时所作，即如上述《职贡图》序曰："夷歌成章，胡人遥集，款开蹶角，沿溯荆门，瞻其容貌，诉其风俗，如有来朝京辇，不涉汉南，别加访采，以广见闻，名为《贡职图》云尔。"③ 可知既是采访所得，记录较为准确。另外，《梁书·诸夷列传》学界多认为是根据《职贡图》题记所编或有相同的资料依据，④ 因而波斯与梁的通贡时间当以《职贡图》为准。

《职贡图》所载波斯献佛牙等物，考虑到波斯地区流行拜火教等，佛牙不是该地区特产，应是经犍陀罗而来，估计是转贩之物。

---

① 金维诺：《"职贡图"的时代与作者——读画札记》，《文物》1960 年第 1 期，第 14～16 页及图版；钱伯泉：《"职贡图"与南北朝时期的西域》，《新疆社会科学》1988 年第 3 期，第 80～81 页。

② （唐）欧阳询撰，汪绍盈校《艺文类聚》卷 55《杂文部一》引梁元帝《职贡图序》，上海古籍出版社，1982，第 997 页。

③ （唐）欧阳询撰，汪绍盈校《艺文类聚》卷 55《杂文部一》引梁元帝《职贡图序》，第 997 页。

④ 余太山：《两汉魏晋南北朝正史西域传研究》，中华书局，2003，第 81 页。

梁武帝佞佛，也很有可能是商人投其所好，冒贡使之名而来。

南朝梁等政权与波斯等的交往主要是通过青海道与西域一带发生联系。《梁书·滑国传》云滑国（即嚈哒）：

> 自魏、晋以来，不通中国，至天监十五年（516），其王厌带夷栗陁始遣使献方物。普通元年（520）又遣使献黄师子、白貂裘、波斯锦等物。七年，又奉表贡献……其言语待河南人译然后通。[1]

可知滑国与梁之间存在着贸易往来，"河南人"即指青海吐谷浑人，由此可以推断滑国来的贡使是从吐谷浑境内经过，然后南下经松潘及岷江而至南朝，南朝与西域的交往也自然经过吐谷浑控制的青海道，文献中所提到的"黄师子""波斯锦"等显然属于来自西亚的转贩贸易品。

南朝政权与西域之间的交往随着青海道的发展而展开，这条道路上既有往来的客使，亦有从事转贩贸易的胡商，此外亦有不少的求法高僧往来于这条路上。在西域高昌的出土文书中也出现"吴客"的字眼，吴客即南方的客使，说明这条道路的繁盛程度。[2] 由此可以看出，梁朝与西域诸国有着较为密切的政治经济交往，贡使、高僧、胡客等往来比较频繁。萧梁之后，史籍不见有西域诸国通使的记载。

---

① 《梁书》卷54《滑国传》，第812页。

② 唐长孺：《南北朝期间西域与南朝的陆道交通》，载《魏晋南北朝史论拾遗》，中华书局，1983，第185页；荣新江：《阚氏高昌王国与柔然、西域的关系》，《历史研究》2007年第2期，又见氏著《丝绸之路与东西文化交流》，第49~50页。

第三节　隋唐时期萨珊波斯与中国的交往

萨珊波斯和中国的政治交往始于北魏时期，一直持续到西魏，波斯和北魏、西魏、南朝梁等都有通使往来。当时所谓的交流盛况正如《洛阳伽蓝记》所载："自葱岭已西，至于大秦，百国千城，莫不欢附；商胡贩客，日奔塞下，所谓尽天地之区矣。"① 虽然指的是北魏时期的情形，但也说明南北朝时期西亚等地与中国交往的频繁。

隋唐以降，随着经营西域的深入与西方来往的密切，波斯与中国的交往较南北朝时期有了更进一步的发展，双方不仅有频繁的通使往来，有唐一代长安等地更是成为萨珊波斯王族余裔的避难所，双方经济文化的影响既深且远。

一　萨珊波斯与隋的交往

隋朝建立后，统一南北。隋炀帝即位（604）时，海内晏平，国富民殷，加之炀帝本人是一个好大喜功的帝王，积极从事疆土的开拓，又开始了对西域经营。炀帝即位初，即遣侍御史韦节、司隶从事杜行满出使西域及中西亚诸国，"至罽宾（今克什米尔）得玛瑙杯；王舍城（今印度比哈尔西南之拉杰吉尔）得佛经；史国（今乌兹别克斯坦之沙赫里夏勃兹），得十舞女、师子皮、火鼠毛而还"②，至安国"得五色盐而返"③。除此之外，炀帝时，又

---

① （北魏）杨衒之撰，范祥雍校注《洛阳伽蓝记校注》卷3《城南》，上海古籍出版社，1982，第161页。
② 《隋书》卷83《西域传序》，第1841页。
③ 《隋书》卷83《西域传》"安国"条，第1849页。

曾遣使出使波斯，如《隋书·西域传》载，波斯王库萨和时期"炀帝遣云骑尉李昱使通波斯，寻遣使随昱贡方物"①。有学者认为李昱有可能是同韦节等一起出使的，这个使团在途中分为两路，一路以韦节为使南下印度，另一路以李昱为使赴伊朗地区。② 有学者推测李昱应该先随杜行满抵达安国，复自安国往赴波斯。③

这里提到的波斯王库萨和，应即波斯国王胡斯洛（库思老）二世（Khosrau Ⅱ，590～628 年在位），④ 他统治期间是萨珊波斯帝国版图最大且最辉煌的时期，与中亚的联系也比较密切。云骑尉李昱受命出使波斯，看来当时出使的规模不算小。李昱出使的目的大概与韦节等相同，有招徕西域之意。考虑到当时萨珊波斯与突厥都在积极扩张领土，处于互为敌国时期，⑤ 炀帝遣李昱出使波斯，也大概有寻找盟友、防制西突厥之意。

总之，李昱还是顺利到了波斯，波斯亦派使者随李昱前来贡方物，双方的政治交往又重新建立。根据《资治通鉴》记载，炀帝大业年间（605～618），"西域胡往来相继，所经州县，疲于迎送"⑥。当时来朝贡贸易者达三十余国，隋专门设"西域校尉以应接之"⑦，这其中应有韦节、李昱等出使宣扬国威及进行贸易的原因。虽然设"西域校尉"是为了接待西域各国使臣，但显然也反映出炀帝对西域的经营策略。如此一来，隋朝的势力

---

① 《隋书》卷 83《西域传》"波斯"条，第 1857 页。

② 〔日〕长泽和俊：《丝绸之路史研究》，钟美珠译，第 515～516 页。

③ 余太山：《两汉魏晋南北朝正史西域传要注》，商务印书馆，2013，第 582 页。

④ 张星烺编注，朱杰勤校订《中西交通史料汇编》第二册，第 1055 页。

⑤ 蓝琪：《西突厥汗国与萨珊波斯的关系》，《贵州师范大学学报》（社科版）1986 年第 2 期，第 82～85 页。

⑥ 《资治通鉴》卷 180"隋大业三年"条，第 5635 页。

⑦ 《隋书》卷 83《西域传序》，第 1841 页。

也渐渐伸入西域，如大业五年（609），炀帝西巡至张掖，裴矩说服高昌麴伯雅、伊吾吐屯设及西域二十七国使来朝见，并在吐谷浑故地设四郡，其中包括属于西域的鄯善、且末二郡。[①] 当时来隋朝贡贸易的包括西亚的波斯，还有属于波斯地区的乌那曷（今阿富汗北境马扎里沙里夫以西之巴尔赫）、穆国（即木鹿地区，今土库曼斯坦马雷）等。

这种情况持续时间并不长，因炀帝暴政，几年后天下大乱，隋也就灭亡了，经营西域的事业也如昙花一现，这种情形至唐才有所改观。

二　萨珊波斯亡国前与唐朝的政治交往

唐朝初年，萨珊王朝已日益衰败，但自贞观十二年（638）开始，频繁遣使入唐。如贞观十二年遣使朝贡，献活褥蛇；贞观十三年（639）、二十一年（647）、二十二年（648）均遣使贡方物。[②] 学界倾向认为此时波斯的频繁朝贡，有向唐求援之意。史载波斯胡斯洛二世死后，国内大乱，朝中派系倾轧，国无定主。[③] 而

---

① 《隋书》卷3《炀帝纪》，第73页；卷87《裴矩传》，第1850页。
② 《册府元龟》卷970《外臣部·朝贡三》，中华书局影印，1960，第11399～11401页。
③ 《旧唐书》载："隋大业末，西突厥叶护可汗频击破其国，波斯王库萨和为西突厥所杀，其子施利立……施利立一年卒，乃立库萨和之女为王，突厥又杀之。施利之子单羯方奔拂菻，于是国人迎而立之，是为尹恒支，在位二年而卒。兄子伊嗣候立。"（见《旧唐书》卷198《西戎传》，第5312页）张星烺先生认为库萨和（即胡斯洛二世）为国中元老所废，并非为突厥所杀。《旧唐书》此处记载有误。另外施利即喀瓦特二世，又名施罗。施罗死后，国中大乱，四年之间，凡易十二主。参见张星烺编注，朱杰勤校订《中西交通史料汇编》第二册，第1060页。沙畹、岑仲勉先生则认为库思老二世非突厥所杀，实为其子施利（Schrioë）命人所害。〔法〕沙畹：《西突厥史料》，冯承钧译，第156页；岑仲勉：《西突厥史料补阙及考证》，中华书局，2004，第216页。

此时大食新兴，派兵东侵，引起了波斯朝野上下的惶惧，于是共同拥立胡斯洛二世孙伊嗣侯三世（634～651年在位），他可谓受命于危难之际。尽管伊嗣侯三世竭力挽救败局，曾组织大规模抵抗，但无法阻挡大食的铁骑。635年（贞观九年），大食军攻克大马士革，迎哈里发徙而都之，637年（贞观十一年），大食军在幼发拉底河西岸大胜波斯军，并乘胜渡过底格里斯河，直捣其首都泰西封。[①] 因而从当时形势分析，贞观十二年（638）、十三年（639）等波斯入贡，有明显向唐朝廷求援之意。

贞观十四年（640），唐太宗遣侯君集率大军击灭了西突厥控制下的麴氏高昌王朝，置西州、庭州，又设安西都护府于西州，统伊、西、庭三州，为唐大规模经营西域奠定了基础。至贞观二十一年（647），唐相继平焉耆、龟兹、于阗等，迁安西都护府于龟兹，统龟兹、于阗、焉耆、疏勒四镇（后以碎叶代焉耆），即"安西四镇"。而此时西突厥频繁易主，国势衰微，所属中西亚诸藩国纷纷归心向唐。因而文献中出现的贞观二十一年、二十二年（648）波斯遣使朝贡，即有慕意向化之意，亦继续请求结好唐朝，得到政治援助。

不过波斯的遣使求援活动并没有挽救其岌岌可危的衰亡命运。在唐高宗继位后，灭西突厥，统一西域，并在葱岭东西设置羁縻府州，西边大食（阿拉伯）也加快了向东扩张的步伐，高宗永徽二年（651），伊嗣侯三世被大食击败，逃到吐火罗境内的木禄（木鹿，今土库曼斯坦马雷）城，很快被击杀，萨珊帝

---

① 〔俄〕B. A. 李特文斯基主编《中亚文明史》第3卷，马小鹤译，第385～388页；王治来：《中亚史纲》，湖南教育出版社，1986，第234～235页。

国灭亡。

关于伊嗣侯三世的死亡原因，据阿拉伯文献记载，伊嗣侯三世为磨坊主所杀。而据《新唐书·西域传》云，波斯末代王伊嗣侯"为大酋所逐，奔吐火罗，半道，大食击杀之"。伊嗣侯三世为大食所杀或系误传。[1]

虽然伊嗣侯三世之死导致萨珊王朝灭亡，不过波斯和中国的联系并没有断绝，反而成就了一段佳话。据《新唐书》载，伊嗣侯三世死后的情况为：

> 子卑路斯入吐火罗以免。遣使者告难，高宗以远不可师，谢遣，会大食解而去，吐火罗以兵纳之。
>
> 龙朔初，又诉为大食所侵，是时天子方遣使者到西域分置州县，以疾陵城为波斯都督府，即拜卑路斯为都督。俄为大食所灭，虽不能国，咸亨中犹入朝，授右武卫将军，死。[2]

波斯为大食所灭后，伊嗣侯三世之子卑路斯（Perozes）王子曾避难吐火罗，并于永徽五年（654）遣使于唐告难，但高宗以路远没有答应出兵。卑路斯依靠吐火罗开展了长达十数年的复国斗争，这种情形一直持续到高宗咸亨年间，卑路斯携其子及萨珊贵族等避难唐都长安为止。

---

[1] 张星烺先生指出叶斯德苟特三世（即伊嗣侯三世）败于阿拉伯人，非为大首领所逐。波斯人抵抗阿拉伯人甚为勇猛，不得谓之懦弱也。叶斯德苟特在麻甫（Merv，即木鹿城）某磨坊内被杀，亦非大食兵所杀也。（张星烺编注，朱杰勤校订《中西交通史料汇编》，第二册，第1060～1061页）

[2] 《新唐书》卷221下《西域传下》，第6259页。

三　萨珊波斯亡国后与唐的政治关系

高宗龙朔元年（661）波斯又遣使告难，此时正值高宗遣使在西域一带建立羁縻府州时期，当时高宗派遣王名远为吐火罗道置州县使，到吐火罗地区设置羁縻府州，《旧唐书》载："卑路斯龙朔元年（661）奏言频被大食侵扰，请兵救援。诏遣陇州南由县令王名远充使西域，分置州县，因列其地疾陵城为波斯都督府，授卑路斯为都督，是后数遣使贡献。"[①]《新唐书·地理志》亦载此事，"龙朔元年，以陇州南由令王名远为吐火罗道置州县使，自于阗以西，波斯以东，凡十六国，以其土都为都督府，以其属部为州县。凡州八十八，县百一十，军、府百二十六"[②]，"仍于吐火罗国立碑以记之"[③]。次年正月，"立波斯都督卑路斯为波斯王"[④]。王名远以卑路斯所在的疾陵城（今伊朗锡斯坦俾路支省东北）为波斯都督府，拜卑路斯为都督。王名远立碑后即返回长安，将行程及置州情况写成《西域图志》一书，由宰相许敬宗呈上，高宗发布诏书予以承认。

当时与王名远一同出使的，应该还有在唐的波斯国大酋长阿罗憾。据20世纪初洛阳出土的《阿罗憾墓志》载，阿罗憾为：

> 波斯国人也。显庆年中，高宗天皇大帝以功绩有称，名闻（西域），出使招至来此，即授将军北门〔右领使〕，

---

① 《旧唐书》卷 198《西戎传》，第 5313 页。

② 《新唐书》卷 43 下《地理志七下》，第 1135 页。

③ 《旧唐书》卷 40《地理志三》，第 1649 页。

④ 《册府元龟》卷 964《外臣部·封册二》，第 11341 页。

侍卫驱驰。又充拂菻国诸蕃招慰大使，并于拂菻西界立碑。①

据学者研究阿罗憾是萨珊王朝的王族，也可能是前波斯王胡斯洛二世的孙子，比波斯末代主伊嗣侯三世小不了几岁，公元651年伊嗣侯三世被杀，其子卑路斯逃亡吐火罗。阿罗憾当时大概随卑路斯一起活动，因其在西域有威望，被高宗遣使召至长安，授将军北门右领使等，②显庆四年（659），被唐充拂菻诸蕃招慰大使，并于拂菻西界立碑。鉴于此时波斯大部分已被大食占据，断不能逾波斯而西，此拂菻西界，应指吐火罗地区。有学者指出阿罗憾出使拂菻（这里指吐火罗）与王名远在吐火罗立碑，实为同一历史事件，所谓拂菻诸蕃，其实就是吐火罗诸蕃，阿罗憾实际上就是吐火罗诸蕃招慰大使，③笔者同意这个看法。从墓志铭文可以看出，阿罗憾这次招慰是成功的，"诸国肃清，于今无事。岂不由将军善导者，为功之大矣"。前述王名远在显庆、龙朔年间出使册封活动中，对吐火罗一些府州的册封，有些大概是由阿罗憾来完成的。阿罗憾应是在完成任务后，和王名远一起返回唐朝复命。

不过这种情况没持续几年，波斯地区很快就被大食吞并。高宗咸亨年间（670～674）卑路斯等避难前来长安，授右武卫将军，

---

① 林梅村：《西域文明：考古、民族、语言和宗教新论》，东方出版社，1996，第95～96页。

② 马小鹤：《波斯国大酋长阿罗憾墓志考》，见氏著《摩尼教与古代西域史研究》，第573～574页。

③ 岑仲勉：《西突厥史料补阙及考证》，第231页；马小鹤：《波斯国大酋长阿罗憾墓志考》，见氏著《摩尼教与古代西域史研究》，第553页。

后客死长安。高宗调露元年（679），其子泥涅师师（Narses）在唐军护送下归国复辟，没有成功，寄寓吐火罗二十年。如史载高宗仪凤二年（677），西突厥十姓可汗阿史那匐延都支及李遮匐侵逼安西，联合吐蕃，吏部侍郎裴行俭建议：

> "今波斯王身没，其子泥涅师师充质在京，望差使往波斯册立，即路由二蕃部落，便宜从事，必可有功。"高宗从之，因命行俭册送波斯王，仍为安抚大食使。①

又仪凤三年（678），《旧唐书》载有：

> 令吏部侍郎裴行俭将兵册送卑路斯（即卑路斯之子泥涅师师）为波斯王，行俭以其路远，至安西碎叶而还，卑路斯独返。②

裴行俭此行的主要目的还是以送册立波斯王泥涅师师为掩护，准备计擒都支、遮匐，即所谓名义上是往吐火罗册送波斯王，实质上是自西州往碎叶一线解决西突厥十姓可汗阿史那都支叛乱的征行路线。③仪凤四年（679），裴行俭的这次行动大获成功，"立碑于碎叶城以纪其功，擒都支、遮匐而还"④。20世纪80年代，在吉尔吉斯斯坦托克马克西南的阿克别（贝）希姆古

---

① 《旧唐书》卷84《裴行俭传》，第2802页。
② 《旧唐书》卷198《西戎传》，第5313页。
③ 姜伯勤：《敦煌吐鲁番文书与丝绸之路》，第47~48页。
④ 《旧唐书》卷84《裴行俭传》，第2803页。

城（Ak-Beshim）遗址发现一块汉文残碑，据周伟洲先生考证，此碑就是裴行俭平西突厥都支、遮匐之乱后，于碎叶所立纪功碑之残石，碑文也有可能系裴行俭本人所撰写。①

波斯王子泥涅师师返国后，因国土为大食所占，没能回到波斯本土，"客吐火罗二十年"。此后随着大食名将屈底波出任呼罗珊总督，势力扩展到阿姆河流域，并占领吐火罗，泥涅师师已无容身之地。中宗景龙二年（708），又返回长安，授左威卫将军，后也客死中土。②萨珊波斯王裔卑路斯及其子泥涅师师避难中国，又相继客死长安，成就了唐与波斯关系史上的一段佳话。

据《册府元龟》《新唐书》《旧唐书》等记载，从太宗贞观十二年（638）至代宗大历六年（771），波斯遣使中国 30 多次。③除贞观至永徽年间的几次主要是遣使求援并告难，自龙朔二年（662）以后的遣使来朝，更多的是向唐表示归属，请求唐的接纳。其后随着卑路斯及其子泥涅师师客死长安，波斯国与唐的政治联系逐渐减弱。玄宗至代宗时期继续有波斯遣使朝贡的记载，应当更多的是留在当地的波斯余裔、臣属国或商人冒充贡使的商业活动了，但仍以波斯的名义进行。如位于里海南岸的陀拔思单国，据载：

> 居婆里城（Saria，撒里牙），世为波斯东大将。波斯
> 灭，不肯臣大食。天宝五载（746）王忽鲁汗遣使入朝，封

---

① 周伟洲：《吉尔吉斯斯坦阿克别希姆遗址出土残碑考》，载氏著《边疆民族历史与文物考论》，黑龙江教育出版社，2000，第 307～310 页。

② 《新唐书》卷 221 下《西域传下》，第 6259 页；《旧唐书》卷 198《西戎传》，5312～5313 页。

③ 韩香：《隋唐长安与中亚文明》，第 56～58 页。

为归信王。后八年，遣子自会罗来朝，拜右武卫员外中郎将，赐紫袍、金鱼，留宿卫。为黑衣大食所灭。[①]

类似国家还有苏利悉单国、舍磨国等，如天宝九载（750）九月，波斯苏利悉单国遣使朝贡，天宝十一载（752）十二月，舍磨国遣使来朝，皆赐锦袍、金带、鱼袋七事，放还蕃。[②]

从某些方面来说，自北魏以来，就应有不少波斯人来到中国，以洛阳为集中，这其中既有使节，也应有不少随使节而来的波斯商胡。隋炀帝招募西域，也有不少使节、商人等东来，而波斯人真正的入华活动则在有唐一代达到高潮。波斯自太宗贞观年间始就数次遣使朝贡，高宗时期虽然国灭，但遣使活动仍然进行，大概有七次之多，玄宗时期更是达到高峰，史载有 16 次之多，一直至代宗大历时期，遣使活动才终止。[③] 所谓自高宗时期开始及以后的波斯遣使活动应是波斯余部及后裔等开展的，但仍以波斯的名义进行。可以说萨珊波斯与东方中国的交往持续了 3 个多世纪，双方的政治关系并没有随着波斯的国灭而终止，反而因为对波斯流亡政权的接纳以及经济贸易的原因等又持续了约 1 个世纪之久。

随着波斯王族、使节等大量来到中国，有很多人长留不返，定居中国。如随卑路斯父子而来的波斯王室后裔，人数不会少，多寄寓中土。高宗仪凤二年（677），卑路斯请求在长安醴泉坊

---

①　《新唐书》卷 221 下《西域传下》，第 6259 页。

②　《册府元龟》卷 971《外臣部·朝贡四》，第 11413 页；卷 975《外臣部·褒异二》，第 11458 页。

③　统计数据参见韩香《隋唐长安与中亚文明》，第 56 ~ 58 页。

设波斯寺，[1] 在其周围应有一大批波斯皇族或贵族后裔。此外随使节而来的波斯商胡、僧侣等亦有不少，其中有些本身大概是商胡冒贡使之名而来，他们也将足迹印在中国大地上。波斯人的大量东来与定居显然与唐代海陆交通的发展及国力强盛、社会开放等有很大关系。

第四节　唐朝境内的波斯人及其活动

有唐一代，中西交通大开，国力强盛，加之统治者锐意经营西域，大量的西域胡人循着陆海丝绸之路来到中国，这其中包括波斯人、粟特人、吐火罗人及西域诸国人等。随着丝绸之路考古的新发现，学界更多地将目光投向了活跃在中古丝绸之路上的粟特人，并取得了丰硕的成果。而波斯人的入华活动因史料的阙载，关注较少。作为丝绸之路上两大文明的中心，中国文明和波斯文明有着较早的渊源关系，至少在西汉时期，西亚的帕提亚王朝（Parthian Empire，即汉文史籍中的安息王朝）就和汉王朝有了通使往来及经济文化交流，萨珊王朝兴起后，更是与东方中国有着直接或间接的往来，其中北魏、隋唐时期都是双方交往的密切时期。而波斯人真正的入华活动，则是在有唐一代达到了高潮，因而通过对唐代入华波斯人及其活动的探讨，可以使我们更深入地了解丝绸之路两大文明本源，即中国与波斯之间的交流，以及波斯人的入华活动对中国社会产生的影响等。

---

[1] （宋）宋敏求著，（清）毕沅校正《长安志》（一）卷10"醴泉坊"条，（台北）成文出版社有限公司，1970，第239页。

关于这个问题，荣新江、张广达等先生已有过较为细致的探讨与研究，[①] 但仍有要补充与讨论之处，笔者即在前辈学者研究的基础上，爬梳整理相关资料，尝试勾勒出这一时期入华波斯人的分布及活动情况。

一 唐朝境内的波斯人及其活动

唐朝境内的波斯人，除一部分可能是自北朝时期来华的波斯人及其后裔外，大部分应是隋唐时期随着丝绸之路的畅通及中西亚政治形势的变化而来到中国的。他们的活动范围，陆路方面多在丝路沿线，以两京地区为主；海路方面则主要集中在东南沿海的广州、扬州等地。

1. 两京地区

这是波斯上层人物最集中的地方，尤以长安为主，这其中就包括波斯萨珊王族后裔。

萨珊波斯王子卑路斯及其子泥涅师师等。如前所述，波斯为大食所灭后，王子（波斯末代主伊嗣侯三世之子）卑路斯于咸亨年间（670~674）避难前来长安，授右武卫将军，后客死长安。其子泥涅师师在唐军护送下归国复辟，没有成功，寄寓吐火罗二十年。中宗景龙二年（708），又返回长安，授左威卫将军，后也客死中土。随卑路斯父子而来的波斯王室后裔，人数不会少，多寄寓中土。如仪凤二年（677），卑路斯请求在长安醴泉

---

① 荣新江：《波斯与中国：两种文化在唐朝的交融》，载《中国学术》2002年第4辑，商务印书馆，2002，第5~76页；后收入氏著《丝绸之路与东西文化交流》，第62~80页。张广达：《唐代长安的波斯人和粟特人——他们各方面的活动》，唐代史研究会编《唐代史研究》第6号，2003，第3~16页；后收入氏著《文本·图像与文化流传》，广西师范大学出版社，2008，第51~68页。

坊设波斯寺，此波斯寺一般认为是景教寺院，[①] 说明其周围有一批波斯景教徒。

其间或其后陆续又有波斯人来长安，如南昧，乾陵石人像右二碑第三人的衔名为"波斯大首领南昧"，陈国灿先生认为其可能是与卑路斯同来长安的波斯大首领。[②]

穆沙诺，波斯首领。《册府元龟》卷 975 载，开元十三年（725）七月及十八年（730）十一月，波斯首领穆沙诺两次来朝，"授折冲，留宿卫"[③]，未注明要"放还蕃"，说明其在长安任职。开元年间到来的波斯首领应该不是来自波斯本土，从穆姓来看，应该是与原波斯东境的末禄国（即木鹿地区）有关。

苏谅及其妻马氏。1955 年冬，陕西省文物管理委员会在配合基建中，于西安西郊约两公里的土门村附近发现一方《唐苏谅妻马氏墓志》志石。志石上半刻有一种波斯文字，横书六行；下半为汉文，直书七行。汉文志文为"左神策军散兵马使苏谅妻马氏己巳生，年廿六，于咸通十五年（874）甲午□二月辛卯建廿八日丁巳申时身亡故记"。墓志外国文字部分由当时日本京都大学伊藤义教博士做了研究，伊藤博士确定志石外国文字部分为中古波斯文之巴列维文，刘迎胜先生对伊藤氏译文中拉丁转写的若干错误进行重新认读，加上外国学者研究校正的拉丁转写录出，其志文翻译如下："此乃已故王族，出身苏谅（家族）之左神策骑兵之长的女儿马昔师（Masis），于已故伊嗣侯（Yazakart）240 年，及唐

---

①　陈垣：《火祆教入中国考》，载《陈垣学术论文集》第一集，中华书局，1980，第216 页。

②　陈国灿：《唐乾陵石人像及其衔名的研究》，《文物集刊》第 2 辑，文物出版社，1980，第 198~199 页。

③　《册府元龟》卷 975《外臣部·褒异第三》，第 11450、11453 页。

朝之260年、常胜君王崇高之咸通十五年，（波斯阳历）十二月五日建卯之月于廿六（岁）死去。（愿）其（往）地与阿胡拉·马兹达及天使们同在极美好的天堂里祝福。"[①] 阿胡拉·马兹达为祆教之主神，志文说明苏谅及其妻马氏均为祆教徒，且都是波斯人，在其去世之时，仍使用波斯纪年。祆教本很早便流行于波斯及中亚一带，曾被萨珊朝立为国教，7世纪中叶，大食灭波斯，许多祆教徒东移，唐代长安、洛阳等地都有他们的祠宇，并置有萨宝府这一管理祆教的机构。武宗会昌五年（845）毁佛运动，祆教、摩尼教、景教等外来宗教亦受禁止。武宗死后，禁令才解除。此碑立于咸通十五年（874），正是祆教在会昌被禁后复盛的时代，苏谅及其妻马氏这时期仍旧坚持其祆教信仰。另外，值得注意的是，波斯人苏谅妻马氏死时之年代距大食灭波斯（651）已200余年，但其西部仍与唐保持友好关系，开元、天宝间继续有使者来华。在长安的波斯人仍继续使用波斯文字，信仰波斯国教。

李素及其家族。1980年，西安西北国棉四厂职工子弟学校操场出土了波斯人李素及其妻卑失氏的墓志。据《大唐故李府君墓志铭》志文：

> 公讳素，字文贞，西国波斯人也……公则本国王之甥也……祖益，初，天宝中，衔自君命，来通国好，承我帝

[①] 陕西省文物管理委员会：《西安发现晚唐祆教徒的汉、婆罗钵文合璧墓志——唐苏谅妻马氏墓志》及附录，《考古》1964年第9期，第458～461页；〔日〕伊藤义教：《西安出土汉婆合璧墓志婆文语言学的试释》，《考古学报》1964年第2期，第195～202页；刘迎胜：《唐苏谅妻马氏汉、巴列维文墓志再研究》，《考古学报》1990年第3期，第297～299页。

泽，纳充质子，止卫中国，列在戎行。拜银青光禄大夫，检
校左散骑常侍，兼右武卫将军，赐紫金鱼袋，特赐姓李，封
陇西郡，因以得姓也。父志，皇任朝散大夫守广州别驾上柱
国，公即别驾之长子也……（公）得神鼍之天文，究巫咸
之艺业。握算枢密，审量权衡，四时不忿，二仪无忒。大历
中，特奉诏旨，追赴阙庭……三年在内，累授恩荣，蒙敕赐
妻王氏，封太原郡夫人，兼赐庄宅、店铺，遂放还私第，与
夫人同归于宅……四朝供奉，五十余年，退食自公，恪勤无
替。夫人有子三人，女一人，长子及女早岁沦亡。至贞元六
年（790），不幸夫人倾逝。仲子景伲，朝请大夫，试太常卿、
上柱国、守河中府散兵马使；季子景伏，朝散大夫、试光禄
卿、晋州防御押衙……以贞元八年（792），礼聘卑失氏（突
厥族），帝封为陇西郡夫人。有子四人，女二人。长子景亮，
袭先君之艺业，能博学而攻文，身没之后，此乃继体；次子
景弘，朝议郎、试韩王府司马；少子景文，前太庙斋郎；幼
子景度，前丰陵挽郎……公往日历司天监，转汾、晋二州长
史，出入丹墀，栖翔凤馆……时元和十二年（817）岁次丁酉
十二月十七日终于静恭里也，享年七十有四……今于万年县
浐川乡尚博村观台里，用置茔垄，时元和十四年（819）己亥
岁五月戊寅朔十七日甲午迁葬于此……①

荣新江先生对此墓志做过深入研究。从志文上看，李素祖父益
初，自天宝年间（742～756）奉波斯王命，来唐出使，因纳质子，

---

① 吴刚主编《全唐文补遗》第三辑，三秦出版社，1996，第179页。

宿卫长安。事实上，天宝时波斯已是阿拉伯帝国的一个省份，不可能有自立的国王遣使入唐，且按唐代制度，都是藩王之子在唐为质。故李素不应是国王外甥，而应是国王之胤。从其祖、父两代的汉化姓名来看，李素家族应该很早的时候就来到中国。从唐初以来，唐朝就把大量外国质子和滞留不归的使臣隶属于中央十六卫大将军，宿卫京师，李益大概就属于这类波斯人。① 李素自幼随父在广州生活，大历中，因对天文星历之学的专长而被征召入京，任职于司天台，前后共 50 余年，经历代、德、顺、宪四朝，最终以司天监兼晋州长史翰林待诏身份，卒于元和十二年（817）。其诸子在长安及附近关内道和河东道任职，有的甚至成为乡贡明经。②

景教僧及烈等。前述李素家族就是来自波斯的景教徒，荣新江先生根据李素字"文贞"，在《大秦景教流行中国碑》侧叙利亚文和汉文对照的僧侣名单中找到了"Luka/文贞"，同时联系李素的六个儿子的名字中都有一个"景"字，判定这是一个来自波斯的景教家族。③ 除此之外，长安波斯景教僧还有不少，一些是跟随波斯末代王子来华的波斯贵族，一些是其后入华但身份不明者。如开元二十年（732）波斯王"遣首领潘那密与大德僧及烈朝贡"④，荣新江先生认为这里提到的大德僧及烈，以及建

① 陈长安主编《隋唐五代墓志汇编》陕西卷第 4 册，天津古籍出版社，1991，第 79 页；参见荣新江《一个入仕唐朝的波斯景教家族》，载叶奕良编《伊朗学在中国论文集》（第二集），北京大学出版社，1998，第 82~83 页，后收入氏著《中古中国与外来文明》，生活·读书·新知三联书店，2001，第 239~244 页。
② 见《大唐故陇西郡卑失氏夫人神道墓志铭》，《隋唐五代墓志汇编》陕西卷第 4 册，第 87 页。
③ 荣新江：《一个入仕唐朝的波斯景教家族》，载叶奕良编《伊朗学在中国论文集》（第二集），后收入氏著《中古中国与外来文明》，第 255~256 页。
④ 《册府元龟》卷 971《外臣部·朝贡四》，第 11409 页上栏。

立《景教碑》的景净和列名其上的许多景教士，实际都是波斯人，说明长安的景教一直都是由波斯的教士维持着。①

洛阳波斯王族后裔。前述 20 世纪初洛阳出土有波斯人《阿罗憾墓志》。据学者研究，阿罗憾是萨珊波斯的王族，也可能是前波斯王胡斯洛二世的孙子。公元 651 年伊嗣侯三世被杀，其子卑路斯逃亡吐火罗，阿罗憾当时大概随卑路斯一起活动，因其在西域有威望，被高宗遣使召至长安，授将军北门右领使等。② 显庆四年（659），被唐充拂菻诸番招慰大使，并于拂菻西界立碑。所谓拂菻诸番，其实就是吐火罗诸番，阿罗憾实际上就是吐火罗诸番招慰大使。③ 王名远在显庆、龙朔年间出使册封活动中，对吐火罗一些府州的册封，有些大概是由阿罗憾来完成的。阿罗憾应是在完成任务后，和王名远返回唐朝复命。由墓志可知，武则天延载元年（694），阿罗憾还曾为武则天造立天枢出资出力。后因功被封为右屯卫将军、上柱国、金城郡开国公。睿宗景云元年（710）以九十五岁高龄卒于洛阳私第。

除此之外，两京地区亦活跃有不少波斯大贾。如波斯商人李苏沙，《旧唐书》记载穆宗长庆四年（824），有"波斯大商李苏沙进沉香亭子材"④，其李姓应为后来所改之姓。李苏沙大概是宫廷御用商人，从其进贡"沉香亭子材"，可知其经商规模不

---

① 荣新江：《波斯与中国：两种文化在唐朝的交融》，氏著《丝绸之路与东西文化交流》，第 78 页。

② 马小鹤：《波斯国大酋长阿罗憾墓志考》，见氏著《摩尼教与古代西域史研究》，第 573 ~ 574 页。

③ 岑仲勉：《西突厥史料补阙及考证》，中华书局，2004，第 231 页；马小鹤的《波斯国大酋长阿罗憾墓志考》亦提出此观点，见氏著《摩尼教与古代西域史研究》，第 553 页。

④ 《旧唐书》卷 17 上《敬宗本纪》，第 512 页。

小。另外《乐府杂录》中还记载有关于波斯胡商之事：

> 康老子即长安富家子，落魄不事生计，酷好声乐，常与
> 国乐游处。一旦家产荡尽，偶一老妪持旧锦褥货鬻，乃以半
> 千获之。寻有波斯见，大惊谓康曰："何处得，此是冰蚕丝
> 所织，若暑月陈于座，可致一室清凉。"即酬千万。①

虽然此处所载多为笔记小说或野史，但多少也反映出波斯胡
人的经商与鉴宝能力。另外，在西域商人最集中的长安西市还有
波斯邸，《太平广记·杜子春》条云：

> 杜子春，盖周隋间人……方冬，衣破腹空……饥寒之色
> 可掬，仰天长吁。有一老人策杖于前，问曰："君子何叹？"
> 春言其心……老人曰："明日午时，候子于西市波斯邸。"②

波斯邸大概是波斯人经营的邸店，或是停驻波斯等商胡的地
方。东市的胡人店肆也有不少，如毕罗肆及卖胡琴者，大概就是
由西域或中亚的胡人经营，这其中亦有由波斯人经营的店铺。如
五代孙光宪《北梦琐言》云：

> 东市有隙地一片，窪下渟污。乃以廉值市之，俾妳妪将
> 煎饼盘就彼诱儿童，若抛砖瓦中一纸标，得一个饼。儿童奔

---

① （唐）崔令钦撰，吴企明点校《教坊记（外三种）》，中华书局，2012，第 144 ~
145 页。
② 《太平广记》卷 16《杜子春》，中华书局，1961，第 109 页。

> 走抛砖瓦博煎饼,不久,十分填其六七,乃以好土填之,起
> 一店,停波斯,日获一缗。他皆效此,由是致富。①

所谓停波斯,大概是停驻波斯之意。说明唐长安东西两市皆
有波斯胡人经营的店肆,而且颇有声望,往往成为地标性建筑。

2. 西南地区

有唐一代,巴蜀地区也是西域胡人活跃之地。南北朝隋唐时
期,自西域通商入蜀的胡人是不少的,如何妥家族。据《隋
书·何妥传》载:

> 何妥字栖凤,西城人也。父细胡,通商入蜀,遂家郫县,
> 事梁武陵王纪,主知金帛,因致巨富,号为西州大贾。②

陈寅恪先生认为"西城"是"西域"之误。③何妥父为细
胡,可以推知何妥家族应为来自中亚昭武九姓的何国人,萧梁时自
西域入蜀经商,家于郫县,因事梁武陵王纪,主持商业贸易,因此
成为西州大贾。这个家族至隋时还见于记载。《隋书·何稠传》载:

> 何稠字桂林,国子祭酒妥之兄子也……稠性绝巧,有智
> 思,用意精微。年十余岁,遇江陵陷,随妥入长安……稠博
> 览古图,多识旧物。波斯尝献金线锦袍,组织殊丽,上命稠

---

① (五代)孙光宪撰,贾二强点校《北梦琐言》卷10,中华书局,2002,第227页。
② 《隋书》卷75《何妥传》,第1709页;《北史》卷82《何妥传》记为"细脚胡",
第2753页。
③ 陈寅恪:《隋唐制度渊源略论稿》,中华书局,1963,第78~79页。

为之。稠锦即成，逾所献者，上甚悦。①

　　善织波斯锦的何妥家族虽然在隋朝时迁至长安，但肯定有不少西域商胡仍留在蜀地活动，这其中也应包括有不少波斯胡人。

　　虽然关于唐代巴蜀地区波斯人记载较少，但晚唐五代的一些材料仍可以看出波斯人在蜀地的活动轨迹，尤其是晚唐及前蜀、后蜀时期，有一些波斯人后裔活动于此。比较著名的有李珣家族，清彭遵泗《蜀故》载：

　　梓州李珣有诗名，其先波斯人，事蜀主衍，妹为衍昭仪，亦能词，有"鸳鸯瓦上忽然声"句。珣秀才预宾贡，国亡不仕，有感慨之音。②

又北宋黄休复《茅亭客话》亦载：

　　李四郎，名玹，字廷仪，其先波斯国人，随僖宗入蜀，授率府率。兄珣，有诗名，预宾贡焉。玹举止文雅，颇有节行，以鬻香药为业，善弈棋，好摄养，以金丹延驻为务。暮年以炉鼎之费，家无余财，唯道书药囊而已。③

　　可知李珣家族在前蜀地位不低，李珣为蜀主王衍宾贡，其妹

① 《隋书》卷68《何稠传》，第1596页。
② （清）彭遵泗编，倪亮校注《蜀故校注》卷17"著作"条，西南交通大学出版社，2020，第233页。
③ （宋）黄休复：《茅亭客话》卷2"李四郎"条，见《文渊阁四库全书》第1035册《子部·小说家类》，商务印书馆，第887页上。

为王衍昭仪，二人均有诗名，善辞藻。其弟李玹仍延续六朝隋唐波斯人往来经商的传统，以贩香药为业，文学艺术修养很高。这里的李珣家族应为唐末随僖宗入蜀而后客居梓州（今四川三台）的波斯人，其家族先与唐朝关系密切，客居蜀地后继而与前蜀王室关系密切。① 李珣还编有《海药本草》，其中有关于槟榔一项记载，"秦医云：槟榔二枚，一生一熟捣末，酒煎服之，善治膀胱诸气也"②。有学者认为此处的秦医就是大秦景教医士的简称，也即善医的波斯僧。③

除此之外，在五代十国时期的前蜀、后蜀、南平政权内，也有一些巴蜀地区著籍的波斯人。如宋路振《九国志》载：

> （石）处温，万州人，本波斯之种，任前蜀，为利州司马。同光中（923～926），知祥入蜀，补万州管内诸坛点检指挥使，率义兵同收峡路。④

据此可知石处温为波斯人后裔，在前、后蜀都为官。另《宋高僧传》载：

> 巴东……有穆昭嗣者，波斯种也，幼好医术，随父谒

---

① 姚崇新：《中古艺术宗教与西域历史论稿》，商务印书馆，2011，第308页。
② （五代）李珣原著，尚志均辑校《海药本草》（辑校本），人民卫生出版社，1997，第53页。
③ 蔡鸿生：《广州海事录——从市舶时代到洋舶时代》，商务印书馆，2018，第58页。
④ （宋）路振：《九国志》卷7《后蜀志·石处温传》，《续修四库全书》第333册《史部·别史类》，第307～308页。

之，乃画道士乘云……穆生后以医术有效，南平王高从诲令其去道从儒。①

此穆昭嗣，显为波斯人后裔，也是以医术而闻名，与南平王高从诲关系密切，不过从南平王令其去道从儒之事来看，其汉化较深，其祖上至少是隋唐时期来华之波斯人。穆昭嗣善医术之事在笔记小说中亦有反映。《太平广记》载：

> 秭归郡草圣僧怀濬者，不知何处人。唐乾宁初到彼，知来藏往，皆有神验……波斯穆昭嗣幼好药术，随其父谒之，乃画一道士乘云把胡卢，书云："指挥使高牒衔推。"穆生后以医药有效，南平王高从诲与巾裹，摄府衔推。②

可见穆昭嗣其人在晚唐五代时期以医术而闻名天下，虽汉化较深，但从其姓名及波斯人籍贯看，在相貌及文化习俗上应当还保留一些波斯人特征。

总之，晚唐及五代十国政权范围内也存在着一部分波斯人、粟特人的后裔，他们多是由唐末迁来，也有一些著籍者，以巴蜀地区为多。其中中亚粟特人后裔多入仕于十国政权，波斯人后裔则更多以经商等为业，从事香药贸易与医药医术等方面的活动。尽管史籍阙载，但仍可看出中西亚胡人活动范围之广，至五代时

---

① （宋）赞宁撰，范祥雍点校《宋高僧传》卷22《晋巴东怀濬传》，中华书局，1987，第562～563页。

② 《太平广记》卷98《怀濬》，第656页。

期亦不例外。

3. 东南沿海地区

随着唐代海上交通的畅通及经济的发展，在江南等地也聚集了不少胡商，主要以扬州、广州为主。扬州即隋代江都城，唐为扬州城，是中晚唐时期发展起来的南方大都市，有"扬一益二"之称。其地处南北要冲，扼大运河咽喉，同时也处于长江出海口，有着适宜于海运的条件，是连接海外与中国内地的交通枢纽。从扬州向南可直达杭州，向西北直达洛阳和长安两京。因而这里集聚了大量的中外商人，以波斯为代表的胡商不在少数。

关于扬州，杜甫有诗云：

> 商胡离别下扬州，忆上西陵故驿楼。为问淮南米贵贱，老夫乘兴欲东游。①

可知扬州一带是当时商胡通商之地。"商胡离别下扬州"，大概是胡商航海至广州，然后自广州至扬州，显然扬州一带胡人多来自海路。另据《旧唐书·田神功传》载：

> （田神功）寻为邓景山所引，至扬州，大掠百姓商人资产，郡内比屋发掘略遍，胡商波斯被杀者数千人。②

可以看出扬州一带确实聚集了不少商胡，从"胡商波斯被

---

① 《全唐诗》卷230杜甫《解闷十二首》，中华书局，1985，第2517页。
② 《旧唐书》卷124《田神功传》，第3533页。

杀者数千人"可知，这些商胡中应有不少波斯人。

2015 年扬州博物馆征集到一方唐代波斯人的墓志，该墓志据说是 2004 年在扬州古运河畔南宋普哈丁墓园南侧发现的。据墓志载：

> 府君世钦颖士。府君父名罗呼禄，府君称摩呼禄……望郡陇西，贯波斯国人也……舟航赴此，卜宅安居……于大和九年（835）二月十六日，殁于唐扬州江阳县之私第，时七十有五矣。[1]

该墓主人是扬州发现唐代有姓名可考的第一位波斯人。从墓主人父亲及其本人所称的"罗呼禄""摩呼禄"来看，其汉化并不深，但其使用汉文墓志，碑额题为"李府君"，又谓"世钦颖士"，应是来华有两代了，称李府君当为改姓。至于其身份，既是"舟航赴此，卜宅安居"，也应是晚唐时期自海路来华的波斯商胡。墓主人名"摩呼禄"，志文中记载其夫人为穆氏，"摩""穆"相通，《隋书》云穆国"都乌浒河之西，亦安息之故地"[2]，乌浒河即阿姆河，所谓安息故地也即萨珊波斯的一部分，其地应为木鹿（今土库曼斯坦马雷），因而摩呼禄一家应是来自中亚木鹿一带的波斯人，前述穆昭嗣也应是来自木鹿的波斯人。有学者指出这个呼禄可能是法号，也就是摩尼教呼禄法师的呼

---

① 郑阳、陈德勇：《扬州新发现唐代波斯人墓碑意义初探》，《中国穆斯林》2015 年第 3 期，第 60 页。

② 《隋书》卷 83《西域传》，第 1856 页。

禄，证明了呼禄源自波斯语。① 从"贯波斯国人"可知，尽管波斯在唐初既已亡国，但在相当长的一段时间里，波斯湾及其周边领地仍保留其称号，当地人仍以波斯人自居。从志文中可以看出，李府君婚姻仍属胡姓之间的联姻。摩呼禄家族应是晚唐时期随着海上丝绸之路的发展来华的波斯人。

除此之外，在《太平广记》中，也有不少关于扬州胡人识宝鉴宝的传奇，如《李勉》载：

> 司徒李勉，开元初，作尉浚仪。秩满，沿汴将游广陵（今扬州）。行及睢阳，忽有波斯胡老疾，杖策诣勉曰："异乡子抱恙甚殆，思归江都。知公长者，愿托仁荫……"勉哀之，因命登舻，仍给饘粥。胡人极怀惭愧，因曰："我本王贵种也，商贩于此，已逾二十年。家有三子，计必有求吾来者。"不日，舟止泗上，其人疾亟，因屏人告勉曰："吾国内顷亡传国宝珠，募能获者，世家公相。吾衔其鉴而贪其位，因是去乡而来寻。近已得之，将归即富贵矣。其珠价当百万，吾惧怀宝越乡，因剖肉而藏焉。不幸遇疾，今将死焉，感公恩义，敬以相奉。"即抽刀决股，珠出而绝。勉遂资其衣衾，瘗于淮上，掩坎之际，因密以珠含之而去。既抵维扬，寓目旗亭，忽与群胡左右依随，因得言语相接。傍有胡雏，质貌肖逝者。勉即询访，果与逝者所述契会。勉即究问事迹，乃亡胡之子。告瘗其所，胡雏号泣，发墓取而去。②

---

① 周运中：《唐代扬州波斯人李摩呼禄墓志研究》，《文博》2017 年第 6 期，第 70 页。
② 《太平广记》卷 402《李勉》，第 3240 页。

李勉故事反映了江南波斯人善藏宝识宝的背景。《太平广记》中亦记载扬州有波斯店，如《卢李二生》记载：

> 乃与一拄杖曰："将此于波斯店取钱……"……波斯见拄杖，惊曰："此卢二舅拄杖，何以得之？"依言付钱，遂得无事。①

以上笔记小说里所提到的波斯店，应该和唐代长安的波斯邸一样，属于西域商胡聚集及贸易之所，说明扬州是西域胡人聚居之地。有学者研究认为扬州作为中晚唐东南地区的重要城市，是一个聚集了包括粟特、波斯商人和普通移民在内的大量异国人士的国际贸易都会。② 亦有学者分析指出，"安史之乱"后，扬州利用其连接唐政府财政来源地江南地区和长安、洛阳等传统政治中心这一重要的地理优势，发展成为最繁华的商业都市。随着扬州消费环境的形成，从南海路经由广州而来的波斯、阿拉伯商人以及过去经由丝绸之路停留在长安一带的粟特人都来到了扬州，从事着高价奢侈品的买卖活动。这些人主要是一些珠宝商和香药商，集体居住在扬州市场附近。③ 这也是上述笔记小说故事产生的时代背景。

唐代波斯胡商活跃的另一个大都市是广州。广州作为南中国海的重要口岸，是波斯、阿拉伯、南海等地商人泛海而来首先停泊的口岸，也是当时海外各国进入中国的主要门户。因而作为海

---

① 《太平广记》卷 17《卢李二生》，第 119 页。
② 荣新江：《魏晋南北朝时期流寓南方的粟特人》，载韩昇主编《古代中国：社会转型与多元文化》，上海人民出版社，2007，第 148 页。
③ 〔韩〕金相范：《唐代后期扬州的发展与外国人社会》，《台湾师大历史学报》第 44 期，2010 年 12 月，第 63 页。

上贸易的中心，这里亦成为胡人聚集之地，自海路来华波斯等国胡人应该不会少。广州附近的南海上到处停泊的波斯船舶可以说明这个问题，鉴于波斯商胡在南中国海上势力强大，波斯人也常常被称为舶主。①

唐高宗咸亨三年（672），前往印度取经的义净和尚"忽遇龚州刺史冯孝诠，随至广府（广州）"，欲取海路前往天竺等，在此便"与波斯舶主期会南行"，②也就是从广州搭返程的波斯舶前往室利佛逝（印尼苏门答腊）及印度等地。此处的波斯舶主应是泛海而来的波斯、阿拉伯商胡等。开元、天宝时期更多波斯人来华，据史载：当时广州"江中有婆罗门、波斯、昆仑等舶，不知其数；并载香药、珍宝，积载如山。其舶深六七丈"③。可知当时广州是前往南中国海及印度的重要港口，波斯舶的盛行，显然与唐代中晚期随着海上丝绸之路的发展，波斯人更多地选择海路来到中国有关。当然唐代广州所谓的"波斯舶"，绝大多数已非萨珊王朝的波斯船舶，也不仅是波斯人的船舶，还有阿拉伯哈里发治下的波斯湾船舶。④

慧超《往五天竺国传》亦载：

> （波斯）常于西海泛舶入南海，向狮子国取诸宝物，所以彼国云出宝物；亦向昆仑国取金；亦泛舶汉地，直至广

---

① 《全唐诗》卷407《和乐天送客游岭南二十韵》有"舶主腰藏宝，黄家砦起尘"之句，第4533页。
② （唐）义净原著，王邦维校注《大唐西域求法高僧传校注》，中华书局，1988，第152页。
③ 〔日〕真人元开著，汪向荣校注《唐大和上东征传》，中华书局，1979，第74页。
④ 蔡鸿生：《广州海事录——从市舶时代到洋舶时代》，第53页。

州，取绫绢丝绵之类。①

　　可知波斯海商到广州的目的主要是采购丝绸等物。有的海商因种种原因死在广州，其财物因无人认领，被广州官府没收。如1989年在西安市西郊丰登南路口出土银铤三笏，有一笏长274毫米、宽61毫米，正面刻有铭文，"阿达忽口频陁沙等纳死波斯伊娑郝银壹铤，伍拾两……"，据学者研究，此银铤是波斯商人伊娑郝的遗产，应该是由波斯银币重铸的。伊娑郝约于大历末、建中初在广州身死，其资产三个月内无亲属认领，按大唐法律被广州官府没收，由负责广州外贸管理的岭南节度使和市舶使将其进献给皇帝。② 这也是广州地区波斯海商活跃的反映。

　　广州波斯等商胡人数之多，笔记小说中亦有反映。据《太平广记》记载，广州亦有波斯邸，如贞元中：

　　　　有崔炜者……乃抵波斯邸，潜鬻是珠。有老胡人一见，遂葡匐礼手曰："郎君的入南越王赵佗墓中来。不然者，不合得斯宝。"③

　　广州、扬州等地出现的波斯邸说明了广州、扬州等地亦是西胡聚居买卖之地，其人数得达到一定规模、成一定气候才能出现这样的情况。

---

① （唐）慧超著，张毅笺释《往五天竺国传笺释》"波斯国"条，第101页。
② 李锦绣：《银币与银铤：西安出土波斯胡伊娑郝银铤再研究》，载《丝瓷之路》第5辑，商务印书馆，2016，第216～217页。
③ 《太平广记》卷34《崔炜》，第216～220页。

又据《资治通鉴》载肃宗乾元元年（758）九月，"广州奏：大食、波斯围州城，刺史韦利见逾城走，二国兵掠仓库，焚庐舍，浮海而去"①。肃宗时在广州出现大食人、波斯人围城现象，足见其人数之多，多到可以反抗地方政府、劫掠城市的程度。至于为何出现大食人、波斯人围城的情况，应该和当时广州地方官对外商的盘剥有关。也有学者认为，极有可能是贸易纠纷升级为贸易冲突，进而演变成兵戎相见的军事冲突。② 这里的地方官显然参与到了当时市舶利益纷争之中。

史载，至迟从玄宗开元二年（714）始，唐在广州设立管理海外贸易机构——市舶司，并派遣市舶使，管理广州与南海诸国间的贸易事务，主要是征购官府所需商品，并对商舶征收"舶脚"，即进口货物税，以增加财政收入。有时市舶使由岭南地方官兼任，有时以宦官充任。从开元年间至唐末，有名可考的市舶使就有不下十位。③《旧唐书·玄宗纪上》载："右威卫中郎将周庆立为安（岭）南市舶使，与波斯僧广造奇巧，将以进内。"④周庆立为岭南豪族，以右威卫中郎将任市舶使。周庆立在职时，与波斯僧广造奇巧以进内，此波斯僧大概也是泛海来华的波斯胡商或胡僧；广造奇巧，显然是打算以奇巧之技取睐皇帝，从而为传教或经商的便利，北上长安。

鉴于市舶等职获利甚丰，有不少市舶官员借职务之便，巧取豪夺，从中渔利。《文苑英华》载萧邺《岭南节度使韦公（正

---

① 《资治通鉴》卷220"肃宗乾元元年九月"条，第7062页。
② 贾志刚：《隋唐时期中外贸易纠纷及其解决》，《陕西师范大学学报》（哲学社会科学版）2011年第2期，第81页。
③ 李庆新：《海上丝绸之路》，黄山书社，2016，第72页。
④ 《旧唐书》卷8《玄宗纪上》，第174页。

贯）神道碑》提到，韦正贯（784～851）于大中年间任岭南节
度使时：

> 先是海外蕃贾赢犀象贝珠而至者，帅与监舶使必搂其伟
> 异，而以比弊抑赏之，至者见欺，来者殆绝。公悉变故态，
> 一无取求。问其所安，交易其物，海客大至。[①]

长安县博物馆藏出土《韦正贯墓志》亦载：

> 未几，有南海之命。是郡饶山海之货，渔盐之利，俗多
> 迁徙，故庸调薄而征配重，积习为然，人益用窘。公下车访
> 贪暴之吏绳之，省其役事之不急者，里胥州卒非额内者悉罢
> 去。波斯诃陵诸国，其犀象海物到岸，皆先藉其尤者，而市
> 舶使以布帛不中度者酬之，公理一削其事，问其所便以
> 给焉。[②]

从韦正贯神道碑及墓志所提及的"帅与监舶使必搂其伟异，
而以比弊抑赏之""皆先藉其尤者，而市舶使以布帛不中度者酬
之"可以看出，岭南节度使及其属僚常因职务便利，盘剥番舶，
令番商苦不堪言。另据旅居中国的阿拉伯商人所撰的《中国印
度见闻录》载，唐末皇帝派往广州选购舶来品的宦官强取呼罗

---

① （唐）萧邺：《岭南节度使韦公（正贯）神道碑》，（宋）李昉等编《文苑英华》
　　卷915，中华书局，1982，第4818页。
② 西安市长安博物馆编《长安新出墓志》，文物出版社，2011，第282～283页；吴
　　敏霞编《长安碑刻》，陕西人民出版社，2014，图192，录文第550～551页。

珊（Khurasān）商人的象牙等物，商人上京告御状，结果那位宦官被革去"管理宝物的职务"①。由此可见，海关市舶等官员渔利海商已是常态，因而前述肃宗乾元年间大食人、波斯人包围广州城事件也就不奇怪了。而韦正贯任职期间，因平正公允，不以权谋私而在其神道碑及墓志中大书特书。

《韦正贯墓志》里面提到"波斯诃陵（今印度尼西亚的爪哇）诸国"，显然它们是海上贸易的主导者，所携犀象海物等，大概也为转贩之物。由此可知唐代中后期的广州，珍货辐辏，是海上贸易的中心，其中波斯商胡的转贩贸易及泛海技能尤引人瞩目。虽然萨珊波斯帝国在 7 世纪中叶被大食（阿拉伯）所灭，但波斯商胡依然活跃于陆海丝路沿线，尤其是唐代中后期，与东方的海上商贸成为他们的首选，随着大食势力的进一步发展，他们更多地与大食一道参与东方的海上贸易。

以上探讨了中晚唐在扬州、广州波斯人活动情况，鉴于沿海港口众多，且波斯、阿拉伯商胡又极为活跃，不排除明州、杭州、苏州等地亦有波斯胡商的足迹，但相关材料记载匮乏，暂存疑。

从上面梳理的唐代波斯人及其活动的相关资料可以看出，唐代波斯人来华主要来自陆海两路。经陆上丝绸之路来华的波斯人主要集中在两京地区，尤以长安为主，充分显示了唐代长安作为国际大都会所产生的强大吸引力。这其中既有波斯皇族、贵族及官员，亦有波斯景教、袄教僧侣及广大的商胡，波斯胡人经营的店肆已成为长安市场的地标及招牌，成为一种特殊的文化符号。

---

① 〔阿拉伯〕佚名：《中国印度见闻录》卷 2《中国见闻续记》，穆根来、汶江、黄倬汉译，第 115～116 页。

东南沿海一带则是在中晚唐时期随着海上丝绸之路的发展而活跃起来的商人，这里人数众多的泛海而来的波斯商胡们，大概超过唐代自陆上丝绸之路而来的波斯胡人，且颇具气候，在扬州、广州都能看见富有特色的波斯店或波斯邸，其独特文化及影响波及后世。

二　波斯人及波斯文化对唐及以后社会的影响

由上文所言，唐代波斯人的活动主要集中在两京、巴蜀及东南沿海地区。其实有唐一代波斯人的活动范围远不止这些，只是相关情况阙载而已。唐代中西陆海交通发达，双方的政治交往又比较密切，虽然地域遥远，但双方的人员往来及文化交流还是在持续进行。唐代丝路沿线其实也多能发现他们的影子，如河西敦煌是陆上交通的门户，波斯人自西域东来，必要行经此地。敦煌文书中出现有"波斯僧"字样，如 S.1366《年代不明〔980～982年〕归义军衙内面油破用历》载："廿六日，支纳药波斯僧面一石，油三升。"[1] 此波斯僧，应是路过的波斯景教僧侣。此外，张大千于1941年在莫高窟前的沙地里发现的《唐景云二年张君义勋告》，提到了同甲授勋的263个人名及籍贯，其中有"波斯沙钵那二人"，据朱雷先生研究，此沙钵那二人或系避大食之侵逼而由陆路转入安西四镇辖境，因而应募充当镇兵，并因征戍多年而获得授勋。[2]

---

[1]　唐耕耦、陆宏基编《敦煌社会经济文献真迹释录》第三辑，全国图书馆文献缩微复制中心，1990，第281～286页。

[2]　朱雷：《跋敦煌所出〈唐景云二年张君义勋告〉——兼论"勋告"制度渊源》，载氏著《敦煌吐鲁番文书论丛》，上海古籍出版社，2012，第265页。

此外，唐宋笔记小说中亦有一些关于波斯商人在陕西扶风、江西洪州（今南昌）等地的记载。如《太平广记》记载："一波斯胡人至扶风逆旅，买方石得径寸宝珠，于是随船泛海而去。"①同书又载：

> 洪州，江淮之间一都会也……有一僧人……取一小瓶，大如合拳……有波斯胡人见之如其价以市之而去。胡人至扬州，长史邓景山知其事，以问胡。胡云："瓶中是紫末羯。人得之者，为鬼神所护，入火不烧，涉水不溺。有其物而无其价，非明珠杂货宝所能及也。"②

《太平广记》又有名李灌、岑氏者：

> （李灌）常次洪州建昌县。倚舟于岸，岸有小蓬室，下有一病波斯。灌悯其将尽，以汤粥给之。数日而卒。临绝，指所卧黑毡曰："中有一珠，可径寸，将酬其惠。"及死，毡有微光溢耀。灌取视得珠。买棺葬之，密以珠内胡口中。③
>
> ……
>
> 临川人岑氏，尝游山。溪水中见二白石，大如莲实，自相驰逐。捕而获之……恒结于衣带中。后至豫章（今江西南昌），有波斯胡人，邀而问之："君有宝乎？"曰："然。"

---

① 《太平广记》卷402 "径寸珠" 条，第3237页。
② 《太平广记》卷403 "紫末羯" 条，第3251～3252页。
③ 《太平广记》卷402 "李灌" 条，第3240～3241页。

即出二石示之。胡人求以三万为市，岑虽宝之而无用，得钱喜，即以与之。[1]

　　虽然笔记小说反映的故事多有虚构成分，但故事的发生地点则应是真实的。小说里提到的扶风、洪州（豫章）等地，既是交通路口，也是胡人的商贸之地。也许波斯胡人在这里只是匆匆过客，他们的目的地是长安、广州、扬州等地，但这些零星的记载也反映出他们足迹的广布。

　　可以说，随着敦煌吐鲁番文书及唐代墓志大量出土，我们有了更多对中亚粟特人的认识，陆上丝绸之路的贸易承担者多是他们，唐代的胡人其实也多指代粟特人，因为作为丝绸之路上的一个中介民族，他们与东方的交往更为密切，他们的足迹也更多出现在丝路沿线。但不能否认，作为丝路西端的文明大国，波斯人及其文化也随着他们的足迹遍及东方大地，不管是对唐代或是后世都产生了深远的影响，至少波斯人及其文化特征深入人心。

　　首先，波斯人可以作为西域胡人的代表。虽然唐代来华西域胡人以粟特人（昭武九姓）为多，但在唐代文献中我们并没有找到很多关于九姓胡的记载，反倒是更多地看到"波斯寺""波斯邸""波斯胡人"等的记载。随着高宗时期波斯流亡王子及其大批随从来到中国，他们的活动及唐朝给予的优养待遇本身给唐人留下深刻印象，高宗应卑路斯之请在长安醴泉坊设波斯寺更能反映他们的地位之高。此外，在唐代的笔记小说中，

---

① 《太平广记》卷404 "岑氏"条，第3261页。

波斯邸往往成为商贸场所的代称或地标性建筑，以至于唐人约定长安西市见面地点，往往是候于"波斯邸"等。

而波斯商胡则是唐代商贸要道及繁华大都市中商业形象的象征，在沿海一带尤其活跃与突出，以至于唐末、五代、宋初的文献中还会提到波斯人等。南宋时期禅僧赜藏主持编撰《古尊宿语录》，记载襄州洞山第二代初禅师语录云："昆仑渡海夸珍宝，波斯门下聘须多。"① 蔡鸿生先生指出这里说的昆仑乘舶渡海，携珍宝到汉地兜售，犹如波斯胡多须，并不是什么稀罕的事。② 五代末陶谷的《清异录》记载南汉后主刘铄之事："刘铄昏纵，得波斯女，年破瓜，黑腯而慧艳。"③ 南宋庄绰在《鸡肋编》中提到："广州波斯妇，绕耳皆穿穴带环，有二十余枚者。家家以篾为门，人食槟榔，唾地如血。"④

这里提到的波斯妇已与唐代来华伊朗系波斯人有了很大区别，可能是指南海或马来半岛一带的妇女，但波斯人的经商及泛海能力使得这个民族概念深入人心，以至于唐及以后在内地及广州等沿海一带的西方异国人士都常常被冠以波斯人之名。从这些方面来看，显然波斯胡人已经成为唐代西域胡人的象征及代表。

其次，波斯人鉴宝能力及医药文化的广泛影响。虽然唐都长安"寄养"着波斯流亡王子及其随从，不过唐代波斯胡人留下的更多印象是他们的经商能力及高明的医药技术，这在上面论述

① （宋）赜藏主编《古尊宿语录》卷38，上海古籍出版社，1991，第452页上栏。
② 蔡鸿生：《唐宋佛书中的昆仑奴》，氏著《中外交流史事考述》，大象出版社，2007，第206页。
③ （清）吴兰修撰，王甫校注《南汉纪》，广东高等教育出版社，1993，第67页。
④ （宋）庄绰撰，萧鲁阳点校《鸡肋编》卷中，中华书局，1983，第53页。

· 100 ·

中多有反映。虽然唐代社会粟特商人的数量要远远多于波斯商胡，不过提到胡人买宝鉴宝故事，则多指波斯胡人，如笔记小说记载他们往往能慧眼识宝，为求宝物不惜重金；即便垂死之际，也要将自己视若生命的宝贝传给后人。可以说在唐人眼里，波斯胡人是怀有宝物、善于鉴宝识宝的富商大贾。因而有学者指出，粟特人在识宝方面还是较波斯人逊一筹。① 至于医药医术，则更是波斯人的专利，如前述李珣及其弟李玹，还有穆昭嗣等，都是因擅长医药之术而闻名，可以说经商才能及医药技术已成为中古入华波斯胡人的文化特征。

最后，波斯人对三夷教传播的影响。唐代随着西域胡人的大量入华，他们的宗教信仰也传进来，这就是唐代社会曾流行过的祆教、景教、摩尼教，也即三夷教。虽然学界倾向认为当时来华的三夷教徒多为粟特人，但是也不能否认波斯胡人在传播这些宗教上所起的作用。波斯地区的正统国教是琐罗亚斯德教（Zoroastrianism），中国称为祆教，因而来华波斯人应有不少祆教徒，前述苏谅妻马氏就是一个代表，从其双语墓志可以看出，在唐咸通年间，萨珊波斯的移民还保持着自己传统的祆教信仰，而且继续使用本民族的巴列维文字，可以说这个宗教在波斯人中影响很深。还有景教，也即聂斯托里教，波斯地区是这个教派的大本营。据《景教碑》载：唐贞观九年（635），景教僧阿罗本将此教传入中国，中国称为景教，太宗后允许其传教，在长安义宁坊设大秦寺一所，度僧二十一人。高宗时，又应波斯王子卑路斯

---

① 荣新江：《波斯与中国：两种文化在唐朝的交融》，氏著《丝绸之路与东西文化交流》，第 78 页。

之请，在醴泉坊设波斯胡寺，也即大秦寺。唐代的最高统治者大都对景教表示好感，景教徒也曾公开在汉人间传教。特别是在"安史之乱"时，景教徒伊斯曾效力于郭子仪的朔方军中，"效节于丹廷，策名于王帐"，使得肃宗"于灵武等五郡重建景寺"作为奖励，① 可以说唐代景教发展更多是由波斯人来维持的。

至于波斯人在传播摩尼教方面，史载不详。摩尼教本身是波斯人摩尼于公元 3 世纪创立，后被萨珊波斯斥为异端而遭禁断，教主摩尼被处死，教徒四散逃亡，向东传入中亚、中国的西域和中原地区。史载武后延载元年（694），有"波斯国人拂多诞持《二宗经》伪教来朝"②。虽然学界认为唐朝流行的摩尼教更多来自中亚摩尼教团，③ 有更多中亚粟特人参与其中，但从拂多诞传教一事来看，也不能否认波斯人等的影响。在吐鲁番地区发现的大量摩尼教残片，主要是用古突厥语和三种著名中古伊朗语即中古波斯文、婆罗钵文和粟特文写成的，④ 其中中古波斯文、婆罗钵文本属于西伊朗语，多少也可以提供相关佐证。因而在唐代三夷教传播上，波斯人更多地起到保持与维护的作用，在唐人心目中，他们更具有代表性。关于此问题，本书第四章有进一步论述。

总之，作为丝绸之路西端的文明大国，波斯及其文化影响也随着波斯人东来波及东方中国，这在唐代达到一个高潮。虽然在

---

① 路远：《景教与景教碑》，西安出版社，2009，第 322~323 页。
② （宋）志磐撰《佛祖统纪》卷 39，原著一说为"西海大秦国人"，即今叙利亚一带，载《大正新修大藏经》卷 49，东京大正一切经刊行会，1934，第 369~370 页。
③ 林悟殊：《摩尼教及其东渐》，中华书局，1987，第 134 页。
④ 林悟殊：《摩尼教及其东渐》，第 2~3 页。

人数及文化传播上，他们比不上活跃在中古时期丝绸之路上的粟特人，但在泛海经商上，他们更有优势；在鉴宝识宝及医药技术上，他们更具有代表性；在宗教传播上，他们也更多地寻求到统治阶层的支持。因而，在丝绸之路的文化交流与传播方面，作为西国胡人的代表，他们的作用与影响不可忽视。

第二章　异域物种物品的输入与波斯文明

第一节　汉唐时期鸵鸟及鸵鸟卵传入中国

在汉唐时期中西亚诸国入贡的动物当中，最让中国人感到惊异与称羡的大概要数鸵鸟及鸵鸟卵了，因为自古以来中国本土未出产过这么大的长翅膀的鸟，当然也没有见过如此大的蛋。因而，无论是在唐帝王陵寝的神道石刻中，还是在唐人的诗歌中，都有鸵鸟的形象及身影。鸵鸟及鸵鸟卵何时及如何传入中国，对中国人的生活及文化艺术有何影响，都是一个有趣并值得关注的话题。

一　古代西亚北非的鸵鸟及艺术形象

鸵鸟是世界上现存体形最大而且不能飞的鸟类，其头小，眼睛大，颈部很长，羽毛蓬松，翼羽退化。脚有两趾，具有发达的下肢，奔跑时速度可达每小时 60 公里。鸵鸟一般高 2.7 米，体重可达 150 公斤。其卵亦很大，直径约 16 厘米。鸵鸟原产于西亚和非洲，那里多沙漠地带，气候干燥，适宜鸵鸟生长。

鸵鸟及其艺术形象在埃及及美索不达米亚一带出现较早。埃及 Silwa Bahari 附近上古时期的岩画中就有狩猎鸵鸟的场面，时间约在公元前4500~前3600（见图2-1），此外在古埃及新王国时期，也即埃及第十八王朝法老的陵墓中，有狩猎或奉祭鸵鸟的绘画、雕刻场面等（见图2-2、图2-3）。① 古埃及人生俘鸵鸟主要是获得其美丽的羽毛作为装饰，鸟蛋以供食用。

图2-1 埃及 Silwa Bahari 附近岩雕上的史前狩猎鸵鸟

资料来源：Ptrick F. Houlihan, *The Birds of Ancient Egypt*, Warminster：Aris and Phillips, 1986, fig. 2.

图2-2 埃及十八王朝User 墓出土献祭鸵鸟壁画

资料来源：Ptrick F. Houlihan, *The Birds of Ancient Egypt*, Warminster：Aris and Phillips, 1986, fig. 4.

图2-3 埃及十八王朝法老图坦卡蒙墓出土金杖饰上的狩猎鸵鸟

资料来源：Ptrick F. Houlihan, *The Birds of Ancient Egypt*, Warminster：Aris and Phillips, 1986, fig. 1.

---

① Ptrick F. Houlihan, *The Birds of Ancient Egypt*. Warminster：Aris and Phillips, 1986, fig. 1, fig. 2, fig. 4.

图 2 - 4　中亚述时期（前 1250 ～ 前 1150）的印章上的帝王狩猎鸵鸟

资料来源：Porada eds, *Corpus of Ancient Near Eastern Seals*, Vol i. ii. Bolligen Foundation, Washington, D. C., 1948, fig. 606E.

图 2 - 5　亚述帝国时期的宫殿遗址出土的象牙鸵鸟雕刻

资料来源：〔日〕田边胜美：《所谓大鸟、大鸟卵にする西アジア美术史の考察》，《东洋文化研究所纪要》第 89 册，1982，插图 5。

西亚也是鸵鸟活动地区。早在公元前 4000 年前后，出土的西亚地区的彩陶中就有长颈、小头、长脚的类似鸵鸟的形象。在伊朗苏萨（Susa）王陵附近发现刻有此类形象的陶器。[1] 此外，西亚地区出土的上古时期的象牙线雕、青铜的圆筒印章及建筑浮雕上也均有鸵鸟形象，如阿卡得王朝时代（Akkadian Empire，前 2350 ～ 前 2154）的圆筒印章上就有比较写实的鸵鸟形象。古亚述王国（Assyria Empire）的帝王的碑文中，也常有帝王狩猎鸵鸟的记载，一些被生俘的鸵鸟被圈养在帝王的苑囿里供观赏和娱乐。该王国及帝国时期的宫殿及要塞遗址出土有帝王狩猎鸵鸟浅浮雕及象牙线雕或是印章，上面刻有展翅的鸵鸟形象（见图 2 - 4、图 2 - 5）。[2] 亚述王

---

① Harper, P. OJ. Aruz and F. Tallon（eds），*The Royal City of Susa*，New York：Metropolitan Museum of Art，1992，p. 33.

② Porada eds，*Corpus of Ancient Near Eastern Seals*，Vol i. ii. Bolligen Foundation，Washington，D. C.，1948，fig. 606E.

国后期新巴比伦王国（Neo-
Babylonian Empire）周边出土
的印章及青铜器上也有类似的
狩猎鸵鸟的场面（见图 2 -
6）。① 在南俄库班地区克利尔
密斯，从公元前 6 世纪斯基泰
古墓中出土的金碗上，也捶擽
出成排的鸵鸟及牡鹿和山羊的

图 2 - 6　新巴比伦王国时期（前 1000 ~
前 539）的帝王狩猎鸵鸟

资料来源：Porada eds，*Corpus of ancient
Near Eastern Seals*，Vol i. ii. Bolligen Foundation,
Washington, D. C., 1948, fig. 773E.

形象。在古波斯阿契美尼德王朝时期（前 550 ~ 前 330），鸵鸟被饲
养在王室的猎苑里，供帝王狩猎，其形象也出现在这一时期西亚
出土的一些遗物上，如法国卢浮宫收藏的这一时期的铜碗上就刻
有王侯骑骆驼追踪鸵鸟的图像（见图 2 - 7）。② 更晚一些的属萨
珊波斯时期的印章及银制器皿上也常有帝王狩猎鸵鸟的场面。③
如 1979 年流入日本的一件带鸵鸟纹的萨珊银盘，表现的是萨珊
国王白赫兰五世（Bahram Ⅴ，420 ~ 438 年在位）为王子时，在
美索不达米亚南部狩猎的情景，王子骑马张弓，正狩猎一只羚羊
及两只鸵鸟（见图 2 - 8）。④ 可见鸵鸟不仅仅是西亚等地的特产，
也是该地区传统的装饰图像的流行主题。

---

①　Porada eds，*Corpus of Ancient Near Eastern Seals*，Vol i. ii. Bolligen Foundation,
　　Washington, D. C., 1948, fig. 773E.

②　Parrot, "Acquisitions et Inédits du Musée du Louvre：Vol. 3 Ⅲ , Bronze Iraniens",
　　Syria, 1953, XXX, pl. Ⅱ.

③　A. D. H. Bivar, *Catalogue of the Western Asiatic Seals in the British Museum*, Ⅱ *The
　　Sassanian Dynasty*, The Trustees of the Birtish Museum, 1969, stamp seals.

④　〔日〕田边胜美：《所谓大鸟、大鸟卵にする西アジア美术史の考察》，《东洋文
　　化研究所纪要》第 89 册，1982，第 26 ~ 27 页，图版 1。

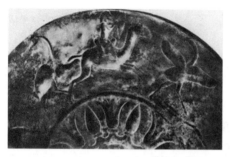 

图 2 - 7　法国卢浮宫收藏的阿契美尼德
时期的王侯狩猎鸵鸟铜碗

资料来源：Parrot，"Acquisitions et inédits du Musée du Louvre：Vol. 3，Bronze iraniens"，*Syria*，1953，XXX，pl. Ⅱ.

图 2 - 8　日本收藏的萨珊波斯时期
银盘上的帝王狩猎鸵鸟

资料来源：〔日〕田边胜美：《所谓大鸟、大鸟卵にする西アジア美术史の考察》，《东洋文化研究所纪要》第 89 册，1982，图版 1。

二　汉唐时期鸵鸟传入中国

中国史籍很早亦有关于西亚非洲产鸵鸟的记载，当时称其为大鸟、大雀、大马爵等。《史记·大宛列传》记条枝国：

> 在安息西数千里，临西海。暑湿。耕田，田稻。有大鸟，卵如瓮。①

《后汉书·西域传》称条支国有"大雀，其卵如瓮"②。条支（与上条枝同）即今阿拉伯地区，多沙漠，适于鸵鸟生长。波斯地区亦有此物，《汉书·西域传》记安息国"有大马爵"，郭义恭的《广志》将此动物称之为"大爵"，云："大爵，颈及

---

① 《史记》卷 123《大宛列传》，中华书局，1975，第 3163 页。
② 《后汉书》卷 88《西域传》，中华书局，1965，第 2918 页。

（长）膺（鹰）身，蹄似橐驼，色苍，举头高八九尺，张翅丈
余，食大麦。"① 此条支之鸟、大马爵显然是指鸵鸟。

两汉时，西亚及以西地区就曾进献过这种动物及动物卵。上
引《史记·大宛列传》记张骞返回中原后，安息"发使随汉使
来观汉广大，以大鸟卵及黎轩善眩人献于汉……天子大悦"，
《汉书·西域传》亦记载此事。这两部史籍均记载这次进贡的是
鸵鸟卵。而关于进贡鸵鸟的记载见于《后汉书》，东汉和帝永元
十三年（101），"安息王满屈复献师（狮）子及条支大鸟，时谓
之安息雀"② 此事虽发生在东汉，但在西汉武帝时，鸵鸟大概
就已出现在当时的皇家囿苑中了。《汉书·西域传》云：

> 遭值文、景玄默，养民五世，天下殷富，财力有余，士
> 马强盛……自是之后，明珠、文甲、通犀、翠羽之珍盈于后
> 宫，蒲梢、龙文、鱼目、汗血之马充于黄门，钜象、师（狮）
> 子、猛犬、大雀之群食于外囿。殊方异物，四面而至。③

此大雀即指鸵鸟，而此外囿即是指汉武帝的皇家园林——上
林苑。另外《文选》所收班固的《西都赋》亦云上林苑有"黄
支之犀，条支之鸟"④ 等。看来上林苑当时是汇集各国进贡的异
兽的地方，鸵鸟也是其中之一。既是殊方异物，这里的鸵鸟大概
是当时西亚一带所贡之物。

---

①　《汉书》卷96上《西域传》，颜师古注引，第3889～3890页。
②　《后汉书》卷88《西域传》，第2918页。
③　《汉书》卷96下《西域传下》，第3928页。
④　（梁）萧统编，（唐）李善注《文选》卷1《西都赋》，中华书局，1977，第24页。

另外约成书于汉魏间的《三辅黄图》云：

> 奇华殿，在建章宫旁，四海夷狄器服珍宝，火浣布、切玉刀，巨象、大雀、狮子、宫马，充塞其中。[①]

《史记·封禅书》亦云建章宫南有"玉堂、壁门、大鸟之属"[②]。《汉书·郊祀志下》亦记建章宫南"有玉堂、壁门、大鸟之属"，颜师古注："立大鸟象也"。[③] 此大雀、大鸟应指鸵鸟，以雀等称呼之，说明两汉对鸵鸟还不是很熟悉。有学者认为建章宫、奇华殿中的大雀、大鸟之属恐非活物，大概是指鸵鸟类的雕刻及绘画。[④] 此说有一定道理，因为宫殿中不大可能安置鸵鸟、狮子及大象等之类的动物。但汉武帝苑囿里的大雀，大概是进贡的活鸵鸟，而建章宫的鸵鸟像，大概也是以上林苑的鸵鸟为范本创作的，不是凭空想象而来。鸵鸟初传入中国当在西汉武帝时，应该是作为一种贡物来到这里。

魏晋南北朝时未见西亚及中亚诸国入贡鸵鸟的记载，但对西亚鸵鸟倒是有较为详细的描述。《魏书·西域传》云：波斯国"有鸟形如橐驼，有两翼，飞而不能高，食草与肉，亦能啖火"[⑤]。前引郭义恭的《广志》将此动物称之为"大爵"，云："大爵，颈及（长）膺（鹰）身，蹄似橐驼，色苍，举头高八九尺，张翅丈余，食大麦。"《魏书》还记载：伏卢尼国（波斯国

---

① 陈直校证《三辅黄图校证》，陕西人民出版社，1982，第64页。
② 《史记》卷28《封禅书》，第1402页。
③ 《汉书》卷25下《郊祀志下》，第1245页。
④ 李零：《翁仲考》，见氏著《入山与出塞》，文物出版社，2004，第67页。
⑤ 《魏书》卷102《西域传》，第2271页。

北）"东有大河南流，中有鸟，其形似人，亦有如橐驼、马者，皆有翼，常居水中，出水便死"①。一说这是基于鸵鸟的一种传说。② 《周书·异域传下》《隋书·西域传》亦记载，波斯国"出白象、师（狮）子、大鸟卵"③，"土多良马，大驴，师（狮）子，白象，大鸟卵"④。魏晋南北朝时期虽然政权更迭，但与中西亚诸国的关系却也时断时续地保持着。尤其是北魏时，曾多次遣使至中西亚诸国。而且终北魏之世，波斯一带与北魏的交通达 10 次之多，⑤ 大概有使节闻见过西亚鸵鸟，所以这一时期对鸵鸟的描绘比两汉时期要详细及形象得多，不过依然脱离不了其神秘色彩，如"啖火"等。

隋唐时期，史书又有了中亚等地入贡鸵鸟的记载。《旧唐书·高祖纪》记高祖武德三年（620），西突厥使臣向唐贡献一只"条支巨鸟"⑥，唐人显然不熟悉这种动物，仍沿用其古名来称之。不过三十年后，即永徽元年（650），吐火罗国又向唐献大鸟，《通典》"吐火罗国"条曰：

> 高宗永徽初，遣使献大鸟，高七尺，其色玄，足如驼，鼓翅而行，日三百里，能啖铁。夷俗谓为驼鸟。⑦

---

① 《魏书》卷 102《西域传》，第 2272 页。
② 余太山：《两汉魏晋南北朝正史西域传研究》，第 292 页所引白鸟库吉文。
③ 《周书》卷 50《异域传下》，第 920 页。
④ 《隋书》卷 83《西域传》，第 1857 页。
⑤ 韩香：《两汉迄五代中亚胡人的来华及活动》，中国社会科学出版社，2015，第 50 页。
⑥ 《旧唐书》卷 1《高祖纪》，第 10 页。
⑦ （唐）杜佑撰《通典》卷 193《边防九》"吐火罗国"条，中华书局，1988，第 5277 页。

唐人陈藏器亦以"驼鸟"称之，其云：

> 驼鸟如驼，生西戎。高宗永徽中，吐火罗献之。高七尺，足如橐驼，鼓翅而行，日三百里，食铜铁也。[①]

《册府元龟》亦记此事，曰：

> （永徽元年五月）吐火罗国献大鸟，高七尺，其足如驼，有翅而能飞，行日三五百里，能啖铜铁，夷俗呼为驼鸟。[②]

此时唐采用的是中古波斯语 ushturmurgh（骆驼鸟）这种合成语的译名。[③] 这是鸵鸟一名正式出现在中国史籍中，因而"驼鸟"这个名称始流行于唐代，当时人们是把它当作类似骆驼的一种鸟，可以看出唐与西方联系的密切及唐人对"驼鸟"这种动物认识的提高。

《通典·边防九》曾引杜环《经行记》，记大食地区"有驼鸟，高四尺以上，脚似驼蹄，颈项胜得人骑行五六里，其卵大如三升"[④]。

杜环在天宝十载（751）怛逻斯之战中被大食所俘，在中亚、西亚和地中海沿岸等大食境内流浪了十多年，于代宗宝应、

---

① 《本草纲目》（校点本）卷49"驼鸟"条下引陈藏器文，人民卫生出版社，1981，第2669页。

② 《册府元龟》卷970《外臣部·朝贡三》，第11401页。

③ 〔日〕田边胜美：《所谓大鸟、大鸟卵にする西アジア美术史の考察》，《东洋文化研究所纪要》第89册，1982，第6页。

④ （唐）杜佑撰《通典》卷193《边防九》"大食"条引杜环《经行记》，第1044页。

广德时（762～763）乘船回到广州。杜环大概亲眼得见西亚
（当时为大食领地）鸵鸟，所以对其描述较为准确。尽管如此，
鸵鸟在唐人的眼中依旧带有神奇的色彩，人们仍旧将其视为能食
铜铁及吞火的了不起的动物。上引陈藏器文即认为"驼鸟"粪
能入药，"人误吞铁、石入腹，食之立消"①。

　　至于吐火罗等地所献的鸵鸟在唐究竟引起多大的轰动与兴
趣，我们不得而知。总之，唐人对此是十分珍视的，《旧唐书·
高宗本纪》记载：永徽元年（650）五月，"吐火罗遣使献大鸟
如驼，食铜铁，上遣献于昭陵"②。《册府元龟》亦记载该年"吐
火罗国献大鸟，高七尺，帝以太宗怀远所致，献于昭陵，仍刻像
于陵之内"③。高宗将吐火罗进献的大鸟献于父皇太宗陵前，足
见其在唐引起的轰动，同时也显示出唐人对这种异邦神鸟的珍
惜。故武则天时期开始把鸵鸟当成一种珍异和祥瑞，雕石鸵鸟置
于乾陵。自此，唐代帝王陵寝的关中十八陵，其神道石刻中许多
都有鸵鸟屏，④这些鸵鸟屏均排在华表、翼马之后，显示出这种
动物的珍贵。如乾陵、桥陵、泰陵、建陵、元陵、崇陵、景陵、
光陵、庄陵、端陵、贞陵等处的鸵鸟屏，有昂首侍立状，亦有回
首贴翼状（见图 2-9、图 2-10）。⑤尤其是高宗乾陵墓的神道

---

① 《本草纲目》（校点本）卷49"驼鸟"条下引陈藏器文，第 2669～2670 页。
② 《旧唐书》卷4《高宗本纪》，第 68 页。
③ 《册府元龟》卷30《帝王部·奉先三》，第 323 页。
④ 对唐陵鸵鸟石刻，有学者持不同看法，认为唐陵石雕鸵鸟乃是一种类似凤凰的祥
　鸟，乾陵有了这种鸟，定、桥等陵也就模仿设置，以示太平、吉祥。见王双怀
　《荒冢残阳——唐代帝陵研究》，陕西人民教育出版社，2000，第 108～112 页。
　笔者认为不论从形态还是从文献记载来看，乾陵等地石雕大鸟应当就是鸵鸟。
⑤ 陈安利：《唐十八陵》，中国青年出版社，2001，第 50～119 页；程征、李惠编
　《唐十八陵石刻——三百里雕刻艺术馆》，陕西人民美术出版社，1994，第 39～43
　页。图版为韩香摄。

石刻上立着的一对石雕的鸵鸟，历经千年风雨至今仍较完好地保存下来，其栩栩如生的形象显然是仿照吐火罗进献的鸵鸟而雕刻出来的。关中唐帝王陵大多设置鸵鸟石刻，显然是把它们当作一种异域珍禽而重视，同时也是显示大唐帝王怀远之德的一种象征。

图 2－9　唐高宗乾陵神道　　图 2－10　唐睿宗桥陵神道前石雕鸵鸟
　　　　　前石雕鸵鸟

除此之外，鸵鸟也成为唐人诗歌中的赋咏对象。李白《秋浦歌十七首》曾云：

秋浦锦鸵鸟，人间天上稀。山鸡羞渌水，不敢照毛衣。①

以羽毛光洁美丽著称的山鸡在"人间天上稀"的锦鸵鸟面前也自惭形秽，可见唐人对其之惊羡。李白所描绘的鸵鸟是诗人亲眼所见，还是得自传闻，我们还不敢肯定。高宗时期入贡的鸵鸟是否有繁育或是能否活到李白所生活的年代也未可知。

---

① 李白：《秋浦歌十七首》，见《全唐诗》卷 167 "李白七"，中华书局，1985，第 1723 页。

三　古代丝路沿线的鸵鸟形象

汉唐时期西亚鸵鸟虽是作为稀有贡品输入中国，但鸵鸟的形象却一度在陆上丝绸之路沿线流行。中西亚诸国曾多次将鸵鸟输入中国，所以这些地区对鸵鸟也是较为熟悉的。在新疆境内曾发现有相关的以鸵鸟形象为题材的文物。如 1990 年新疆焉耆七个星乡老城村出土一件七鸵纹银盘，圜底，口径 21 厘米，高 4.5 厘米，盘内单线凿刻七只鸵鸟，底心一只，周围六只。鸵鸟蓬松下垂的尾羽和分二趾并带有肉垫的足部刻画得很忠实，头部的造型也很逼真，七只鸵鸟的身姿既有变化又有重复（见图 2 – 11），有学者研究认为其制作年代不晚于 6 世纪，为粟特地区的制品。① 如果这件物品

图 2 – 11　新疆焉耆七个星乡七鸵纹银盘

资料来源：孙机：《七鸵纹银盘与飞廉纹银盘》，载《中国圣火——中国古文物与东西文化交流中的若干问题》，辽宁教育出版社，1996，图 1。

真是从粟特地区流入的，那么鸵鸟形象也是中西亚一带装饰图像流行的主题。

古代西域地区也是鸵鸟主题形象流行的地区，而且其形象在新疆出现还比较早，有学者认为汉晋时期新疆地区的肖形印就有类似

---

① 孙机：《七鸵纹银盘与飞廉纹银盘》，载《中国圣火——中国古文物与东西文化交流中的若干问题》，第 157 ~ 158 页，图 1。

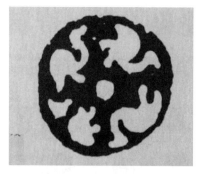

图 2 - 12　新疆地区出土的肖形印

资料来源：温廷宽编《中国肖形印大全》，山西古籍出版社，1995，第 0973 号。

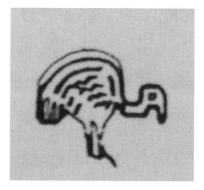

图 2 - 13　新疆民丰尼雅遗址出土"五星出东方利中国"织锦护膊上的大鸟图像

资料来源：李零：《入山与出塞》，图 1。

鸵鸟的形象（见图 2 - 12）。① 除此之外，1995 年，新疆民丰尼雅遗址（汉代精绝国遗址）出土的一件"五星出东方利中国"彩锦护膊，其上织就的虎、辟邪、大鸟、孔雀之类的祥禽瑞兽形象，其中大鸟，从形状上看应是鸵鸟（见图 2 - 13）。② 此件织锦虽是汉代精绝贵族墓的随葬品，但是用汉地的织锦裁制，上面的文字亦反映的是汉地的思想，所以应是汉地工匠所为。此件织锦约制作于汉晋时期，大概从很早时期中国人对鸵鸟这一奇禽形象便不陌生，并将其用于手工制品当中。由此可以看出，鸵鸟是汉唐时期丝绸之路沿线比较流行的形象，不但中西亚人很喜爱，中国人也对其很珍视。鸵鸟入华大致也是循陆上丝绸之路而来的。

---

① 温廷宽编《中国肖形印大全》，第 26、265 页的 0973 号、0975 号。

② 李零：《"五星出东方利中国"织锦上的文字和动物图案》，见氏著《入山与出塞》，第 361 页，图 1；于志勇：《1995 年尼雅考古的新发现》，《西域研究》1996 年第 1 期，第 117 页；于志勇：《尼雅遗址出土"五星出东方利中国"锦织纹浅析》，《鉴赏家——新疆文物考古成就特辑》，上海译文出版社，1998，第 30 ~ 37 页。

四 唐以后鸵鸟传入中国

唐中期以后，鸵鸟便很少见于记载了，人们对鸵鸟的认识也仅限于一些历史记忆而已。到了宋元时代，随着海上交通的繁荣及中西交往的密切，鸵鸟这种稀有之物又开始见于史籍，但仅仅是停留在传闻的层次上。如南宋周去非所著《岭外代答》卷三"昆仑层期国"（约在今非洲桑给巴尔一带）条云："又有骆驼鹤，身项长六七尺，有翼能飞，但不高耳。食杂物炎火，或烧赤热铜铁与之食。"[1]同时代有赵汝适著《诸蕃志》记弼琶啰国（今非洲索马里沿岸）："又产物名骆驼鹤，身项长六七尺，有翼能飞，但不甚高。"[2] 这里骆驼鹤即是指鸵鸟。周去非和赵汝适并没有去过海外，上述记载都是得自番客及译者之口，而且这一时期并没有鸵鸟入贡中国的记载。至元代时，中西交通大开，人们对鸵鸟的认识有所提高，但也没有超出唐代。如刘郁《西使记》记富浪国（地中海东界一带）：

> 有大鸟，驼蹄，苍色，鼓翅而行，高丈余，食火，其（卵）如升许。[3]

看来当时人们对鸵鸟的认识一直停留在这个层次上，而且这一时期也依旧没有鸵鸟入贡或传入的记载。

鸵鸟重新踏上中国这片土地则是明郑和下西洋时的事了。这个时期鸵鸟入贡主要是循海路而来，来源地主要在阿拉伯半岛及

---

[1] （宋）周去非著，杨武泉校注《岭外代答校注》，中华书局，1999，第113页。

[2] （宋）赵汝适原著，杨博文校释《诸蕃志校释》，中华书局，1996，第102页。

[3] （元）刘郁：《西使记》，清照旷阁刻本，第5页。

西亚一带，当时多称"驼蹄鸡""驼鸡"等。随郑和下西洋的费信在其所著《星槎胜览》的"竹步国"（今索马里之朱巴州朱巴河入海口一带）条中记载，其地"产狮子、金钱豹、驼鸡，（鸡）有六七尺高"；同卷阿丹国（今阿拉伯半岛南也门一带）条亦记此地产"驼蹄鸡、金钱豹"，这两国皆"感慕恩赐，躬以方物贡献"。① 随郑和同行的马欢在其所著《瀛涯胜览》中亦记祖法尔国（今阿拉伯半岛东南）有：

> 山中亦有驼鸡，土人间亦捕获……身扁颈长其状如鹤，脚高三四尺，每脚上只有二指，毛如骆驼……行似骆驼，因此名驼鸡……其头目将乳香驼鸡等物，跟随宝船以进贡于朝廷。

同书又记天方国（今沙特阿拉伯所在地区之麦加一带）产：

> 狮子、驼鸡、羚羊、草上飞等……宣德五年，钦蒙圣朝差正使太监内官郑和等往各番国开读赏赐。分䑸到古里国时，内官太监洪见本国差人往彼，就选差通事等七人赍麝香磁器等物，附本国船只到彼，往回一年，买到各色奇货异宝、麒麟、狮子、鸵鸡等物，并画《天堂图》真本回京。②

记载此事的还有明黄省曾著《西洋朝贡典录》，亦记祖法尔国"有禽焉，长身而鹤颈，足四尺而二爪，其状如骆驼，其名

---

① （明）费信：《星槎胜览》卷4，载《丛书集成初编》，中华书局，1985，第20、21页。
② （明）马欢：《瀛涯胜览》，载《丛书集成初编》，第70、90~91页。

曰鸵鸡，是食五谷"。在同书天方国条中亦记载：

> 宣德中，使郑和至西洋，遣通事七人，赍麝香、磁器、缎匹同本国船至国，一年往回。易得各色奇异宝石并麒麟、狮子、鸵鸡等物，并画《天堂图》一册回京。[①]

《明史·外国传》也曾记祖法尔国：

> 有鸵鸡，颈长类鹤，足高三四尺，毛色若驼，行亦如之，常以充贡。[②]

这里的"鸵鸡"显然是指鸵鸟。看来在郑和下西洋时，曾有随行官员将鸵鸡（鸵鸟）从阿拉伯半岛带回到中国，其中有些是作为贡物随郑和等来到中国的。

除此之外，西亚忽鲁谟兹国（即霍尔木兹，今属伊朗，位于阿曼湾与波斯湾之间）在此期间亦经海路向明朝贡献过鸵鸟。如明陈仁锡所撰《皇明世法录》记载，明永乐三年（1405），其国曾遣使来朝。

> 贡方物及鸵鸡，上命侍臣金幼孜为之赋："鸵鸡如鹤，长三四尺，脚二指，毛如驼，行亦如之。"[③]

明严从简《殊域周咨录·西域忽鲁谟兹国》记此事为永乐七年（1409），时中官郑和曾往赐其国，其酋长感慕天恩，贡献方物及"鸵鸡"，儒臣金幼孜作赋曰：

---

① （明）黄省曾著，谢方校注《西洋朝贡典录》卷下，中华书局，1982，第104、119页。
② 《明史》卷326《外国传七》，中华书局，1997，第8448页。
③ （明）陈仁锡：《皇明世法录》卷82，台湾学生书局，1986，第2174页。

永乐己亥秋八月旦吉，西南之国有以异禽来献者，稽往牒而莫征，考载籍而难辨。皇帝御奉天门特以颁示，群臣莫不引领快睹，顿足骇愕，以为希世之罕闻，中国所未见。其为状也，驰首凤啄，鹤颈兔聰，苍距矫攫，修尾辔辇，雄恣逸态，鸷武且力，衡不逾尺，高可八尺，名曰驼鸡。[1]

无论是永乐三年还是七年，总之中国人在历经几百年之后，又见到驼鸟这种珍稀动物。

此后，驼鸟大概在中国传代蓄养了好长一段时间。当然也可能是郑和下西洋后，非洲、西亚的一些国家偶尔前来，贡献当地驼鸟。[2] 李时珍亦把驼鸟收入《本草纲目》中，释名为驼蹄鸡、食火鸡、骨托禽等，还附有一张驼鸟图。[3] 李时珍曾在太医院供职，大概接触过有关驼鸟的资料，或是见过真驼鸟，不过他所绘的驼鸟显然加入了许多想象的成分，把驼鸟绘成食火鸡的样子。明中后期以后又不见驼鸟入贡的记载了，中国人再熟悉驼鸟，已是近代以后的事了。

五 汉唐时期传入中国的驼鸟卵

同驼鸟一样，驼鸟卵作为一种珍稀之物也受到唐人的喜爱。驼鸟卵输入中国的时间甚至比驼鸟还要早。《史记·大宛列传》即记张骞返回中原后，安息"以大鸟卵及黎轩善眩人献于汉"。毕竟，驼鸟卵要比驼鸟便于携带与运输，况且这么大的蛋（直径 16 厘米左

---

① （明）严从简著，余思黎点校《殊域周咨录》卷9，中华书局，2009，第318~319页。
② 张箭：《下西洋与非洲动物的引进》，《西亚非洲》2005 年第 2 期。
③ 《本草纲目》（校点本）卷49"驼鸟"条，第2669页、图41页。

右）在中国还是很少见的。《后汉书·西域传》记条支国"出狮子、犀牛、封牛、孔雀、大雀，大雀，其卵如瓮"。唐时，中亚诸国又进贡过这种卵，《册府元龟》记载开元六年（718），康国遣使贡献锁子甲、水精杯、玛瑙瓶、鸵鸟卵及越诺之类；开元二十八年（740）安国遣使献宝床子及鸵鸟卵。[①] 进贡给唐的鸵鸟卵显然不是为了食用，从遥远的西亚及更远地区千里迢迢运至长安一带，按当时的运输条件，得花几个月甚至一年的时间，鸵鸟卵早就变质了。

这种东西之所以受到唐人的重视和喜爱，主要是它的珍奇与稀罕。另外，与西方赋予鸵鸟卵的神圣意义也有关。在古代伊朗人的宇宙观中，宇宙往往像个鸟蛋，卵白代表天空，卵黄代表为天空所包围的地球，最大的鸟卵即鸵鸟卵，则象征人间的最高存在。在中古伊朗人最主要的宗教——琐罗亚斯德教（中国称之为"祆教"）的观念里，主神阿胡拉·马兹达及其他诸神都是卵生，因而往往以宇宙的支持者标榜的西亚帝王们常将鸵鸟卵视为王权或君权神授的象征，以及重生或复活的希望。在美索不达米亚出土有公元前3000年至前2000年的鸵鸟蛋杯（见图2-14、图2-

图2-14 美索不达米亚 kish 出土的鸵鸟蛋杯（约前3000年）

资料来源：Berthold Laufer, "Ostrich Egg-shell Cups of Mesopotamia and the Ostrich in Ancient and Modern Times", *Field Museum of Natural History*, Chicago, 1926, pl. 1.

---

① 《册府元龟》卷971《外臣部·朝贡四》，第11406、11411页。

15）。① 这种观念传至欧洲，欧洲中古的天主教堂里往往在天井
上方吊一只鸵鸟蛋（见图 2 - 16），象征圣母玛利亚超人间的怀
胎及耶稣基督的诞生。中世纪以来，印度圣徒墓穴顶上也悬挂着
鸵鸟蛋，大概象征着重生。② 唐人未必会接受这种观念，他们更
多的是把它当作一种从西方来的奇珍异物，或是因为西方对其珍
重而加以重视。汉唐以后，史籍便很少有西亚或非洲的鸵鸟卵输
入中国的记载了。

图 2 - 15　美索不达米亚乌尔古城出土的鸵鸟蛋杯（前 2600 ~ 前 2200 年）

资料来源：Woolllley, C. L., *Ur Excavation* Ⅱ: *The Royal Cemetery*, London and Philadelphia, 1934, pl. 156.

图 2 - 16　中世纪欧洲天主教堂祭坛画中的鸵鸟蛋

资料来源：Nile Green, "Ostrich Eggs and Peacock Feathers: Sacred Objects as Cultural Exchange between Christianity and Islam", *Al-Masaq*, 2006, 18：1, fig. 2.

---

① Berthold Laufer, "Ostrich Egg-shell Cups of Mesopotamia and the Ostrich in Ancient and Modern Times", *Field Museum of Natural History*, Chicago, 1926, p. Ⅰ.1; Woolllley, C. L., *Ur Excavation* Ⅱ: *The Royal Cemetery*, London and Philadelphia, 1934, p. Ⅰ.156.

② Nile Green, "Ostrich Eggs and Peacock Feathers: Sacred Objects as Cultural Exchange between Christianity and Islam", *Al-Masaq*, 2006, 18：1, p. 36, fig. 2, p. 55, fig. 12.

从上文可以看出，鸵鸟及鸵鸟卵最初传入当在西汉时，鸵鸟卵应该较早一些，这些东西当时主要来自西亚波斯一带，经陆上丝绸之路来到中国。至唐朝时，开始引起朝野上下的重视和兴趣，鸵鸟这一名称也开始正式流行。它们的到来无疑开拓了中国人的眼界，同时也对当时的文学及艺术产生了一定影响。但中国人对外来事物的接受也还是有选择的，同为西方传来的奇禽异兽，鸵鸟在中国产生的影响远不如狮子等，也没有像它们一样本土化，只能作为一种稀有之物加以重视。所以，随着中西交通与交往的中断，鸵鸟及鸵鸟卵渐渐消失在中国人的视野，被慢慢淡忘了。以至于明朝郑和下西洋时，作为稀罕之物从阿拉伯半岛等地带回了"鸵鸡"这种东西；而且西域忽鲁谟兹国等贡献此物，竟被当时朝廷文臣誉为"希世之罕闻，中国所未见"，可见其在中国引起的惊羡程度。

但无论如何，鸵鸟及鸵鸟卵作为一种舶来品，给中国人带来一种新的感官刺激，激发了他们的想象力与创作热情，也丰富了其文化生活。它们的传入无疑是对中西文化交流的一种贡献，在中外文化交流史上也是值得书写的一笔。

第二节　中古胡人驯狮现象
与唐五方狮子舞

中国本土不产狮子，古代狮子主要产于西亚、南亚及非洲一带。不过，狮子在中国古代并不陌生，早在先秦时中国人就已知晓狮子的存在了，当时称狮子为"虓"或"狻猊"。^① 自东汉起，狮子主要以贡品的形式从波斯等地进入中国，其形象也逐渐出现在石刻、雕塑、绘画等艺术作品上。作为猛兽，狮子在东来的过程中，也需要有驯养者（随贡狮而来的西域胡人）跟随。这些人来华后因特殊技艺而受到重视，他们驯养狮子的能力及活动也开始为众人所知，在中古时期尤其受到民众的喜爱。因史籍阙载，我们对古代胡人驯狮活动或现象了解并不多，胡人驯狮活动与唐代流行的五方狮子舞的关系也往往混淆在一起。随着考古工作的展开，一些已出土及新出土的文物给我们带来一些信息，促使我们对中古胡人驯狮的现象有了进一步的认识。这里尝试从图像与文献相结合的角度来阐释这个问题。

一　狮子的传入与胡人驯狮现象

东汉时起，史籍中就有安息、月氏等国贡献狮子的记载。《后汉书·西域传》曰：章和元年（87），安息国"遣使献师（狮）子、符拔。符拔形似麟而无角……（和帝永元）十三年（101），安息王满屈复献师（狮）子及条支大鸟"^②。《东观汉

---

① 《说文》曰："虓，狮子也"；《尔雅》曰"狻猊，如虦猫，食虎豹"，郭璞注曰："即师子也"；《穆天子传》亦曰"狻猊，日走五百里"，郭璞注曰："师子也，食虎豹"。以上见《太平御览》卷889《兽部一》"师子"条，中华书局，1963，第3949页。关于"狻猊"一词，美国汉学家谢弗认为该词读音为 suangi，是公元前由印度传入中国，狮子一词源于伊朗，继狻猊东传数世纪后传入中国，见氏著《唐代的外来文明》，吴玉贵译，中国社会科学出版社，1995，第191页。林梅村认为"狻猊"与塞语有关，大概来自塞语表示狮子的词 sarvanai（形容词）或 sarauna（抽象名词）；而"狮子"一词，他根据德国学者吕德斯（H. Lüders）看法，认为是吐火罗 A 方言śisäk（狮子）的音译，而śisäk 则来自梵文 simha，见所著《汉唐西域与中国文明》，文物出版社，1998，第88~91页。

② 《后汉书》卷88《西域传》，第2918页。

记》曰：（顺帝）阳嘉中，疏勒国"献师子、封牛，师子形似虎，正黄，有髯耏，尾端茸毛大如斗"①。此时期常用狮子的形象来充作镇门、镇墓兽等。如山东嘉祥武氏祠石阙前有石狮一对，为东汉桓帝建和元年（147）所雕刻；四川雅安县建安十四年（209）高颐墓前亦有石狮一对，肩生双翼等。其实自东汉时狮子作为贡物来中国后，就应该伴随有驯兽员前来，当时宫闱中豢养着这么庞大的猛兽，驯兽员是不可缺少的，这些人应当就是来自西域一带的胡人，因而胡人驯狮子的活动与现象也应当就存在了。至于他们驯养狮子是否为了娱乐，我们不得而知，但狮子的观赏功能还是存在的，毕竟这在当时中国是很罕见的东西，但也仅限于宫廷中。东汉出现的石狮形象，大概是受西域传来狮子图像的影响，具有西方艺术的特点，但此时期并没有出现胡人驯狮图像。

魏晋南北朝以来，随着丝绸之路的畅通及中西交往的逐步密切，更多的胡人通过各种途径来到中国，波斯等国的贡狮活动仍在持续。如北魏时期，嚈哒等曾自波斯向北魏朝贡狮子。《魏书·西域传》载：嚈哒于"正光末（525 年前后），遣使贡师子一，至高平，遇万俟丑奴反，因留之。丑奴平，送京师。永熙以后，朝献遂绝"②。又《洛阳伽蓝记》载："永桥南道东有白象、狮子二坊……狮子者，波斯国胡王所献也。为逆贼万俟丑奴所获，留于寇中。永安末（530 年前后），丑奴破，始达京师。"该狮子在中国待了六年左右。普泰元年（531）广陵王即位，"诏

---

① （东汉）刘珍等撰，吴树平校注《东观汉记校注》卷 3，中华书局，2008，第 112 页。
② 《魏书》卷 102《西域传》，第 2279 页。

曰：'禽兽囚之，则违其性，宜放还山陵。'狮子亦令送归本国。
送狮子胡以波斯道远，不可送达，遂在路杀狮子而返"①。可知
狮子乃由波斯王献于嚈哒，复由嚈哒入贡北魏。② 该狮子在送往
北魏洛阳时，途经高平（今宁夏固原一带），被万俟丑奴截留。
时间约在北魏孝庄帝建义元年（528），丑奴在此年大概因得到
狮子而改元神兽。③ 该狮子在高平待了两年，后尔朱天光灭万俟
丑奴，始获波斯所献狮子，并送往洛阳，不过没过几年广陵王元
恭继位，该狮子即被遣返，后被杀于路途。

尽管如此，狮子在北朝社会还是受到重视的。北齐神武帝高
欢的族弟平秦王高归彦父亲高徵，因在河州为官多年，得以
"解胡言"，后为"西域大使，得胡师子来献，以功得河东守"，④
高徵因献西域所获狮子而升官，说明狮子的确极其难得。

南朝宋时，中亚粟特国也曾向宋献狮子，但遇意外丢失。如
《宋书·索虏传》载："粟特大明中（约457~464）遣使献生师
子、火烷布、汗血马，道中遇寇，失之。"⑤ 此"生师子"显然
就是活狮子，至于丢失在何处，不得而知，应该未到中国境内。
南朝梁时，滑国（即嚈哒）于普通元年（520），"遣使献黄师
子、白貂裘、波斯锦等物"⑥。此"生师子""黄师子"等也应

---

① （东魏）杨衒之撰，范祥雍校注《洛阳伽蓝记校注》卷3《城南》，第161~
162页。

② 余太山：《两汉魏晋南北朝与西域关系史研究》，中国社会科学出版社，1995，第
191页注108。

③ 《资治通鉴》卷152"武帝大通二年"条，4750页；《北史》卷48《尔朱天光传》
亦记载此事，第1774页。

④ 《北齐书》卷14《高归彦传》，中华书局，1972，第186页。

⑤ 《宋书》卷95《索虏传》，中华书局，1974，第2357~2358页。

⑥ 《梁书》卷54《诸夷传》，第812页。

当来自波斯一带。

不管是由波斯还是由嚈哒入贡，总之狮子是在南北朝时期入贡至中国，并因其珍稀而受到重视。丑奴因此在得到狮子那一年改元神兽，而东魏时期洛阳永桥南道东有以狮子命名的坊。

至于入贡狮子在当时社会影响如何，贡狮又做何用途，史载不详。但至少在北朝时期，出现了以胡人驯狮、戏狮为主题的艺术作品及器皿。

山西博物院藏有一件北魏时期的胡人驯狮灯（见图 2 - 17），该灯出土于大同市安留庄村，高 13 厘米，口径 9 厘米。圆形灯碗，近方形座。灯擎之处高浮雕胡人驯狮，三人二兽相间排列，技法粗犷，气势豪迈，在同类石灯中以题材显胜。[1] 其人物造型具有典型的西域胡人特征——高鼻大眼，身着胡服，头戴胡帽。胡人单腿跪立，左手紧紧按住狮头，呈驯狮状。而雄狮大眼圆睁，张嘴作怒吼状，表现出一种欲要挣脱之势，显得生动传神。以胡人驯狮形象为灯座，既反映了

图 2 - 17 大同出土北魏胡人
驯狮灯（山西
博物院馆藏）

资料来源：山西博物院编《山西博物院珍粹》，山西人民出版社，2005，第 118 页图。

这个时期胡人驯狮戏狮等形象的流行，也说明这在当时是一种独特而时尚的文化现象。

---

[1] 山西博物院编《山西博物院珍粹》，山西人民出版社，2005，第 118 页图。

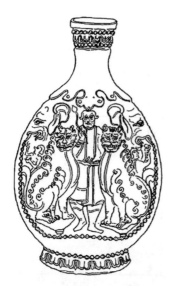

**图 2-18 太原出土北齐青釉
胡人狮子扁壶**

资料来源：高寿田：《太原西
郊出土唐青釉人物狮子扁壶》，《考
古》1963 年第 5 期，图一。

1956 年太原西郊出土了大概是北齐时期的青釉胡人狮子扁壶（见图2-18）。① 壶腹正中雕有戴冠蓄胡，着紧身袍，穿软底靴的胡人形象，胡人左右各有一只翘尾蹲坐的狮子，狮背上角，各露一人，右手各举一小球形物，从相貌上分辨，似也是胡人。北朝时期青釉扁壶纹饰胡化色彩比较浓，如河南安阳北齐范粹墓出土一件黄釉瓷扁壶，壶腹上雕有胡人乐舞图，② 跳的应该是中亚流行的"胡旋舞"。太原亦出土这样一件属于北齐时期的扁壶，说明当时北方胡化盛行，这里提到的青釉胡人狮子扁壶、黄釉胡人乐舞扁壶应当表现的是当时的一种流行风尚。

2003 年西安市文物保护考古研究所发掘北周史君墓葬，出土的石葬具上有大量的浮雕、彩绘图像，其中石堂门槛左右侧各有童子戏狮浮雕，几个童子围绕着一头或数头狮子戏耍，神态可爱（见图 2-19）。③ 据史君墓志记载，史君为北朝来华的中亚史国人，为凉州萨保（即管理胡人聚落的官员），这里出现胡童戏狮图像，是否表示一种异文化的移植？抑或是当时一种流行风尚？

---

① 高寿田：《太原西郊出土唐青釉人物狮子扁壶》，《考古》1963 年第 5 期，第 263 页，图一。发掘者最初误认为是唐器，后被文物部门定为北齐器物。

② 河南省博物馆：《河南安阳北齐范粹墓发掘简报》，《文物》1972 年第 1 期，第 47~57 页。

③ 西安市文物保护考古研究院编著，杨军凯著《北周史君墓》，文物出版社，2014，第 92~93 页，图 92、93。

图2-19　史君墓石堂门槛左右侧童子戏狮浮雕

资料来源：西安市文物保护考古研究院编著，杨军凯著《北周史君墓》，图92、93。

在佛教题材里也有类似的画面。1978年西安市建国路二十六中学校园内出土北魏（一说西魏）时期一佛教造像碑。碑身正面上部雕刻一圆拱顶方形龛，龛内浮雕一佛二弟子，下部雕刻两只护法狮子及两位驭狮者。雄狮昂首挺胸，张口露齿，前腿一只腿着地，一只腿伸向驭狮者。驭狮者面相丰满，大耳，似西域胡人，面向狮子，似在驯狮（见图2-20）。① 狮子在中古时期佛教建筑造像中是较为常见的主题，象征着佛法的威严。在十六国、北朝及隋唐时期的佛教艺术作品如石窟、造像碑等中，狮子常常以护法者的形象出现在佛及菩萨两侧。

此外，狮子和比丘、供养人等守护

图2-20　西安出土北魏（一说西魏）佛教造像碑

资料来源：西安市文物保护考古所编著《西安文物精华·佛教造像》，世界图书出版西安公司，2010，第49页，编号41。

---

① 西安市文物保护考古所编著《西安文物精华·佛教造像》，第49页，编号41。该造像碑现藏西安博物院。

摩尼宝珠、莲花等的形象也较常见，因为在佛教中，狮子既是佛陀的象征，又是护法的灵兽，常常作为佛陀力量的象征性动物出现，地位较高。但是狮子与驭狮者同时出现，倒不多见。^①不过至少说明北朝时期胡人驯狮形象亦影响到了北方的造像等佛事活动，或者说这种胡人驭狮形象也是中古佛教传播中的一种现象。

在北朝时期的文物中出现这样的图像，多少也说明这个时期北方胡人活动频繁，胡人驯狮这种文化现象流行；此时胡人驯狮戏狮的文化现象亦开始为世人所了解、喜爱，从而得以风行于世，并以艺术的形式表现在陶瓷、石雕等制品中。鉴于南北朝时期狮子多由波斯、粟特等地区入贡，图像也多是出自北方地区及来华粟特胡人墓葬，可以看出当时的胡人驯狮现象多流行于北方，^②驯狮胡人应主要是中西亚诸国人。

北朝时期北方胡化盛行，文献史籍也多有反映。东魏杨衒之《洛阳伽蓝记》载："自葱岭已西，至于大秦，百国千城，莫不欢附。商胡贩客，日奔塞下，所谓尽天地之区已。"^③记载的就是北魏时期与西域交往频繁的盛况。北齐社会胡化风气更为盛行，《隋书·音乐志》云：

> 然吹笛、弹琵琶、五弦及歌舞之伎，自文襄以来，皆所

---

① 甘肃陇东地区北朝造像碑中，亦出现类似的一对胡人戏耍或驯服狮子的图像，因照片未公开发表，不便使用。感谢陕西师范大学王庆昱博士后提供信息。
② 山东临沂洗砚池晋墓出土一件胡人骑狮的青瓷水注，胡人高鼻大耳，络腮胡须，头戴卷沿高筒帽，端坐于狮背上。此类器形受西方影响较大，艺术想象成分多，与我们所讨论的胡人驯狮形象有较大差异。
③ （北魏）杨衒之撰，范祥雍校注《洛阳伽蓝记校注》卷3《城南》，第161页。

爱好。至河清以后，传习尤盛。后主唯赏胡戎乐，耽爱无已。于是繁手淫声，争新哀怨。故曹妙达、安未弱、安马驹之徒，至有封王开府者，遂服簪缨而为伶人之事。①

又据《北史·恩幸传》记载，当时的一些"眼鼻深崄"的胡小儿，颇受恩宠，不少人因擅长歌舞音乐等技艺而被封王开府。②

北朝时期的胡化风气显然与西域及中西亚胡人的大量到来有关，他们不但擅长歌舞技艺，有的也具备驯兽的特殊技能，胡人驯狮等现象或活动的流行也是当时社会胡化的结果。值得重视的是，文献中所提到的狮子主要是贡狮，豢养于皇家苑囿中，供皇室观赏，一般百姓难以见到，因狮子难以圈养而往往被遣返。北朝胡人驯狮形象在北方的流行，说明也可能有一些狮子通过非官方的、民间方式流入中国，而携带其入境者，也应是具有驯狮技能的中西亚胡人。

隋唐时期，随着中西交通的发展，更多的中西亚一带的胡人来到中国，贡狮活动也更为频繁。如唐贞观九年（635），康国献狮子，唐太宗因"珍其远，命秘书监虞世南作赋"③，其辞曰：

> 有绝域之神兽，因重译而来扰……其为状也，则筋骨纠缠，殊姿异制……瞋目电曜，发声雷响，拉虎吞貔，裂犀分象。④

---

①　《隋书》卷14《音乐志》，第331页。
②　《北史》卷92《恩幸传》，第3054～3055页。
③　《新唐书》卷221《西域传》，第6244页。
④　虞世南：《狮子赋》，载《全唐文》卷138，中华书局，1983，第1396页。

显然在唐人的眼里，狮子是具有神力的神奇动物。高宗显庆二年（657）、玄宗开元七年（719），吐火罗国遣使献狮子；开元十年，波斯国遣使献狮子；开元十五年、十七年，米国遣使献狮子①等，可知唐人亦比较珍视这种动物，贡狮主要来自中西亚诸国。以狮子为主题的艺术形象此时也出现在唐代的雕刻、绘画等上面，唐代帝陵的神道石刻中就有狮子形象，玄宗时期的宫廷画家韦无忝所画的狮子，使野兽见了都害怕，史载：

> 曾见貌外国所献狮子，酷似其真。后狮子放归本国，唯画者在图。时因观览，百兽见之皆惧。②

而唐初另一位宫廷画家阎立本还专门针对贡狮画了《西旅贡狮子图》《职贡狮子图》两幅名画。其中《职贡狮子图》描绘到：

> 大狮子二，小狮子数枚。皆虎首而熊身，色黄而褐，神采粲然，与世所画狮子不同。胡王倨坐甚武，旁有女伎数人，各执胡琴之类……高宗题云"阎立本职贡狮子图"。③

画史材料中记载的"倨坐甚武"的胡王，应是指神勇威武

---

① 《册府元龟》卷970《外臣部·朝贡三》、卷971《外臣部·朝贡四》第11398、11402、11406、11407、11408页。

② 《太平广记》卷212"韦无忝"条所引《画断》，第1625页。

③ （宋）周密：《云烟过眼录》卷上、下，于安澜编《画品丛书》，上海人民美术出版社，1982，第347、367页。

的驯兽者，此处的狮子图不知是否根据贞观年间康国所献狮子
而绘。

　　胡人驯狮、戏狮的现象在唐代继续存在并流行，至少从贞观
至开元时期连续的贡狮记载多少可以说明这个问题，有些文物图
像也可以提供这方面的线索。昭陵陵区西南唐代瑶台寺遗址
（今陕西省礼泉县赵镇后寨村偏东处，有人认为这里即下宫）一
带曾发现一对走狮，狮子为行走状，昂头、迈步、突目、口半
张、露齿、鬣毛涡卷，身旁并雕有一位着胡服的驭狮者或狮奴
（见图 2 - 21），[1] 不知这是否也是根据康国所献的那头狮子雕刻

图 2 - 21　昭陵西南发现的石走狮

资料来源：刘向阳：《唐代帝王陵墓》，三秦出版社，2003，第 20 页图。

---

[1]　刘向阳：《唐代帝王陵墓》，三秦出版社，2003，第 20 页图。现藏西安碑林博
　　物馆。

而成。1996 年洛阳杨文村唐墓出土有三彩驯狮扁壶（见图 2 -
22），^① 壶腹正中左侧有驯狮胡人，头戴胡帽，袒露右肩，着披帛，
腰束带，脚穿软底靴，右手拽一缰绳，右侧为一翘尾跳跃的狮子，
张口瞠目，场面甚为生动，这里的胡人似为童子。另外，大唐西市
博物馆展出一件三彩扁壶上亦有胡人驯狮的图像（见图 2 - 23），^②
壶腹正中为一着紧身袍服的胡人形象，其左右亦各有一个翘尾蹲
坐的狮子，壶腹周围有一圈联珠纹，形制内容等与太原西郊出土
器物上的比较相似，只是相对粗糙一些，图像也不甚清晰。这件

图 2 - 22　洛阳杨文村唐墓出土
三彩驯狮扁壶

资料来源：邢富华：《洛阳杨文
村唐墓 C5M1045 发掘简报》，《考古
与文物》2002 年第 6 期，图四。

图 2 - 23　大唐西市出土唐三彩
胡人戏狮扁壶

资料来源：陕西师范大学美术学
院蔡然老师所绘。

---

① 邢富华：《洛阳杨文村唐墓 C5M1045 发掘简报》，《考古与文物》2002 年第 6 期，
第 20 页，图四。
② 大唐西市博物馆馆藏，图为陕西师范大学美术学院蔡然老师所绘。

陶壶在西市出土，时间为唐代，说明这种风格的扁壶在唐代依旧流行，而胡人驯狮、戏狮现象在此时也应当还在流行。

虽然有关唐代胡人驯狮子图像发现的并不多，[①] 但结合唐代文献记载可以看出，当时国力强盛、国家开放，四方朝贡频繁，除贡狮外，还有西域来的贡豹、贡鹰、贡猞猁等，南海来的贡象、贡犀等，所以唐代的墓葬石刻、壁画中有胡人驯豹、牵豹、牵猞猁等狩猎的图像，[②] 唐诗中有关于"驯犀"、"驯象"及驯犀、象的驯兽员即"蛮儿"的描述。[③] 既然唐代贡狮亦频繁，那么胡人驯狮活动与现象也当存在并流行，上述图像也足以表明唐代胡人驯狮活动或现象已为唐人所熟悉并流行。当然这些驯狮胡人也应多为中西亚一带胡人。李白《上云乐》有云：

　　金天之西，白日所没。康老胡雏，生彼月窟……五色师子，九苞凤凰。是老胡鸡犬，鸣舞飞帝乡。[④]

诗中所提到的康老胡雏，一般认为是指来自中亚康国的胡人，所谓的狮子、凤凰是老胡鸡犬，可以看出在唐人眼里，中西亚胡人就是养狮子若犬、养凤凰若鸡，因而胡人驯狮图像出现也

①　在出土的一些与佛教有关的石刻及敦煌壁画上，有一些仙人骑狮、胡人骑狮奏乐的图像，因与佛经及佛传故事有关，不在本文讨论范围之内。

②　张广达：《唐代的豹猎》，见氏著《文本、图像与文化流传》，广西师范大学出版社，2008，第 23~38 页。

③　元稹：《驯犀》，《全唐诗》卷 419，中华书局，1985，第 4617 页；白居易：《驯犀——感为政之难终也》，《全唐诗》卷 426，第 4696 页。

④　《全唐诗》卷 162，第 1689 页。

就不奇怪了。

由上可知，狮子形象除了被唐人作为镇墓兽或陵墓神道的重要石刻外，其本身大概也成为皇室贵族进行宴会等活动的助兴之物，即驯狮表演，它们和当时流行的舞马、驯象（斗象、象舞）、驯犀等构成唐代百戏的一部分，这种活动也大概在开元时期达到高潮。开元以后，唐代史籍不见贡狮的记载，但胡人驯狮图像依旧存在，只不过驯狮人也出现了汉人的形象。西安碑林所藏玄宗天宝四年（745）《石台孝经》最上面东侧刻画的两幅狮子图，左右对称，狮子形象具有写实性，左边人物形象已中原化，右边人物则仍具有西方风格，高鼻深目，身穿紧身衣。[①] 看来唐人相当重视狮子这种动物，给其赋予更多神力，胡人驯兽在当时上流社会很流行，并有向民间散播的趋势，也不排除有一些经商的中西亚胡人或冒充贡使或以民间的方式将狮子带入中国。《旧唐书》记载拂菻国主曾于开元七年"遣吐火罗大首领献狮子、羚羊各二"[②]，此大首领或为商队首领。另外，大唐西市博物馆所收藏的胡人戏狮子扁壶，或也可提供这方面的线索。

二　五方狮子舞

与唐代驯狮子现象相关且流行的，还有狮子舞，即一种假面舞狮活动，当时称为五方狮子舞，其舞乐称太平乐。《通典·乐六》载：

---

① 王庆卫：《墓葬中的窣堵波：再论武惠妃石椁勇士神兽图》，《敦煌学辑刊》2014年第1期，第154页。
② 《旧唐书》卷198《西域传》，第5315页。

《太平乐》，亦谓之五方师子舞。师子挚兽，出于西南夷天竺、师子等国。缀毛为衣，象其俯仰驯狎之容。二人持绳拂，为习弄之状，五师子各依其方色，百四十人，歌《太平乐》，舞抃以从之，服饰皆作昆仑象。①

《旧唐书·音乐志》亦载：

《太平乐》，亦谓之五方师子舞。师子鸷兽，出于西南夷天竺、师子等国。缀毛为之，人居其中，像其俯仰驯狎之容。二人持绳秉拂，为习弄之状，五师子各立其方色，百四十人歌《太平乐》，舞以足，持绳者服饰作昆仑象。②

从"缀毛为之，人居其中"，可知是一种假面舞狮。这里的五方狮子，代表不同颜色的五头狮子，在由140人唱诵的《太平乐》的伴奏下舞动，舞狮者往往为两人，着昆仑象服饰，持绳索，作戏弄狮子状。这显然与胡人驯狮大相径庭了。

唐代龟兹乐中亦记载有五方狮子舞，舞狮者被称为狮子郎。唐代段安节《乐府杂录·龟兹部》载：

戏有五方狮子，高丈余，各衣五色。每一狮子有十二人，戴红抹额，衣画衣，执红拂子，谓之狮子郎，舞《太平乐》曲。③

---

① （唐）杜佑撰《通典》卷146《乐六》，第761页。
② 《旧唐书》卷29《音乐志》，第1059页。
③ （唐）崔令钦撰，吴企明点校《教坊记》（外三种），中华书局，2012，第123页。

《新唐书·礼乐志》亦提到龟兹伎:

> 设五方师子,高丈余,饰以方色。每师子有十二人,画
> 衣,执红拂,首加红袜,谓之师子郎。①

从"高丈余,各衣五色"等可知,当时龟兹乐中的五方狮
子舞也应是指一种假面狮舞,非真狮子也。而舞狮子者,往往被
称为狮子郎,可知该舞蹈艺人道具等均有定制,狮子也是异域奇
兽,歌舞内容主要表现戏弄狮子场面。和前述《通典》等所记
太平乐不同,龟兹乐中的五方狮子是一个狮子配十二人(狮子
郎),也即舞狮者,舞者均戴红抹额,衣画衣,执红拂子,而太
平乐中狮子舞是人居其中,旁边舞者是两人,穿昆仑服饰。故虽
然都叫作五方狮子舞,舞太平乐曲,但估计是两个不同系统,一
个是天竺、南海等系统,一个是西域系统。

《通典》等唐代文献所记的太平乐即五方狮子舞,属于唐代
官方伎乐,也即宴飨(宴享)之乐的一部分。在隋及唐初,沿
隋制定为九部乐,至贞观十六年(642),太宗始制定为十部乐。
此后又发展为立、坐二部伎。

> 堂下立奏,谓之立部伎;堂上坐奏,谓之坐部伎。②

> 今立部伎有安乐、太平乐、破阵乐、庆善乐、大定乐、

---

① 《新唐书》卷21《礼乐志》,第470页。
② 《新唐书》卷22《礼乐志》,第475页。

上元乐、圣寿乐、光圣乐，凡八部。[1]

可知五方狮子舞（太平乐）属立部伎。文献中提到狮子来源于西南夷天竺（印度）、狮子（斯里兰卡）等国，而其服饰作"昆仑象"（"昆仑"系当时南海诸国之泛称，即作南海诸国服饰和形貌）。有学者认为此乐舞属唐十部乐中的扶南乐或天竺乐的一部分，和今日中国南方的狮舞相似。[2] 笔者推断此舞应该是唐代海上丝绸之路兴起以后所发展而来的一种乐舞。

所谓的龟兹伎，亦属唐代十部伎之一，其应与西域有很大关系，而龟兹伎又多少影响到西凉乐（伎）。而西凉伎也是十部伎之一，其中一个重要组成部分就是假面舞狮活动。这在唐人诗歌中多有反映。白居易《西凉伎》云：

> 西凉伎，假面胡人假狮子。刻木为头丝作尾，金镀眼睛银贴齿。奋迅毛衣摆双耳，如从流沙来万里。紫髯深目两胡儿，鼓舞跳梁前致辞。应似凉州未陷日，安西都护进来时。须臾云得新消息，安西路绝归不得。泣向狮子涕双垂，凉州陷没知不知？狮子回头向西望，哀吼一声观者悲。[3]

"假面胡人假狮子"，显然是一种假面狮舞，头是木头刻的，

<hr />

[1]　《旧唐书》卷29《音乐志》，第1059页。

[2]　周伟洲：《扶南乐与骠国乐》，载氏著《汉唐气象——长安遗珍与汉唐文明》，中国社会科学出版社，2013，第254页。

[3]　《全唐诗》卷427，第4701页。

尾用丝做的，眼睛牙齿均用金银装饰。诗中提到紫髯深目胡儿舞者是安西都护进献而来，说明西凉伎与西域关系密切，可知狮子舞应是由西域或中亚胡人创立，发展于西域与河西，在河西西凉伎中，舞狮者也往往扮成"假面胡人"的形象。

元稹《西凉伎》云：

> 前头百戏竞撩乱，丸剑跳踯霜雪浮。狮子摇光毛彩竖，胡腾醉舞筋骨柔。大宛来献赤汗马，赞普亦奉翠茸裘。一朝燕贼乱中国，河湟没尽空遗丘。[①]

假面狮子和粟特的胡腾舞联系在一起，说明西凉伎源于西域中亚一带，如《隋书》所载：

> 西凉者，起苻氏之末，吕光、沮渠蒙逊等，据有凉州，变龟兹声为之，号为秦汉伎。魏太武既平河西得之，谓之西凉乐。至魏、周之际，遂谓之国伎。[②]

炀帝大业中所定的九部乐、唐代发展的十部乐，西凉、龟兹乐均在其中。既然西凉伎"变龟兹声为之"，因而西凉乐中的狮子舞也多少和西域有渊源，唐代流行的龟兹伎中的五方狮子舞应是龟兹、西凉伎乐的进一步发展，不过增加了许多唐乐的成分。该乐舞和太平乐中的五方狮子舞应属于不同的系统，其与西域有

---

① 《全唐诗》卷419，第4616页。
② 《隋书》卷15《音乐志》，第378页。

更密切的联系。

五方狮子中的五色为哪几种颜色，史载不详，不过黄色是天子之色，旁人衣之会犯忌。史载王维当大乐丞时，"被人嗾令舞黄狮子，坐是出官。黄狮子者，非天子不舞也，后辈慎之"①。因而唐代的五方狮子舞大概就指中国古代传统的五方五色观念，即东西南北中五个方位，相对应青白赤黑黄五色。天子为中，故天子舞黄狮子。

不论是太平乐还是龟兹乐，这种假面舞狮活动（五方狮子舞）虽说是流行于唐朝，但至少在北魏时已经为世人所知，且受到喜爱。《洛阳伽蓝记》所载洛阳长秋寺：

> 中有三层浮图一所，金盘灵刹，曜诸城内。作六牙白象负释迦，在虚空中。庄严佛事，悉用金玉……四月四日，此像常出，辟邪师子，导引其前。吞刀吐火，腾骧一面；彩幢上索，诡谲不常。奇伎异服，冠于都市。②

这是洛阳每年四月举行行佛像法事时的百戏表演，其中佛事游行时，"辟邪师子，导引其前"，应是指一种假面狮舞。这里提到的在前面导引的"辟邪师子"等，显然和"吞刀吐火""彩幢上索"等一样，是当时流行的胡乐百戏，这里的狮子大概是一种假面狮子。这种假面舞狮的活动应是北朝流行的百戏的一部分，如《魏书·乐志》载：

---

① （宋）王谠撰，周勋初校证《唐语林》卷5，中华书局，1997，第486页。
② （北魏）杨衒之撰，范祥雍校注《洛阳伽蓝记校注》卷1《城内》，第43页。

六年冬，诏太乐、总章、鼓吹增修杂伎，造五兵、角
觝、麒麟、凤皇、仙人、长蛇、白象、白虎及诸畏兽、鱼
龙、辟邪、鹿马仙车、高絙百尺、长趫、缘橦、跳丸、五案
以备百戏。大飨设之于殿庭，如汉晋之旧也。①

《魏书》中提到的百戏，尤其所谓的"诸畏兽""鱼龙"
"辟邪"等大概也包括了舞狮子活动。

进入隋唐，北朝以来的百戏依然流行。大业十一年（615）
春正月甲午朔，隋炀帝举行大朝会，"大宴百僚……乙卯，大会
蛮夷，设鱼龙蔓延之乐，颁赐各有差"②。这里所提到的"鱼龙
蔓延"，大概也包括了一些类似于假面舞狮等的活动。隋代诗人
薛道衡《和许给事善心戏场转韵诗》吟道：

抑扬百兽舞，盘跚五禽戏。狻猊弄斑足，巨象垂长鼻。
青羊跪复跳，白马回旋骑。③

狻猊本身指狮子，所谓的"狻猊弄斑足"，应是指一种
狮舞。

有学者认为狮子舞自汉魏时就有，④ 我们不能肯定，但南北

---

① 《魏书》卷109《乐志》，第2828页。
② 《隋书》卷4《炀帝本纪》，第88页。
③ 逯钦立辑校《先秦汉魏晋南北朝诗》隋诗卷4，中华书局，1983，第2684～
2685页。
④ 黎虎：《狮舞流沙万里来》，《西域研究》2001年第3期，第86页。其引孟康注
《汉书·礼乐志》"象人"时说："若今戏虾鱼、师子者也。"孟康为曹魏时人，
推断其时可能已有戏狮子的表演。

朝时出现在中国北方并流行应该是没有疑问的，其主要源于西域，后经河西走廊传入中原，中间应经过很多种改良与改进。这种狮子舞至唐代更是发扬光大，发展成为一种成熟的五方狮子舞，后来经过流变又成为唐代立部伎中的龟兹伎，考虑到龟兹伎与河西的西凉伎有密切关系（西凉伎是在龟兹伎的基础上改造而成），因而白居易、元稹的《西凉伎》所描写的"狮子舞"应当来源于西域，此后流行于中原一带，并向周边进一步发展。至于唐代十部伎中属于立部伎的太平乐，鉴于其乐中五方狮子舞的戏狮者"服饰作昆仑象"，昆仑大概指南海诸国一带的人，称为狮子郎，狮子郎可能是指南海一带的昆仑人。这应当是唐代海上丝绸之路兴起而发展出来的一种乐舞，可能仅限于宫廷之间。真正的狮子舞主要还是出自西域中亚，经河西走廊来到长安等地，并向中原等地发展。

　　关于西域狮子舞的图像，也有考古发现。1960 年新疆吐鲁番阿斯塔那唐墓出土的乐舞杂技泥俑中，有一件狮子舞俑（见图 2 - 24）。[①]狮子俑高 13 厘米，舞狮头顶扁平，眼球向外凸，嘴张开，狮头微微抬起，正在做即兴表演。狮身像一副斗篷，把两位表演者不露痕迹地罩在里面，但表演者的双腿仍清晰可

图 2 - 24　新疆阿斯塔那唐墓出土的狮子舞俑

资料来源：穆舜英主编《中国新疆古代艺术》，新疆美术摄影出版社，2015，图版 403。

---

① 穆舜英主编《中国新疆古代艺术》，图版 403。

见，印证了文献中"缀毛为之，人居其中"的记载。可知，狮子舞在中古西域流行，舞狮者推测也应是胡人，胡人舞狮可以说是唐代最新奇、精彩的娱乐活动。

图 2-25 四川邛崃城西唐龙兴寺遗址出土的胡人舞狮人物石雕像

资料来源：吕树芝：《唐西亚舞狮人物石雕像》，《历史教学》1981年第11期，封底图。

1956 年四川邛崃城西唐龙兴寺遗址出土一座胡人舞狮人物石雕像（见图 2-25）。石像高 25.35 厘米，用红砂石刻成，雕刻着一个卷发的胡人，用力牵绳拉拽着一头狮子，狮子张口欲吼，这应该是狮子舞及狮子郎的一种形象。[①] 龙兴寺遗址在年代上属于唐代中后期，显然在唐代流行的西域狮子舞中，还是以胡人为主，而且这种活动已不局限于西域、河西或两京地区了。

此后随着狮子舞的盛行，该舞蹈经过唐人模仿和改良，不仅发展成宫廷中的太平乐、龟兹乐，而且逐渐成为民间百姓娱乐活动的一部分，只是这种舞蹈不一定是以胡人为主角。尽管"安史之乱"后，中西交通逐渐衰退，但狮子舞依然传承下来，自宋代开始成为大众喜闻乐见的娱乐项目，并逐渐发展成为一种"国粹"。

---

① 吕树芝：《唐西亚舞狮人物石雕像》，《历史教学》1981 年第 11 期，第 30 页。

三 狮在东西之间

狮子舞和胡人驯狮现象一样，应是汉唐时期丝绸之路文化交流的产物。自南北朝至唐代，随着丝绸之路的畅通，大量的中西亚一带的胡人来到中国，他们的文化也随之传入中国。贡狮就是其中一个方面，与此相伴随的还有胡人驯狮活动及狮子舞。

狮子主要产于西亚、非洲，在古代中东及近东的文明中，狮子扮演了极为重要的象征性角色，狮子在这些地区往往和王权联系在一起。在古埃及，猎狮是一项重要的王室仪式，因为猎杀这一自然界的顶级捕食猛兽象征着法老对自然界的控制力。[①] 在古代两河流域美索不达米亚一带亦是如此，在这里狮子是王权的象征，同时猎狮也是皇家狩猎活动的重要内容，国王通过从事猎狮活动来展示强悍的武力。在古代亚述帝国时期，宫殿的建筑浮雕当中常常有亚述国王狩猎狮子的场景，如伦敦大英博物馆收藏的亚述那西帕二世（Ashurnasipal Ⅱ）宫殿浮雕上刻绘的猎狮图，那西帕二世站在飞奔的战车上猎杀狮群，狮子身中数箭，但仍旧威风不减，整个场面惊心动魄。这种场景也多次出现在尼尼微亚述巴尼拔王的宫殿建筑浮雕中。[②] 这些狩猎活动中的狮子往往是被生俘而圈养在帝王的苑囿中，从而随时成为皇室的狩猎对象。至萨珊波斯帝国时，人狮搏斗或是帝王狩猎狮子等更是成为常见的题材，如出土的萨珊银盘上多有帝王狩猎狮子等图像（见图 2 - 26）。[③]

① 陈怀宇：《动物与中古政治宗教秩序》，上海古籍出版社，2012，第 264 页。
② Julian Ruade, *Assyrian Sculpture*, Harvard University Press, 1999, pp. Ⅰ. 36, 88, 94.
③ John Curtis, *Ancient Persia*, British Museum Press, 2000, p. 81; P. O. Harper, *Silver Vessels of the Sasanian Period*, Metropolitan Museum of Art, 1981, pp. 211, 226, Ⅰ. 10, Ⅰ. 25.

图 2 - 26　萨珊波斯帝王狩猎狮子

资料来源：P. O. Harper, *Silver Vessels of the Sasanian Period*, Metropolitan Museum of Art, 1981, pl. 10, pl. 25.

　　总的来说，在古代中近东文明中，狮子更多作为狩猎对象，圈养在皇家苑囿中，将狮子等作为驯兽观赏戏耍的图像倒是不多见。但是有时以狮子作为宴享的一种助兴之物，如萨珊王朝的一件银盘就刻绘有一幅帝王（贵族）饮宴图，帝王（贵族）坐在中央方毯上饮酒，周围有吹奏弹琴者，下方还有两只相背而卧的狮子（见图 2 - 27）。[①] 另一件藏于伊朗国家博物馆的略有残损的萨珊波斯的银盘上亦有类似图像，萨珊帝王（贵族）端坐榻毯上，下方有两只各抬一只前腿，相向而立的狮子（见图 2 - 27）。[②] 这里的狮子应该是为了助兴，但到底是为了人兽相伐或是驯狮表演，我们并不清楚。不过可推知当时的西亚一带有驯养狮子的传统。

　　萨珊波斯的狩猎习俗也传到中亚粟特一带，中亚等地出土器

[①]　Б. И. МарШак, СоГ дИЙ сксе, Серебро, Москва, 1971, Т31.

[②]　Harper, *Silver Vessels of the Sasanian Period*, pp. 235, Ⅰ. 34.

图 2 - 27　萨珊帝王宴饮银盘

资料来源：Б. И. МарШак，СоГ дИЙ ске，Серебро，Москва，1971，T31. Harper，
Silver Vessels of the Sasanian Period，pl. 34.

物装饰上也有帝王贵族等狩猎狮子等猛兽场面，其风格与特点和
波斯萨珊艺术风格一脉相承。

自魏晋南北朝以来，随着丝绸之路的发展，不少波斯人、粟
特人等因经商等原因来到中国，也将其文化带到中国。日本奈良
法隆寺藏唐大窠联珠四骑狩狮纹锦，与萨珊帝王骑马猎狮银盘的
图案非常相似。[①] 此外，1999 年山西太原出土的隋虞弘墓石椁上
刻绘有宴饮图，在石堂后部中间刻绘的歌舞奏乐场面之下，也有
相对的两两人狮格斗的画面，其中勇士的头几乎被狮子吞没，而
勇士的刀剑等则已插入狮子身体中（见图 2 - 28）。[②] 在石堂东
部、后部还有骑驼猎狮图、骑驼射狮图、乘象杀狮图，底座也有

---

① 赵丰、齐东方主编《锦上胡风——丝绸之路纺织品上的西方影响（4—8 世纪）》，
上海古籍出版社，2011，第 19 ~ 20 页。

② 山西省考古研究所、太原市文物考古研究所、太原市晋源区文物旅游局：《太
原隋虞弘墓》，文物出版社，2005，第 106 页，图 145。

**图 2 - 28　太原出土隋虞弘墓石椁上的
宴饮场景**

资料来源：山西省考古研究所、太原市
文物考古研究所、太原市晋源区文物旅游局：
《太原隋虞弘墓》，图 145。

猎狮、杀狮图等。有学者指出这种骑驼猎狮等搏斗的场面显然不属于中国的图像系统，其文化渊源与艺术特色同波斯美术关系密切，虞弘墓石椁上的图像，应是移植异国的文化与信仰。①

对于虞弘，墓志载其为"鱼国尉纥麟城人"，其父为鱼国领民酋长，虞弘十三岁时曾代表柔然出使波斯、吐谷浑等国。学界倾向认为其祖先应来自中亚一带。② 类似的图像也出现在 2000 年西安发现的安伽墓的石棺床上，如其中一幅表现萨保在葡萄园中饮宴并观看乐舞表

---

① 齐东方：《虞弘墓人兽搏斗图像及其文化属性》，《文物》2006 年第 8 期，第 79 ~ 82 页。

② 关于虞弘族属及相关的"鱼国"，学界有不同看法，有学者认为其为西北及北方地区的小国或少数民族，如稽胡、柔然等，如荣新江《隋及唐初并州的萨宝府与粟特聚落》，《文物》2004 年第 4 期，第 84 ~ 89 页，收入氏著《中古中国与外来文明》，第 169 ~ 179 页；林梅村《稽胡史迹考——太原新出隋代虞弘墓志的几个问题》，《中国史研究》2002 年第 1 期，第 71 ~ 84 页；罗丰《一件关于柔然民族的重要史料——隋〈虞弘墓志〉考》，《文物》2002 年第 6 期，第 78 ~ 83 页。亦有学者认为其为大月氏或粟特人，如周伟洲《隋虞弘墓志释证》，收入荣新江、李孝聪主编《中外关系史：新史料与新问题》，科学出版社，2004，第 247 ~ 257 页；罗新《虞弘墓志所见柔然官制》，《北大史学》2007 年第 12 辑，收入氏著《中古北族名号研究》，北京大学出版社，2009，第 108 ~ 110 页。考虑到虞弘的祆教背景（检校萨宝府）及衔命波斯、吐谷浑的经历，加之虞弘墓石棺床所具有的明显祆教文化色彩，笔者倾向认为其应为来自中亚粟特地区的胡人。

演图的下部就刻画有萨保骑马
射狮场景，另一幅狩猎图中也
有骑马胡人举剑刺雄狮的情景
（见图 2 - 29），[①] 其图像渊源
也与萨珊波斯美术十分相似。
所以虞弘、安伽墓中所刻绘的
这种人兽格斗图像也应是来华
的中西亚胡人生活习俗的反
映，也可以说是异域文化的移
植。但这些人到中国后，传统
习俗未必能保持，中国人也未
必能接受这种文化。正如蔡鸿
生先生所指出的，人狮搏斗的

**图 2 - 29　安伽墓石棺上的胡人
骑马猎狮场景**

资料来源：陕西省考古研究所编著《西
安北周安伽墓》，文物出版社，2003，图二
六、图三一。

场面可以流行于西域，却不能传播于中土。因为按华夏文化的传
统，人（人文界）与天（自然界）的关系，应该是和谐的，而
不是对抗的。[②] 因而这些胡人在入华后，为了迎合中国人的文化
传统与习俗，往往有选择地传播其文化，有时会加以改造，即在
他们频繁进贡狮子等猛兽的过程中，狮子等的一些娱乐功能得到
开发，并受到中国人的喜爱和接受，胡人驯狮、狮子舞等现象或
活动也因而发展并流行。

　　鉴于中国人不接受人狮格斗或猎狮杀狮的风俗，所以狮子被
馈赠或带入中国则更多保留其观赏及表演功能。正如唐代入贡来

---

①　陕西省考古研究所编著《西安北周安伽墓》，图二六、图三一。
②　蔡鸿生：《唐代九姓胡与突厥文化》，中华书局，1998，第 203 页。

自西亚一带的猎豹、波斯犬等，主要是为王室贵族提供狩猎服务，狮子性凶猛，难驯服，而且珍贵，实用性不强，故而更多用作观赏及表演，其作用大概跟汉唐流行的来自南海一带的驯犀、驯象等活动一样，主要是为了娱乐。而驯兽表演等娱乐活动是需要专业的驯兽师的，像猎豹、驯犀等均如此。白居易《驯犀》一诗提到：

> 海蛮闻有明天子，驱犀乘传来万里。一朝得谒大明宫，欢呼拜舞自论功。五年驯养始堪献，六译语言方得通。上嘉人兽俱来远，蛮馆四方犀入苑。秣以瑶刍锁以金，故乡迢递君门深。海鸟不知钟鼓乐，池鱼空结江湖心。驯犀生处南方热，秋无白露冬无雪。一入上林三四年，又逢今岁苦寒月。饮冰卧霰苦蜷局，角骨冻伤鳞甲踏。驯犀死，蛮儿啼，向阙再拜颜色低。奏乞生归本国去，恐身冻死似驯犀。[①]

诗里提到的蛮儿显然就是指驯犀师，他和驯犀一样来自南海，即"人兽俱来"，南海犀牛在长安待了三四年，因水土不服而死去，驯犀蛮儿也只好打道回府了。入华的驯狮人情况显然亦是如此，他们应该是随贡狮而来的波斯、粟特地区的胡人，因具有特殊技艺而受到关注。因而，中古时期胡人与狮子往往联系在一起，提起狮子，就想到了胡人，驯服戏耍狮子这样凶猛的动物，也必须由具有特殊技艺的胡人来完成。

至于驯狮术，据前引《驯犀》诗所云"五年驯养始堪献，

---

① 白居易：《驯犀——感为政之难终也》，《全唐诗》卷426，第4696页。

六译语言方得通"可以推知，驯狮可能是在本国时就驯养好，
然后入贡中国，因为真正的驯狮必须从幼狮开始训练。明代
陈诚《西域番国志》载中亚哈烈（今阿富汗西赫拉特）驯狮
的情况：

> 出生时目闭，七日方开。欲取而养之者，俟其始生未
> 开目之际取之，易于调习。若至长大，性资刚狠，难于驯
> 驭。且其势力强胜，爪牙距烈，奋怒之际，非一二人可驾
> 驭之。善博巨兽，一食能肉十斤多……若欲生致，甚难
> 得也。[①]

若果真如此，那么中古贡狮显然是在本国驯养好幼狮，然后
入贡。当然也可能入贡的本身就是幼狮，便于训练，尤其是狮子
滚球，富有喜庆和欢乐的色彩。前述唐阎立本所绘《职贡狮子
图》中的"大狮子二，小狮子数枚"，大概就是这种情况。清代
学者王有光所著《吴下谚联》云狮子：

> 产口外，力能搏象，善走，日逾千里，百兽之尊，非平
> 常蓄养之物也。性喜滚球。球非野处得有，惟以小狮入贡，
> 乃取锦绣簇成球团，与之戏弄舞跳，投其好乐，以驯其性，
> 为苑囿珍奇之兽。其大者不能驯，亦不能获也。[②]

---

① （明）陈诚著，周连宽点校《西域行程记　西域番国志》，中华书局，2000，第
74 页。
② （清）王有光著，石继昌点校《吴下谚联》卷 1 "狮子滚绣球"条，中华书局，
1982，第 21~22 页。

幼狮入贡，既便于携带管理，减少危险；同时来中国后，也更易驯服。南北朝隋唐情况也应如此，即驯狮可能是本国驯养好后由驯狮人带入中国，如南北朝隋唐时的贡狮等，也可能是以幼狮入贡，由专业人士（胡人）驯养完成，如史君墓石堂门槛几个童子戏小狮的浮雕大概表现的就是这种情况。因此，魏晋南北朝至隋唐时期，随着中西交流的密切及胡人的大量来华，胡人驯狮也开始成为当时社会流行的娱乐活动，从宫廷流向民间，从中原向四周发展。

与此同时，狮子舞也应是这一时期发展并流行起来的。狮性凶猛且少见，难以驯养，为了满足中国人的喜好和需求，假面舞狮子的活动也应运而生。狮子舞应是从西域中亚一带发展而来，即由西域中亚一带的胡人所创立并发展而来，故而唐诗中有关于《西凉伎》的描绘。不过至唐代所发展起来的龟兹乐中的五方狮子舞，应是在西域传来的狮子舞的基础上加工创新而成，是中西文化融合的产物。狮子郎，并非一定由胡人担任，天子也可，勋贵也可。除此之外，随着唐代海上丝绸之路的发展，受扶南乐或天竺乐的影响，唐代的国伎中出现的太平乐（即五方狮子舞）这种假面舞狮活动，大概多是由来自南海一带的昆仑奴来领舞，这类人力大而灵巧，成为狮子舞的主力，以至于后来五方狮子舞中扮狮子郎者在服饰上一般皆"作昆仑象"，即南海一带的服饰，这应当是另一种形式的狮子舞了。

胡人驯狮及狮子舞和五方狮子舞的流行，反映了中古时期中西文化的交流与融合情况，也反映出丝绸之路的发展与影响。随着时间的流逝，胡人驯狮现象已逐渐成为一种历史记忆，主要以一些艺术图像的形式流行于后代，这种活动本身也失去了它存在的土壤，虽然宋元明时期依然存在西域及西洋等地的贡狮活动，也有不少胡人驯狮图像流传下来，但整体影响并不大，狮子的图像也更多具有加工与想象色彩，胡人驯狮形象更加艺术化了。不过狮子舞则不同，它的创立和发展符合中国人的文化传统与审美取向，经过改良与加工，这种舞蹈逐渐为中国人所接受，也逐渐代替真正的胡人驯狮活动，成为百姓喜闻乐见的娱乐项目。自宋代开始，狮子舞逐渐本土化，在图像上更多表现为童子戏狮或百子戏狮等内容，狮子形象也失去了猛兽的威严，更多具有喜庆的色彩，此后随着时间的推移，狮舞逐渐成为我们传统文化的一部分，在今天我们以民俗的眼光欣赏并传扬它时，还是不要忘记它曾经以何种面目来到中国，并以怎样的方式影响我们的生活。

第三节　波斯锦与锁子甲——西亚文明
对丝绸之路的贡献

中古时期（即魏晋南北朝隋唐时期），是陆上丝绸之路达到一个高峰的时期，中国和丝路沿线西域各国均展开密切的交流，很多异域物品经商人、使者等之手传入中国，这其中也包括来自西亚波斯一带的物品，如狮子、鸵鸟、宝石、香料、玻璃器、金银器、名酒、织物等。其中值得一提的还有波斯锦与锁子甲，这两样物品均产自西亚波斯一带，随着中西交通的开展，它们也通过丝绸之路经中亚、西域、河西走廊（敦煌）等传播并影响到内地。

一 波斯锦的东来之路

与唐代炫丽的丝织品相媲美的还有一种织物，名为"波斯锦"。"波斯锦"顾名思义，即波斯地区所产织物。随从亚历山大东征的历史学家常提到波斯的这种锦缎（锦袍）。[①] 波斯地区很早就有一种用金银线交织的纺织品，即锦缎，文献中所提到的波斯锦大概就是类似这样的织物。

萨珊波斯王朝时期中国史籍开始出现有关波斯锦的记载。《魏书·西域传》云波斯产"绫、锦、叠、毼、氍毹、毾㲪、赤鹿皮"[②] 等；《隋书·西域传》记波斯"衣锦袍，加璎珞于其上……（土多）锦叠、细布、氍毹、毾㲪、护那、越诺布、檀、金缕织成、赤鹿皮"[③] 等；《大唐西域记》卷11亦云波（刺）斯国人"工织大锦、细褐、氍毹之类"[④]。有学者认为《隋书》所记"金缕织成"即波斯锦，很像波斯语 zar-bāf 之译义（字面的意思是"金织"）。[⑤] 不过波斯锦织造技术其后又传入中亚粟特一带，《隋书·西域传》即记康国"丈夫剪发锦袍……（出）氍毹、锦叠"；《册府元龟》亦称康国等"出氍毹、锦毡"等。[⑥]

---

① 参见〔美〕劳弗尔《中国伊朗编》，林筠因译，商务印书馆，1964，2001 年第 2 次印刷，第 316 页。〔古希腊〕阿里安《亚历山大远征记》卷 3，〔英〕E. 伊利夫·罗布逊英译，李活译，提到"波斯锦袍"，商务印书馆，1979，第 112 页。

② 《魏书》卷 102《西域传》，第 2270 页。

③ 《隋书》卷 83《西域传》，第 1857 页。

④ （唐）玄奘、辩机原著，季羡林等校注《大唐西域记校注》卷 11"波剌斯国"条，中华书局，1985，第 938 页。

⑤ 〔美〕劳弗尔：《中国伊朗编》，林筠因译，第 316 页。

⑥ 《隋书》卷 83《西域传》，第 1848～1849 页；《册府元龟》卷 961《外臣部·土风第三》，第 11304 页。

上述文献中所提到的各种"锦""锦叠""大锦""金缕织成"等，应即是当地特有的产品，正如"金缕织成"一样，多以金线等交织的纺织品，萨珊时期也可能有丝或棉的成分。如前述文献中常提到的"叠"字，在古时为 dziep、diep、dib 等，等于中古波斯语 dīp 或 dēp，相当于新波斯语 dībā（即丝绸，一种彩色织品，经纬线都是丝质的）、dībāh（即金绢），阿拉伯语化了的 dībādz（锦马甲，金织品）。这种织品和它的名称都来自萨珊时代的波斯，在穆罕默德时代才为阿拉伯人所知道。① 在汉文文献中"叠"字又往往和"锦"连在一起，表示这是一种丝绵绸缎。

至于这类波斯锦的具体质地、样式，我们并不十分清楚。从古波斯帝国都城波斯波利斯（Persepolis）的雕刻②，伊朗东北部萨珊朝都城尼沙普尔（Nishapur，内沙布尔）遗址的崖刻③，以及伊朗南部塔克依布斯坦（Ta-k-i-Bustan）属于萨珊波斯时期的崖刻、壁画等上面所刻绘的帝王贵族衣饰，多少可以看出点基本样貌（见图 2 - 30、图 2 - 31）。④ 尤其是塔克依布斯坦浮雕上帝王贵族华丽的衣饰，显示出其华贵与特色。

---

① 〔美〕劳弗尔：《中国伊朗编》，林筠因译，第 317～318 页。
② A. Shāpur Shahbazi, *The Authoritative Guide to Persepolis*, Safiran Mirdashti, 2014, p. 220.
③ Vesta Sarkhosh Curtis, Robert Hillienbrand and J. M. Rogers, *The Art and Archaeology of Ancient Persian: New Light on the Parthian and Sasanian Empires*, I. B. Tauris Publishers, 1998, p. 43, fig 1, p. 47, fig. 5.
④ 〔日〕田边胜美：《がングーラ美術後期の片岩彫刻とハィル・ハネー出土の大理石彫刻の製作年代》，《东洋文化研究所纪要》第 127 册，1995，第 120 页。Prudence O. Harper, *In Search of a Cultural Identity: Monuments and Artifacts of the Sasanian Near East*, 3rd to 7th Century A. D. Bibliotheca Persica, New York, 2006, p. 47, fig. 18.

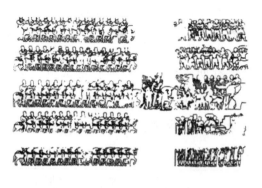

图 2 - 30 伊朗尼沙普尔遗址崖刻

资料来源: Vesta Sarkhosh Curtis, Robert Hillienbrand and J. M. Rogers, *The Art and Archaeology of Ancient Persian: New Light on the Parthian and Sasanian Empires*, I. B. Tauris Publishers, 1998, p. 43, fig. 1.

图 2 - 31 伊朗塔克依布斯坦阿尔达希尔二世岩雕

资料来源: Prudence O. Harper, *In Search of a Cultural Identity: Monuments and Artifacts of the Sasanian Near East, 3rd to 7th Century A. D.* Bibliotheca Persica, New York, 2006, fig. 18.

波斯锦约5世纪传入中国，在西域一带很流行，吐鲁番文书中多有记载。哈拉和卓90号墓出土5世纪阚氏高昌文书《高昌□归等买鍮石等物残账》中记有："归买鍮石……钵（波）斯锦□□昌应出"；6世纪的高昌文书《高昌章和十三年（543）孝恣随葬衣物疏》中提到："故波斯锦十张，故魏锦十匹……"。① 这里提到的"钵（波）斯锦"等和魏锦相提并论，前者以"张"计量，后者以"匹"计量，波斯锦显然是一种异域锦，加之鍮石等物亦是外来进口，这里的波斯锦显然来自中西亚，可能成为一种贸易品。除此之外，阿斯塔纳墓葬中的随葬衣物疏中也提到"波斯锦面衣"，如阿斯塔纳173号墓所出《高昌延寿十年

---

① 《吐鲁番出土文书》第2册，文物出版社，1981，第24、60页。《吐鲁番出土文书》图录本壹，文物出版社，1992，第125页；《吐鲁番出土文书》图录本贰，第143页。

（633）元儿随葬衣物疏》云"银眼茏（笼）一具，波斯锦面依（衣）一具，波斯锦辱（褥）一具"，阿斯塔那15号墓所出《唐唐幢海随葬衣物疏》载"婆（波）斯锦面衣一枚，银眼农（笼）一"等。[1] 这里的波斯锦面衣与银眼笼等随葬品，应是一种真实的随葬品，即尸体上的覆面。[2] 而这种覆面在斯坦因发掘的阿斯塔纳墓葬中多有发现，多为萨珊式联珠纹式样（见图2-32）。[3] 新疆博物馆亦收藏有中华人民共和国成立后阿斯塔纳墓地出土的这类覆面（见图2-33）。[4]

图2-32　斯坦因所获吐鲁番阿斯塔纳　　　图2-33　新疆博物馆所藏吐
　　　　　墓葬出土丝织品　　　　　　　　　　　　鲁番出土丝织品

资料来源：〔英〕奥雷尔·斯坦因：《亚洲腹地考古图记》，第三卷，巫新华等译，广西师范大学出版社，2004，第76、80、81页，图版LXXVI、LXXX、LXXXI。

资料来源：葛嶷、齐东方主编《异宝西来——考古发现的丝绸之路舶来品研究》，上海古籍出版社，2017，图版35。

---

① 《吐鲁番出土文书》第3册，第267页；第4册，第32页。《吐鲁番出土文书》图录本壹，第421页；图录本贰，第20页。
② 姜伯勤：《敦煌吐鲁番文书与丝绸之路》，第73页。
③ 〔英〕奥雷尔·斯坦因：《亚洲腹地考古图记》第三卷，巫新华等译，广西师范大学出版社，2004，第76、80、81页，图版LXXVI、LXXX、LXXXI。
④ 葛嶷、齐东方主编《异宝西来——考古发现的丝绸之路舶来品研究》，上海古籍出版社，2017，第187页，图版35。

图 2 - 34　斯坦因所获敦
煌丝织品

资料来源：Sir Aurel Stein,
*The Serindia—Detailed Report of
the Explorations in Central Asia
and Westernmost China*, Oxford
University Press, 1921, Vol. IV,
pl. CXV, ch. 009.

波斯锦等其后也沿着丝绸之路向东
传播。在敦煌莫高窟藏经洞所出佛经经
卷丝织套子和佛幡中有萨珊风格的织锦
（大部分都已流失到国外），这些织锦中
有的可能为在粟特生产的萨珊风格的联
珠纹锦，一般被称为波斯锦，也被称为
胡锦和番锦。① 同时在藏经洞中亦有中
国生产的萨珊风格纹样的丝绸仿制品等
（见图 2 - 34）。② 这种织锦大多具有圆
和椭圆的联珠对兽、对鸟纹饰，而环形
联珠纹本身就是流行于波斯的一种纹
样。德黑兰国立博物馆收藏的泰西封等
地出土的饰板上就有这类联珠猪头纹、
联珠团花纹等装饰。中亚一带也深受其
影响，在中亚河中地区的阿弗拉希亚伯、巴达雷克、片治肯特遗
址壁画中也多有联珠立鸟、翼马、对兽等织锦上的装饰（见图
2 - 35、图 2 - 36）。③ 敦煌 220 窟壁画维摩变下部听经图中所绘
西北各族君长有三五人着团窠锦衣，应是一种波斯装。④《旧五
代史》载周世宗时，归义军节度使曹元忠曾"贡碙砂、羚羊

①　姜伯勤：《敦煌吐鲁番文书与丝绸之路》，第 77 ~ 82 页。
②　Sir Aurel Stein, *The Serindia—Detailed Report of the Explorations in Central Asia and Westernmost China*, Oxford University Press, 1921, Vol. IV, Pl. CXV, ch. 009.
③　A. M. Belenitskii, B. I. Marshak, and Mark. J., Dresden, *Sogdian Painting the Pictorial Epic in Oriental Art*, University of California Press, Berkeley, Los Angeles London, 1981, p. 97, fig. 40.
④　《中国壁画全集　敦煌 5 初唐》，辽宁美术出版社，1989，第 71 页；沈从文：《中国古代服饰研究》，上海世纪出版集团 上海书店出版社，2005，第 275 页。

角、波斯锦、安西白氎……",① 说明五代时期，波斯锦依然在河西一带流行。

图 2-35 巴达雷克壁画上的
贵族饮宴

资料来源：罗丰：《固原南郊
隋唐墓地》，文物出版社，1996，
图五六：2。

图 2-36 片治肯特遗址壁画上的
联珠纹

资料来源：罗丰：《固原南郊隋唐
墓地》，文物出版社，1996，图五
六：5。

据敦煌藏文医书记载，波斯锦可以烧灰入药治病等。如英藏 S. t. 756 医疗术长卷中即记载人若被狂犬所咬，药方之一是"用燃烧上好波斯锦的烟熏，将三棱麻黄轻轻捣烂与上等酒配制成药服下有效"等。② 这部医书成书在公元 8～9 世纪或更早，正是吐蕃统治敦煌时期，可知这个时期该地区对波斯锦也是不陌生的。青海都兰吐蕃墓出土的丝绸中，有一种含绶鸟织锦，其中有的还有波斯婆罗钵（巴列维）文字，有学者认为这是一种产自

---

① 《旧五代史》卷 138《外国列传二》，中华书局，1976，第 1841 页。

② 罗秉芬主编《敦煌本吐蕃医学文献精要》，民族出版社，2002，第 6 页。此条材料为中国藏学研究中心北京藏医院刘英华先生提供，刘先生也指出这里的波斯锦也可以翻译为克什米尔丝或卡其丝，是一种带有金银丝线的锦缎，二者是一回事。在此谨致谢忱！

中亚的波斯锦。①

波斯锦亦多以进贡的形式传入中原。《梁书·诸夷传》中记滑国（指嚈哒）于普通元年（520），遣使献"黄师子、白貂裘、波斯锦"等物。② 狮子产自西亚，滑国所贡应为转贩的西亚波斯一带产品，这里所提到的波斯锦应为一种金线锦袍。隋朝时入华中亚人何稠曾仿制波斯锦。《隋书·何稠传》载："稠博览古图，多识旧物。波斯尝献金线锦袍，组织殊丽。上命稠为之。稠锦既成，逾所献者。上甚悦。"③ 唐时亦继续入贡这类金线锦袍。《册府元龟》记载开元四年（716）七月，大食国黑密牟尼苏利漫遣使上表献金线织袍、宝装玉洒池瓶各一（一云：开元初进马及宝钿带等方物）；开元十五年（727），突厥骨咄禄遣使献马及波斯锦；天宝四载（745），罽宾国遣使献波斯锦、舞筵。④ 这时候的波斯锦大概不是严格意义上的波斯锦，更可能是一种中亚锦，突厥、罽宾等所献波斯锦应为转贩中亚一带产品。吐鲁番、敦煌发现的萨珊风格的织锦绝大部分都可归为中亚地区特别是粟特地区生产的锦，即粟特锦。大食所献的金线锦袍也应是其所征服的波斯及中亚一带产品。

1987年，法门寺地宫出土一件织金锦残件。其置于地宫中室汉白玉双檐灵帐顶部，原置一箔篚中，篚已朽尽，残件为落石所压，长约70cm，宽40cm，折叠数层。织金锦用捻金线做菱格花纹，捻金线直径为0.1mm，与波斯锦中"金缕织成"很相似，

① 许新国：《都兰吐蕃墓出土含绶鸟织锦研究》，《中国藏学》1996年第1期，第17~19页。
② 《梁书》卷54《诸夷传》，第812页。
③ 《隋书》卷68《何稠传》，第1596页。
④ 《册府元龟》卷971《外臣部·朝贡四》，第11405、11408、11411页。

此物若不是中西亚一带的产品，便很可能是中国仿制的波斯风格的织金锦，[1] 或称为仿波斯锦，前述《隋书》所记载的何稠就曾仿制过这类织锦，这里只不过是用丝线代替了毛线或棉线，但亦可证明唐人大概掌握了这种织金锦的技术。当然这件织锦残件也可能是一种进贡的金线锦袍，大概类似上述开元四年大食国所献金线织袍。

这件织锦是我国迄今为止发现的最早的织金锦实物，考虑到法门寺地宫所藏之物多为皇室赏赐珍品，说明这件织锦也是来自唐代皇室之物。无论是舶来品还是仿制品，这件织物能出现在专门存放唐朝皇室之物的法门寺地宫里，足以说明其珍贵。

二 锁子甲的入华及影响

《册府元龟》卷971记载开元六年（718）康国王遣使贡献过锁子甲、水精杯、玛瑙瓶、鸵鸟卵及越诺之类。[2] 此种锁子甲乃是一种由金属小环密密套扣互联，并依人体形状连缀如衣形的铠甲，通过改变其结构单元的金属环数目和套扣方法，可形成不同的外观肌理。而且，制甲的金属环越小，成甲越厚密，防护效果亦越佳。[3] 8世纪吐蕃"人马俱披锁子甲，其制甚精，周体皆遍，唯开两眼，非劲弓利刃之所能伤也"[4]，是极好的作战及防御用的甲装。

---

① 梁加龙：《新出丝绸与中西交通》，《史学月刊》1991年第6期，第105页。
② 《册府元龟》卷971《外臣部·朝贡四》，第11406页。
③ 马冬、陶涛：《锁子甲的起源、形制及传入中国》，《中国典籍与文化》2005年第1期，第115页。
④ （唐）杜佑撰《通典》卷190《边防六》"吐蕃"条，第1023页。

锁子甲的起源地说法不一，有学者倾向认为可能起源于黑海一带，时间约为公元前 5 世纪，当时的古希腊历史学家古尔梯乌斯注意到当地的斯基泰人有"用铁片"制的锁子甲；而另一学者阿里安则记载中亚游牧人（西徐亚人）在投入战斗时有较好的护身甲。① 亦有学者倾向于锁子甲起源于古波斯，因波斯是很早使用铠甲和具装铠的国家。公元前 480 年，波斯皇帝克谢尔克谢斯（薛西斯）的军队已装备了铁甲片编缀的鱼鳞甲。据古希腊历史学家希罗多德对克谢尔克谢斯军队的描述：

他们头上戴着称为阿拉斯的软毡帽，身上穿着五颜六色的带袖内衣，上面有象鱼鳞那样的铁鳞；腿上穿着裤子。②

由此可以看出，波斯人在阿契美尼德时期已经大量使用了以小型铁甲片编缀的鱼鳞甲了。另外，在南伊朗塔克依布斯坦岩石上的库思老二世浮雕、伊朗费鲁兹阿巴德（Firuzabad）萨珊阿尔达希尔一世崖刻以及出土的伊朗萨珊时期的骑士印章等，都可以看到这种重装铠甲的波斯帝王或骑士的形象（见图 2 - 37、图 2 - 38）。③ 可知，锁子甲起源于西亚波斯一带是有根据的。8 世

---

① 〔匈牙利〕哈尔马塔主编《中亚文明史》第 2 卷，徐文堪译，第 9 页；〔古希腊〕阿里安：《亚历山大远征记》，第 97 页。

② 〔古希腊〕希罗多德：《历史（希腊波斯战争史）》下册，王以铸译，第 493 页。又参见杨泓《中国古兵器论丛（增订本）》，文物出版社，1985，第 69 ~ 73 页。

③ 田边胜美：《ガングーラ美術後期の片岩彫刻とハィル・ハネー出土の大理石彫刻の製作年代》，《东洋文化研究所纪要》第 127 册，1995，第 109 页。Prudence O. Harper, *In Search of a Cultural Identity*: *Monuments and Artifacts of the Sasanian Near East*, *3rd to 7th Century A. D.*, Bibliotheca Persica, New York, 2006, pp. 42, 44, fig. 11, fig. 13.

纪吐蕃流行的锁子甲起源于波斯也得到西方学界一些学者的认同。①

**图 2 - 37　伊朗费鲁兹阿巴德萨珊
阿尔达希尔一世崖刻**

资料来源：Prudence O. Harper, *In Search of a Cultural Identity：Monuments and Artifacts of the Sasanian Near East*, 3rd to 7th Century A. D. , Bibliotheca Persica, New York, 2006, fig. 11.

**图 2 - 38　萨珊波斯时期的
骑士印章**

资料来源：Prudence O. Harper, *In Search of a Cultural Identity*： *Monuments and Artifacts of the Sasanian Near East*, 3rd to 7th Century A. D. Bibliotheca Persica, New York, 2006, fig. 13.

这种制造铠甲的技术应该早于 8 世纪便传入中亚及西域（新疆）、吐蕃一带，并得以流行。《晋书》卷 122《吕光载记》记前秦时吕光率军讨西域，在龟兹遭遇龟兹王所请的狁胡等雇佣军，这些士兵（胡）皆"便弓马，善矛矟，铠如连锁，射不可入"②。说明西域一带至少魏晋时就流行此物，但吕光及其部队还不熟悉此物，将之视为一种新奇之物。唐时，又从吐蕃地区获得锁子甲。如开元六年（718），唐将郭知运在九曲（今青海共和南）袭破吐蕃，"获锁甲及马氂牛等数万计"③。说明吐蕃地

---

① 〔法〕戴密微的《吐蕃僧诤记》记载："刚刚尝到了初步文明，这些身着兽皮的山人就开始头脑发昏了。他们骑着其蒙古臣民们奉送而来的战马，披挂着他们从伊朗借来的金属片的锁子甲，从头到脚都用这种锁子甲保护得严严密密，他们就如此这般跃马扬鞭地驰骋在亚洲的山谷和平原，唐帝国也在他们的觊觎之中。"耿昇译，甘肃人民出版社，1984，第 231 页。

② 《晋书》卷 122《吕光载记》，中华书局，1974，第 3055 页。

③ 《旧唐书》卷 103《郭知运传》，第 3190 页。

区也应较早流行使用此物，至于早到什么时候，我们并不是十分清楚。据法藏敦煌藏文文书 P. T. 126 Ⅱ "吐蕃远古氏族'恰'与'穆'"中，第 133、136 行记载有铁质铠甲ཁྲབ（zhub），如 ཤགས་ཀྱི་མི་ད་ཤགས་རྟ་ཞེ་ཕོག །ཤགས་ཀྱི་མི་ད་ཤགས །，罗秉芬译为"铁人、铁马，个个顶盔挂甲……";褚俊杰译为"铁（一般）的

图 2 - 39　斯坦因在喀喇沙尔明屋所获泥塑

资料来源：Sir Aurel Stein, *The Serindia—Detailed Report of the Explorations in Central Asia and Westernmost China*, Oxford University Press, 1921, Vol. IV, Plates. XXXV.

人、马、铠甲……"。[1] 此处提到铁人、铁马，应该就是人和马都披盔戴甲，这符合吐蕃时期的军事装备特点，由此可知吐蕃文书中的ཁྲབ（zhub）大概就是指锁子甲。[2] 这虽然是个传说，但吐蕃地区较早流行此物当无误。

吐蕃流行的锁子甲应来自波斯或者西域。斯坦因曾在喀喇沙尔的明屋（Ming-oi，今焉耆一带）取走作为土壁雕饰的泥塑，年代可以推定是唐代（见图2 - 39），[3] 可大致判断出属于锁子甲的类型。这个泥塑所穿的甲是反襟在前边合穿，腕从下膊部露

[1]　郑炳林、黄维忠：《敦煌吐蕃文献选辑》（文学卷），民族出版社，2001，第222 ~ 228 页。

[2]　此处法藏敦煌藏文文书材料为中国藏学研究中心北京藏医院刘英华先生提供，此处观点也得到刘英华先生提示，谨致谢忱！

[3]　Sir Aurel Stein, *The Serindia—Detailed Report of the Explorations in Central Asia and Westernmost China*, Oxford University Press, 1921, Vol. IV, Plates. XXXV.

出，这种样子在伊朗系甲制中常常可以看到。[1] 斯坦因所取走的甲应该是穿在天王或金刚力士身上的，看来是当地比较流行的甲具。柏林亚洲艺术博物馆所藏的勒柯克所揭取的克孜尔石窟壁画224窟中亦有身穿甲具的骑士图。[2] 虽然不能确定是锁子甲，但西域骑兵作战的流行与甲具的普及，不排除有锁子甲。

其后，这种制甲技术又向东传播。敦煌莫高窟第444窟（见图2-40）、384窟唐代壁画中天王所穿连环拓叠的甲，[3] 与斯坦因在喀喇沙尔明屋发现的泥塑身上之甲具很类似。有学者认为这大概就是《大唐六典》所列十三种甲中的锁子甲。[4] 这种甲五环相互，一环受镞，诸环拱护，故箭不能入。

图2-40　敦煌444窟东壁
甲胄骑士

资料来源：段文杰主编《中国壁画全集　敦煌6　盛唐》，天津人民美术出版社，1989，图版172。

锁子甲传入内地，大概在三国魏晋时期。曹植《上先帝赐铠表》云：

先帝赐臣铠，黑光、明光各一具……环锁铠一领，马铠

---

① 〔日〕原田淑人：《中国服装史研究》，常任侠、郭淑芬、苏兆祥译，黄山书社，1988，第158页。
② 段文杰主编《中国新疆壁画全集2　克孜尔》，天津人民美术出版社、新疆美术摄影出版社，1995，第103页。
③ 段文杰主编《中国壁画全集　敦煌6　盛唐》，天津人民美术出版社，1989，第179页，图版172。
④ 段文杰：《莫高窟唐代艺术中的服饰》，载《敦煌石窟艺术论集》，甘肃人民出版社，1988，第288页。

一领，今世以升平，兵革无事，乞悉以付铠曹。①

此"环锁铠"推测便是锁子甲，不过材料只此一例。锁子甲的真正流行当于唐代，前述《大唐六典》"甲制"中所列的十三种甲中，第"十有二曰锁子甲，十有三曰马甲"，②锁子甲和明光甲、山文甲、细麟甲等在当时均为铁甲。

此外，唐诗中亦有不少描绘锁子甲的诗句，如崔颢（704～754）的《游侠篇》有"错落金锁甲，蒙茸貂鼠衣"③句，杜甫有"雨抛金锁甲，苔卧绿沉枪"④的句子，李贺亦有"奚骑黄铜连锁甲，罗旗香干金画叶"⑤的诗句。晚唐诗人曹邺《成名后献恩门》云"珑珑金锁甲，稍稍城乌绝"⑥。唐末五代诗人贯休的《战城南》亦吟到："黄金锁子甲，风吹色如铁。十载不封侯，茫茫向谁说。"⑦

唐诗中所提到的"金锁甲""黄铜连锁甲""黄金锁子甲"等，都说明这种甲具的金属属性。西亚最初使用的应该是铁甲，而古代中国自两汉以来军队装备的盔甲也主要是铁甲、皮甲等，唐代流行的锁子甲当也是铁甲。不过随着金属工艺的发展及丝绸之路上冶金技术的传播，可能也加入一些铜的成分，如黄铜等也有可能成为锁子甲的材料，因其色泽金色光亮、灿烂，故而常被

---

① 《太平御览》卷356《兵部》"甲下"条，第1636页。
② 〔日〕广池千九郎训点，内田智雄补订《大唐六典》卷16《衙卫·宗正寺》"武器署"条，广池学园事业部，昭和四十八年十二月一日，第331页。
③ 《全唐诗》卷25《杂曲歌辞·游侠篇》，中华书局，1985，第332页。
④ 杜甫：《重过何氏五首之三》，前引《全唐诗》卷224"杜甫九"，第2398页。
⑤ 《全唐诗》卷391《贵主征行乐》，第4407页。
⑥ 《全唐诗》卷592《成名后献恩门》，第6869页。
⑦ 《全唐诗》卷826《战城南二首》，第9305页。

冠以"金锁甲"等名。日本学者原田淑人也认为，唐诗人多咏金锁甲，恐即指金铜制的连锁铠而言。[①]"黄金锁子甲，风吹色如铁"，显然不完全是铁甲。

从上述文献中可以看出，虽然唐人对锁子甲并不陌生，但这类甲也并非寻常之物，不是普通人、普通士兵所使用之物，精良的锁子甲还是依靠进贡。如前述开元六年，康国就进贡过锁子甲等物。有唐一代中亚继续进贡这种甲具，说明波斯及中亚的锁子甲之类的铠甲在内地依旧很受欢迎，它曾和水精杯、鸵鸟卵等一起入贡，鉴于鸵鸟卵、越诺布等本身就是西亚特产，可知康国所进贡的锁子甲大概亦是转贩之物。这也从另一个方面说明这种甲装在当时还是比较珍贵的，唐内地所制锁子甲是不能与正宗波斯甲相比的。

锁子甲的传播路线，在中古时期，主要是循着陆上丝绸之路而来，从敦煌壁画中可见端倪。唐时，吐蕃地区出现的锁子甲，也应来自西域中亚一带，和中原重步兵传统不同，吐蕃地区属于高原地带，有重骑兵传统，因而随着与西域、波斯接触频繁而较内地更早更普遍地使用这种甲具。唐以后，锁子甲在内地得到更广泛的应用，应当是进一步本土化了。

不论是波斯锦还是锁子甲，对中古时期中国人的社会生活均产生了一定的影响，这种影响无一不在西域、敦煌、吐蕃等地找到了其发展的轨迹与脉络，说明陆上丝绸之路的活跃对西亚、西域文明传播有推动作用，也进一步说明西域、敦煌等地在丝绸之路沿线的重要交通枢纽地位。

---

① 〔日〕原田淑人：《中国服装史研究》，常任侠、郭淑芬、苏兆祥译，第158页。

第四节　香料与宝石——中古波斯贸易之大宗

中古时期，随着陆海丝绸之路的畅通，中西之间商业贸易的
交流得到进一步的发展。除了上述中国与中西亚之间鸵鸟与贡
狮、波斯锦与锁子甲等的交流外，香料与宝石也是中古时期波斯
与东方贸易之大宗。当时在中国大城市从事宝石、香料贸易的多
为波斯大贾，我们在第一章也提到过唐代的都城长安及南方大港
广州、扬州等地，专门设有波斯邸店，大概是经营香料、宝石等
的奢侈品店。下面我们择其代表物品分而述之。

一　波斯香料的入华

据《魏书·西域传》记载：波斯地区"土地平正，出金、
银、鍮石、珊瑚、琥珀、车渠、马脑，多大真珠、颇梨、琉璃、
水精、瑟瑟、金刚、火齐、镔铁、铜、锡、朱砂、水银、绫、
锦、叠、毼、氍毹、毾㲪、赤獐皮及薰陆、郁金、苏合、青木等
香，胡椒、荜拨、石蜜、千年枣、香附子、诃梨勒、无食子、盐
绿、雌黄等物"①。《周书》《隋书》《旧唐书》等关于波斯的记
载也大同小异，这些波斯地区所出特产中有不少香料和药物。波
斯人使用香料历史悠久，不论是祭祀还是日常生活都离不开熏
香。随着波斯及中亚人的来华，这些香药等也传到了中国。经营
香药生意的有上一章所述经营沉香亭子材的波斯商人李苏沙、在
蜀地鬻卖香药的波斯人后裔李珣等。

---

① 《魏书》卷102《西域传》，第2270~2271页。

唐代，有许多中亚及波斯地区的国家向唐贡献过"异药""秘方奇药"。《册府元龟》卷 971 记载有吐火罗、波斯、罽宾等国进献过这类药，但多不知其名。仅举一二例以述之：如开元十八年（730）正月，波斯王子继忽娑来朝，献香药、犀五等；开元十二年（724），吐火罗国遣使献胡药乾陁婆罗等三百余品。① 谢弗认为乾陁婆罗（gand haphala）应指一种外形为水果状的混合香药锭剂。因为在印度，许多结香果的不同品种的树都称作 Gand haphala（香果）。② 当然，如前所述有相当一批香药来自波斯，它们可能是贡品，也可能是商人冒贡使之名的贸易商品。现举几种分述之。

（一）龙涎香（阿末香）

龙涎香在中世纪的波斯、阿拉伯地区非常受欢迎。在波斯诗人哈菲兹、萨迪等人的诗句中多次出现关于龙涎香的描述。如哈菲兹诗中就吟到：

> 你的秀发散发着龙涎香，你的容貌象皎洁的月亮。
> 东风呵，假如你有朝一日，从我爱情的国度飞驰而过，请从她龙涎香的卷发里，把迷人的香气带给我。
> 一旦用你那龙涎香的秀发，使我受伤的心灵恢复康健，我将即刻用热烈的亲吻，把你那干渴的朱唇温暖。
> 从加法尔阿巴德，到莫萨拉花园，北风徐徐吹来，把龙涎香撒向人间。③

---

① 《册府元龟》卷 971《外臣部·朝贡四》，第 11408、11407 页。
② 〔美〕谢弗：《唐代的外来文明》，吴玉贵译，第 347 页。
③ 《哈菲兹抒情诗选》，邢秉顺译，外国文学出版社，1981，第 18、53、97、134 页。

萨迪《蔷薇园》也吟到:

> 有一次我在浴室里沐浴,朋友递给我一块香泥,我说道,"你是沉香还是龙涎香,使我心中感到这样舒畅。"①

龙涎香在西方又称灰琥珀,是一种外貌阴灰或黑色的固态蜡状可燃物质,是鲸消化系统的肠梗阻所产生,也就是抹香鲸的病态分泌物,因而这种东西和海洋有关。龙涎香有其独特的甘甜土质香味(类似异丙醇的气味),具有医疗价值。其在历史上曾作为香料的定香剂用于制造香水,能够使花香持久,极为名贵,差不多与黄金等价。

龙涎香在古代西方出现较早。据说早在公元前,巴比伦、亚述和波斯的宗教仪式中所用的香料,除植物香料如肉桂、檀香、安息香等之外,就有龙涎香。波斯诗人菲尔多西的史诗《列王纪》描述过萨珊波斯王宫中使用龙涎香的情景。

> 龙涎香和沉香在香炉中点燃,就像黑夜里从万里晴空向大地上撒下了一颗颗明星。王后款步走向王座近前,对霍斯鲁发出了赞美的语言。

> 二百个奴隶把香炉点着,沉香和龙涎香在炉中燃烧……国王随时可闻到芳香扑鼻。②

---

① 〔波斯〕萨迪:《蔷薇园》,水建馥译,人民文学出版社,1980,第5页。
② 〔波斯〕菲尔多西:《列王纪全集》第3卷,张鸿年、宋丕方译,商务印书馆,2017,第453页;第8卷,第302页。

这种香料其实在中古时期已成为入华贸易大宗之一。

龙涎香大概应该是在唐代经波斯、阿拉伯商人之手传入中国的。龙涎香在唐代被称为阿末香，即来自阿拉伯语 anbar 的汉字音译。唐段成式《酉阳杂俎》载："拨拔力国，在西南海中，不食五谷，食肉而已。常针牛畜脉，取血和乳生饮。无衣服，唯腰下用羊皮掩之。其妇人洁白端正，国人自掠卖与外国商人，其价数倍。土地唯有象牙及阿末香。"[1] 有学者认为这里提到西南海中的拨拔力国是对非洲东北部努比亚沙漠地带的称谓，据段氏所言，这两种药材是波斯人去非洲采购的，并且是他们将之销往中国的。[2] 这种香药是否出自非洲一带，我们并不肯定，应该和大食当时的活动地区有关。如《中国印度见闻录》：

> 人们只知道，最好的龙涎香在伯贝拉或僧祇与席赫尔，或与这两地相临近的地方。这种龙涎香呈卵形，绿莹莹、圆溜溜的。

这个地区的居民骑着经过驯化的骆驼去海边，在海滨寻找龙涎香。如：

> 每当发现龙涎香，骆驼就会跪在地上，让骑在背上的主人把龙涎香拾起来。龙涎香也有漂浮在海面上的，而且往往

---

① （唐）段成式撰，方南生点校《酉阳杂俎》前集卷 4 "境异"，中华书局，1981，第 46 页。

② 宋岘：《古代波斯医学与中国》，经济日报出版社，2001，第 26 页。

是有很大分量的庞然大物，它的体型可以同牛相比。①

至宋以后，中国文献中开始称之为龙涎。大概这些东西是海外带回来的奇异而珍贵的物质，很容易使人们在想象中将他们与主宰大海的龙联系在一起。② 如周去非的《岭外代答》"龙涎"条云：

> 大食西海多龙，枕石一睡，涎沫浮水，积而能坚。鲛人采之以为至宝。新者色白，稍久则紫，甚久则黑。因至番禺尝见之，不薰不莸，似浮石而轻也。人云龙涎有异香，或云龙涎气腥，能发众香，皆非也。龙涎于香本无损益，但能聚烟耳。和香而用真龙涎，焚之一铢，翠烟浮空，结而不散，座客可用一翦分烟缕，此其所以然者，蜃气楼台之余烈也。

同书"大食诸国"条也记载麻离拔国（约在今阿曼米尔巴特）产"乳香、龙涎、真珠、琉璃"③ 等物。大食西海地区大概就是指波斯湾、阿拉伯海一带。

龙涎香在宋代仍是高价奢侈品，在当时志怪小说《夷坚志》里，就有仿制龙涎香以牟取暴利的描写，该书丁志卷九云：

> 许道寿者，本建康道士。后还为民，居临安太庙前，

---

① 〔阿拉伯〕佚名：《中国印度见闻录》，穆根来、汶江、黄倬汉译，第132页。
② 〔美〕谢弗：《唐代的外来文明》，吴玉贵译，第357页。
③ （宋）周去非著，杨武泉校注《岭外代答校注》，第266页、第99页。

以鬻香为业。仿广州造龙涎诸香，虽沉麝笺檀，亦大半作伪。其母寡居久，忽如妊娠，一产二物，身成小儿形，而头一为猫、一为鸦，恶而杀之。数日间母子皆死，时隆兴元年。①

此一故事，提到了商人在南宋国都临安（今杭州市）贩卖号称广州造的仿制龙涎香的情形。广州在宋元时期即为中西海上贸易的主要大港之一（其他港口有泉州、明州等），香药商人能够仿制广州龙涎香，可见其在当地有需求，且利润较高。宋代张世南的《游宦纪闻》亦载：

　　诸香中，"龙涎"最贵重，广州市直，每两不下百千，次等也五六十千，系蕃中禁榷之物，出大食国。②

作为唐宋贸易大港的广州市场中，龙涎香是香料贸易大宗，也是热销产品。

和波斯、阿拉伯地区不同，龙涎香在中国大概主要作为一种香药使用。《本草纲目拾遗》中记载着龙涎香可以"活血、益精髓、助阳道、通利血脉"③。龙涎香是治病和补益强壮的名贵中药。

---

① （宋）洪迈撰，何卓点校《夷坚志》丁志卷9"许道寿"条，中华书局，1981，第609页。

② （宋）张世南撰，张茂鹏点校《游宦纪闻》卷7，中华书局，1981，第61页。

③ （清）赵学敏辑《本草纲目拾遗》卷10《鳞部》"龙涎香"条，人民卫生出版社，1963，第416页。

（二）安息香

安息香，顾名思义来自安息地区的香药。两汉时期，安息地区也称帕提亚（Parthian）地区，指的是今伊朗、阿富汗等地，故也称帕提亚香。

中国文献较早记载安息香的是《晋书》。据说后赵襄国水源曾枯竭，西域高僧佛图澄为石勒求龙王祈水，就使用过安息香，史载佛图澄"乃与弟子法首等至故泉源上，坐绳床，烧安息香，咒愿数百言。如此三日……水大至"①。看来当时安息香为一种外来香药，既为佛图澄所使用，应该来自西域一带，可能和犍陀罗有密切关系。

5~6世纪，犍陀罗"Gandhara"这个名字的意译正是"香国"。犍陀罗曾经是安息国版图的一部分，所以以安息王朝的名称来命名这种曾经由安息统治的犍陀罗地区传来的香料，显然是顺理成章的事情。② 因而，这种香料取波斯之名，乃是此药由安息人（波斯人）等贩至中国之故。

苏恭（敬）《唐本草》载："安息香出西戎。状如松脂，黄黑色，为块，新者亦柔韧。"③ 这里西戎应该是指西亚一带的地方。唐段成式的《酉阳杂俎》记载更为清楚：

> 安息香树出自波斯国，波斯呼为辟邪，树长三丈，皮色黄黑，叶有四角，经寒不凋。二月开花，黄色，花心微碧，不结实。刻其树皮，其胶如饴，名安息香。六七月坚凝，乃

---

① 《晋书》卷95《艺术传》，第2486页。
② 〔美〕谢弗：《唐代的外来文明》，吴玉贵译，第361页。
③ 《本草纲目》（校点本）卷34《香部》"安息香"条，第1961页。

取之。烧之通神明，辟众恶。[①]

可知安息香是一种树脂类香药，可用来焚烧，取其烟香气。宋岘先生指出安息香在波斯语中的读音为 Benzwān，文献中所提到的"辟邪"应该是此波斯名字读音的汉字音译。[②] 段氏在这里所指的应该是帕提亚香，也即一种返魂树胶脂。[③]

中唐以后，来自南海的香料如爪哇香有时也被称为安息香。如李珣《海药本草》亦载晋时《广州志》云：其"生南海波斯国，树中脂也，状若桃胶，以秋月采之"[④]。《诸蕃志》中也提到三佛齐（今印度尼西亚之苏门答腊一带）出此物："安息香出三佛齐国，其香乃树之脂也，其形色类核桃瓢，而不宜于烧，然能发众香，故人取之以和香也。《通典》叙西戎有安息国。后周天和、隋大业中曾朝贡，恐以此得名。而转货于三佛齐。"[⑤] 李时珍的《本草纲目》云："此香辟恶，安息诸邪，故名……今安南、三佛齐诸地皆有之。"[⑥] 劳费尔指出这是中国人试图从字面上来解释所致，这种照字直译是牵强的。[⑦]

由上可知，中古时期中国所流行的安息香大概有两种，一种来自波斯，另一种来自马来群岛，或称小安息香。小安息香主要是波斯地区停止输入以后出现的。[⑧]

---

① （唐）段成式撰，方南生点校《酉阳杂俎》前集卷18"木篇"，第177页。
② 宋岘：《古代波斯医学与中国》，第30页。
③ 〔美〕谢弗：《唐代的外来文明》，吴玉贵译，第362页。
④ （五代）李珣原著，尚志均辑校《海药本草》（辑校本），第55页。
⑤ （宋）赵汝适：《诸蕃志》卷下，中华书局，2000，第170页。
⑥ 《本草纲目》（校点本）卷34《香部》"安息香"条，第1961页。
⑦ 〔美〕劳费尔：《中国伊朗编》，林筠因译，第294页。
⑧ 〔美〕劳费尔：《中国伊朗编》，林筠因译，第292页。

（三）苏合香

苏合香是一种有香味的物体，是一种来自西域的树脂。大概最初产在地中海一带，希罗多德曾提到其是腓尼基人输入希腊的，他们用苏合香树来点烟采集乳香。[①] 因其气味芳香，希腊人和后来居上的罗马人用其做香料与药品。

大秦、波斯是苏合香的产地。《三国志》引《魏略·西戎传》亦云大秦产"二苏合……熏陆、郁金、芸胶、熏草木等十二种香"[②]。《后汉书》等亦云大秦国"合会诸香，煎其汁以为苏合"[③]。《太平御览》卷982引郭义恭《广志》："苏合出大秦，或云苏合国。人采之，莶其汁以为香膏，卖滓与贾客。或云合诸香草煎为苏合，非自然一种也。"[④]《梁书·诸夷传》亦云：

> 中天竺国……其西与大秦、安息交市海中，多大秦珍物，珊瑚、琥珀、金碧珠玑、琅玕、郁金、苏合。苏合是合诸香汁煎之，非自然一物也。又云大秦人采苏合，先笮其汁以为香膏，乃卖其滓与诸国贾人，是以辗转来达中国，不大香也。[⑤]

可知苏合香大概是一种合成物。

《广志》成书年代据学者考证大概在南北朝时期，约公元5

---

① 〔古希腊〕希罗多德：《历史（希腊波斯战争史）》第3卷第107条，王以铸译，商务印书馆，1997，第242页。
② 《三国志》卷30《乌丸鲜卑东夷传》注引《魏略·西戎传》，第861页。
③ 《后汉书》卷88《西域传》，第2919页。
④ 《太平御览》卷982《香部二》"苏合"条，第4347页。
⑤ 《梁书》卷54《诸夷传》，第797～798页。

世纪中期。① 可以说，当时中国人对这种东西已有所认识。另外在唐以前，苏合香大概就已经从拂菻和安息传入中国，据文献记载，在南北朝时期这种西域香药开始在中国贵族阶层中流行。如梁吴筠《行路难》中吟道："博山炉中百和香，郁金苏合及都梁。"② 梁元帝《香炉铭》云："苏合氲氲，非烟若云。时称更薄，乍聚还分。火微难尽，风长易闻。孰云道力，慈悲所薰。"③

显然在南朝梁的时代，苏合香是博山炉中的一种重要香料，这种香料在当时人的眼中，显然是外来的。

陶弘景《证类本草》云苏合香俗传是"狮子屎，外国说不尔。今皆从西域来，亦不复入药，唯供合好香尔"。而陈藏器云"苏合香色黄白，狮子屎色赤黑，二物相似而不同。狮子屎极臭。或云：狮子屎是西国草木皮汁所为，胡人将来，欲贵重之，故饰其名尔"。苏恭《唐本草》云："今从西域及昆仑来。紫赤色，与紫真檀相似，坚实极芳香，惟重如石，烧之灰白者好。"颂曰："今广州虽有苏合香，但类苏木，无香气。药中只用如膏油者，极芬烈。陶隐居以为狮子矢者，亦是指此膏油者言之尔。"④ 陶弘景所言"狮子粪"，大概是一种臆测，大概多指外来神奇药物而已。陈藏器、苏恭等已有所辨明，应该是固体药物。但毕竟中国人不是十分熟悉其来源，长期以讹传讹，因而在段成

---

① 王利华：《〈广志〉成书年代考》，《古今农业》1995 年第 3 期，第 54～55 页。
② （梁）吴筠：《行路难二首》，（梁）徐陵编《玉台新咏》卷 9，上海古籍出版社，2005，第 73 页。
③ （唐）欧阳询撰，汪绍盈校《艺文类聚》卷 70《服饰部下》"香炉"条，第 1223 页。
④ 《本草纲目》（校点本）卷 34 "苏合香"条，第 1962、1963 页。

式的《酉阳杂俎》亦云"旧说苏合香，狮子粪也"①。

有学者指出中国人的苏合就是古代梵语"storax"，其也可以代表一种古代伊朗文字。②

苏合香在唐代亦成为一种流行的香料，可以用作室内焚香，亦可以作为香囊、香带等佩戴在身上，已经不仅局限于皇室贵族阶层了，也进入了百姓的生活中。陈标《秦王卷衣》："秦王宫阙霭春烟，珠树琼枝近碧天。御气馨香苏合启，帘光浮动水精悬。"③ 李端《春游乐》："游童苏合带（弹），娼女蒲葵扇。初日映城时，相思忽相见。"④ 可知这种香料在唐代曾流行一时。至宋以后，则逐渐成为一种活气血、辟外邪的中医常用香丸了。

唐朝也有从马来西亚输入中国的苏合香。《梁书·扶南传》云：扶南国王阇耶范曼王天监十八年（519）遣使"送天竺旃檀瑞像、波罗树叶，并献火齐珠、郁金、苏合等香"⑤。这里应该是经海路而来的南海苏合香。

波斯商胡不仅贩运本土的香药，也应当承担罗马、印度、南海诸国及与中国之间的香药贸易，他们所经手的香药种类数量都是很庞大的，就如鉴真在当时广州所见到的情景："江中有婆罗门、波斯、昆仑等舶，不知其数。并载香药、珍宝，积载如山。

---

① （唐）段成式撰，方南生点校《酉阳杂俎》卷16"毛篇"，第158页。
② 〔美〕劳费尔：《中国伊朗编》，林筠因译，第283～285页。
③ 陈标：《秦王卷衣》，（清）彭定求编《全唐诗》第15册卷508，中华书局，1985，第5769页。
④ 李端：《春游乐》，《全唐诗》第9册卷284，第3234页。
⑤ 《梁书》卷54《诸夷传》，第790页。

其舶深六七丈"①。

中古时期波斯地区或由波斯人采集贩运而来的香料或香药远不止这几种,我们择其要而叙之,这些波斯产香药或由波斯人贩卖来的香药传入中国,或多或少地影响着中古中国的社会生活,由此也可以看出中古时期波斯在贩运或转贩贸易中所起的重要作用。

二 中古入华波斯人的宝石与宝石贸易

如前章所述,唐代社会粟特商人的数量要远远多于波斯商胡,不过提到胡人买宝鉴宝故事,则多指波斯胡人,如笔记小说记载他们往往能慧眼识宝,为求宝物不惜重金,即便垂死之际,也要将自己视若生命的宝贝传给后人。可以说在唐人眼里,波斯胡人是怀有宝物、善于鉴宝识宝的富商大贾。因而中古时期,在丝路通商要埠或大都会中,经营宝石贸易的多为波斯大贾,波斯人所售卖或贩卖宝石的故事也在中古中国流行一时。如我们在第一章中提到《太平广记》卷402司徒李勉行扬州遇病波斯胡赠其西国宝珠,李勉义赠胡人之子,以及卷403里洪州波斯胡人市得"为鬼神所护,入火不烧,涉水不溺"的紫末羯的故事等。唐代长安、广州、扬州等地的波斯邸店大概也多经营宝石贸易。如《太平广记》记载贞元年间有叫崔炜者,于广州波斯邸鬻宝珠,有老胡人告诉他这是来自大食的国宝阳燧珠,应是得自南越王赵佗墓。后胡人以十万缗买走。② 崔炜选择广州波斯邸店去卖

---

① 〔日〕真人元开著,汪向荣校注《唐大和上东征传》,第74页。
② 《太平广记》卷34《崔炜》,第216~220页。

宝珠，显然认可波斯珠宝商的识宝能力。至于海上宝石贩运与贸易，波斯人更是具有代表性。如元稹《和乐天送客游岭南二十韵》一诗中提到"舶主腰藏宝"句注称："南方呼波斯人为舶主。胡人异宝，多自怀藏，以避强丐。"[①] 中国人既称波斯人为舶主，且藏宝腰中，显然在唐人心目中，波斯人就是这类宝石大商的形象。

关于波斯胡人所进贡或贩卖珠宝的情况，现举几例讨论。

（一）真珠（珍珠）

前述唐代所流行奇闻逸事中，多有关胡人买宝及卖宝的传说，也多反映波斯胡人识宝、鉴宝的本事。由此可反映出在唐人眼中，胡人（中亚或波斯人）是识宝的行家。

文献中所谓的"宝"，多指真珠类，也即珍珠，如上清珠、径寸珠等，而买卖珠宝的主要为波斯胡人。这是有根据的，因为波斯地区本就是"真珠"产地。《魏书·西域传》记波斯地区"土地平正，出金、银、鍮石、珊瑚、琥珀、车渠、马脑，多大真珠、颇梨、琉璃、水精、瑟瑟、金刚、火齐"，《周书·异域传》及《隋书·西域传》亦记波斯产"真珠"或"珍珠"、"离珠"等。[②] 唐时，波斯曾两次进贡过真珠。如《册府元龟》记载天宝九载（750），波斯献舞筵及舞（无）孔真珠；大历六年（771），波斯又遣使献真珠、琥珀等。[③] 此时期波斯早已亡国，文献里所提到的波斯贡真珠的情况极有可能是波斯

---

① 《全唐诗》卷407，第4533页。

② 《魏书》卷102《西域传》，第2270页；《周书》卷50《异域传》，第920页；《隋书》卷83《西域传》，第1857页。

③ 《册府元龟》卷971《外臣部·朝贡四》，第11413页；卷972《外臣部·朝贡五》，第11415页。

商人冒贡使之名而来，他们大概是经过海上丝绸之路来到中国的。

以上所提波斯真珠，有的大概是指贝类生成的"珍珠"。波斯人、阿拉伯人一般都认为珍珠是贝从自己的体内生长出来的，因为人们时常可以看到，珍珠是黏附在贝壳内成长的。珍珠从贝壳里取出后，一般海商都称它为"脱壳珍珠"。[①] 也有一部分为宝石类的"真珠"，如《太平广记》卷 402 所记载的"径寸珠"的故事，[②] 就是胡人买方石得径寸宝珠，这类宝石的获取大概需要碰运气。

波斯地区的珍珠产地大概在波斯湾一带。早期阿拉伯旅行家雅库比《阿巴斯人史》记载：如果从海上去中国，"第一个海是法尔斯海（Fārs），该海从锡拉夫（Sīrāf）起到戎朱马角（Rāsal-djumdjuma）止，狭窄，多珍珠场"[③]。约 9 世纪中叶后成书的《中国印度见闻录》记载一个贝都因人在波斯湾附近的巴林（Bahrain）找到一只被狐狸吃了的贝类珍珠，在巴士拉高价卖给一位香料商人。[④] 约 10 世纪成书的《黄金草原》也记载波斯湾地区有捕捞场，他指出："在波斯湾捕捞珍珠仅仅从四月初开始，一直持续到九月，在其他月份则要停止。"[⑤] 波斯湾地区的这些珍珠场大概由波斯人开采、加工，后再转贩他地。其后阿

---

① 〔阿拉伯〕佚名：《中国印度见闻录》，穆根来、汶江、黄倬汉译，第 134 页。
② 《太平广记》卷 402，第 3237～3238 页。
③ 〔法〕费琅辑注《阿拉伯波斯突厥人东方文献辑注》上，耿昇、穆根来译，中华书局，1989，第 66 页。
④ 〔阿拉伯〕佚名：《中国印度见闻录》，穆根来、汶江、黄倬汉译，第 134～135 页。
⑤ 〔阿拉伯〕马苏迪：《黄金草原》，耿昇译，第 194 页。

拉伯人征服波斯，也继承了这种产业。

中古时期，除波斯湾地区外，印度海、中国南海等地也出产珍珠，但是波斯人在海上贸易的优势地位使得他们也承担了这些地区的珍珠收购及转贩贸易，我们在第一章中讨论到波斯舶及波斯舶主经常往返于印度洋、南中国海上，市珍珠等宝物，显然也说明了波斯人的海上经商能力。

（二）水精及水精制品

水精（水晶），亦称石英，是一种主要由二氧化硅组成的无色透明、纯净的晶体。中国古代史籍很早就对此有记载。《广雅》曰"水精谓之石英"，《续汉书》曰"哀劳夷出水精"，《魏略》曰"大秦国，一名黎难，宫室皆水精为柱，食器为然"，《广志》亦曰"水精出大秦黄支国"。[①] 看来古代地中海一带是重要的水晶产地。

波斯地区亦产水精，前述《魏书·西域传》、《周书·异域传》及《隋书·西域传》中均云波斯地产水精。玄奘《大唐西域记》卷 11 亦云波（刺）斯国"出金、银、鍮石，颇胝、水精，奇珍异宝"[②]。

用纯度较高的水精制成的晶莹透明的器物很受唐人的欢迎。唐人诗歌中多有咏水精之句。如韦应物《咏水精》诗云："映物随颜色，含空无表里。持来向明月，的皪愁成水。"[③] 王建《水精》云："映水色不别，向月光还度。倾在荷叶中，有时看是

---

① 《太平御览》卷 808《珍宝部七》"水精"条，第 3592 页。
② （唐）玄奘、辩机原著，季羡林等校注《大唐西域记校注》卷 11 "波剌斯国"条，第 938 页。
③ 《全唐诗》卷 193，第 1985 页。

露。"① 严维《奉试水精环》云："王室符长庆，环中得水精。任圆循不极，见素质乃贞……无瑕胜玉美，至洁过冰清。"② 看来水精及其制品在唐人眼里还是稀罕之物。

不过这种东西主要是经中亚地区转输的。《册府元龟》记载开元六年（718），康国遣使向唐贡献过锁子甲、水精杯等物；开元二十八年（740），康国又遣使献宝香炉及白玉环、玛瑙、水精眼药瓶子等。③ 另外，《新唐书·西域传》亦记载劫国（即罽宾）曾于武德二年（619）遣使献宝带、玻璃、水精杯。④

中亚地区输入的水精制品大概主要是从波斯、东罗马一带贩运而来的，如水精眼药瓶子等。大秦景教僧侣多精医术，《通典》所引杜环《经行记》即云大秦国"善医眼及痢，或未病先见，或开脑出虫"。⑤ 蔡鸿生先生认为此瓶大概为一种光亮度较高的玻璃瓶，应该是贩自大秦的玻璃眼药瓶子。⑥ 这是有道理的，因为大秦国亦是颇黎（玻璃）重要产地。在唐代，玻璃还是一种稀罕物，人们不太可能把它们区分开来。

（三）玛瑙及玛瑙制品

同水晶（水精）一样，玛瑙也是一种比较常见的矿石。它是玉髓的一种，即具有不同颜色而呈带状分布的玉髓，由含不同杂质的二氧化硅胶体溶液，分期由岩石空隙的壁向内逐渐沉积而

①　《全唐诗》卷 301，第 3421 页。
②　《全唐诗》卷 263，第 2916 页。
③　《册府元龟》卷 971《外臣部·朝贡四》，第 11406、11411 页。
④　《新唐书》卷 221 上《西域传上》，第 6241 页。
⑤　（唐）杜佑撰《通典》卷 193《边防九》引杜环《经行记》，第 1041 页。
⑥　蔡鸿生：《唐代九姓胡与突厥文化》，中华书局，1998，第 66 页。

成。玛瑙及玛瑙制品在唐代及以前还是比较珍贵及稀奇的物品。中国本地亦产玛瑙，出土物以小件饰品为多，但优质的玛瑙及其制品则来自西域，特别是波斯一带。

在中国古代，人们往往将玛瑙称为"马脑"或"马勒"。《广雅》曰："马脑，石，次玉也。"《古今注》曰："魏武帝以马脑石为马勒。"《拾遗记》亦曰："帝颛顼时，有丹丘国献马脑瓮，以盛甘露，充于厨。丹丘之地有夜义驹跋之鬼，能以赤玛瑙为瓶盂及乐器，皆精妙于中国用者。一云马脑者，恶鬼之血，凝成此物也。黄帝时有马脑瓮，至尧时尤有甘露在其中，盈而不竭。"① 不过，当时人们仍认为优质马脑（玛瑙）来自西方，它是西域七宝之一，在古代及中世纪享有盛名。《魏略》曰："大秦国，多马脑。"《玄中记》云："马脑出月支。"魏文帝曾作《马勒赋》曰："玉属也，出自西域，文理交错，有似马脑，故其方人因以名之。"② 《魏书·西域传》《周书·异域传》《隋书·西域传》《旧唐书·西域传》中均记载波斯产"玛瑙"。

从魏晋南北朝开始，西域的玛瑙制品流入中国的中原地区，很受当时上流社会的欢迎。《北齐书·元弼传》记载：

> 魏室奇宝，多随后入韶家……玛瑙榼容三升，玉缝之。皆称西域鬼作也。③

---

① 《太平御览》卷808《珍宝部七》"马脑"条，第3590～3591页。
② 《太平御览》卷808《珍宝部七》"马脑"条，第3591页。
③ 《北齐书》卷28《元弼传》，第388页。

《洛阳伽蓝记》亦载北魏河间王元琛家：

> 常会宗室，陈诸宝器。金瓶银瓮百余口，瓯檠盘盒称
> 是。自余酒器，有水晶钵、玛瑙杯、琉璃碗、赤玉卮数十
> 枚。作工奇妙，中土所无，皆从西域而来。[1]

《隋书·西域传》云：

> 炀帝时，遣侍御使韦节、司隶从事杜行满使于西蕃诸
> 国。至罽宾，得玛碯杯；王舍城，得佛经；史国，得十舞
> 女、师子皮、火鼠毛而还。[2]

这些玛瑙碗、杯等因"皆从西域而来"，而且被称为"西域
鬼作"，足见其珍贵与稀罕。

入唐以来，西域玛瑙器皿继续以贡品、战利品等形式流入中
国。史籍中有不少关于中亚诸国进贡玛瑙及玛瑙制品的记载。
《新唐书·西域传》记载高宗显庆年间（656～660）吐火罗遣使
献玛瑙镫树，高三尺；[3]　《册府元龟》亦记载玄宗开元六年
（718），康国遣使贡献水精杯、玛瑙瓶等；开元二十八年
（740），康国遣使献白玉环、玛瑙、水精眼药瓶子等；开元二十
九年（741），吐火罗遣使又献红颇黎、碧颇黎、生玛瑙、生金

---

① （北魏）杨衒之撰，范祥雍校注《洛阳伽蓝记校注》卷 4《准财里开善寺》，第
207 页。
② 《隋书》卷 83《西域传》，第 1841 页。
③ 《新唐书》卷 221 下《西域传下》，第 6252 页。

精及质汗等药；天宝六载（747），波斯亦曾遣使献玛瑙床等。①
文中所提到的生玛瑙，大概指玛瑙石料。此外唐高宗仪凤二年
（677），裴行俭平定西突厥"十姓可汗"，"大获瑰宝，蕃酋将士
愿观之，行俭因宴设，遍出历示。有马脑盘，广二尺车余，文彩
殊绝"②，令将士们惊叹不已。从前述进贡的水精制品来看，吐
火罗、康国等进贡的玛瑙及其制品和前述的大秦、波斯等地的水
精制品等一起入贡，应该是转贩之物，其出产或制造地点当在波
斯一带。

这些西域来的玛瑙及玛瑙制品的传入，很受唐代上层社会的
欢迎，成为饮宴上可以炫耀的餐具，同时也成为文人竞相赋咏的
对象。唐人的诗歌中有不少关于玛瑙器皿的描绘。如钱起《玛
瑙杯歌》曾吟道：

瑶溪碧岸生奇宝，剖质披心出文藻。良工雕饰明且鲜，
得成珍器入芳筵。含华炳丽金尊侧，翠罄琼觞忽无色。③

诗中描绘玛瑙这类奇宝，生长于"瑶溪碧岸"，将其剖开，
可以看出其美丽的文藻。能工巧匠将其雕饰出来，明洁鲜丽，做
成珍贵的器皿进入奢华的宴席，使得其他各种饮酒器皿都黯然失
色，足见玛瑙器皿的珍贵。当然这种珍贵器皿往往和珍馐美宴相
联系，显示出宴会主人高贵的身份。如孟浩然《襄阳公宅饮》

---

① 《册府元龟》卷 971《外臣部·朝贡四》，第 11406、11411、11412 页。
② 《旧唐书》卷 84《裴行俭传》，第 2805 页。
③ 《全唐诗》卷 236，中华书局，2003，第 2600 页。

云："绮席卷龙须，香杯浮玛瑙。"[1] 这里将华美异常的"龙须席"与晶莹剔透的玛瑙杯相配，可以看出唐人对玛瑙杯的珍视与喜爱。李商隐《小园独酌》一诗中亦写道："半展龙须席，轻斟玛瑙杯。"[2] 与此相似。

玛瑙以红为上品，杜甫《韦讽录事宅观曹将军画马图》：

内府殷红玛瑙盘，婕妤传诏才人索。盘赐将军拜舞归，轻纨细绮相追飞。[3]

可知优质玛瑙制品以殷红为主，同时亦说明名贵的玛瑙器皿有许多因赏赐等从宫廷流入外间或因其他馈赠或购买等方式为唐代达官贵人所得，所以能够频繁地出现在贵族豪门的宴席上，为文人墨客所讽叹。当然这些玛瑙器皿或原料应大多来自西域一带。

1970年，陕西西安何家村窖藏出土三件玛瑙器物：一件玛瑙兽首杯及两件玛瑙长杯。从颜色上看，亦属殷红玛瑙器，器皿晶莹剔透，熠熠生辉，属珍贵器皿，其原料应来自中西亚特别是波斯一带。从形制上看，又与中国传统器形有别，尤其是玛瑙兽首杯，其带流的兽嘴绝非中国人的饮酒习惯，不大可能成为工匠仿制的对象。考虑到西方有将"来通"与长杯合用的习惯，而这几件东西又同时出土于何家村，可以看出它们大概也是为了配

---

① 《全唐诗》卷159，第1622页。
② 《全唐诗》卷541，第6211页。
③ 《全唐诗》卷220，第2321页。

合使用的。① 因而从这个方面来看，不排除何家村出土的玛瑙杯为来自波斯或中亚粟特一带的输入品。关于此件玛瑙兽首杯，我们在第三章会详细论述。

总之，中古时期丝绸之路上的中西交往与交流之间，香料和宝石因其珍贵且便于携带成为主要的转输物品，这其中既有贡品，但更多的应是贸易品或商品，构成中古波斯贸易之大宗。香料的输入对古代中国人的社会生活产生一定的影响，尤其是唐代社会，从宫廷到民间，从居室到寺庙等，无不萦绕着香料的气息，这其中外来香药功不可没。而宝石等物作为丝绸之路上的奢侈品，也是远程及远洋贸易的理想商品，主要被波斯大贾所控制，尤其是在与东方丝国的贸易中，占据重要地位。唐代的长安、洛阳、广州等大都市或大港口商埠中，波斯商人的邸店随处可见，往往成为地标式建筑。从前述《太平广记》等的记载中，波斯人识宝鉴宝的本事已为大家所公认，足以说明波斯商人在宝石贸易中举足轻重的地位。

第五节　枣椰西来——丝绸之路上的植物交流

自西汉张骞出使西域以来，葡萄和苜蓿等就作为域外植物的代表，沿丝绸之路传入中国，并对中国人的社会生活产生深远影响。葡萄和苜蓿本来为外来词，因传入时间久远，中国人已经习惯其称呼而忽略了其本身的外来成分，以至于李时珍在《本草

---

① 韩香：《绮席卷龙须，香杯浮玛瑙——何家村出土玛瑙杯与中西文化交流》，《西北民族论丛》第 8 辑，中国社会科学出版社，2012，第 103 页。

纲目》中将葡萄解释为"人酺饮之，则陶然而醉，故有是名"①，显然是望文生义。

自两汉以后，随着交流的进一步深入，更多的外来植物被带到或引进到中国，它们或许没有像葡萄和苜蓿等那样产生较大影响，但同样丰富了中国人的社会生活。其中有相当一部分植物来自西亚波斯一带或由此地区转贩而来，表明中古时期中国和波斯文化交流的密切。

中古时期，来自波斯一带的植物主要有枣椰树、郁金香、阿月浑子、青黛等。以下我们分而叙之。

一　枣椰（千年枣）

千年枣是一种被称为枣椰树上的果实，也即椰枣，是波斯地区的特产，也是中古时期丝绸之路上较有代表性的植物，它既是丝路上的商品，也是行旅们可资果腹的食物。

《魏书》卷 102《西域传》、《周书》卷 50《异域传下》、《隋书》卷83《西域传》、《旧唐书》卷198《西戎传》中均记载波斯地区出"千年枣"。② 可见至迟到北魏时，中国内地就对这种植物有所认识，也因其大而奇异，据说久食可以长寿，因而专门记录下来，称千年枣。

枣椰树自古以来就生长在波斯南部，主要在波斯湾的海滨和俾路支斯坦的麦克伦。在法尔斯省，枣椰树随处可见，在巴比伦椰枣很受人珍视，因为它的肉完全离核。此后随着阿拉伯人的传

---

① 《本草纲目》（校点本）卷 33《果部》"葡萄"条，第 1885 页。
② 《魏书》卷 102《西域传》，第 2270 页；《周书》卷 50《异域传下》，第 920 页；《隋书》卷 83《西域传》，第 1857 页；《旧唐书》卷 198《西戎传》，第 5312 页。

播，这种枣树大概也向阿拉伯地区的阿曼、巴士拉、亚丁等地扩散。① 南宋文献中也记载大食地区产千年枣。②

天宝五载（746）闰十月，位于黑海附近属波斯地区的陀拔斯单国国王忽鲁汗向唐进贡了千年枣。③ 大概也在这个时期，椰枣开始引进中国。唐代笔记医药小说文献里对之有所记载，不过，往往称之为波斯枣，因为这种枣产自波斯或是经波斯而来。陈藏器《本草拾遗》云："无漏子即波斯枣，生波斯国，状如枣。"④ 段成式《酉阳杂俎》也曾描绘过枣椰树及其果实，云：

> 波斯枣，出波斯国，波斯国呼为窟莽。树长三四丈，围五六尺，叶似土藤，不凋。二月生花，状如蕉花。有两甲，渐渐开罅，中有十余房，子长二寸，黄白色，有核。熟则紫黑，状类干枣，味甘如饴，可食。⑤

怛罗斯之战被俘的杜环在中西亚游历的过程中也曾提到拂菻西面一带的摩邻国"马食干鱼，人食鹘莽"⑥，鹘莽即波斯枣也，"味甘如饴，可食"，显然不同于普通的枣，前述段成式大概也是见过并品尝过这类枣，他所言的波斯枣是否根据陀拔斯单国国王所献的枣而引种还不得而知。唐代史籍亦曾用过称呼此枣的两种

---

① 〔美〕劳费尔：《中国伊朗编》，林筠因译，第 215～216 页。
② （宋）赵汝适：《诸蕃志》卷上、下，中华书局，1985，第 18、33 页。
③ 《册府元龟》卷 971《外臣部·朝贡四》，第 11412 页。
④ 《本草纲目》（校点本）卷 31《果部》"无漏子"条，第 1837 页。
⑤ （唐）段成式撰，方南生点校《酉阳杂俎》前集卷 18 "木篇"，第 178 页。
⑥ （唐）杜佑撰《通典》卷 193《边防九》引杜环《经行记》，第 1041 页。

外来语名称，一种似来源于波斯语的"鹘莽"（gurmaǹ，kurmaǹ）或"窟莽"（khurmang，xurman），如《酉阳杂俎》《经行记》等；另一种为前引《本草拾遗》中所记的"无漏"（bu-nu），和古埃及语关于枣的名称有些相像。① "窟莽"的称呼大概普遍一些，元代陶宗仪《南村辍耕录》记作"苦儿麻"（苦鲁麻枣），明陈诚《西域行程记》作"忽鹿麻"，阿拉伯称之为"台木尔（Tamr）"，因而宋岘先生指出是波斯人首先将它介绍给中国人的。②

李时珍《本草纲目》也记波斯枣"补中益气，除痰嗽，补虚损，好颜色，令人肥健"，他指出"千年枣虽有枣名，别是一物，南番诸国皆有之，即杜甫所赋海棕也"。③

唐代广州似引进这种枣椰树，刘恂《岭表录异》卷下中云：

> 广州有一种波斯枣，木无旁枝，直耸三四丈，至巅四向，共生十余支，叶如棕榈，彼土人呼为海棕木，三五年一着子，每朵约三二十颗，都类北方青枣，但小尔。舶商亦有携本国者至中国，色类沙糖，皮肉软烂，味极甘，似北地天蒸枣，而其核全别，两头不尖，双卷而圆，如小块紫矿，种之不生，盖蒸熟者也。④

文献中所提到的广州这种波斯枣是否为枣椰树不好说，大概

---

① 〔美〕劳费尔：《中国伊朗编》，林筠因译，第 210～212 页；〔美〕谢弗：《唐代的外来文明》，吴玉贵译，第 270 页。

② 宋岘：《古代波斯医学与中国》，第 32 页。

③ 《本草纲目》（校点本）卷 31，第 1837 页。

④ 《岭表录异》，载《本草纲目》（校点本）卷 31《果部》"无漏子"条，第 1837 页。

是一种引种之后的变异品种，和正宗的波斯椰枣还是有区别的，所以真正的波斯枣还是得进口。《中国印度见闻录》也载："中国没有多少枣椰树，除某些家庭偶尔种植一两株以外，一般是很少见的。"①

唐代长安所见的陀拔斯单国国王所献的千年枣，应该是这种大的波斯枣，其进贡的途径大概更多是循海路而来。

二 阿月浑子

中世纪波斯著名诗人哈菲兹、萨迪在其诗集中，多次提到了"阿月浑子"，如萨迪曾吟到：

为她沉默的阿月浑子秀口，我不惜把生命敬献。
那人象是多肉的阿月浑子，实是皮中有皮的葱头。②

看得出阿月浑子在当时波斯社会比较普遍与流行。

诗人笔下的阿月浑子其实就是一种坚果，也就是今天所称的开心果。它是漆树科的一种树和灌木，其果实是古代呼罗珊和粟特一带的特产。波斯土产的这种坚果有三种，即阿月浑子（Pistachio）、笃蓐香和 P. aouminata，自古以来它在伊朗人的生活里占有重要的地位。③

阿月浑子为中国人所熟知应当在唐代。唐段成式《西阳杂俎》有载："胡榛子，阿月生西国，蕃人言与胡榛子同树，一年

① 〔阿拉伯〕佚名：《中国印度见闻录》，穆根来、汶江、黄倬汉译，第11页。
② 〔波斯〕萨迪：《蔷薇园》，水建馥译，第67~68页。
③ 〔美〕劳费尔：《中国伊朗编》，林筠因译，第71页。

榛子，二年阿月。"① 此处大概是摘自陈藏器《本草拾遗》：

> 阿月浑子生西国诸番，与胡榛子同树，一岁胡榛子，二
> 岁阿月浑子也。②

　　总之，唐人将这种坚果看作是和榛子一样的坚果，所谓
"一年榛子，二年阿月"是一种想当然。

　　文献中所提到的西国应该是指西亚波斯一带。斯特拉波
（strabo）的《地理学》曾记载亚历山大征服波斯、巴克特里亚
时，陆上就见过几颗笃蓐香树。波斯青年善战，能吃苦，路途中
常以笃香果、橡子、野梨之类的野果为食度日。波斯国王餐桌上
每天必有笃蓐香油。③

　　关于阿月浑子这个名称，美国学者劳费尔研究指出，阿月
浑子的全名一定是个复合词，包含有"阿月"和"浑"两个成
分。劳费尔用新波斯语 kōz 和 gōz 对照，并参照亚美尼亚语、希
伯来语等，认为阿月译音的含义是一般的坚果。而汉语的
"浑"字相当于 rwun 或 wun。阿月浑子（阿月浑的坚果）这个
复合词在伊朗语里还不能直接寻到，这个词是从中文记载里追
溯出的。④

　　唐代中后期岭南地区似也种植有阿月浑子。8 世纪后半
叶李珣所著的《海药本草》中引徐表《南洲记》云："无名

---

① （唐）段成式撰，方南生点校《酉阳杂俎》续集卷 10，第 287 页。
② 《本草纲目》（校点本）卷 30《果部》"阿月浑子"条，第 1808 页。
③ 引自〔美〕劳费尔《中国伊朗编》，林筠因译，第 71～72 页。
④ 〔美〕劳费尔《中国伊朗编》，林筠因译，第 73～74 页。

木皮生岭南山谷，其实状若榛子，号无名子，波斯家呼为阿月浑子。"① 劳费尔据此认为"阿月浑"这个译音或许在《南洲记》里有过，因此它是唐朝以前传来的。② 阿拉伯商人苏莱曼也提到过阿月浑子（榛子）生长在中国。③ 国内有学者利用语言学上对音等方法指出，波斯人口中的阿月浑子是一种形态上与阿月浑子相近的果实，它的重要产地在中国南部，从音韵上来看，与紫荆 arghavān 的对音很接近，而"子"是汉语原词，并非外来词的对音，因而"阿月浑"符合 arghavān 的对音，"阿月浑子"是这种植物的果实。④ 这不失为另外一种较为合理的解释。

在明代中国文献里，这个波斯词被译音为苾思檀，是撒马尔罕西南地区生长的一种树，树叶类山茶，果实类银杏。⑤ 苾思檀这个名称无疑代表伊朗语译音 pistān（盛产阿月浑子果实的地方）。⑥ 和现代伊朗语 pesle 很接近了。

阿月浑子在现今伊朗人的生活中依旧占有重要地位，不但广泛种植，而且大量向外出口，尤其是向土耳其、印度、中亚等地大量出口。

---

① 《本草纲目》（校点本）卷 30《果部》"阿月浑子"条，第 1808 页。又（五代）李珣原著，尚志均辑校《海药本草》（辑校本）第 48 页记为"无名木生广南山谷"。

② 〔美〕劳费尔：《中国伊朗编》，林筠因译，第 73 页。

③ 〔阿拉伯〕佚名：《中国印度见闻录》，穆根来、汶江、黄倬汉译，第 11 页。

④ 肖超宇：《阿月浑子考》，载《民族史研究》第 12 辑，中央民族大学出版社，2015，第 264~267 页。

⑤ （明）陈诚著，周连宽点校《西域番国志》"哈烈"条，中华书局，2000，第 73 页。

⑥ 〔美〕劳费尔：《中国伊朗编》，林筠因译，第 77 页。

三　郁金香

说到唐代中原地区较为流行的一种外来香药植物，不能不提到郁金香。郁金香是一种番红花属植物。

《册府元龟》记载，贞观二十一年（647）罽宾国亦向唐贡献过郁金香，并有详细描述，说其"叶似麦门冬，九月色开，状如芙蓉，其色紫碧，香闻数十步。华而不实，欲种取根"。开元五年（717），安国向唐贡献郁金香 30 斤。[①] 史书上所载的这种郁金香属于比较稀有和名贵的花，也是供贵族享用的一种花，其芬芳浓郁的紫色花朵在秋季开放。从郁金香深橙色的柱头里提取出来的芳香染料，是古代商业贸易中的一种重要商品。[②]

这种植物主要产自波斯和印度西北一带，以波斯为主。《魏书·西域传》、《周书·异域传下》及《隋书·西域传》中都有记载。[③]《旧唐书·西戎传》亦记印度（天竺）地区有此物。

> （厥土）卑湿暑热，稻岁四熟。有金刚，似紫石英，百炼不销，可以切玉。又有旃檀、郁金诸香。通于大秦，故其宝物或至扶南、交趾贸易焉。……（太宗时其王尸罗逸多）复遣使献火珠及郁金香、菩提树。[④]

---

① 《册府元龟》卷 970《外臣部·朝贡三》、卷 999《外臣部·请求》，第 11400、11722 页。

② 〔美〕谢弗：《唐代的外来文明》，吴玉贵译，第 274 页。

③ 《魏书》卷 102《西域传》，第 2270～2271 页；《周书》卷 50《异域传下》，第 920 页；《隋书》卷 83《西域传》，第 1857 页。

④ 《旧唐书》卷 198《西戎传》，第 5306～5307 页。

《三国志》卷 30 引《魏略·西戎传》亦曰："大秦多……郁金、芸胶、薰草木十二种香。"①大秦即东罗马,其所产郁金如《旧唐书》所言,应该来自波斯、印度一带。而天竺一带的郁金,据劳费尔研究并非天然生长在印度北部的植物,而很可能是从波斯传播到克什米尔的。这可从梵语词 Vāhlīka 追溯出,该词是郁金的同义词,意思是"起源于帕拉瓦"。大意是说克什米尔的传布佛教教义的始祖在那里种植了郁金,至少可以说明郁金是从波斯来的。另外,波斯人在传播此物上所起的作用可从藏语里指郁金的字很生动地证明,即 kur-kum、gur-kum、gur-gum,它可以直接追溯到波斯语的 kurkum 或 karkam,但是不能追溯到梵语的 kuṅkuma。②

关于大秦的郁金,谢弗指出罗马人用它来调配甜酒,亦被当作香水喷洒在剧场里。此外,它还是深受罗马妇女喜爱的一种染发剂。③

中国史书亦早有关于郁金的记载。《周礼·春官上》曰:"郁人掌裸器,凡祭祀宾客之裸事,和郁鬯以实彝而陈之。"《说文》中亦曰:"郁(金),芳草也。十叶为贯,百二十贯。采以煮之。为鬯一日。郁鬯,百草之华,远方所贡方物,合而酿之以降神。"晋傅玄有《郁金赋》曰:"叶萋萋以翠青,英蕴蕴而金黄,树奄蔼以成荫,气芳馥而含芳……"。晋左九嫔《郁金颂》亦吟道:"伊此奇草,名曰郁金,越自殊域,厥珍来寻,芳香酷烈,悦目欣心,明德惟馨,淑人是钦。"④劳费尔认为,这里所说的郁金不一定指

---

① 《三国志》卷 30《乌丸鲜卑东夷传》注引《魏略·西戎传》,第 861 页。
② 〔美〕劳费尔:《中国伊朗编》,林筠因译,第 146～147 页。
③ 〔美〕谢弗:《唐代的外来文明》,吴玉贵译,第 274 页。
④ 此两首赋见(唐)欧阳询撰,汪绍楹校《艺文类聚》卷 81《药香草部上》"郁金"条,第 1394 页。

郁金香。他认为，当"郁金"指中国的一个植物或产品时，它就是一种姜黄属植物（curcuma），但是当它指印度、越南、伊朗等地的产品时，大半是番红花属植物（crocus）。[1] 姜黄属植物作用在根茎，从干的球根提取姜黄，多用以制作咖喱粉及染料。番红花很久以前被引进中国，经常被用来假充郁金香。

但无论怎样，唐时罽宾、安国等所进的郁金香，应为番红花属植物。罽宾国的人们常用其供佛及浴酒，《南州异物志》载：

> 郁金者，出罽宾国，国人种之。先取上佛，积日萎熇，乃载去之。然后取郁金色正黄细，与芙蓉花裹披莲者相似，可以香酒。[2]

唐人或也采纳其做法，供佛毕，用之来洒在衣服和帘帷上，亦可用来调酒。唐人诗句中有相关描述，如卢照邻《长安古意》中云："双燕双飞绕画梁，罗帷翠被郁金香。"李白《客中行》亦云："兰陵美酒郁金香，玉碗盛来琥珀光。"[3]《旧唐书》记载在宣宗以前，"旧时人主所行，黄门先以龙脑、郁金藉地，上悉命去之"[4]。唐人看来是很推崇这种植物的，从兰陵美酒、玉碗、琥珀等与其相配之物来看，郁金香的稀有与珍贵可见一斑。其功能主要是调香、去臭、熏衣等，使用者也多为皇室及贵族之家。

---

① 〔美〕劳费尔：《中国伊朗编》，林筠因译，第 147 页。
② 《太平御览》卷 981《香部一》，"郁香"条，第 4345 页。
③ 见《全唐诗》第 2 册卷 41，第 519 页；第 6 册卷 181，第 1842 页。
④ 《旧唐书》卷 18 下《宣宗本纪》，第 645 页。

7 世纪后，阿拉伯统治西亚一带，郁金香等植物依旧是波斯诗人吟咏的对象。如中世纪哈菲兹诗歌中所吟：

水仙那一对多情的眼睛，将含笑凝望绽开的郁金香。

清晨分娩的露珠，滴在郁金香的脸上。

希林的朱唇呵，你如今在何处？莫非那红灿灿的郁金香，是法尔哈德的血泪浇灌！

难道是那郁金香，知道这人世间的变幻无常；否则为何一来到人世，就与欢乐的酒杯结伴。

我炽燃着的心呵，像郁金香鲜血垂滴。

假如看不见，你郁金香的娇艳，花园和草地，都将是荒凉一片。

那萨吉面颊的花园里，千朵郁金香灿然开放。[①]

但自唐以后，进口郁金香在中国便极少见于史籍了。

四 青黛

青黛亦名靛青（Indigo）或蓝靛，是从植物中提取的染料，用以染色或画眉等。最著名的为波斯青黛，据说是从真正的靛青中得到的颜料。《本草纲目》卷 16 曾云：

（时珍曰）"黛，眉色也"。刘熙《释名》云："灭去眉毛，以此代之，故谓之黛。"马志曰：青黛从波斯国来。今

---

① 《哈菲兹抒情诗选》，邢秉顺译，第 13、24、82、105、114、82、126 页。

以太原并庐陵、南康等处，染淀瓮上沫紫碧色者用之，与青黛同功。（时珍曰）："波斯青黛，亦是外国蓝靛花，既不可得，则中国靛花亦可用。或不得已，用青布浸汁代之。货者复以干淀充之，然有石灰，人服饵药中当详之。"①

蓝靛原产于印度。有学者根据阿拉伯史学家的记载，指出在波斯萨珊胡斯洛一世（Khosrau I）在位时（531～579），这种蓝靛始由印度输入波斯，用以染发。② 其后流行于中亚各地，漕国、拔汗那等国均产青黛。如《隋书》记载漕国：

> 在葱岭之北，汉时罽宾国也。……土多稻、粟、豆、麦；……朱砂，青黛，安息、青木等香。③

漕国其地在印度西北、阿富汗东南一带，属于当时的犍陀罗文化地区。杜环《经行记》记载拔汗那妇女"不饰金粉，以青黛涂眼而已"④，指的就是这种情况。

青黛大概自唐时传入中国。《册府元龟》卷971亦记载开元五年（717）三月，康国王亦遣使献毛锦、青黛。⑤ 康国王所贡青黛大概是一种转贩之物。

波斯、中亚等地运输来的青黛，主要受到唐代上层贵族妇女

---

① 《本草纲目》（校点本）卷16《草部》，第1089页。
② 〔美〕劳费尔：《中国伊朗编》，林筠因译，第196页；张星烺编注，朱杰勤校订《中西交通史料汇编》第三册，第174页。
③ 《隋书》卷83《西域传》，第1857页。
④ （唐）杜佑撰《通典》卷192《边防八》引杜环《经行记》，第1034页。
⑤ 《册府元龟》卷971《外臣部·朝贡四》，第11405页。

及宫女们的欢迎，他们受伊朗等地染发、描眉习惯的影响，使用青黛画眉成为一种时尚。在唐人诗歌中，它常常和葡萄酒之类的物品并提。如李白《对酒》即云"蒲萄酒，金叵罗，吴姬十五细马驮。青黛画眉红锦靴，道字不正娇唱歌"，白居易亦有"青黛点眉眉细长"[①] 之句，使用外来青黛画眉已成为唐代上层妇女的一种美容时尚。不过，随着中唐以后中西交通的衰落，史籍不再有相关贡物的记载。波斯青黛在中古中国也仅是流行一时，此后妇女所用染色画眉之物大概也就是如李时珍所言为中国的蓝靛花或者合成之物，出自不同地区，由不同植物所产。今天新疆等地所产的乌斯马草（新疆一种特殊的菘蓝）和古代历史上的青黛功效有相似之处，值得进一步研究。

以上我们主要讨论了枣椰树、阿月浑子、郁金香、青黛等与中古时期波斯等地有关的植物及其传播情况。可以看出在中古时期中西交流发展的情况下，不论是动植物还是波斯锦、锁子甲以及香料宝石等物品，均沿着丝绸之路传入中国，这些西方物产有些是贡品，更有不少应是贸易之物。虽然有些物产曾流行一时，并没有本土化，但这些外来物品的到来，丰富了中国人的物质文化生活，也推动了中古丝绸之路上文化交流的传播与发展。

---

① 《全唐诗》第 6 册卷 184，第 1881 页；白居易《上阳白发人》，见《全唐诗》第 13 册卷 426，第 4692 页。

第三章 造型装饰艺术和游艺等
与波斯文明

第一节 丝绸之路上来通角杯的传播与变迁

1970 年，西安南郊何家村出土一批珍贵的窖藏文物，包括三件玛瑙杯，其中一件为玛瑙兽首杯（见图 3 - 1），另两件为长杯（舟形杯）。兽首杯系用酱红地缠橙黄夹乳白色缟带的玛瑙制成，上口近圆形，下部为兽首形，兽头上有两只弯曲的羚羊角，兽嘴有流，可以卸下。该杯做工精细，形制特殊，为国内之孤品，现由陕西历史博物馆收藏，为该馆镇馆之宝。对于此件珍贵文物，国内外有不少学者给予研究和关注。[1] 学界基本上倾向认为该杯与中国古代无流嘴的犀角杯等有异，可能是产自中西亚的舶来品或唐人仿西方制品，即属于希腊人称之为

---

① 孙机：《玛瑙兽首杯》，载《中国圣火——中国古文物与东西文化交流中的若干问题》，第 178 ~ 197 页；齐东方：《何家村遗宝与丝绸之路》，载《花舞大唐春——何家村遗宝精粹》，文物出版社，2003，第 38 ~ 41 页，图版 93。王子今：《说犀角杯——一种东西文化交流的文物见证》，《四川文物》2008 年第 1 期，第 41 ~ 48 页。

来通（Rhyton）的一种器物。笔者同意这个看法，虽然学者们对西方来通角杯的出现及功能等均有过论述，但仍然有可探讨之处。笔者希冀在利用东西方文物图像资料及前人研究基础上，循着这个思路进一步探讨来通角杯在东西方的流行、传播及发展和变迁过程。

图 3 - 1　何家村出土玛瑙兽首杯

资料来源：《花舞大唐春——何家村遗宝精粹》，文物出版社，2003，第 38 ~ 41 页，图版 93。

一　祭祀与饮宴——来通在早期西亚波斯一带的流行

来通即角形杯，在西方的出现应该比较早，具体起源于何处，并没有一致的看法。一般认为角形杯是东方的产物，在美索不达米亚（Mesopotamia）地区出现较早。在公元前2000多年前苏美尔人建立的乌尔王朝（Ur），就有持这种角形杯祭神等的场面。如美国宾夕法尼亚大学博物馆收藏的属于乌尔王朝时期的一件石灰石雕刻，上面刻绘有乌尔第三王朝统治者乌尔那姆（Ur-namu，前 2112 ~ 前 2095 年在位）在Nanna 神前持大一角状杯给棕榈树（或为枣椰树）祭酒场景，类似的图像也出现在出土的属于这一时期的印章中。^①这里的统治者大概被赋予土地的保护者角色，其所持角状器皿也具有祭神功能。

不过角形杯在希腊化时代则广泛流行。在希腊罗马世界开始称之为来通（Rhyton），此语是自希腊语 rhéo（流出）派生出来的，因而来通在希腊语中有流出、连通之意，被用来命名为一种酒器，因为该酒器出水口处较小，应当像水注，可以注神酒。此酒器多以动物犄角装饰为兽首，兽嘴即为出水口，当时的人们认为用其饮酒即表示对酒神的尊敬。此后这种角杯多采用来通这个名称。

来通角杯最初用动物角做成，后来也有陶制或金属等材料的仿角形杯。雅典国家考古博物馆藏有一件属于公元前 1000 多年希腊迈锡尼文明时期的牛头角形杯，^② 用皂石刻成牛头角状杯，牛嘴用来做喷嘴，上面开口用来灌水或酒。该牛角杯可能被用来盛装液体，可能是祭神酒器，在饮酒之风盛行的地中海地区，也可能用作饮酒之器。

受希腊文明的广泛影响，来通这种器物也开始向亚洲一带传播，从美索不达米亚至西亚（伊朗）甚至向外阿姆河流域一带流传。古代的亚述帝国（Assyria Empire）时期就有类似陶来通杯，巴格达伊拉克博物馆收藏有这个时期的羊首陶来通。另外在伊拉克的尼尼微（Nineveh）古城出土亚述帝国巴尼拔国王（Ashuibanipal，公元前 668～前 626 年在位）浮雕上有饮宴场面，

---

① Prudence O. Happer, Joan Aruz, and Francoisse Tallon, *The Royal City of Susa-Ancient Near Eastern Treasures in the Louvre*, The Metropolitan Museum of Art, New York, 1992, fig. 47, p. 171.

② 〔意〕卢卡·莫扎蒂编著《雅典考古博物馆》，陆元昶译，内蒙古科学技术出版社，2018，第 42 页。

国王夫妇饮酒宴乐，其中国王斜靠在床榻上，而王后则坐在一高椅子上，一手持一水波纹装饰的圆碗，一手持角杯形物饮酒场面（见图3－2）。① 这里角形来通应该用作饮酒场合，从王后饮酒姿势上看，似乎是以左手持来通杯注酒至右手圆形酒碗中。

图3－2　亚述巴尼拔国王夫妇饮宴

资料来源：Dominique Collon, *Ancient Near Eastern Art*, University of California Press, 1995, p. 151, fig. 120. Julian Reade, *Assrian Sculpture*, The British Museum Press, 2012, fig. 107.

不过至伊朗高原阿契美尼德王朝（Achaemenid Empire，前550～前330）时期，来通角杯得以真正流行，可以说来通这种器物在这个时期得到进一步的发展。阿契美尼德王朝即古波斯帝国时代，公元前550年，出身于阿契美尼德家族的居鲁士二世（Cyrus Ⅱ）推翻米底王朝（Median）的统治，称波斯王，此后东征西伐，将版图扩张到中亚及西亚大部分地区，尤其是至王中

---

① Dominique Collon, *Ancient Near Eastern Art*, University of California Press, 1995, p. 151, fig. 120. Julian Reade, *Assrian Sculpture*, The British Museum Press, 2012, fig. 107.

之王——大流士一世（Darius Ⅰ the Great，前 522～前 486 年在位）时，从地中海至印度河，从咸海至埃及，建立了一个横跨欧亚非三洲的庞大帝国。在艺术方面也留下了宝贵的遗产，其建筑、雕刻、绘画等风格融合了两河流域、希腊、埃及等艺术特点，并形成了具有东方色彩的古波斯艺术，包括所发展出来的高度发达的金属细加工，其中来通角杯的工艺亦得到很大发展。

从古波斯帝国都城苏萨（Susa）、波斯波利斯（Persepolis）等地遗址发现或出土有做成兽角状的金来通、银来通、铜来通、玻璃来通等，除羊首外，还有马首、牛首、狮首、格里芬（Griffin）形的来通等。在大英博物馆收藏有相当一部分这个时期的各类来通（见图 3－3），有来自王朝都城波斯波利斯的，也有收藏的。① 该馆还收藏一件马首银来通，据说来自土耳其埃尔

图 3－3 大英博物馆藏金、银兽首来通

资料来源：John Curtis and Nigel Tallis, *Forgotten Empire——The World of Ancient Persia*, The British Museum Press 2005, fig. 118，119，120；John Curtis, *Ancient Persia*, The British Museum Press, 2000, fig. 60.

---

① John Curtis and Nigel Tallis, *Forgotten Empire——The World of Ancient Persia*, The British Museum Press, 2005, fig. 118，119，120.

津詹（Erzincan，见图 3 - 3）。[①] 其功能主要是将上口盛装的液体从下端的兽首中的口中流出来以便使用。鉴于来通口大底小，难以直立放置，设计者往往将底部或兽类的前部肢体向前平伸，从而达到平衡的直立放置效果。

阿契美尼德王朝的艺术作品几乎都是围绕着帝王和贵族生活创造的，往往用艺术表现帝王的威严与超人性，因而具有"宫廷样式"的特点。考古学家所发现的这个时期的来通制品多以金、银、铜、玻璃等制作，也应属于宫廷之物。至于这些来通酒器究竟用于祭祀还是饮宴，还很难说。上述出土器物多为贵金属，体重型大，不排除其所具有的祭祀功能。不过考虑到古波斯饮酒之风的流行，这类来通酒器也应更多作为饮宴之物出现在波斯皇室贵族的生活之中，有些图像资料可以提供这方面的证据。大英博物馆收藏一件石刻上雕刻有古波斯统治者 Arbnas（前 390 ~ 前 370 年在位）与侍从饮宴的场景，其斜靠在一长榻上，右手中持有一来通，左手持一碗，来通末端刻有带翼格里芬（Griffin）形象（见图 3 - 4），相似的来通形象也出现在该馆收藏的同时期的一枚泥质印章上。[②] 从其饮酒姿势来看，似是用右手所持的来通往左手持的碗里注酒，也可能相反。可知在古波斯时期，宴饮是除狩猎外另一项重要的王室或地方统治者的活动，是权力和富贵生活的象征，这也是继承了古代近东地区的传统。至于左右手的持杯方式，可能没有什么严格规定，是配合坐姿而来的。

考虑到这类来通设计，液体从兽嘴中流出，为了饮酒时不至

---

① John Curtis, *Ancient Persia*, The British Museum Press, 2000, fig. 60.

② John Curtis and Nigel Tallis, *Forgotten Empire——The World of Ancient Persia*, The British Museum Press, 2005, fig. 123.

于洒出，往往需要保持一定平衡，而这种保持角杯平衡的最好姿势就是躺卧，[①] 上述波斯帝王饮宴姿势就是如此。这种躺卧式饮宴之风也表现在其他艺术品中，如类似于这种躺卧式的宴饮场景也出现在该时期的象牙雕刻中。[②] 其渊源大概来自亚述时期的艺术，并被此后兴起的帕提亚王朝所继承。

图 3 - 4　大英博物馆藏 Arbnas 王饮宴图石雕

资料来源：John Curtis and Nigel Tallis, *Forgotten Empire——The World of Ancient Persia*, The British Museum Press 2005, fig. 123.

公元前 4 世纪后半叶，随着亚历山大大帝（Alexander the Great）的东征，阿契美尼德王朝也走向衰亡。西亚的大部分地区归亚历山大部将巴比伦总督塞琉古（Seleucid）统治，伊朗高原出现了希腊文化的移植。公元前 3 世纪中期，塞琉古帝国东部帕提亚地方宣布独立，其地方首领阿尔萨息斯（Arsaces）建立了一个以尼萨（Nisa，今土库曼斯坦的阿什哈巴德附近）为中心的独立王国，即帕提亚王朝（Parthian Empire），中国史籍称安息。公元前 2 世纪中期，帕提亚王朝达到全盛时期，领土东边到

---

① 此观点得到大唐西市博物馆文保科研部李凯主任的提示，在此谨致谢忱！

② Maria Brosius, *The Persians*, Routledge, 2006, fig. 12, p. 46.

达印度河流域，西边到达幼发拉底河，同时也吞并了巴克特里亚的西部地区。

　　帕提亚王朝早期在建筑和工艺上更多吸取了希腊罗马文化的特征，不过又具有自身的特点，即严肃而富有宗教意义的帕提亚风格。尤其是 20 世纪 40 年代在尼萨古城（Nisa，今土库曼斯坦阿什哈巴德西北 18 公里）里，发现了相当一批大号的象牙来通。这批来通主要出土于尼萨古城北边的建筑群即方宫遗址，该遗址约建于公元前 2 世纪，其柱廊具有当地建筑和希腊化建筑相融合的特点。据学者推断，方宫可能是安息历代诸王的宝库，而来通角杯是方宫的重要发现，是安息手工业产品的代表。该地出土来通有 40 多个，均为象牙角杯（见图 3 - 5），用几大块象牙骨料做成，雕刻精致。其长度一般为 50 厘米左右，上部较直，下部弯曲，造型优雅，十分精致。其上部雕有饰带，表现奥林匹亚诸天神、酒神等，人物生动活泼，刻画细致入微；底端雕成马、鹿、狮身鹰头，有角兽、带翼兽和女神的形象等。[1] 这批角杯充分利用了象牙洁白光滑的特点，又用彩色玻璃、宝石和黄金镶边，显得高贵华丽，从艺术特色上看，还是具有较浓厚的希腊艺术风格。因而据学者推测，尼萨出土的象牙来通杯，或是由受过希腊文化熏陶并接受东方传统文化影响的西方艺术家制作，或是由对希腊神话和艺术相当熟悉的东方巧匠完成。[2]

　　这批角杯，鉴于其体积较大且重，只能用手捧着，不大可能用作实用器皿。有学者认为可能具有宗教意义，大概是一种神

---

[1]　Herrmann, *The Iranian Revival*, Elsevier Phaidon, 1977, pp. 41 - 46.

[2]　〔苏联〕Б. Я. 斯塔维斯基：《古代中亚艺术》，路远译，第 28 ~ 29 页。

图 3 – 5 尼萨出土的象牙来通及细部

资料来源：Herrmann, *The Iranian Revival*, Elsevier Phaidon, 1977, pp. 41 – 46.

器，也可能是安息王登基时的礼器，[1] 应该是宗教功能大于实用功能。这批角杯主要收藏于俄罗斯圣彼得堡的冬宫（即艾尔米塔什博物馆）。

同时期亦有其他材料制成的角杯。阿富汗国家博物馆藏有出自阿富汗贝格拉姆（Begram）古城的一件约为公元 1 世纪（大夏 – 贵霜时期）时期的玻璃来通杯，有尖嘴兽角及喇叭形底座，[2] 从形状看，应为饮酒器。另外，美国华盛顿塞克勒美术馆（The Arthur M. Sackler Gallery）收藏的几件约公元前 1 世纪至公元 1 世纪的银来通，兽首为驼峰牛及狮头或猞猁的形象，[3] 出水

① 李铁匠：《伊朗古代历史与文化》，第 215 页。

② Predirk Hiebert and Pierre Cambon, *Afghanistan-Crossroads of the Ancient World*. The British Museum Press, 2011, p. 174.

③ Ann C. Gunter and Paul Jett, *Ancient Iiranian Metalwork—In the Arhhur M. Sackler Gallery and the Freer Gallery of Art*. Smithsonian Institution, Washington D. C. , 1992, pp. 33 – 34.

口在前胸处，风格与尼萨出土的象牙来通近似。这些也应归入帕
提亚时代艺术特色的来通。

总之在早期西亚波斯，作为一种从角形器发展而来的来
通，具有祭祀兼饮宴双重功能。从目前出土情况看，这些来通
以金属为主，多为宫廷及贵族服务，显示出具有代表性的宫廷
式样。从上述帝王饮宴形象看，来通作为一种酒器，更多出现
在帝王贵族的生活中，是适合于卧榻上的饮酒器具，并得以进
一步流行。

二 萨珊波斯饮酒之风与中亚商旅文化——中古时期来通角杯在中西亚的发展

公元 3 世纪，伊朗法尔斯地区波斯萨珊家族一个名叫阿尔达
希尔 (Ardashir I) 的贵族，开始举兵反抗帕提亚王朝的统治。
公元 224 年，阿尔达希尔杀死了帕提亚 (安息) 王阿尔达汪五
世 (Ardavan V)，攻占了其首都泰西封 (Ctesiphon)，建立了历
史上著名的萨珊帝国 (Sassanid Empire)。此后直到公元 651 年
波斯末代主伊嗣侯三世 (Yazdegerd III) 被大食所杀，萨珊王朝
从此灭亡为止，这个王朝存在了 4 个多世纪，时间上相当于中国
魏晋南北朝至唐初，也是波斯和东方交往最密切的时期。萨珊波
斯的艺术在这个时期达到辉煌。

萨珊时期的艺术风格，更多地继承了古代波斯美术的传
统，强调王权至上，尤其表现在雕刻及金银器等工艺美术上。
这个时期出土的金银器具以帝王狩猎、宴饮等题材相对较多，
尤以银盘为多，用以表示帝王的伟大与英勇，但在相当一批
器具及装饰上也表现出萨珊波斯贵族的奢侈与趣味。萨珊金

银器数量繁多，制作精美，随着其扩张及贸易活动，也向周边地区流传。

　　属于这个时期的来通角杯，留下来的资料并不多。和阿契美尼德时期相比，宫廷样式的因素减弱，来通主要是作为一种饮酒器来使用。华盛顿塞克勒美术馆收藏的约公元4世纪的一个早期萨珊风格的瞪羚角形银来通（见图3－6），器形趋向简单，风格已趋近写实，流口在瞪羚嘴部，但已被破坏，这件银来通应当是东伊朗艺术的杰作。该馆亦收藏有一件山羊角金来通（见图3－7），注水口处装饰一圈莲花纹，山羊角自然卷曲，贴于耳处，器形简单，鉴于可比较相类似来通并不多见，有学者认为可能为仿制品。① 这两件来通明显具有实用性。

图3－6　华盛顿塞克勒美术馆所藏　　　图3－7　华盛顿塞克勒美术
　　　萨珊波斯早期银来通　　　　　　　　　馆所藏山羊角金来通

　　资料来源：Ann C. Gunter and Paul,　　　　资料来源：Ann C. Gunter and Paul,
Jett, *Ancient Iiranian Metalwork—In the*　Jett, *Ancient Iiranian Metalwork—In the*
Arhhur M. Sackler Gallery and the Freer　*Arhhur M. Sackler Gallery and the Freer Gallery*
Gallery of Art, Smithsonian Instition,　*of Art*, Smithsonian Instition, Washington
Washington D. C. , 1992, fig. 38.　　　　　D. C. , 1992, fig. 44.

---

① Ann C. Gunter and Paul Jett, *Ancient Iiranian Metalwork—In the Arhhur M. Sackler Gallery and the Freer Gallery of Art*, Smithsonian Instition, Washington D. C. 1992, pp. 33 – 34, pp. 205 – 206, fig. 38, p. 227, fig. 44. Prudence O. Happer, *In Search of Cultural Identit—Monuments and Artifacts of the Sasanian Near East*, 3rd to 7th Century A. D. , Bibliotheca Persica, New York 2006, fig. 28.

**图 3 – 8　克利夫兰博物馆藏
多曲银杯纹饰中
的持来通角杯者**

资料来源：Vladimir G.
Lukonin, *The Archaeologia Mavid*:
the Persia Ⅱ, the World Publishing
Company Cleveland and New York,
1967, fig. 190.

美国克利夫兰博物馆（Cleveland Museum of Art）收藏一件多曲银杯纹饰上有持来通的人物形象（见图 3 – 8），①此多曲银杯约成于公元 5 世纪，属于萨珊波斯艺术风格。其内部纹饰大概为酒神节饮酒场面，图像中一戴尖帽子人物手持一羚羊首角杯，其风格和样式与华盛顿塞克勒美术馆收藏的银来通极为相似，从功能上看似为一种大众化酒器。有学者认为克利夫兰博物馆收藏品中来通等形象的器物大概属于受萨珊波斯风格影响的中亚粟特地区的制品。②

属于萨珊时期的还有金属及陶制来通，都为收藏品。伦敦大英博物馆收藏的一件釉陶器上也在器身上模塑出王者像与女神像，其下部有兽首和泄水孔，应属来通。鉴于器身上同时出现女神像和国王像的情况，可知此来通不仅在宗教仪式上用于灌奠，使用它还应包含崇拜君王的用意。③

总之，这个时期来通角杯的功能似已从宫廷向民间发展，来通实用性功能增强。饮宴场合已不仅仅表现帝王活动，也表现普通大众的生活。

①　Vladimir G. Lukonin, *The Archaeologia Mavid*: *the Persia Ⅱ*, the World Publishing Company Cleveland and New York, 1967, fig. 190.
②　孙机：《玛瑙兽首杯》，载《中国圣火——中国古文物与东西文化交流中的若干问题》，第 190 ~ 192 页。
③　孙机：《玛瑙兽首杯》，载《中国圣火——中国古文物与东西文化交流中的若干问题》，第 183 页。

随着与东方联系的密切，这种酒器及文化也开始向中亚一带传播，粟特民族在传播这种文化方面起了重要作用。前述美国克利夫兰博物馆收藏的有持来通形象的多曲银杯，应为中亚而不是萨珊波斯的制品。苏联考古学家在塔吉克斯坦片治肯特城东南1.5公里处发掘属于7~8世纪的粟特片治肯特（Panjikent）古城遗址，其中28号房址东壁壁画中绘有粟特贵族持来通角杯饮酒场面（见图3-9、

图3-9 片治肯特古城28号房址东壁壁画上的来通形象

资料来源：B. I. Marshak, V. Raspopova, "Wall Painting from a House with a Granary. Panjikent, 1st Quarter of the Eighth Century A. D.", *Silk Road Art and Archaeology*, 1990, fig. 29.

图3-10)，① 其与美国赛克勒美术馆所藏的银来通及克利夫兰博物馆所藏多曲银杯纹饰中人物所持来通形象极为相似。且二者都在杯的口沿处饰联珠纹，更足以证明上述银来通确系粟特之物。②

图3-10 片治肯特古城28号房址东壁壁画复原

资料来源：B. I. Marshak, V. Raspopova, "Wall Painting from a House with a Granary. Panjikent, 1st Quarter of the Eighth Century A. D.", *Silk Road Art and Archaeology*, 1990, fig. 30, a.

---

① B. I. Marshak, V. Raspopova, "Wall Painting from a House with a Granary. Panjikent, 1st Quarter of the Eighth Century A. D.", *Silk Road Art and Archaeology*, 1990, fig. 29, fig. 30, a.

② 孙机：《玛瑙兽首杯》，载《中国圣火——中国古文物与东西文化交流中的若干问题》，第188页。

中古时期，随着丝绸之路的畅通及中西交往的密切，有相当多的中西亚胡人沿着丝绸之路来到中国，他们也将其文化及习俗传入中国。其中在西安、太原等地发现一些具有异域风格的石棺床或围屏石榻，也有一些类似风格的石榻流散海外。学界基本认为这些石榻或石棺床属于中亚粟特胡人的墓葬制品，而且其中一些石棺床或围屏石榻上也出现有胡人持角杯等饮宴场景。

图3-11 河南安阳出土北齐画像围屏石榻饮酒图

资料来源：孙机：《玛瑙兽首杯》，载《中国圣火——中国古文物与东西文化交流中的若干问题》，图八。

美国波士顿艺术博物馆藏传是河南安阳出土的北齐画像围屏石榻（石棺床），其右侧刻绘有饮宴场面：葡萄架下，主人身穿一件饰有联珠纹样式的翻领大衣，右手高举一兽首杯，其他人似乎都围绕着主人跪坐，手里拿着一个较小的舟形杯或小碗等（见图3-11）。主人所持兽首角杯杯体较大，下端直角拐弯，杯体末端刻雕像，杯口有联珠纹。图像中不论胡人还是汉人，坐姿都是两膝着地，反趾而坐，即所谓"胡跪"，而主要人物则盘腿坐，姿势随意，显然有别。[1] 看得出中间举角杯者身份比较尊贵，应该是北齐时期的粟特贵族形象，其反映的也是粟特贵族的

---

① 施安昌：《北齐粟特贵族墓石刻考——故宫博物院藏建筑型盛骨瓮初探》，《故宫博物院院刊》1999年第2期，第72页，图六。孙机：《玛瑙兽首杯》，载《中国圣火——中国古文物与东西文化交流中的若干问题》，第186页，图八。

饮宴生活。这类场景可能在中亚，也可能在中国，但明显处于一种聚落生活中。

　　1999年太原发现虞弘墓，其石椁座浮雕有持角状器饮酒的人物。如石椁座前壁浮雕下栏右起第一个壸门内雕绘两个饮酒人物，两人均深目高鼻，须髯浓密，其中一人坐在一个红色束帛高座上，左腿架于右腿上，左手举一个头粗尾细的角形器送到嘴边，与他对坐的人则右手抓一个浅底多曲酒碗，与之对饮（见图3-12）。① 图中的角形器，应当就是来通。② 对于虞弘，墓志载其为"鱼国尉纥麟城人"，其父为鱼国领民酋长，虞弘十三岁时曾代表柔然出使波斯、吐谷浑等国。学界倾向认为其祖先应来自中亚一带。因而虞弘墓石椁浮雕表现出的也应是中亚胡人的生活。

图3-12　太原出土虞弘墓石椁座前壁浮雕饮酒图

资料来源：山西省考古研究所、太原市文物考古研究所、太原市晋源区文物旅游局：《太原隋虞弘墓》，文物出版社，2005，图178。

　　2000年西安出土的安伽墓围屏石榻上刻绘有胡人萨保到山林中的虎皮圆帐篷中访问突厥首领场景，其中有萨保手持角杯与突厥首领对饮的场面（见图3-13）。③ 2003年西安出土史君墓石堂外壁的浮雕上所刻绘的宴饮歌舞画面

---

① 山西省考古研究所、太原市文物考古研究所、太原市晋源区文物旅游局：《太原隋虞弘墓》，第130页，图178。

② 关于该角形器，有学者怀疑其为吹奏角乐，或者可能是人物身上飘带饰物。鉴于图中人物手持物状及对面人物持一圆形碗对饮情形来看，本文倾向认为其为一种角形饮器。

③ 陕西省考古研究所编著《西安北周安伽墓》，第33页，图29。

中，亦有几人分别手持长杯及角杯的饮酒场面（见图 3 - 14），其喝酒姿态，也是流嘴朝下的西方风格。^① 两座墓相距不远，都位于西安市北郊未央区大明宫乡一带。据安伽和史君墓志载，安伽出身于凉州安氏家族，为胡人首领之子，后在北周时被任命为同州萨保，也即同州地区（今陕西渭北地区）的胡人首领；而史君墓志载其为"史国人也，本居西域……迁于长安……授凉州萨保"^②，史君一家显然来自中亚史国，史君曾担任凉州（今甘肃武威一带）萨保。他和安伽一样，都是来自中亚的粟特胡人，其墓葬石榻所刻绘的饮宴场面，也应表现的是其生活场景。

图 3 - 13　西安出土安伽墓　　　图 3 - 14　西安出土史君墓石堂
围屏石榻饮酒图　　　　　　外壁浮雕刻绘宴饮图

　　资料来源：陕西省考古研究　　　　资料来源：西安市文物保护考古研
所编著《西安北周安伽墓》，第　　究院编著，杨军凯著《北周史君墓》，图
33 页，图 29。　　　　　　　　　137。

---

① 西安市文物保护考古研究院编著，杨军凯著《北周史君墓》，第 131 页，图 137。
② 陕西省考古研究所编著《西安北周安伽墓》，第 61 ~ 62 页；西安市文物保护考古研究院编著，杨军凯著《北周史君墓》，第 45 ~ 47 页。

此外，1982 年甘肃天水石马坪文山顶发掘的一座隋唐墓，墓室中发现的石棺床上有十曲石屏风，其中右侧第一屏刻绘有饮酒场面，在单层塔式建筑中有一身穿紧身衣的男子，坐在一束腰圆凳上，手举一角杯正在饮酒，前跪一侍从则双手举一舟形杯在侍酒（见图 3－15），饮酒者有明显的将角杯送往嘴边的动作。[1] 有学者研究认为，天水石屏风宴饮图显然受到中西亚风格影响，[2] 其描绘图像也应为胡人饮酒场面。从饮酒形式来看，似是用长杯等来给角杯注酒，持角杯者通过流嘴进行饮酒，角杯持有者看起来身份较为高贵。这显然与古代两河流域及古波斯地区的饮酒风格多少有所不同了。

近些年在中国境内发现的北朝时期的粟特胡人墓围屏石榻中的饮酒场面，多表现出胡人商旅文化特征，即多为毡帐或葡萄园等户外场合，说明中亚胡人聚落中的毡帐饮酒之风盛行。这里出现的角杯已经成为一种适合坐卧式的饮酒器被广泛使用，不仅仅出现在正式的饮宴场面，也随着粟特

图 3－15　甘肃天水石马坪文山顶隋唐墓出土石棺床刻绘饮酒图

资料来源：天水市博物馆：《天水市发现隋唐屏风石棺床墓》，《考古》1992 年第 1 期，图三。

---

① 天水市博物馆：《天水市发现隋唐屏风石棺床墓》，《考古》1992 年第 1 期，第 48~49 页，图三。

② 罗丰：《胡汉之间——"丝绸之路"与西北历史考古》，文物出版社，2004，第 64 页。

等地胡人东来，在丝绸之路沿线传播，成为其商旅文化的一部分。

三 从波斯到中国——来通角杯在中古中国的传播与变迁

鉴于上述中国境内发现来通形象多来自中古时期中亚胡人墓葬石榻中的图像，相关实物资料并不多见，而且上述北朝时期胡人墓葬材料也主要表现粟特胡人的一种生活习俗，其场景可能在中亚，也可能在中国，所以来通角杯在中国的传播情况我们并不是很清楚。

值得一提的是，1965 年辽宁北票县西官营子北燕冯素弗墓出土一件玻璃鸭形器，长 20.5 厘米，腹径 5.2 厘米，重 70 克。淡绿色玻璃质，体横长，鸭形，口如鸭嘴状，长颈鼓腹，拖一细长尾，背上以玻璃条粘出一对雏鸭式的三角形翅膀，腹下两侧各粘一段波状的折线纹以拟双足（见图 3 - 16）。[①] 此器重心在前，只有腹部充水至半时，因后身加重，才得以放稳。此器造型生动别致，在早期玻璃器中十分罕见。如此奇特而罕见的动物造型的早期玻璃器全世界为数不多，这几件玻璃器一般认为是西方工艺，

图 3 - 16 北燕冯素弗墓出土鸭形玻璃器

资料来源：辽宁省博物馆编著《北燕冯素弗墓》，图版 30。

①　辽宁省博物馆编著《北燕冯素弗墓》，第 35 页，图版 30。

具有钠钙成分，不否认其为舶来品。有学者认为此件鸭形器在造型上与公元 1 世纪前后罗马鸟形玻璃器有相似之处，其装饰手法也是罗马玻璃制品经常采用的，因而推断其产地大概在罗马东北行省，经草原丝绸之路传来。[①] 至于其功能，学界多认为此件玻璃鸭形器为水注，或为中国传统欹器的变形，借欹器"虚则欹，中则正，满则覆"的特点，阐释"满招损，谦受益，戒盈持满"的道理。然而考虑到同时出土的其他几件玻璃碗、杯、钵等，笔者更倾向认为其功能有似西方的来通，即一种饮酒器，可以和玻璃碗、钵等配合使用，而其独特的鸭嘴细尾也较符合来通的特征。

　　来通角杯在中国的传播更有代表性的实物应当是前述何家村出土的玛瑙兽首杯。从其外形及流嘴功能来看，本来就属于西方的来通；从同时出土的玛瑙长杯（舟形杯）来看，应与玛瑙兽首杯配合使用，如甘肃天水石马坪文山隋唐墓石屏风所刻绘的饮酒图一样，一边持长杯往角杯里倒酒，一边持角杯来喝酒，这大概为中西亚地区特有的一种饮酒习惯。另外，此玛瑙杯工艺精湛，形状与克利夫兰博物馆所收藏的银来通及中亚片治肯特壁画上的来通形象相似，考虑到西方有将来通与长杯等合用的习惯，因而不排除其为舶来品。[②] 如果是这样，这件玛瑙兽首杯应当就是西方来通角杯在中国传播的一个实物例证。

　　另外，从这件玛瑙杯的造型及玛瑙产地来看，也应来自西域中亚一带。《北齐书·元弼传》记载："魏室奇宝，多随后入韶

---

①　安家瑶：《冯素弗墓出土的玻璃器》，收入《北燕冯素弗墓》，第 227~233 页。
②　韩香：《绮席卷龙须，香杯浮玛瑙——何家村出土玛瑙杯与中西文化交流》，载《西北民族论丛》第 8 辑，第 103 页。

家。……马瑙榼容三升，玉缝之。皆称西域鬼作也。"①《洛阳伽蓝记》亦载北魏河间王元琛家"常会宗室，陈诸宝器。金瓶银瓮百余口，瓯檠盘盒称是。自余酒器，有水晶钵、玛瑙杯、琉璃碗、赤玉卮数十枚。作工奇妙，中土所无，皆从西域而来"②。《隋书·西域传》云："炀帝时，遣侍御史韦节、司隶从事杜行满使于西蕃诸国。至罽宾，得玛磖杯；王舍城，得佛经。"③ 史籍中所提到的这些玛瑙碗、杯等因"皆从西域而来"，而且被称为"西域鬼作"，故而珍贵。《魏书·西域传》《周书·异域传》《隋书·西域传》《旧唐书·西戎传》中均记载波斯等地产"玛瑙"；《新唐书·西域传》《册府元龟》等也多次有高宗、玄宗时期吐火罗、康国、波斯等国遣使进贡玛瑙制品等的记载（详见第二章）。何家村出土的这件玛瑙兽首杯很可能是来自波斯一带的贡品。

来通角杯随着胡人的东迁而被带入中国，其独特的形状及饮酒方式也逐渐得到中国人的关注与喜爱，并成为模仿的对象，类似器皿也出现在唐代皇室及贵族生活中。1973 年陕西三原焦村出土贞观五年（631）李寿墓石椁线刻《侍女图》，第 28 位侍女右手即持一兽首杯（见图 3－17）。④ 李寿为唐高祖李渊的堂弟，被封为唐淮安靖王，为唐朝的宗室、将领。显然该类型的器皿在当时的宫廷及贵族生活中较为流行。

---

① 《北齐书》卷 28《元弼传》，第 388 页。
② （北魏）杨衒之撰，范祥雍校注《洛阳伽蓝记校注》卷 4《准财里开善寺》，第 1841 页。
③ 《隋书》卷 83《西域传》，第 1841 页。
④ 孙机：《唐李寿石椁线刻〈侍女图〉、〈乐舞图〉散记》，氏著《中国圣火——中国古文物与东西文化交流中的若干问题》，第 201 页，图三。

图 3 – 17 陕西三原焦村出土李寿墓石椁线刻捧物侍女

资料来源：孙机：《中国圣火——中国古文物与东西文化交流中的若干问题》，图三。

不过鉴于西方来通角杯的饮酒习惯与中国传统习俗有异，即饮宴、饮酒时躺卧并用来通流嘴饮酒，可能中国人并没有接受这个饮酒习惯，来通角杯在唐代宫廷贵族生活中大概只是属于奢侈品和一种流行时尚而已。为了适应中国传统的饮酒习俗，大概中国人对其进行了改进，逐渐向杯形器发展，即流嘴向上，未留泄水孔，但外轮廓仍与来通相仿。如陕西历史博物馆藏南郊唐墓出土的三彩象兽杯，象鼻上卷成把手；洛阳博物馆藏苗湾隋唐墓出土的三彩龙首杯，龙口喷一水柱触杯沿成花以充把手，底部亦没有泄水孔，独立的兽首也不复存在，似与来通距离就更远了（见图 3 – 18、图 3 – 19）。① 日本奈良正仓院北仓收藏的金银平文琴上，亦刻绘有持角杯饮酒的情景。不过，虽然此角杯是来通仿制的，但饮酒方式已不是胡风，即不是从底端泻酒。② 有学者认为也许是由于制作者对西方文化的生疏，这类仿制品已经失去了原

---

① 孙机：《玛瑙兽首杯》，载《中国圣火——中国古文物与东西文化交流中的若干问题》，第 188 页，图十。
② 扬之水：《与正仓院的七次约会：奈良博物馆观展散记》，上海书画出版社，2021，第 22 页。

本的实用性，只是一种观赏品，表现出对异类文化的关注。① 此后，随着三彩器衰落，此类器物便不多见，可以看出来通角杯在中唐以后开始淡出中国人的视野，并没有得到进一步的发展。

图 3-18　西安南郊唐墓出土
三彩象首杯

资料来源：孙机：《中国圣火——中国古文物与东西文化交流中的若干问题》，图十。

图 3-19　洛阳苗湾出土
三彩龙首杯

资料来源：孙机：《中国圣火——中国古文物与东西文化交流中的若干问题》，图十。

从以上分析可以看出，起源于西方的来通角杯有一个传播与发展过程。其最初应起源于美索不达米亚（即两河流域）一带，后来向希腊半岛等地发展，兼有祭祀与饮酒功能。随着古波斯文明的兴起，来通得到进一步发展，与王室及贵族宗教生活关系密切。此后随着波斯文明的东向发展，来通角杯也开始向东方传播，其功能逐渐演变成为一种饮宴酒器，并逐渐世俗化和大众化。随着中古时期大量中西亚胡人来到中国，这种酒器也传播入中土，最初主要是胡人在使用，不过其独特的饮酒习惯也渐渐吸引中国人的目光，在开放繁荣的唐代社会，这类酒器也出现在唐

---

① 齐东方：《从文物看古代中国与伊朗》，载程彤主编《丝绸之路上的照世杯——"中国与伊朗：丝绸之路上的文化交流"国际研讨会论文集》，中西书局，2016，第 142 页。

代王室及贵族生活中，成为一种奢侈品和时尚。鉴于其饮酒方式
与中国人的习惯不符，其器形经过改进和加工，成为流嘴向上的
杯形器，主要出现在三彩器物中。不过，这种改进也没有得到进
一步发展，中唐以后，来通角杯不再流行，表明了这种西方流行
器物在中国的传播止于此，此后的来通形象出现多与胡人联系在
一起，如胡人抱瓶等，应当更多是一种历史记忆了。

第二节　联珠纹饰与中西文化之间的交流
——以西安出土文物为例

　　联珠纹饰是自公元 5 世纪以后在中国西北及北方的丝绸之路沿
线比较流行的一种纹饰。其特点就是用一圈连续的圆珠来作为一个
图案的边缘，即所谓的环形联珠纹，里面饰有各种图像；或是用一
串或一排连续的圆珠作为分割图案的边线，即所谓的线形联珠纹；
还有就是用连续的圆珠组成菱格形，内画环形联珠纹等，即所谓的
菱格状联珠纹等。联珠纹饰在古代中国的流行主要集中在魏晋南北
朝及隋唐时期，且集中在丝路沿线，显然与所受到的外来影响有关，
这其中中西亚因素不可忽略。在新疆吐鲁番墓葬出土的织锦及甘肃
敦煌莫高窟发现的壁画上，以及青海都兰吐蕃墓葬出土的丝织品上，
都曾大量出现这种纹饰。[①] 西安、洛阳地区亦有发现，不过数量

---

①　参见薄小莹《吐鲁番地区发现的联珠纹织物》，《纪念北京大学考古专业三十周年
论文集（1952~1982）》，文物出版社，1990，第 311~340 页；薄小莹《敦煌莫
高窟六世纪末至九世纪中叶的装饰图案》，《敦煌吐鲁番文献研究论集》第五集，
北京大学出版社，1990，第 355~436 页；梁银锦《莫高窟隋代联珠纹与隋王朝
的西域经营》，载《唐研究》第九卷，北京大学出版社，2003，第 457~475 页；
许新国、赵丰《都兰出土丝织品初探》，《中国历史博物馆馆刊》，第 15~16 期，
1991，第 63~81 页；等等。

要少得多，但作为两京地区，也是不可忽视的一个存在。关于联珠纹饰在中国的流行、影响及来源等，近些年学界多有讨论，但其具体溯源、传播途径、变迁、影响范围等仍有讨论空间。我们主要以长安为中心，结合其他地区情况，对这个问题进行进一步探讨。

一 西安出土文物中的联珠纹饰

就长安（今西安）地区而言，联珠纹饰主要出现在以下几类出土文物中。

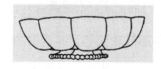

图 3-20 西安西郊出土
缠枝纹银碗

资料来源：齐东方：《唐代金银器与外来文明》，中国社会科学出版社，1999，彩图 7。

（1）器皿。包括金银器、瓷器等。西安出土的一些唐代金银器物上即有联珠纹装饰。如 1970 年西安西郊出土的一件缠枝纹银碗，碗体呈八曲瓣，各瓣凸鼓明显，碗内底心饰有两周联珠纹，碗足的底边亦饰一周联珠（见图 3-20）。1972 年西安何家村出土的几件金银带把杯的圈足、把手及折棱上往往饰有联珠纹，如其中一件人物纹金带把杯，杯体为八棱形，把置于杯体上部，由联珠组成环形把，杯体形成的八个棱面各饰一个人物，折棱处有联珠纹。足部亦为八棱形，足底边为一周联珠（见图 3-21）。[①] 同一地点出土的一件狩猎纹筒腹银高足杯的高

[①] 齐东方：《唐代金银器与外来文明》，中国社会科学出版社，1999，第 339～341、348～349 页，彩图 7。韩伟编著《海内外唐代金银器萃编》，三秦出版社，1989，彩版 1，图 112。

足中部的节上，也刻有一圈联珠纹。隋李静训墓出土的扁瓷壶腹部亦有联珠纹装饰，这里联珠纹作为一种随器形排列的边饰。[①]另外，西安出土的一些唐代铜镜上，镜背上的圆纽座周围也往往饰有一圈联珠纹，以葡萄镜为多。

（2）建筑材料。西安一带的宫殿遗址中出土不少隋唐时期带有联珠纹饰的建筑构件。其中大明宫含元殿遗址出土有一种联珠莲花纹方砖，砖面上即用内外五层联珠纹作装饰（见图3－22）。[②]还有一些联珠莲花纹瓦当，外圈和里圈也是用联珠圈纹作装饰。[③]

图3－21　西安何家村出土
人物纹带把金杯

资料来源：韩伟编著《海内外唐代金银器萃编》，三秦出版社，1989，彩版1，图112。

图3－22　西安大明宫遗址
联珠莲花纹方砖

资料来源：中国社会科学院考古研究所唐城工作队：《唐大明宫含元殿遗址1995～1996年发掘报告》，《考古学报》1997年第3期，图版二十二。

---

① 中国社会科学院考古研究所编著《唐长安城郊隋唐墓》，文物出版社，1980，第22～23页。
② 参见中国社会科学院考古研究所唐城工作队：《唐大明宫含元殿遗址1995～1996年发掘报告》，《考古学报》1997年第3期，第377～378页，图版二十二；罗丰：《固原南郊隋唐墓地》，文物出版社，1996，第73页。
③ 中国社会科学院考古研究所唐城工作队：《唐大明宫含元殿遗址1995～1996年发掘报告》，《考古学报》1997年第3期，381～384页。

（3）陶俑。唐中宗神龙二年（706）陪葬于西安西郊乾陵附近的懿德太子（武则天于大足元年即701年卒）墓中出土有身着联珠纹的武士俑。[①]

（4）石刻。这是联珠纹出现比较多的地方，主要集中在北周至隋唐时期的石棺及石门等上面。其中比较引人注目的是2000年西安出土的卒于北周大象元年（579）粟特胡人安伽墓的围屏石榻的榻板，榻板正面及左、右两侧面减地刻绘动物头部图案33幅，其中正面17幅（见图3-23），左、右侧面各有8幅。每幅动物图案均以联珠圈纹相隔，每隔一个动物图案即以椭圆联珠圈饰以边框。所刻动物头部主要是狮子头、鹰头、牛头、马头、神鸟头、龙头、鸡头、大象头、神兽头像等。这些动物头像大多表现出一种威武凶猛的气势，给人一种恐怖森严之感。[②] 此外，安伽墓的屏风也刻绘有一些联珠纹饰，如毯边、帐篷的檐柱等。

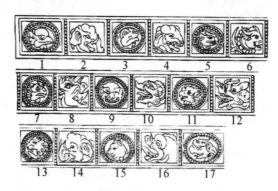

图3-23　西安出土北周安伽墓围屏石榻的正面榻板上的联珠动物纹

资料来源：陕西省考古研究所编著《西安北周安伽墓》，第41~45页，图36。

---

① 〔日〕西谷正：《丝绸之路的考古学》，侯灿、孙允华译，《新疆师范大学学报》（哲学社会科学版）1992年第2期，第30页。

② 陕西省考古研究所编著《西安北周安伽墓》，第41~45页，图36。

2004 年西安北郊出土卒于北周天和六年（571）康业墓，围屏石刻踏板正面、侧面线刻上下两道联珠纹，中间为波浪形缠枝莲纹，间饰动物、云气等纹，动物有兽首、四神、雄鸡、凤鸟等。①

2003 年，西安市未央区井上村东出土卒于北周大象元年（579）的粟特胡人史君墓葬，其中墓门门楣周围的边框上绘有白色联珠纹，门扉上亦绘有些许联珠纹。② 与安伽墓相比，史君墓墓门上的联珠纹只是一些辅助纹样。

另外，1964 年西安出土卒于隋开皇二年（582）李和墓石棺上亦出现有联珠纹。棺盖上面是采用减地平级的雕刻技法，在棺盖上部正中主要刻有位置对称、高至 1 米的男女人首禽身像各一，人首禽身像都一手上举，持圆形物。报告者认为，可能代表神话中的伏羲和女娲，圆形物可能代表日月。在类似伏羲、女娲的中间和棺盖的四周刻有大小数十个以禽兽头部为中心内容的圆形图案画，禽兽形象大多比较模糊，主要有象头、虎头、马头、鹰头、猪头、犬头及许多神人头像等，图案的边沿由两条阴线和 16~23 个圆珠组成（见图 3-24），③ 与安伽墓榻板上的联珠动物圈纹饰相似。

卒于唐高宗永徽二年（651），陪葬昭陵的段简璧墓的石门

---

① 西安市文物保护研究所：《西安北周康业墓发掘简报》，《文物》2008 年第 6 期，图版 19~22。

② 西安市文物保护考古所：《西安北周凉州萨保史君墓发掘简报》，《文物》2005 年第 3 期，第 7、14 页。西安市文物保护考古研究院编著，杨军凯著《北周史君墓》，第 68~69 页。

③ 陕西省文管会：《陕西省三原县双盛村隋李和墓清理简报》，《文物》1966 年第 1 期，第 32 页，图 39。

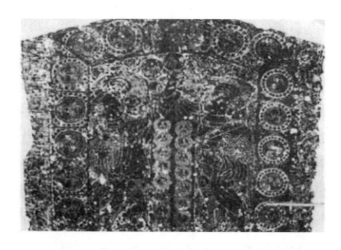

图 3 - 24　隋李和墓石棺上的联珠纹圈（部分）

资料来源：陕西省文管会：《陕西省三原县双盛村隋李和墓清理简报》，《文物》1966 年第 1 期，第 32 页，图 39。

门额上也有联珠圈纹。门额正面两端各线刻一张嘴伸舌的怪兽图，口正对栓孔。中间线刻一张嘴龇牙的兽面，兽面与两边栓孔之间，分别线刻两个直径为 17 厘米的联珠圆圈，4 个圆圈内均刻填怪兽，四怪兽各具姿态，不相雷同（见图 3 - 25）。[①] 另外，在龙朔三年（663）下葬的新城公主墓石墓门的门楣正面中间线刻兽首图案，两侧为联珠团花纹（见图 3 - 26）。[②] 看来联珠圈动物图像曾是当时比较流行的装饰。

以上为我们大致收集到的西安地区考古发现中的联珠纹材料，虽然实例不是很多，但其存在却是一个事实，在当时大概是作为一

[①]　昭陵博物馆：《唐昭陵段简璧墓清理简报》，《文博》1989 年第 6 期，第 10 页，封贰：2。

[②]　陕西省考古研究所等编著《唐新城长公主墓发掘报告》，科学出版社，2004，第 117 页，图版 95。

图 3 - 25 唐段简璧墓门门额上的联珠纹圈

资料来源:昭陵博物馆:《唐昭陵段简璧墓清理简报》,《文博》1989 年第 6 期,第 10 页,封贰:2。

图 3 - 26 唐新城公主墓墓门门楣两侧的联珠纹圈

资料来源:陕西省考古研究所等编著《唐新城长公主墓发掘报告》,图版 95。

种图案而广为流行。联珠纹在西安的出现集中于北周至隋唐,在这之前之后都无明显的承继关系,这大概是与受到外来影响有关。

二 联珠纹饰的起源及传播

对于联珠纹饰的起源,学界一般认为是最先起源于西亚波斯的一种装饰图案。这种纹饰多以联珠圈的形式出现,它常常被应用于宫殿建筑及山岩的浮雕之上。联珠圈最早于什么时间在波斯出现我们并不清楚,不过帕提亚时期应该就有,在当时的钱币上面周边就有细密的联珠纹饰。与此同时期,控制着中亚及西北印度次大陆的贵霜王朝(Kushan Empire)钱币上亦有类似联珠圈。这种纹饰在萨珊波斯时期比较流行,伊朗德黑兰国立博物馆陈列有出土于巴格达近郊泰西封(Cteasiphon)及伊朗达姆甘(Damghan)的宫殿遗址中以联珠猪头纹、联珠团花纹、联珠圈孔雀纹等为装饰的饰板及浮雕

**图 3 - 27　伊朗德黑兰
国立博物馆
藏联珠猪头
纹饰板**

资料来源：吴正浩摄

**图 3 - 28　伊朗德黑兰
国立博物馆
藏联珠团花
纹饰板**

资料来源：吴正浩摄

（见图 3 - 27、图 3 - 28）。① 在伊朗克尔曼沙（Kermanshah）郊外的塔克伊布斯坦（Tak-i-Bustan）发现的属萨珊时期的大洞浮雕上所刻的帝王、廷臣、诸神，天使的王冠、王剑、首饰、胸带、腰带等上面均有一重或多重的联珠或联珠圈纹装饰（见图 3 - 29）。② 萨珊钱币外圈上亦有一圈或数圈联珠圈纹（见图 3 - 30）。这种联珠纹饰如此盛行，恐怕与古代伊朗人的宇宙观及宗教思想不无关系。古代波斯人认为至高无上的权威来自天空，连续的圆珠代表太阳与月亮的光轮，联珠圆环代表着宇宙的圆环，故琐罗亚斯德教的主神阿胡拉·马兹达授予波斯帝王象征王权的圆轮，亦是由联珠构成的圆环。③联珠纹的出现显然是与西亚人对光明的崇拜有关，即与琐罗亚斯德教（在中国称为"祆教"）的宗教特点有关，代表着一种神圣之光，它是该教的主神阿胡拉·马兹达的最高恩宠与加护

---

① 〔日〕樋口隆康：《巴米羊石窟》，刘永增译，《敦煌研究》创刊号，1983，第 234 页。图为吴正浩摄。
② 〔日〕道明三保子：《サ サ ン の 连珠文锦成立と意味》，《ミルクード美術論文集》，吉川鸿文馆，1987，第 166 ~ 170 页，图 8、9。
③ 〔日〕道明三保子：《サ サ ン の 连珠文锦成立と意味》，《ミルクード美術論文集》，吉川鸿文馆，1987，第 160 ~ 162 页。

的象征。而联珠圈内的孔雀等纹样，亦与当地的琐罗亚斯德教的宗教观念有关，大概出自其所属诸神的一些属性。[①]

图 3 - 29　伊朗塔克伊布斯坦大洞浮雕上的帝王及廷臣衣饰上的联珠纹

资料来源：〔日〕道明三保子：《ササンの连珠文锦成立と意味》，《ミルクード美術論文集》，吉川鸿文馆，1987，图 8、9。

公元 5 世纪左右，这种纹饰亦在中亚一带广泛流行。阿富汗巴米扬第 51、167 窟及弗拉底第 6 窟中有萨珊式的联珠圈纹饰（见图 3 - 31），[②] 这里波斯的样式更多用来表示佛教的内容。

这种纹饰在粟特地区更为多见，在乌兹别克斯坦南部巴达雷克达坂发掘的 5 ~ 6 世纪的壁画中，贵族即身着联珠猪头纹或胡人纹的锦袍（见

图 3 - 30　萨珊波斯银币

资料来源：罗丰：《固原南郊隋唐墓地》，文物出版社，1996，彩图十五。

---

① 姜伯勤：《敦煌吐鲁番文书与丝绸之路》，第 76 页。

② 〔日〕樋口隆康：《巴米羊石窟》，刘永增译，《敦煌研究》创刊号，1983，第 234 页。Tamara Talbot Rice, *Ancient Arts of Central Asia*, London, Thams and Hudson, 1965, pl. 155, 156.

**图 3 - 31　巴米羊石窟壁画
上的联珠含绶鸟**

资料来源：Tamara Talbot Rice,
Ancient Arts of Central Asia, London,
Thams and Hudson, 1965, pl. 155,
156.

图 3 - 32）。① 此外，在 7 ~ 8 世纪的布哈拉的瓦拉赫沙（Varakhsha）遗址、撒马尔罕的阿弗拉希亚伯古城遗址及撒马尔罕以东的片治肯特遗址的壁画中，人物的织锦袍上亦多饰有联珠立鸟纹、联珠塞穆鲁（Senmurv，一种流行于萨珊地区的前半身像犬，后半身像鸟的神兽）纹、联珠翼马纹、联珠团花纹、联珠衔绶孔雀纹等。联珠圈内的动物一般都具有宗教和神话的含义，并非单纯的装饰。如塞穆鲁，在伊朗宗教中，系吉祥之神，给人带来好运；翼马最初表示天，进而特指日神密特拉（Mithras）；骆驼、山、绵羊、马、牡牛等是征战和胜利之神韦雷特拉格纳（Verethraghna）的化身；雄鸡被认为是阿胡拉·马兹达的使者斯劳沙（Sraosha）的圣禽等。② 此外，在人物服饰上亦多以联珠装饰，在片治肯特壁画中还以大量联珠纹样作为边饰来分隔画面（见图 3 - 33）。③ 看来中亚粟特人非常喜爱这种联珠纹图案，不但用在衣饰等上面，

---

① A. M. Belenitskii, B. I. Marshak, and Mark J., Dresden, *Sogdian Painting the Pictorial Epic in Oriental Art*, University of California Press, Berkeley, Los Angeles London, 1981, p. 88, fig. 40.

② 魏庆征编《古代伊朗神话》，北岳文艺出版社 山西人民出版社，1999，第 442 ~ 443、448 ~ 449、457 页。

③ A. M. Belenitskii, B. I. Marshak, and Mark J., Dresden, *Sogdian Painting the Pictorial Epic in Orental Art*, University of California Press, Berkeley, Los Angeles London, 1981, p. 97, fig. 43.

而且大量用作壁画的装饰边带。联珠纹饰在这里已经具有一种代表光明的吉祥之意。

图 3 – 32　巴达雷克壁画
上贵族所着
联珠纹锦袍

资料来源：罗丰：《固
原南郊隋唐墓地》，文物出
版社，1996，图五六：3。

图 3 – 33　片治肯特壁画上的联珠纹饰

资料来源：A. M. Belenitskii，B. I. Marshak，and Mark J.，Dresden，*Sogdian Painting the Pictorial Epic in Orental Art*，University of California Press，Berkeley，Los Angeles London，1981，fig. 43.

　　魏晋南北朝隋唐时期，是中西亚与中古中国往来最密切的时期，也是陆上丝绸之路进一步发展并达到鼎盛的时期。中西亚风格的联珠纹饰在此时期又沿丝绸之路传入中国，在新疆及河西走廊地区一度很流行。如新疆吐鲁番地区出土的属公元 5 ~ 7 世纪的织锦上，有大量联珠图案，以联珠圈的装饰形式为多，如对牛对马对鸟联珠纹锦、对孔雀对马对兽联珠纹锦、对天马联珠纹锦、"胡王"牵驼对狮联珠纹锦、对孔雀对马"贵"字联珠纹锦、对凤八瓣小团花联珠纹锦、对鸭联珠纹锦、对羊联珠纹锦、衔物立鸟联珠纹锦、猪头联珠纹锦（见图 3 –34）等，在风格上与粟特地区很接近，有学者认为其中有不少联珠纹锦即产自中亚粟特地区，即"中亚锦"，[1] 但也有

----

① 薄小莹：《吐鲁番地区发现的联珠纹织物》，《纪念北京大学考古专业成立三十周年论文集（1952 ~ 1982）》，第 311 ~ 337 页；赵丰：《丝绸艺术史》，浙江美术出版社，1992，第 139 页，图 7 – 3，a、b、c、d。

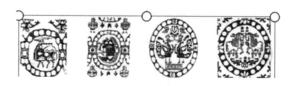

图 3 - 34 吐鲁番出土织锦上的联珠纹饰

资料来源：赵丰：《丝绸艺术史》，第 139 页，图 7 - 3，
a、b、c、d。

一些应该是仿制的。而新疆拜城克孜尔石窟、敦煌莫高窟的壁画
上亦多有联珠纹饰。新疆克孜尔石窟壁画有一幅联珠对鸟纹图，
联珠纹边框内相对站着一对短尾鸟，鸟口衔一串有联珠纹的圆形
物，鸟的颈部、翅膀和尾部都饰有一周联珠纹，脚站立的地方也

**图 3 - 35 新疆拜城克孜尔石窟
中的联珠纹饰**

资料来源：罗丰：《胡汉之间——
"丝绸之路"与西北历史考古》，第 67
页，图四：20①。

有联珠纹（见图 3 - 35），① 这幅
图与片治肯特遗址壁画上的环形
联珠衔绶立鸟纹锦衣几乎如出一
辙，其粟特风格显而易见。

敦煌莫高窟壁画上的联珠纹
更为丰富。尤其是隋代莫高窟联
珠纹绘制的位置广泛、多样，达

到极盛。从一个建筑物的屋顶开始到地面，用联珠纹来装饰屋
角，或全部用环形联珠纹来装饰佛菩萨像衣物或建筑物内部。②
其中，如隋 420 窟塑像菩萨长裙上的环形联珠狩猎纹、隋 402 窟
龛口边饰环形联珠翼马纹（见图 3 -36）、隋 277 窟龛口边饰环

---

① 罗丰：《胡汉之间——"丝绸之路"与西北历史考古》，第 67 页，图四：20①。
② 梁银锦：《莫高窟隋代联珠纹与隋王朝的西域经营》，载《唐研究》第 9 卷，第
457~464 页。

形联珠对马纹、隋 401 窟龛口
上饰联珠团花纹（见图 3 -
37）① 等风格也都与粟特地区
接近。莫高窟隋 390 窟及隋
244 窟等亦同片治肯特的壁画
一样是以联珠纹来分割画面
的，但两者又不完全一样，
如莫高窟的环形联珠圈内
（如 277 窟、401 窟）对称地
画了马和鸟，而粟特地区联
珠圈内为单一图像，不作对

**图 3 - 36　敦煌莫高窟隋 402 窟龛口
边饰环形联珠翼马纹**

资料来源：罗丰：《固原南郊隋唐墓地》，
文物出版社，1996，图五六：7。

**图 3 - 37　敦煌莫高窟隋第 401 窟
龛口上饰联珠团花纹**

资料来源：罗丰：《固原南郊隋唐墓地》，
文物出版社，1996，图五六：8。

称；另外，莫高窟环形联珠纹在联珠圈相交的地方没有新月和太
阳的图案，这也表现出与粟特地区联珠的不同。② 显然，敦煌一
带的影响许多是来自属于东伊朗语支的粟特人，或者说是与入华
的粟特画派有关。③ 看来中国境内发现的联珠纹饰与中亚地区更
为接近，但又有所不同，具有一定的本土特色。

　　同一时期或更早，这种纹饰也流行于中国北方地区。1981 年宁
夏固原北魏墓出土一具漆棺，上面绘有精美的漆画，其侧板上绘有

---

① 关友惠：《莫高窟隋代图案初探》，《敦煌研究》创刊号，1983；姜伯勤：《敦煌
　　与波斯》，《敦煌研究》1990 年第 3 期，第 4 页；姜伯勤：《敦煌吐鲁番文书与丝
　　绸之路》，第 79 页；罗丰：《固原南郊隋唐墓地》，文物出版社，1996，图五六：
　　7，8。
② 梁银锦：《莫高窟隋代联珠纹与隋王朝的西域经营》，载《唐研究》第 9 卷，第459 ~
　　463、466 页；氏著《隋代佛教壁龛研究》，文物出版社，2004，第 191 ~ 193 页。
③ 姜伯勤：《莫高窟隋说法图中龙王与象王的图像学研究——兼论有联珠纹边饰的
　　一组说法图中晚期犍陀罗派及粟特画派的影响》，《敦煌吐鲁番研究》第一卷，北
　　京大学出版社，1996，第 152 ~ 153 页；氏著《中国祆教艺术史研究》，生活·读
　　书·新知三联书店，2004，第 322 页。

图 3 - 38 固原北魏漆棺墓侧板上的联珠对人、对兽纹

资料来源：宁夏固原博物馆：《固原北魏墓漆棺画》，宁夏人民出版社，1988，墓葬器物图版。

联珠对人、对兽纹（见图3-38）。联珠对人纹中的人物裸体，圆脸，眉目清秀，肩臂上绕着飘带，头部有背光；联珠对兽纹则为两个相对的有翼长尾怪兽及长尾飞禽。① 山西大同出土隋代虞弘墓的石棺椁壁图像上人物的服饰、帐篷的边缘上亦刻绘有联珠纹（见图3-39）。② 另外，山西太原王家峰北齐徐显秀墓室北壁的壁画宴饮图上，有身着联珠对兽纹长裙的捧盘侍女，墓室东壁壁画备车图上，有身着联珠

图 3 - 39 山西大同出土虞弘墓石棺所刻的宴饮图上的联珠纹饰

资料来源：山西省考古研究所、太原市文物考古研究所、太原市晋源区文物旅游局：《太原隋虞弘墓》，文物出版社，2005，第106～107页，图145。

---

① 罗丰：《胡汉之间——"丝绸之路"与西北历史考古》，第69～71页，图四：20；宁夏固原博物馆：《固原北魏墓漆棺画》，宁夏人民出版社，1988，墓葬器物图版。

② 山西省考古研究所、太原市文物考古研究所、太原市晋源区文物旅游局：《太原隋虞弘墓》，文物出版社，2005，第106～107页，图145。

菩萨纹长裙的捧物侍女，还有在墓室西壁出行图中枣红马的鞍袱的边缘上，亦绘有两圈联珠纹，联珠纹内有联珠菩萨像（见图3－40），[①] 这类联珠菩萨纹在国内比较少见。

图 3 – 40　山西太原出土北齐徐显秀墓壁画上的菩萨联珠纹

资料来源：太原市文物考古研究所编《北齐徐显秀墓》，文物出版社，2005，第50页，图34、35。

三　联珠纹饰的本土化

这种联珠纹饰在东渐的过程中，也不免开始一些中国化的趋势，这应该是和不同地区的文化特点与审美有关，也可以说不同地区根据自身文化属性赋予其的新内涵。在联珠纹传播的一些非祆教地区，主题纹饰不再限于萨珊的神圣动物，或者即便还是神圣动物却不再保留其象征含义，甚至根据其自身文化赋予它新的含义。[②] 吐鲁番、敦煌联珠纹饰虽与粟特一带地区风格接近，但也具有自己的一些特点。如吐鲁番地区的联珠对人、对马、对鸳

---

① 山西省考古研究所、太原市文物考古研究所：《太原北齐徐显秀墓发掘简报》，《文物》2003 年第 10 期，图 30～33，封贰：1、2；太原市文物考古研究所编《北齐徐显秀墓》，第 50 页，图 34、35。

② 陈彦姝：《六世纪中后期的中国联珠纹织物》，《故宫博物院院刊》2007 年第 1 期，第 84 页。

莺等纹锦，对孔雀、对马"贵"字联珠纹锦，"胡王"牵驼对狮联珠纹锦，对凤八瓣小团花联珠纹锦等，就不是粟特地区所特有的，已经具备了东方的特色。像孔雀这样虽非中国装饰的常见题材，但它长尾、顶冠、毛色鲜艳的特征极似中国人熟悉的朱雀，而翼马很可能迎合中国人对"天马"的渴慕，其形象也多契合"天马行空"的俊逸。至于负重的骆驼，牵驼的胡人以及有意标明的"胡王"字样，极易使人联想到丝绸之路上往来频繁、胡人称臣纳贡的情景。[①] 因而，这类联珠纹的出现，表现的是当时的一种社会风尚。有学者认为，其中一些联珠纹锦产自汉地，是在汉地生产的胡式锦，其出现显然是为了向西方输出的需要而专门设计的外销品，[②] 其纹饰也显然受到汉地（中国）风格的影响。而敦煌莫高窟菱格形联珠纹内侧的凤、狮子、莲花等，本身就已经是中国传统的装饰纹样，有不少是花卉与联珠的组合，应该是汉地的内核套用了粟特等地的外在模式。

西安安伽墓石榻榻板上联珠圈内的动物头像与中西亚及西域一带发现的联珠圈内的猪头纹、立鸟纹、翼马纹等相比，已具有中国化的色彩，像龙头、马头、鸡头等就不是西方所有的，而像联珠圈内猪头纹之类纹饰在中国并不流行。另外，联珠圈内的神兽，似也不具有西方特点，大概和汉代发展而来的辟邪驱鬼的畏兽有密切的联系。[③] 因而即便是在像安伽这样的胡人墓中，其装饰纹样也在一定程度上入乡随俗，采纳了一些中国人所能接受的

---

① 陈彦姝：《六世纪中后期的中国联珠纹织物》，《故宫博物院院刊》2007 年第 1 期，第 88~89 页。

② 姜伯勤：《敦煌吐鲁番文书与丝绸之路》，第 222 页。

③ 参见孙武军《入华粟特人墓葬畏兽图像述考》，《装饰》2012 年第 2 期，第 95 页。

内容。

同一时期可资比较的是出土于河南安阳现藏美国华盛顿弗利尔艺术馆（Freer Gallery of Art）的北齐石棺床的两个檐板，每个檐板上面的边饰下有用小联珠纹间隔的九个方框，每框中有联珠圈纹装饰的天宫伎乐，上绘有箜篌、笙簧、答腊鼓、琵琶、横吹等（见图3－41），[①] 与安伽墓中榻板上的纹饰风格很相似。在联珠圈内饰天宫伎乐，显然也不全是萨珊或中亚粟特的风格，大概是中西文化

图3－41 美国弗利尔艺术馆所藏北齐石棺床檐板上的联珠纹饰

资料来源：姜伯勤：《中国祆教艺术史研究》，图4－1。

相互交流的产物。据学者研究，该石棺床的主人为北齐时期一粟特贵族，很可能为一萨保。

由此可以看出，在北朝时期入华的中亚胡人墓葬中，流行用此联珠圈纹作为装饰。这种装饰风格至唐时还在一些入华胡人后裔墓中保存，如1986年在今宁夏固原发现的唐史诃耽墓葬的门额上即刻绘有七个环形联珠圈纹，内填有怪兽、天马、荷花、朱雀等，[②] 尽管在装饰上还保存有中西亚的风格，但主题纹样已基本中国化了。2019年甘肃天祝出土吐谷浑慕容智墓（卒于武则天天授二年，即691年），棺盖的黄色织锦上有团窠联珠双龙纹，并穿插有宝相图案，据说为长安地区流行的陵阳公样风格。[③] 这大概也是中国化的装饰了。

---

① G. Scaglia, "Central Asian on a Northern Chi Gate Shire, Artibus Asiae", *Institute of Fine Arts*, Vol, XXI, 1958；姜伯勤：《中国祆教艺术史研究》，第33～62页，图4－1。

② 罗丰：《固原南郊隋唐墓地》，文物出版社，1996，第73～74页。

③ http://www.lzbs.com.cn/whsh/2019－11/24/content_4552810.htm.

北朝时，这种装饰风格也为汉人所接受及喜爱。如徐显秀墓壁画上比较特殊的联珠菩萨像，荣新江先生认为它实际是伊朗系统的图像进入佛教王国后，与佛教图像相融合的反映。这也正是在北齐胡化风气的影响下，孕育出源于波斯或粟特的联珠纹和中国化的菩萨像相结合的独特纹样，① 可以说更多具有佛教艺术的特点。更早一点的固原北魏漆棺画上的对人、对兽（有翼长尾怪兽、长尾飞禽）纹饰，其人物圆脸，眉目清秀，头上束有发髻，肩臂上绕着飘带等，也具有明显的北朝风格。其联珠圈内对人、对兽纹之间及上下部分之间均用双行联珠纹隔开，连接点处为圆环，这也是它的一个特色。

西安地区发现的隋唐时期的联珠纹饰大概就是这种装饰风格的延续和继承，只不过在东渐的过程中，也经过改造和加工，更多地加入了一些中国传统的内容，许多已具有中国化的特征，而且亦为汉人所接纳和采用。如李和墓的棺盖上所刻的许多以禽兽头部为中心的联珠圈形图案，在风格上与中亚及西域一带发现的联珠圈纹比较接近，联珠圈内的猪头、犬头、鹰头等虽具有中西亚因素，但联珠圈内更多的却是中国传统喜闻乐见的东西，如马头、虎头、象头、神人等。这里值得注意的是，棺盖上部正中主要刻有位置对称高至1米的男女人首禽身像各一，每个人首禽身像都一手上举，持圆形物，报告者认为他们可能代表神话中的伏羲和女娲，圆形物可能代表日月。笔者同意这个看法，这里所谓的人首禽身应是人首龙（蛇）身，手托日月也符合这两个人物的性格，伏羲女娲擎着日月，象征他们是大阳和大阴之神，这样的

---

① 荣新江：《略谈徐显秀墓壁画的菩萨联珠纹》，《文物》2003年第10期，第68页。

图像绘在棺板上，大概是为了借助这一对神的强力来避免邪恶势力侵入墓中，使死者的肉体和灵魂得以安宁。[①] 汉代的墓葬石棺上有不少与日月相配的伏羲女娲像，这里具有传统风格的伏羲、女娲图像与周围的联珠圈纹组合在一起，显然已有相当程度的本土化了，外来纹样已经和中国的本土信仰结合起来。

段简壁墓石门门额上所刻的怪兽图案，大多是中国自汉代以来以动物形式出现的神怪异兽，这些图案在风格上与安伽墓的联珠圈纹饰接近，它们之间大概有一种继承关系，但此时出现在汉人的墓葬中，显然这种纹样已经为当时的汉族所接受。另外，像唐代方砖等上面的联珠图案，以及唐新城公主墓门楣上的联珠团花纹等已在很大程度上中国化了。洛阳唐墓亦出土若干件饰有联珠纹的物品，如骆驼俑、瓷扁壶等，其风格与长安地区的接近。就当时长安等地区而言，这些联珠图形的出现反映了当时人们的一种喜好，但仅作为一种装饰而已，其本身不再具有什么特殊的含义了。正如学者所言，中国人取用这些联珠纹装饰，也是基于喜新尚奇的风气，而非出于对祆教的虔敬。[②]

西安等地区流行这种纹饰并非偶然。作为北周及隋唐时期的都城所在地，长安本身就是一个中西文化交流的中心。北周时期，即大量招徕西域胡人。史载："周武帝聘虏女为后，西域诸国来媵，于是龟兹、疏勒、安国、康国之乐，大聚长安。"[③] 如此定有不少胡人定居于长安一带。近几年，在西安市区北郊发现

---

① 〔日〕林巳奈夫：《对洛阳卜千秋墓壁画的注释》，蔡凤书译，《华夏考古》1999年第 4 期，第 98～99 页。

② 尚刚：《吸收与改造：六至八世纪的中国联珠圈纹织物与其启示》，《大匠之门》16，2017，第 24 页。

③ 《旧唐书》卷 29《音乐志二》，第 1069 页。

数座北周时期胡人的墓葬，如安伽墓、史君墓、康业墓等。① 安伽本人就是来自中亚粟特地区的安国人，他在北周时曾任"同州（今陕西大荔一带）萨保……俄除大都督"②，即中央政府任命的同州地区的胡人聚落首领；史君则是来自中亚粟特地区的史国人，据墓志记载其本人为"史国人也，本居西域……迁居长安……授凉州萨保"③，可见史君本人曾任凉州（今甘肃武威）一带的祆教首领（萨保）。这几座墓葬的发现说明北周时期定居于长安一带的胡人为数不少，鉴于其汉化尚不深，其葬俗中还带有浓厚的中亚西域一带文化色彩，如采用围屏石榻（石棺床），而不是中原传统的棺椁形制等，因而安伽墓葬中大量出现环形联珠纹饰显然是不奇怪的。这种装饰风格至唐时还在一些入华胡人后裔墓中保存。

　　至隋唐时期，随着中西丝路的畅通及唐的势力深入中西亚，大量西域中西亚的使节、官员、商人、僧侣等来到长安。当时的长安城，胡风盛行，在衣、食、住、行及艺术、宗教、习俗、社会风气等方面都表现出一种"胡化"倾向，联珠纹饰的流行也是其中一个方面。如果说北周时期的长安，这种纹饰还在胡人中流行的话，那么进入隋唐后，这种纹饰就已为汉人所接受，并得以在一定范围内流行，成为当时民众喜闻乐见的

---

① 康业墓于2004年4月在西安市北郊坑底寨村西北出土，南距北周安伽墓150米，东距北周史君墓约2000米，出土围屏石榻一具，线刻图案精美。由墓志可知，墓主人康业，为居国王后裔，历任车骑大将军、大天主等职，卒于北周天和六年（571）。见程林泉、张翔宇《第七座有围屏石榻的粟特人墓葬——北周康业墓》，《文物天地》2005年第3期，第48～52页。

② 陕西省考古研究所编著《西安北周安伽墓》，第61～62页。

③ 西安市文物保护考古所：《西安北周凉州萨保史君墓发掘简报》，《文物》2005年第3期，第23页；西安市文物保护考古研究院编著，杨军凯著《北周史君墓》，第45页。

一种纹样，除了出现在石刻上外，也大量出现在器物、陶俑、建筑材料等上面。

联珠纹在中国出现时间不长，大致从魏晋南北朝至唐初一百多年时间，唐中后期便不再流行。西安地区出现的联珠纹亦主要在北周至唐初，可以肯定这种情况受到外来因素的影响，是中西亚文化因素东渐的结果。

第三节　中西亚印章及艺术的东传

印章文化在古代东西方源远流长。一般来讲，中国古代印章商朝已有之，河南安阳殷墟曾出土过青铜印章，[①] 春秋战国以后，印章已大量使用，当时一般称"玺"或"章"，多为铜质，印章普遍采用了汉文的结构与布局，形状也以正方居多，可以说中国印章在这方面已发展成为一种独特的形式。正如学者所言，中国印章的形质始终呈现独立发展的轨迹。[②] 而西方学术界，则一般认为早期的印章出自美索不达米亚、埃及、印度河、爱琴海及希腊等的古代文明中，[③] 这些出土的印章和印泥时间在公元前3000～前4000年前或更早，大致形成了图章印和滚筒印两种基本形式。虽然中国印章的出现要晚于美索不达米亚、埃及及印度河流域等，但并没有明显证据表明这些古文明和中国存在着直接的联系。不过美索不达米亚的这种印章文化进一步对周边特别是

---

① 李学勤：《玺印的起源》，收入氏著《缀古集》，上海古籍出版社，1998，第 78～81 页。
② 孙慰祖：《中国玺印篆刻通史》，中国出版集团 东方出版中心，2016，第 13 页。
③ Dominique Collon（ed.），*7000 Years of Seals*，London：British Museum Press，1997，p. 19.

西亚、南亚、地中海等地产生影响，这些地区也进而形成自身独特的艺术风格。随着丝绸之路的发展及东西方交往的密切，波斯、罗马等地的印章及艺术风格也开始影响到中亚、西域（新疆）地区，并进而向东传播到中国北方地区，这一点在中古时期表现得较为明显。

本节主要根据东西方文献、文物考古资料等，探讨中西亚（即古波斯、粟特、犍陀罗等地）的印章文化对中古中国的影响，这其中既有传来的舶来品，亦有间接的艺术风格的影响，充分说明中古时期陆上丝绸之路的发展对东西文明之间交流的重要影响。

一　西亚印章及艺术的形成与发展

西方印章及艺术起源较早，据学者研究，印章起源于叙利亚和安纳托利亚（Anatolia）西南，距今至少已逾 5000 年，甚至更长。从该地区哈拉夫（Haraf）等遗址出土的封泥的位置及分布情况，可以看出其最初用于标识私人物品的所有权或者作为族徽，以及用作辟邪的护身符等。[①] 该地区的印章或封泥主要是平面式，材料多为石或陶，其纹饰主要为动植物、几何刻划纹饰，这些纹饰也出现在同时期的陶器上，应该具有一些实际的用途，有些印章上的动植物或许代表了物品或仓储的货物类型。

这类平面印章模式逐渐波及两河流域、印度河流域一带等。公

---

① 〔英〕汪涛：《安瑙印章及其引出的问题》，韩香译，《西域文史》第六辑，科学出版社，2012，第 84 页。

元前 4000 ~ 前 3500 年在美
索不达米亚（Mesopotamia）
和西南伊朗等都使用过图
章印，这之后两河流域乌
鲁克（Uruk，今伊拉克南
部）城邦一带也出现了滚
筒印（见图 3 - 42、图 3 -
43）。① 滚印是伴随着泥板
文书的使用而出现的，它
可以在轧印图案时覆盖一
定面积的泥板，这应该和

图 3 - 42　英国牛津大学阿什摩林艺术与考
古博物馆（Ashmolean Museum
of Art and Archaeology）
藏乌鲁克时期的滚印

资料来源：Dominique Collon, *Ancient Near*
East Art, University California Press, 1995, pl. 35a.

当时贫富分化加剧、社会阶层的形成而导致的更复杂的行政管
理需求有关。最初滚印上多为单一的动物或人物、几何纹饰，
这两种形式的印章不久就在图案中出现了铭文，即原始苏美尔
楔形文字，滚筒印章的戳记上出现更为复杂的故事性场景，这

图 3 - 43　乌鲁克时期滚印

资料来源：Dominique Collon, *Ancient Near East Art*,
University California Press, 1995, pl. 35a.

---

① Dominique Collon, *Ancient Near East Art*, University California Press, 1995, p. 54,
pl. 37, p. 52, pl. 35a.

种生动的场景也可以补充原始文字表达能力上的缺陷。不过，两河流域传统的平面印章依然作为个人标识用于一般的私有物品仓储和贸易，它们和滚筒印章共同使用一直到公元前三千纪早期。有学者据此分析认为，随着这一时期社会阶层的出现、行政管理机构的健全，印章也从个人标识进化到行政权力的象征。^① 而滚筒印也随着两河流域文明的向外发展而进一步向西亚、中亚、南亚、北非等地传播。在大印度河流域，印章直到公元前3600年才出现，它们通常都是圆形或方形图章印，背后有穿孔，上面刻有动物及几何纹饰。公元前2500年，出现了图像和文字的结合。^② 如在哈拉帕（Harappa）等遗址发现的滑石印章，制作于公元前2500年至公元前2000年，刻有公牛或独角兽等图案（见图3-44）。^③ 而在东北伊朗及阿富汗等地发现的印章显然是受到印度河流域文明的影响，因为在这个地

（正反面）

图3-44　印度河流域出土滑石独角兽印章

资料来源：Dominique Collon（ed.），*7000 Years of Seals*，p. 52，pl. 3/1，3/5a-b.

---

① 韩回之编著《他山之玉——域外高古印特集》，西泠印社出版社，2016，第9页；韩回之：《印章的起源流传和中国古玺的崛起》，《中国书法》2017年第11期，第94页。

② Dominique Collon（ed.），*7000 Years of Seal*，pp. 47-48.

③ Dominique Collon（ed.），*7000 Years of Seals*，p. 52，pl. 3/1，3/5a-b.

区发现的带有穿孔的圆形和方形的印章似乎非常普遍，他们很有可能是被主人随身携带，也有可能标识贸易货物，证明了贸易和文化的交流对印章的传播具有很强的推动力。在上述这些文明中，各种各样的石头、金属及其他材料等被用来制作印章。

古希腊印章的起源和发展间接地受到古埃及文明的影响，直接的来源则是近东文明，如地中海迈锡尼文明（Mycenaean civilization）、叙利亚的米诺安文明（Minoan civilization）等。古希腊文明于公元前一千纪已出现了平面印章和圆板龟背穿带印章，古希腊人热衷于在宝石及半宝石印章上刻画人物、动物、诸神等本土形象，在细节的处理上和他们的雕塑一样用心，人物、动物等面部、头发等清晰可见，惟妙惟肖。这些印章用于贵重物品的封印及文书的封缄，在欧

图 3 – 45　纽约大都会艺术博物馆（The Metropolitan Museum of Art）所藏希腊印章

资料来源：Dominique Collon（ed.），*7000 Years of Seals*，pl. 5/3 a – b，5/7，5/8.

美等国的各大博物馆多有收藏（见图 3 – 45、图 3 – 46）。① 随着公元前 5 世纪至公元前 4 世纪罗马文明的兴起，他们也继承了古希腊的宝石印章工艺，并有了进一步发展。尤其是在罗马帝国时期，指环状印章大为流行，印章图案以肖像居多，而且罗马人的玻璃工艺较为成熟，并以之制作印章戒面，佩戴印记戒指等亦成为常态。

---

① Dominique Collon（ed.），*7000 Years of Seals*，p. 84，pl. 5/3 a – b，5/7，5/8.

图 3 - 46　伦敦大英博物馆（The British Museum）所藏希腊印章

资料来源：Dominique Collon（ed.），*7000 Years of Seals*，pl. 5/3 a – b，5/7，5/8.

贸易和文化的交流对印章文化的传播具有很强的推动作用，当时的贸易网络中心从两河流域转到西亚波斯（今伊朗、阿富汗一带）等地区，也相应促进了这一地区印章文化的发展。因而以波斯为中心的西亚地区在印章文化上主要受两河流域和印度河流域等文明的影响，并进而形成了自身独特的风格，其发展的时间距今 2000 ~ 3000 年。如公元前 2000 年前后，在波斯湾地区和伊朗本土出现了一些带纽圆形平面印章，其纹饰结构非常接近印度河谷平面印章，应该是对印度河谷印章的模仿。当然，来自美索不达米亚的滚筒印随着贸易的活跃也在这一地区得到进一步发展。

至公元前 5 世纪，随着波斯阿契美尼德王朝（Achaemenid Empire）的兴起，古波斯文明崛起并入侵希腊，臣服于或流入波斯的希腊工匠将希腊和地中海东岸流行的圆板龟背穿带印章以及镶嵌或雕刻印章饰物和波斯的题材纹饰结合起来。这两类印章和传统的塔（楔）形平面印章逐渐取代了滚筒印章，虽然国王、权贵们还是喜欢使用圆筒印章，因为可以刻绘更多赞美王权的图案，材料也多为紫水晶、青金石、玉髓等贵重石材，不过后者在公元前 5 世纪末不再生产。① 大英博物馆收藏有不少这个时期的印章, 包括楔形平面印和滚印 (见图 3 – 47)。②

图 3 – 47　大英博物馆藏阿契美尼德时期的印章

资料来源: John Curtis and Nigel Tallis（ed.）, *Forgotten Empire—The World of Ancient Persian*, The British Museum Press, 2005, pl. 67, 68, 70.

公元前 4 世纪末, 随着马其顿亚历山大的东征, 希腊文化向东方传播, 中西亚地区进入"希腊化"时代, 镶嵌或雕刻的印章饰物逐渐取代了西亚原有的滚筒印章和楔形平面印章。在此地区继之而起的贵霜王朝（Kushan Empire, 约 55 ~ 425 年）、帕提亚王朝（Parthian Empire, 前 247 ~ 224 年）等在工艺美术上大量继承了希腊的传统, 这一地区的工匠喜欢用宝石和半宝石制作印章, 如玛瑙、紫水晶、红玉髓、青金石等, 在印章的形式和纹饰上也多采用希腊式风格。不过该地区的印章在吸收希腊题材的过程中, 也加入不少当地的宗教信仰及文化环境因素, 由此也丰富了中西亚地区印章纹饰题材。

萨珊帝国（Sassanid Empire, 224 ~ 651 年）被认为是古波斯阿契美尼德王朝的延续, 也是第二个波斯帝国, 萨珊帝国历时四个多世纪, 和西边的罗马帝国、分裂后的拜占庭帝国

---

① 韩回之编著《他山之玉——域外高古印特集》, 西泠印社出版社, 2016, 第 14 页。

② John Curtis and Nigel Tallis（ed.）, *Forgotten Empire——The World of Ancient Persian*, The British Museum Press, 2005, p. 92, pl. 67, 68, 70.

（Byzantine Empire），以及和东方的魏晋南北朝隋唐时期的中国都有密切往来。这个帝国兴起后，继续采用阿契美尼德时期的艺术风格，在雕刻、建筑及金属器皿等制作上表现出高超的技艺，其艺术品常常以狮子、大象、格里芬（Griffin）等其他怪兽，以及植物、几何图形和复杂的图案为特色。萨珊地区的珠宝几乎像钱币一样流行，大部分珠宝使用的是半宝石，如石髓、紫晶、红玉髓和青金石等，许多被用来制作耳环、饰带以及刻制图章等。① 该地区出现了半球形、半算珠形和戒圈形珠宝印章，和希腊式的印章饰物共同使用。半球形印珠是萨珊印章的典型器物，早期的半球形印珠留一个小孔可以穿绳或线，便于佩戴在身上，后期发展成为可以直接套在手指上的环形印珠，② 这种指环形印章最初出自古埃及十八王朝时期，此后影响到希腊（迈锡尼）、罗马等，其中罗马指环印尤其多，③ 当然这种风格也影响到萨珊地区。与之不同的是，萨珊印章在希腊写实纹饰的基础上引入了波斯文明特有的族徽、火坛、人头翼牛等纹饰，具有自身独特的艺术风格。

萨珊帝国印章是西亚印章系统中比较有特点的。整体而言，萨珊印章的形制深受希腊罗马印章的影响，其工艺与风格也大多保留了两河流域及古波斯的印章传统，此后受贵霜艺术的影响，逐渐形成了自身特有的风格。如印章戒面，有球形或半球形，可以佩戴在身上或嵌在金质指环中套在手上；材质也多种多样，如

---

① 〔俄〕B. A. 李特文斯基主编《中亚文明史》第3卷，马小鹤译，第52页。
② 尚磊明：《萨珊王朝印珠试论》，《中国书法》2017年第6期，第115页。
③ 〔日〕新关钦哉：《东西印章史》，今村光甫译，东丘印社，2003年10月刊，第81页。

宝石、半宝石、青金石、紫水晶、玉髓、玛瑙、玻璃、象牙、碧
玉、石榴石等；在工艺上也趋于成熟，制作中使用钻具较多，钻
具主要用来雕刻头部、脸部细节等；另外在雕刻图案题材上也丰
富多彩，如以郁金香、石榴、玫瑰等为主的植物纹；以狮子
（包括翼狮）、公牛、羱羊、雄鹿、蛇、马（包括天马）、象、
狗、猴、兔、骆驼、鸟、鱼、格里芬等为主的动物纹，具有一定
的宗教意味；以男性帝王或贵族为主的各种人物纹，包括有献祭
或宴乐场面以及相关宗教神祇、族徽、符号等，有些还附有铭
文，多为人物姓名及官职等（见图 3 - 48）。[①] 这些印章中以肖像
居多，不仅仅是国王、政府要人及宗教人士等，有的肖像是持有

图 3 - 48 萨珊波斯时期的印章

资料来源：Vladimir G. Lukonin, *Archaeologia Mvndi Persia II*, Nagel publishers
Geneva (Switzerland), 1967, pl. 72, 74, 80, 93, 101, 102, 103.

[①] Vladimir G. Lukonin, *Archaeologia Mvndi Persia II*, Nagel publishers Geneva
(Switzerland), 1967, p. 104, pl. 72, 74, 80, 93, 101, 102, 103; A. D. H. Bivar,
Catalogue of the Western Asiatic Seals in the British Museum: II the Sassnian Dynasty.
The Trustees of the British Museum, 1969, pl. 1 - 30.

人的守护神。这些印章图像有的是精雕细琢出来的，有的是以线条刻画出来的。可以说，萨珊印章无论是从工艺题材还是装饰风格等方面都继承和发展了前代的印章文化，可谓集大成者，并由此而形成自身的特色。

尽管公元 651 年萨珊帝国被大食（阿拉伯）所灭，但这个帝国在几个世纪内所创造的文化并由此产生的影响非常深远，随着其与东方交往的密切，其文化也沿丝绸之路进一步向东方传播，包括印章文化。萨珊王朝的印章不仅仅在伊朗高原、安纳托利亚、中亚等地发现，在中国新疆一带亦有类似遗存出土，大概和当时伊朗系统的粟特人（Sogdian）活跃的经商活动有关。① 萨珊王朝印章在世界许多著名博物馆，如大英博物馆、俄罗斯艾尔米塔什博物馆、纽约大都会艺术博物馆等都有收藏。

二 中亚、西域（新疆）地区的印章及艺术的发展

如前所述，中亚地区至印度次大陆在孔雀王朝（Mauryan Dynasty，前 312 ~ 前 184）、贵霜早期（1 ~ 2 世纪）以及帕提亚王朝（前 247 ~ 224，中国古代文献记为"安息"）统治时期主要受到希腊文化影响，使用的印章以镶嵌或雕刻印章饰物为主，至公元 3 世纪贵霜王朝中期沦为萨珊属国后开始出现大量萨珊风格的半球形平面印章；而印度河谷至次大陆则呈现出独立发展的态势，其印章依然以镶嵌或雕刻印章饰物为主。不过，中亚地区的印章文化除了部分沿袭了希腊、古波斯的古典题材，更多的则体现出中西亚地区复杂

---

① 〔日〕新关钦哉：《东西印章史》，今村光甫译，东丘印社，2003 年 10 月刊，第 23 ~ 27 页。

的宗教信仰和民族构成。比如，宗教题材的印章可以涉及拜火教、摩尼教、婆罗门教、早期佛教、粟特和希腊多神崇拜等，印章上的铭文也涵盖了希腊文、粟特文、佉卢文（Kharosthi）、婆罗米文（Brahmi）、帕提亚文（Parthian）、巴列维文（Pahlav）等多种书写系统。① 这其中既有波斯文化的色彩，亦有本地的特色。

　　苏联考古学家在中亚等地发现不少带有古代波斯、希腊风格的印章，如属于阿契美尼德时期的阿姆河宝藏（Oxus Treasure）就出土了一批宝石戒指和印章。该遗址在今塔吉克斯坦南部〔阿姆河上游的瓦赫什河（Vakhsh River）与喷赤河（Pyandzh River）交汇处〕，苏联学者将这批宝藏看作是公元前5～4世纪巴克特里亚（Bactria）北部某个贵族或某个显赫家族的财宝，这些宝藏其中一部分无疑是从波斯帝国的中心地区输入的，而其余的很可能是按照古波斯总的艺术规范在巴克特里亚当地制作的。② 其中有一些金质的戒指形小印章，正面有掷骰子的妇女，站立着的赫拉克里斯（Hercules），应是希腊工匠的作品；还有一些虽然有希腊波斯的特点，但应该都出自当地巴克特里亚工匠之手（见图3－49）。③

图3－49　大英博物馆藏阿姆河宝藏戒指印章

资料来源：O. M. Dalton, *The Treasure of the Oxus-with other Examples of Early Oriental Mental-work*, The British Museum 1964, pl. XVI, 102, 105, 106.

---

① 韩回之编著《他山之玉——域外高古印特集》，西泠印社出版社，2016，第14页。
② 〔苏联〕Б. Я. 斯塔维斯基：《古代中亚艺术》，路远译，第6～7页。
③ O. M. Dalton, *The Treasure of the Oxus-with other Examples of Early Oriental Mental-work*, The British Museum, 1964, pl. XVI, 102, 105, 106.

属于帕提亚王朝（Parthian Dynasty）时期的印章主要在王朝
的都城旧尼萨（Nisa，今土库曼斯坦阿什哈巴德西北）及木鹿
（Murv，今土库曼斯坦马雷）等地发现。如尼萨古城出土一批印
章，有几何、动物图案，还有武士格斗和神的形象，风格显然受
到希腊的影响。木鹿地区也出土印章，这些印章往往封存在拱形
屋顶，其中雕刻的宝石印及其垂饰（bullae）也有发现，宝石的质
料有石髓、玛瑙、红玛瑙和石英及其他半宝石等种类。这些雕刻
的宝石都属于公元前 1 世纪到公元 2~3 世纪，多为希腊式神像、
半人半马怪、女头狮身有翼怪和打猎场面等，头像多系侧像，铭
文显然是帕提亚语而非希腊语，但印章明显带有希腊风格。木鹿
出土的宝石除希腊式图像外，还有摩尼教和祆教的特征。如在木
鹿以西不远的巴拉依姆—阿里（Barayim Ali）发现的尸坛中，有
一些年代较晚的宝石印，据说雕刻的动植物具有拜火教特征。[①]

中亚犍陀罗（Gandhara）地区、巴克特里亚地区也发现一些
该时期的印章。1978 年，苏联和阿富汗联合考古队在阿富汗北部
Tilla Tepe 发现巴克特里亚黄金墓葬，出土共计 2000 多件黄金饰
品，这就是著名的阿富汗国家博物馆（National Museum of
Afghanistan）的宝藏。这批宝藏也包括一些半宝石印章，具有希腊
与波斯风格，多为公元 1 世纪前后的藏品（见图 3-50）。[②] 此外
在巴克特里亚北部图尔哈尔（Turhal）墓地的坟丘之中，发现一
些公元前 2~1 世纪的饰有希腊诸神雅典娜、赫拉克里斯等的黄

---

① 〔苏联〕弗鲁姆金：《苏联中亚考古》，黄振华译，新疆维吾尔自治区博物馆，1981，第 67 页，图版 39。
② Fredrik Hiebert and Pierre Cambon（ed.），*Afghanistan—Crossroad of the Ancient World*，The British Museum press，2011，p. 242，pl. 137；p. 263，pl. 183.

铜戒指,[1] 应属于受希腊文化传统
影响的当地产品。

图 3 - 50　阿富汗国家博物
馆藏印章戒指

中亚地区也出土一些属于萨珊
时期的宝石印章。例如,有些属于
稍晚萨珊王朝统治时期的吐火罗斯
坦（Tukharistan）,约为公元 4 世
纪;也有属嚈哒人（Hephthalite）
统治时期的吐火罗斯坦,约为公
元 5 世纪。如俄罗斯艾尔米塔什
博物馆（Hermitage Museum）的

资料来源: Fredrik Hiebert and Pierre
Cambon ed. , Afghanistan—Crossroad of the
Ancient World, The British Museum press,
2011, pl. 137, pl. 183.

宝石印章,刻有中年男子的侧面胸像,右边侧面刻有贵霜文拼写
的铭文"阿斯帕罗比多",即"骑兵长官"（见图 3 - 51）。[2]

图 3 - 51　俄罗斯艾尔米塔什博物馆藏萨珊及嚈哒
统治时期的吐火罗斯坦出土的宝石印章

资料来源:〔苏联〕Б. Я. 斯塔维斯基:《古代中亚艺术》,路
远译,图版 84、85 页。

---

① 〔苏联〕Б. Я. 斯塔维斯基:《古代中亚艺术》,路远译,第 39 页。
② 〔苏联〕Б. Я. 斯塔维斯基:《古代中亚艺术》,路远译,第 86 页,图版 84、85 页。

　　中亚地区出土的这些不同时期的印章，可以看出中亚地区文化的多元性与地域特色，以及它们所受到的来自周边强大文明的影响。随着中古时期陆上丝绸之路的发展以及东西方之间文化交流的密切，西亚、中亚等地印章及艺术风格也随着丝绸之路向东方传播。

　　在公元 2 ~ 7 世纪里中亚尤其是西域地区的丝绸之路上出现了不少的平面印章等，其中部分外形和中国战国秦汉印章类似，且以铜质为主，但是纹饰为中亚典型的题材，如人物、龙、狮子、鹿等，且雕刻通常较粗糙，也有不少是带有西亚风格的印章，有学者认为这些大概就是丝绸之路上的贸易用印。① 这些印章可归为丝绸之路印章，因为这一时期也是陆上丝绸之路繁荣时期。

　　作为丝绸之路上的主要纽带，古代西域地区是印章传播与发展的一个重要地区。19 世纪英国探险家斯坦因（M. A. Stein）等在和田（Hotan）地区几处知名的遗址，如约特干（Yotkan）、尼雅（Niya）、喀达里克（Khadalik），以及塔里木东南部的米兰（Miran）、楼兰（Loulan）等地，曾经发掘出数量不菲的印章，大多是石或金属质地，也有烧土或陶质的。据学者统计，这些印章有青铜的、铅的、木头的、骨质的、石质的、黏土的、炭精的及各种宝石的；形状也多种多样，有方的、圆的、长方形的、五角形的、椭圆的、菱形的、心形的等。其中既有阳文的，也有阴文的。阳文的印章以青铜和石质为主，阴文的印章则以石质或宝石质地为主，阴文印章图案人像和动物图像占据绝对优势，而阳文印章则主要以动植

---

① 〔日〕新关钦哉:《东西印章史》，今村光甫译，东丘印社，第 64 页。

物和几何图案为主。① 这些印章的背后通常都有一个穿孔，有一些印章则被制成指环。印章上通常刻有动物纹、人物纹、花朵、几何图案、抽象符号及汉文、婆罗米文等。其中总体上人物形象和动物图像在数量上占很大比例，像凹雕的有长着长卷发的希腊诸神头像、印度三神像，还有持花男子半身像，持花或镜子女子半身像、波斯人面孔图像、罗马战士半身像、戴头盔或头饰的男性头像等，斯坦因认为这类封印虽然有可能多出自当地，但受波斯、罗马等的影响是显而易见的，它们大部分是用玉髓或玉髓一类的宝石或岩石雕刻而成的② （见图 3 - 52、图3 - 53、图 3 - 54）。

图 3 - 52　斯坦因所获和田出土印章

资料来源：Sir Aurel Stein, *The Serindia—Detailed Report of the Explorations in Central Asia and Westernmost China*, Oxford University Press, 1921, Vol. Ⅳ, pl. Ⅴ, Khot. 0094, Khot. 0095, Khot. 004. a, Khot. 004. b, Khot. 02. f.

有些文书上也有印章图案。尼雅出土的木制（简牍）佉卢文（Kharosthi）文书上的两枚印章戳印（封泥），左边是汉字，

---

① 刘文锁：《中亚的印章艺术》，《艺术史研究》第四辑，2002，第 389 ~ 392 页。

② Sir Aurel Stein, *The Serindia—Detailed Report of the Explorations in Central Asia and Westernmost China*, Oxford University Press, 1921, Vol. Ⅰ, pp. 230 - 231. Vol. Ⅳ, pl. Ⅴ, Khot. 0094, Khot. 0095, Khot. 004. a, Khot. 004. b, Yo. 0096. b, Yo. 012. a, Khot. 02. f, Yo. 00159, Plate XXⅨ, L. A. 00134, L. A. Ⅷ - Ⅸ, 001.

图 3 - 53　斯坦因所获约特干出土印章

资料来源：Sir Aurel Stein, *The Serindia—Detailed Report of the Explorations in Central Asia and Westernmost China*, Oxford University Press, 1921, Vol. Ⅳ, pl. Ⅴ, Yo. 0096. b，Yo. 012. a，Yo. 00159.

图 3 - 54　斯坦因所获楼兰出土印章

资料来源：Sir Aurel Stein, *The Serindia—Detailed Report of the Explorations in Central Asia and Westernmost China*, Oxford University Press, 1921, Vol. Ⅳ, L. A. 00134, L. A. Ⅷ - Ⅸ, 001.

图 3 - 55　斯坦因所获尼雅遗址出土木质文书上的封泥

资料来源：Sir Aurel Stein, *Ancient Khotan*: *Detailed Report of Explorations in Archaeological Explorations in Chinese Turkestan*, Oxford: Clarendon Press, 1907, Vol Ⅱ, pl. LXⅫ, N ⅩⅤ. 167.

隶书体，以十字交叉线分开，右边是西方人样貌的头像①（见图 3 - 55）。可知这些简牍等是用阴文的圆形印章加盖的，这种图像常见于犍陀罗印章。据斯坦因的看法，约特干等遗址出土的印章在来源上表现出了多样性：既有汉式的，又有非汉式的。在非汉式的印章中，又有希腊、罗马以及波斯、

---

① Sir Aurel Stein, *Ancient Khotan*: *Detailed Report of Explorations in Archaeological Explorations in Chinese Turkestan*, Oxford: Clarendon Press, 1907, Vol Ⅰ, p. 439; Vol Ⅱ, pl. LXⅫ, N ⅩⅤ. 167.

印度河流域等的样式和形制，如有希腊诸神雅典娜（Athena）、赫拉克里斯（Hercules）等的形象。因而他认为这两种形式的印章或其主要部分都是舶来的，它们或来自犍陀罗，因共同的佛教崇拜关系而被带至和田，或来自伊朗或印度。① 不过刘文锁先生持另外看法，他认为这两种样式的印章虽然有来自帕米尔高原和中原两个不同地区的技艺与工艺传统，但是几乎全部或主要是在和田本地生产的，而且就塔里木盆地而言，和田河的中心绿洲地带，即约特干遗址所在，可能还是个印章制造中心。② 我们不否认刘文锁先生的观点，但相关结论还需要更加坚实的证据。处于丝绸之路上的交通要道和田等地发现的汉式或非汉式印章，应当受到了东西方印章文化传播的影响，可以归入丝绸之路印章一类。在斯坦因的收藏中，一些材料也确实表明了塔里木盆地与周边地区的早期联系。这里既表现出中原对该地区的控制、管理与联系，如尼雅等地出土的汉文印章，有的刻有"鄯善郡印（或为鄯善都尉）"字样，③ 亦表现出该地区与西边中西亚等地区的交往与交流，从一些出土的非汉式的印章中，我们可以看到其与中西亚地区印章文化的密切关系。和田、尼雅等地出土一些凹雕（intaglio）的类型，应该是一种称为阴文的印章，主要以椭圆形和圆形为主，包括女子半身像、戴头盔的男性头像、波斯人面孔头像等，有的还带有西方文字（如婆罗米文、巴列维文、粟特文等）的铭文。这些东西如果不是舶来品，也应该是受到丝路

---

① Sir Aurel Stein, *Ancient Khotan*: *Detailed Report of Explorations in Archaeological Explorations in Chinese Turkestan*, Oxford: Clarendon Press, 1907, Vol Ⅰ, p. 209.

② 刘文锁：《中亚的印章艺术》，《艺术史研究》第四辑，2002，第397页。

③ Sir Aurel Stein, *The Serindia—Detailed Report of the Explorations in Central Asia and Westernmost China*, Oxford University Press, 1921, Vol Ⅰ, pp. 230, 266.

沿线西方移民的影响。

从出土的印章及风格来看，西域（新疆）地区汉文化和其他文化以不同的形式相互交融，有时候会形成一种独特的文化风格。事实上，虽然处于几大帝国的边缘，西域（新疆）地区的居民通常还具有一种对自己地域文化的强烈认同。[①] 上述尼雅出土的佉卢文简牍上具有东西风格并存的戳印，可以看出这是一种当地特色的多元文化。因而，尼雅发现的印章或许是当地的仿制品，在尼雅发现的其他印章，所刻铭文类似于汉文，也很有可能表示的是一种当地语言，但汉文化的影响也绝不应忽视。从丝绸之路印章这个角度来看，西域（新疆）的印章也和中亚等地一样，是当地多元文化的体现。

当然，和田等地发现数量庞大的印章，其用途也不应是单一的。刘文锁先生推测大概有这样几种：施加装饰图案的用具或装饰品，标识个人身份等的图章，另外更多的则是用作政府官员和贵族们的图章的。[②] 这个问题比较复杂，考虑到西域地区与帕米尔高原以外的广泛联系，这些印章应当作为装饰品或标识个人身份来使用。至于尼雅一带出土的带有汉字的印章及封泥，确实也应当和当地官员的行政身份有密切关系，表现出了中原对西域的管理以及西域和中原的政治交往与联系。

除此之外，旅顺博物馆藏日本大谷探险队收集的出自新疆的印章，主要是一些肖形印。这些肖形印系 20 世纪初日本西本愿寺派第 22 代门主大谷光瑞组织的"中亚探险队"前后三次历时

① 汪涛：《安瑙印章及其引出的问题》，韩香译，《西域文史》第六辑，第 85 页。
② 刘文锁：《中亚的印章艺术》，《艺术史研究》第四辑，2002，第 396 页。

12 年在中国新疆地区进行考古探险的收集品。这些肖形印数量较多，计有 120 多枚；材质包括煤精石、铜质、铁质、木质等；图案纹饰包括花叶纹、动物（鹿、骆驼、羊、狗、马、猴等）纹，其具体年代大概在东汉后期及魏晋南北朝时期，隋唐时期的也有。[①] 这些肖形印也应属于丝绸之路印章。

三　中西亚印章及艺术在中国北方地区的传播

在同时期的中国内地，中西亚的印章及其文化并没有得到如西域一带的发展，可能是由于汉式印章技术得到迅猛发展及广泛运用。不过此时期中国北方地区仍有中西亚的印章及文化的遗存，这些具有异域风格的印章等应该主要是与中西亚来的移民及其文化传播有关，虽然发现不多，但还是存在的。因而，虽然中国和中西亚等地的印章在内容和用法上分道扬镳，公元 5、6 世纪后中原居民的墓葬等仍偶尔会发现源自西方（波斯、中亚）的印章。这些遗物虽然不足以完全揭开印章起源的谜团，却为我们研究印章的传播，乃至东西方文化和经济交流提供了重要线索。[②]

中国境内发现有明显中古时期西方风格的印章主要来自北方地区。

有明确出土地点，且有时间可考的具有典型西方风格的印章，在中国主要有以下几例发现。一例是 1981 年宁夏固原史诃

---

① 王珍仁、孙慧珍：《新疆出土的肖形印介绍》，《文物》1999 年第 3 期，第 84～88 页。此外，四川地区也发现较早时期的一些肖形印，多少也表明巴蜀文化同域外的联系，但应该和新疆地区发现的肖形印不属同一类，此不赘述。

② 韩回之编著《他山之玉——域外高古印特集》，西泠印社出版社，2016，第 16 页。

耽夫妻墓出土宝石印章，有学者对此专门做过研究。[①] 史诃耽墓属于固原地区的一处中亚粟特侨民墓地，从墓志记载可知墓主均为中亚史国人，该枚印章出自葬于唐咸亨元年（670）史诃耽与

图3-56 固原唐史诃耽墓出土宝石印章

资料来源：宁夏回族自治区固原博物馆、中日原州联合考古队编《原州古墓集成》，文物出版社，1999，图版122。

其妻张氏合葬墓。此墓虽早年被盗，但墓中仍出土有黄金饰物、玻璃残器、东罗马金币、鎏金铜器等，包括一枚带有胡语文字的宝石印章（见图3-56）。[②] 这枚蓝色圆形宝石印章直径1.6厘米、厚0.5厘米，一面光洁，边凸起；另一面刻有纹饰，中间为一卧狮，其面部清晰，鬃毛直竖。狮子背部有三杈结果实的短枝（树状物，顶生三朵石榴花），周围有一圈字母文字（铭文）。有学者考证该铭文为中古波斯文，意为"自由、繁荣、幸福"；印章图案中守护的那棵树应是西亚宗教中的生命树，大概是袄教遗物。狮神守护生命树这一主题源于萨珊波斯艺术，该枚印章应当是在波斯南部制造的。[③] 有伊朗学者判定该铭文为巴列维铭文，是萨珊王朝的一种祈祷文，可译为："世界宽容！世界

---

① 林梅村：《固原粟特墓所出中古波斯文印章及其相关问题》，《考古与文物》1997年第1期，第50～54页；郭物：《固原史诃耽夫妻合葬墓所出宝石印章图案考》，《考古与文物》2015年第5期，第96～101页。

② 罗丰：《北朝、隋唐时期的原州墓葬》，载宁夏回族自治区固原博物馆、中日原州联合考古队编《原州古墓集成》，文物出版社，1999，第24页，图版122。

③ 林梅村：《固原粟特墓所出中古波斯文印章及其相关问题》，《考古与文物》1997年第1期，第51～53页。

宽容！世界宽容！"① 亦有学者根据伊朗学者对这枚宝石印章的
释读，推测以石榴为特点的三权树、狮
子图像及印章上的铭文可能和中亚阿什
女神（Ashi）崇拜有关系。② 总之，学界
均认为此印章应当是来自西方的舶来品。
不过考虑到史诃耽的粟特人身份，这枚印
章应该是中亚粟特一带的具有波斯风格的
制品。

图 3 - 57　太原北齐徐显秀
墓出土嵌蓝宝石
金戒指

资料来源：太原市文物
考古研究所编《北齐徐显秀
墓》，图版第 50。

　　此外，2002 年在山西太原发掘的北
齐徐显秀墓，出土一枚嵌蓝宝石金戒指
（见图 3 - 57）及一枚素面指环。③ 嵌蓝宝
石金戒指工艺复杂，由黄金戒托、戒指
环与宝石戒面组成，宝石戒面镶嵌在黄
金戒托正中。戒指环在靠近戒托两端各铸有三分之一的怪兽纹
饰，似龙非龙，似狮非狮。椭圆形蓝宝石戒面上阴雕一个戴头
盔、双手持杖形器人物形象。张庆捷先生等认为该戒指具有粟
特艺术风格，只是一件豪华的首饰，象征着社会地位及财富，
最多还蕴含着少许护身符的作用。④ 当然也不排除戒面上描绘
的是赫拉克里斯（执金刚神）、宙斯等希腊神话人物的身影，

① 宁夏回族自治区固原博物馆、中日原州联合考古队编《原州古墓集成》，第
　　24 页。
② 郭物：《固原史诃耽夫妻合葬墓所出宝石印章图案考》，《考古与文物》2015 年第
　　5 期，第 100 页。
③ 太原市文物考古研究所编《北齐徐显秀墓》，图版第 50、51；张庆捷、常一民：
　　《北齐徐显秀墓出土的嵌蓝宝石金戒指》，《文物》2003 年第 10 期，第 53 页。
④ 张庆捷、常一民：《北齐徐显秀墓出土的嵌蓝宝石金戒指》，《文物》2003 年第 10
　　期，第 54 页。

因此该戒指多少可以归为戒面印章类，大概也应属于中西亚的舶来品。

图 3 - 58　山西寿阳北齐库狄迴洛墓出土玛瑙狮形雕饰

资料来源：王克林：《北齐库狄迴洛墓》，《考古学报》1979 年第 3 期，图版 11。

与此相类似的，1973 年在山西寿阳县贾家庄北齐定州刺史库狄迴洛墓出土一件玛瑙狮形雕饰（见图 3 - 58），出自棺内中间一具人骨的腰部，紫黑色中间带一圈天然的白色弦纹，扁薄椭圆形，有宽边，一面中间阴刻一狮，昂首翘尾，作缓行状。[①] 该雕饰和北齐徐显秀墓出土的宝石金戒指有很多相似之处。考虑到同墓亦出土玛瑙珠饰、玻璃器等，此雕饰应该也是北齐统治时期中西亚制品。

1983～1992 年河南偃师杏园唐墓 M902 出土金戒指一件（见图 3 - 59），环体厚重，上嵌椭圆形紫色水晶，水晶上浅刻两字，文字为中古时期的巴列维文。文字释读已经日本专家森本公诚考证：自右至左缀列为“p d”，读作“a p d”或“a ad”，其意思是“好极啦！”“奇妙无比！”等（到了后来的伊斯兰时代，又增加了“值得称赞！”的意思），萨珊王朝的波斯银币上捶印有这种铭文。而刻有这种铭文的印章，在法国巴黎的国立公文书馆中有一件，出土地点不明。[②] 镶嵌紫水晶的手工艺，更贴近萨珊波

---

① 王克林：《北齐库狄迴洛墓》，《考古学报》1979 年第 3 期，第 393 页，图版 11。

② 中国社会科学院考古研究所河南二队：《河南偃师市杏园村唐墓的发掘》，《考古》1996 年第 12 期，第 6、22、23、24 页，图版 3。

斯、犍陀罗等地在金银器制作上的独特
风格，不排除其为一件中西亚舶来品。

　　除此之外，类似风格的宝石戒指在
中古北方其他地区也有出土。1997 年，
新疆伊犁昭苏县波马 73 团场发现一座古
墓葬，出土一批罕见的金银器（如镶嵌
红宝石金面具、镶嵌红宝石金盖罐等），
包括一枚镶嵌红宝石金戒指。戒指为金
质，嵌红宝石，戒面为椭圆形。戒面周缘
为点焊的两圈细金珠点，构成不甚明显的
三角形。戒指与戒面相对的一面亦有镶
嵌宝石的基座，似黄豆粒般大小，原镶
嵌的宝石已经佚失（见图 3 - 60）。① 结
合同墓出土的金面具等看，具有萨珊、
粟特（包括犍陀罗）一带的文化特征。

　　1976 年河北赞皇出土东魏李希
宗墓志及文物，包括三枚拜占庭金
币，还有金戒指一枚，上嵌一青金
石，呈蓝灰色，刻一鹿，周有联珠纹
（见图 3 -61），无论是从纹饰风格还

**图 3 - 59　河南偃师唐墓
出土的金戒指**

资料来源：中国社会科学院
考古研究所河南二队：《河南偃
师市杏园村唐墓的发掘》，《考
古》1996 年第 12 期，图版 3。

**图 3 - 60　新疆昭苏出土嵌
红宝石金戒指**

资料来源：安英新：《新疆
伊犁昭苏县古墓葬出土金银器
等珍贵文物》，《文物》1999 年
第 9 期，彩图 2。

---

① 安英新：《新疆伊犁昭苏县古墓葬出土金银器等珍贵文物》，《文物》1999 年第 9
　　期，第 8 页，彩图 2；王炳华：《新疆波马金银器》，氏著《西域考古历史论集》，
　　中国人民大学出版社，2008，第 684、689 页。

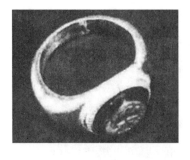

**图 3 - 61　东魏李希宗墓出土
嵌青金石金戒指**

资料来源：石家庄地区革委会文
化局文物发掘组：《河北赞皇东魏李
希宗墓》，《考古》1977 年第 6 期，
图版 6。

是从式样上看，均应属于西方传入品，[①] 是作为一种装饰品使用。该戒指上的青金石及所刻纹饰与 1957 年隋李静训墓出土的项链上的饰物相似，李静训墓出土项链由 28 颗嵌小珍珠的金球组成，上端有个扣纽，中央镶嵌着一颗青金石，青金石凹雕一只大角鹿（见图 3 - 62）。有学者认为这种金属制作工艺及凹雕纹饰与技法，

大概属于阿富汗、巴基斯坦一带。[②] 此外，宁夏固原北周李贤夫人吴辉棺中出土了一枚金戒指，戒面上雕一裸体人物手执弧形花环。戒面宝石大概类似一种青金石，宝石石面上雕一人，右腿前迈，双手上举，两侧各垂一囊状物（见图 3 - 63）。[③] 这几类戒指大概也属于戒面印一类，推测其原产地是萨珊或中亚犍陀罗地区等。

河北东魏李希宗墓、北周李贤夫人墓与新疆昭苏县波马古墓出土的宝石金戒指戒面上均刻有人物或动物，各有特点。但相同之处是，这些纹饰中人物形象均非中原人物，就人的形象

---

① 石家庄地区革委会文化局文物发掘组：《河北赞皇东魏李希宗墓》，《考古》1977 年第 6 期，第 388 页，图版 6。

② 熊存瑞：《隋李静训墓出土金项链、金手镯的产地问题》，《文物》1987 年第 10 期，第 78 页。

③ 宁夏回族自治区固原博物馆、中日原州联合考古队编《原州古墓集成》，第 19、198 页，图版 76。

图 3 – 62　隋李静训墓出土
嵌宝石金项链

资料来源：中国社会科学院
考古研究所、西安市隋唐长安城
遗址保护中心、西安市世界遗产
监测管理中心编《隋唐长安城遗
址（考古资料编）》下，文物出
版社，2017，图版 74。

图 3 – 63　北周吴辉墓出土金戒指

资料来源：宁夏回族自治区固原博物馆、
中日原州联合考古队编《原州古墓集成》，图
版 76。

而言，颇有波斯艺术的风格，而这些戒面上动物类（如狮子、
鹿等）也多为中西亚印章的常见主题，虽然它们属于戒指类，
但也应属于印章一类，可归为波斯戒面印章类。上述这些宝石
印章及戒指如果是舶来品，大概和中古时期陆上丝绸之路的人
员迁徙、商业贸易等的发展有关，应该主要是中古时期沿丝绸
之路而来的中西亚胡人带来的或受其影响而制成的。

　　总之，无论史诃耽墓出土的宝石印章、徐显秀墓出土的嵌蓝
宝石金戒指，还是新疆、山西、河北、河南等地出土的嵌宝石戒
指、雕饰等，都表明了中古时期丝绸之路上中西亚风格的印章及
文化在中国内地的传播，这种传播也是丝绸之路上中西方文化交
流密切的产物，因而它们也应属于丝绸之路印章一类。

　　印章虽然产生在许多不同的文化环境和不同的时期，但它
们都属于形制上精巧的一类小型艺术作品，因其审美原因以及

自身所包含的艺术风格、物质文化和历史事件等大量信息而备受重视。① 因而印章虽小，却承载着不同的文明在不同历史时期的社会文化生活及审美等。虽然自秦汉以来，汉式印章发展成熟并确立了中国古代社会的用印制度，但来自西方尤其是中西亚印章及艺术风格还是沿丝绸之路传播到东方中国，在中古时期较为明显，这其中西域地区在吸收、融合与传播上的中介作用不可忽视。这些西方印章及艺术和同样来自西方的金银器、钱币、动植物等一样，丰富了中古时期的中国社会文化生活，并产生了一定的影响。

第四节　来自西藏还是波斯？——马球文化的东传

中国古代有在场地上踢球的运动，往往称为蹴鞠。这种运动汉代就比较流行，中古时期继续长盛不衰，至宋代达到鼎盛。不过有一种骑在马上击球（或称击鞠）运动，也即打马球运动却从唐代开始风靡一时，其影响波及后世，这应该与外来因素的影响有关。

学界对于马球的来源，历来众说纷纭，有主张波斯的，② 也有主张吐蕃（西藏）的，③ 说明其来源及传播轨迹并不是十分清楚。但有一点不可否认，马球在唐代中原地区的流行与传播和外

① Dominique Collon (ed.), *7000 Years of Seals*, p. 7.
② 向达：《唐代长安与西域文明》，河北教育出版社，2001，第79页；罗香林：《唐代波罗球戏考》，载《唐代文化史研究》，上海书店，1992，第130~140页。
③ 阴法鲁：《唐代西藏马球戏传入长安》，《历史研究》1959年第6期，第41~43页；若思：《关于"波罗球"一词的商榷》，《历史研究》1959年第8期；王尧：《马球（Polo）新证》，载《西藏文史考信集》，中国藏学出版社，1994，第200~207页。

来文化的影响不无关系。我们尝试通过中西文献、考古图像材料等梳理这个问题。

一　唐代马球与外来文明

关于唐代马球流行情况，考古及文献资料等均有记录。两京等地出土唐代的壁画、陶俑等，多有打马球的场景，如乾陵章怀太子墓道壁画即有打马球图（见图3－64）；[①] 2012年发掘的卒于开元十五年（727）的嗣虢王李邕墓前甬道西壁出土有局部的打马球图（见图3－65）；[②] 西安、洛阳等地出土过打马球俑（见图3－66、图3－67），在陕西等地博物馆均有收藏；[③] 1956年大明宫含元殿遗址也曾出土一块刻有"含光殿及球场

图3－64　唐章怀太子墓打马球壁画

资料来源：陕西历史博物馆编《唐墓壁画珍品》，三秦出版社，2011，图版56。

图3－65　唐李邕墓打马球壁画

资料来源：陕西省考古研究院编著《唐嗣虢王李邕墓发掘报告》，科学出版社，2012，图版19。

① 陕西历史博物馆编《唐墓壁画珍品》，三秦出版社，2011，第80页，图版56。
② 陕西省考古研究院编著《唐嗣虢王李邕墓发掘报告》，第66~68页，图版19。
③ 图版见国家博物馆、陕西历史博物馆官网，http://www.chnmuseum.cn/zp/zpml/201812/t20181218_25971.shtml；http://www.sxhm.com/index.php?ac=article&at=read&did=10576。

**图 3 – 66　国家博物馆藏唐
彩绘打马球俑**

资料来源：国家博物馆官网，
http：//www. chnmuseum. cn/ zp/
zpml/201812/t20181218 _ 25971.
shtml。

等，大唐大和辛亥岁（831）乙未月建"石碑（见图 3 – 68），① 显然应该和马球戏有关。此外传世绘画有台北故宫博物院收藏韩干绘《宁王调马打球图》、清故宫旧藏《绘唐人击鞠图》、辽宁博物馆藏宋李公麟《明皇击球图》等，尽管多为宋及以后摹本，也可知唐代社会对于打球之嗜好，在宋人心目中，依旧是津津乐道的话题。

**图 3 – 67　陕西历史博物馆藏唐
打马球俑**

资料来源：陕西历史博物馆官网，
http：//www. sxhm. com/index. php？ ac =
article&at = read&did = 10576。

**图 3 – 68　大明宫含元殿
球场石碑**

资料来源：中国社会科学院考古研究所、西安市大明宫遗址区改造保护领导小组编《唐大明宫遗址考古发现与研究》，文物出版社，2007，《唐长安大明宫》所收图版 45。

唐人笔记中也有关于唐代马球的描述。如《封氏闻见记》载：

太宗常御安福门，谓侍臣曰："闻西蕃人好为打球，比

---

① 中国社会科学院考古研究所、西安市大明宫遗址区改造保护领导小组编《唐大明宫遗址考古发现与研究》，文物出版社，2007，第 54 页，《唐长安大明宫》所收图版 45。

亦令习，曾一度观之。昨升仙楼有群胡街里打球，欲令朕见。此胡疑朕爱此，聘为之。以此思量，帝王举动，岂宜容易，朕已焚此球以自戒。"

唐中宗时，更是大力倡导此项运动，唐中宗景云年间（710~711），吐蕃来长安迎娶金城公主，和大唐进行了一场马球友谊赛，时为临淄王的李隆基、嗣虢王附马李邕等均表现出色，以其高超的球技打败吐蕃队。据同书载：

> 中宗于梨园亭子赐观打球，吐蕃赞咄奏言："臣部曲有善球者，请与汉敌。"上令仗内试之，决数都，吐蕃皆胜。时玄宗为临淄王，中宗又令嗣虢王邕、驸马杨慎交、武延秀等四人，敌吐蕃十人，玄宗东西驱突，风回电激，所向无前，吐蕃功不获施，其都满赞咄犹此仆射也。中宗甚悦，赐强明绢数百段，学士沈佺期、武平一等皆献诗。

玄宗当政时，也热衷观球，同书载：

> 开元、天宝中，玄宗数御楼观打球为事，能者左萦右拂，盘旋宛转，殊可观。然马或奔逸，时致伤弊。[①]

帝王的打球热情一直持续到唐代晚期。《资治通鉴》记载：

---

① （唐）封演撰，赵贞信校注《封氏闻见记校注》卷6《打球》，中华书局，2005，第53页。文中胡有书作"蕃"，此据赵注；又太宗观球一事，《资治通鉴》将此事系入"高宗永徽三年"条下，不知此"太宗"是否为"高宗"，见赵氏注。

上（唐僖宗）……好蹴鞠、斗鸡……尤善击球。尝谓优人石野猪曰："朕若应击球进士举，须为状元。"①

当然，长安等地打球不唯帝王、达官贵人，军中及闾里少年、文人学士甚至贵族妇女等亦热衷于此，马球球场不仅宫中有，里坊、市井或者山间空地等也有，亦波及两京之外其他诸道。关于此，向达、罗香林等先生所论甚详，②此不赘述。

上述文献中记太宗所言的西番人，大概主要指吐蕃。前述吐蕃来长安迎娶金城公主时进行的马球赛就有学士沈佺期、武平一等献诗。如武平一有《送金城公主适西蕃》诗：

广化三边静，通烟四海安。还将膝下爱，特副域中欢。圣念飞玄藻，仙仪下白兰。日斜征盖没，归骑动鸣鸾。③

沈佺期亦有《送金城公主适西蕃应制》诗：

金榜扶丹掖，银河属紫阍。那堪将凤女，还以嫁乌孙。玉就歌中怨，珠辞掌上恩。西戎非我匹，明主至公存。④

沈佺期还另有相关《幸梨园亭观打球应制》等诗，应也是

---

① 《资治通鉴》卷253"僖宗广明元年"条，第8221页。
② 向达：《唐代长安与西域文明》，第79～87页；罗香林：《唐代波罗球戏考》，载《唐代文化史研究》，第136～163页。
③ 武平一：《送金城公主适西蕃》，《全唐诗》卷102，中华书局，1985，第1084页。
④ 沈佺期：《送金城公主适西蕃应制》，《全唐诗》卷96，中华书局，1985，第1030～1031页。

附和此活动而作。既然是奉制而作，这里西蕃应该指吐蕃。不过前述文献也提到"群胡"热衷于此，在唐代，胡的称谓往往指来自西域特别是粟特一带的人，[①]大概参与此活动的胡人不少，其中应该有西域胡人。由此看来，唐代流行的马球主要受西域、吐蕃等的影响较大，但这并不能说明马球戏源于吐蕃，西域一带的影响也不可忽视。

天宝十载（751）怛逻斯之战中，被大食所俘的杜环在其回国后所著的《经行记》中提到拔汗那国（拔汗那为汉之大宛，今费尔干纳盆地一带）："土有波罗林，林下有球场"[②]。向达先生据此认为这里的波罗（Polo）为一种马上打球之戏，发源于波斯，其后西行传至君士坦丁堡，东来传至土耳其斯坦。由土耳其斯坦传入中国西藏、印度等地。日本、高丽亦有此戏，则又得自中国者也。他认为波罗球传入中国，波罗二字之音虽不可见，而波斯此戏原名之音，则似尚有残痕。波罗毬（球）波斯名为gui，唐称为打毬（球）、击鞠，疑"毬"字乃用以译波斯之音gui。他根据唐宋史料相关记载认为，唐代波罗球大约直接从西域传来，是以犹存波斯旧音。有唐一代长安盛行打球，而皇室特嗜此戏，推究源始，俱由于太宗之倡开风气也。[③]这里所说的西域当指波斯等地。

向达先生从波罗毬（球）波斯音 gui 对应"毬"，推断马球来源波斯有一定道理。罗香林先生也同意此观点。[④]但是马球在

---

①　荣新江：《何谓胡人——隋唐时期胡人族属的自认与他认》，载《乾陵文化研究》（四），三秦出版社，2008，第 3～9 页。

②　（唐）杜佑撰《通典》卷 192《边防八》"疏勒条"引杜环《经行记》，第 1034 页。

③　向达：《唐代长安与西域文明》，第 79～81 页。

④　罗香林：《唐代波罗球戏考》，载《唐代文化史研究》，第 137 页。

波斯如何起源、传播，这条传播路线具体如何走向，我们并不是
十分清楚。因为关于此球戏的相关记载与遗存也见于印度、巴基
斯坦及我国西藏等地区，波斯的起源地也因史料不足而语焉不
详，使得马球的起源及传播途径不甚清晰，因而有吐蕃说、波斯
说、印度说等诸多观点。

二　吐蕃、波斯等地马球溯源

关于 Polo 一词，有学者认为出自藏语 "pulu"（"球"），是
藏语的一支方言借入的。这种球戏并不流行于西藏各地，只流行
于巴尔底斯坦（Baltistan，巴基斯坦控制的克什米尔北部地区）
和拉达克（Ladakh，克什米尔东南部）地区，拉达克的马球是
从巴尔底斯坦或者吉尔吉特（Gilgit，巴基斯坦控制的克什米尔
西北地区）和齐特拉尔（Chitral，今巴基斯坦北部地区一带）传
入的。[①] 阴法鲁、王尧等先生亦持此种观点，并由此认为唐代马
球戏传自西藏（吐蕃）。[②] 但西藏出现此球戏时间并不能推断很
早。张云先生即指出，与此相关的拉达克、巴尔底斯坦、吉尔吉
特等无不在波斯帝国的政治势力或者波斯文化的影响之下。他认
为上述马球戏流行地区都与波斯文化和吐蕃文化发生过联系。而
早在吐蕃进入并控制今拉达克以前，这一地区同样属于受波斯文
化深刻影响地区，其语言状况自然和后来的状况有所不同，波斯
语言可能会在这里具有更大的影响力。因而从历史和联系疏密的

---

① 〔美〕劳费尔：《藏语中的借词》，《通报》1916 年 "附录 2" 第 8 条；应琳：《英
语中的藏语借词》，《民族语文》1981 年第 2 期，第 9 页。
② 阴法鲁：《唐代西藏马球戏传入长安》，《历史研究》1959 年第 6 期；王尧：《马
球（Polo）新证》，载《西藏文史考信集》，第 200～207 页。

角度来看，显然马球戏源于波斯具有更大的可能性，波斯文化在中亚地区产生影响的时间早、范围广，影响程度深，流行打马球的地区几乎都是波斯帝国直接控制地区，或者至少是波斯文化深刻影响的地区。① 笔者同意这个看法，上述马球流行的巴尔底斯坦、拉达克等地区在今天被称作小西藏和大西藏，也即唐代史籍所提到的大小勃律国所在地。虽然其处在帕米尔高原、喜马拉雅山脉西部等山地地区，但是这一地区本身又是联结南亚次大陆和中亚直至中国的枢纽之地，也即它位于通往中国、印度、中亚和西方国家更便捷的通道上，因此它具有重要的地理、政治意义。② 事实上，马球在中亚、巴基斯坦北部等广大地区的流行，应该是受波斯文化的影响，正如张云先生所认为的：马球至少可以肯定是萨珊波斯帝国时候推行的结果，而不可能是吐蕃西传的产物。③ 彼时萨珊波斯统治历时 4 个多世纪，覆盖亚欧等广大区域，尤其与东方联系、交往密切，马球在这个时期东传吐蕃、中原等地也是很正常的。

马球很早即在古代波斯地区流行。伊朗人认为早在公元前 600 年，大概在古波斯阿契美尼德王朝（Achaemenid Empire）大流士一世（Darius I，前 550~前 486）统治时期，伊朗就开展马球运动了。④ 当时马球作为一种骑马训练技术而进行。其实在很古的时候，伊朗人就饲养马匹，宰杀好马的人会受到严惩。在波

---

① 张云：《上古西藏与波斯文明》，中国藏学出版社，2005，第 309 - 310 页。
② 〔巴基斯坦〕艾哈默德·哈桑·达尼著《巴基斯坦北部地区史》，杨柳、黄丽莎译，陆水林审订，中国藏学出版社，2013，第 5 页、35 页。
③ 张云：《上古西藏与波斯文明》，第 310 页。
④ 陆水林选译《巴基斯坦北部地区的马球》，载《国外藏学研究译文集》第十六辑，西藏人民出版社，2002，第 197 页。

斯语中，马球被称作"乔甘（Chogan）"。突厥人也十分珍爱马匹。伊朗人和突厥人在战争之余都喜爱打马球。[①]

马球运动大概在帕提亚王朝（Parthian Empire，前 247 ~ 224）时期在呼罗珊地区得到发展。[②] 到萨珊王朝（Sasanid Empire，224 ~ 651）时期马球运动达到成熟，相关原始记载保存不多。不过后世的波斯学者、诗人、文学家等多有对萨珊波斯马球的追忆和描述。如阿巴斯王朝时期波斯学者塔巴里（Tabari，838 ~ 923）在他的《塔巴里历史》（Tarikh Rusul Wa Muluk）中也有关于萨珊帝王打马球的记载，书中提到萨珊王朝的建立者阿尔达希尔一世（Ardashir I）在看青年贵族打马球时，辨认出从未谋面的儿子沙普尔一世（Shāpūr I），并指定他为继承人。[③]

公元 10 世纪的波斯诗人菲尔多西（Firdousi，940 ~ 约 1020）在其《列王纪》中记载王子夏沃什（即沙普尔二世，Shāpūr II，309 ~ 379）打马球的故事，包括"夏沃什表演球艺""夏沃什打马球"等，关于夏沃什打球有如下描绘：

> 当光芒四射的太阳露出颜面，给世界带来光明照彻中天，夏沃什王子从王宫直奔球场，他在球场中来回奔驰几趟。格西伍首先把球开到场里，王子见球扑身赶上前去。当他用球杆把球控制在手中，他的球伴在场内便占据了上风。王子猛击一杆球儿便高高飞起，远远离开地面似乎飞上天

---

① 陆水林选译《巴基斯坦北部地区的马球》，第 196 - 197 页。

② H. E. Chehabi, Allen Guttmann, "From Iran to all of Asia: The origin and diffusion of Polo", *The International Journal of the History of Sport*, 19: 2 - 3, 2002, P. 385.

③ C. E. Bosworth translated and annotated, *The History of al - Tabari*, Vol V, State University of New York Press, 1999, p. 26.

去。当那球儿又重新落到了地上，凯扬的健儿又及时赶到球旁。王子又一次把球高高击起，土兰人目瞪口呆，个个感到惊奇。然后他命令军士们奋勇击球，说球场球杆球儿俱在何不一显身手。双方的勇士及无敌的好汉，个个策马而奔，人人奋勇向前。霎时间双方健儿混战在一起，球来球往依照球场的规矩。当波斯军士在球场上驰骋，从土兰人手里把球抢到手中，夏沃什见波斯人的身手心中高兴，他骄傲的身躯似翠柏一样直挺。①

《列王纪》所提到的波斯王子打马球大概是公元 4 世纪中叶的事，可知波斯马球运动至迟在萨珊波斯时期达到辉煌阶段，皇室贵族甚至妇女都热衷于此项运动。波斯诗人内扎米（Nizami，1141～1209）的叙事诗《霍斯路（佬）和希琳》中也提到王妃希琳和霍斯路打马球的故事，希琳技艺高超，在马球运动中像一只母狮一般勇猛。②

波斯奇亚尔王朝学者昂苏尔·玛阿里（1021～1101）所著的《卡布斯教诲录》（Ghabus Name，约成书于 1082 年）里面讲到，霍腊散的阿米尔叫阿穆鲁·本·阿勒里斯（878～900 年在位），想邀请将领亥尔哈尔同去球场打马球，但亥尔哈尔因为阿穆鲁是个独眼龙，害怕出危险而劝阻了他。可知当时马球运动是一项有风险的运动，书中还提到马球不宜多打，而且打球时骑手不应太多，除了每方有一个人守门外，在场中活动最多要六个

---

① 〔波斯〕菲尔多西：《列王纪全集》第 2 卷，张鸿年、宋丕方译，第 440～441 页。
② Peter J. Chelkowski, *Mirror of the Invisible World：Tale from the Khamseh of Nizami*, The Metropolitan Museum of Art, New York, 1975, p. 31.

人，一看到打来了球，应立即将球传出，让马也迅速闪开，千万不要玩花架子，这样既能避免危险，又能达到娱乐的目的。① 这应该是对这一时期马球运动较为详细的描述。至萨法维王朝时期（1501～1736），阿拔斯大帝（Abbas I of Persia，1571～1629）依然热衷于马球，在其新都伊斯法罕（Esfahan）的宫殿前建有宏伟的马球场，国王坐在宫殿的阳台上就可以观看马球比赛。② 这一时期伊朗等地流行的细密画，打马球运动也依然是其中的表现主题之一。

虽然波斯阿拉伯的文献记载较晚，但多有对萨珊波斯王族打马球的记载，多少也反映出马球在萨珊波斯及以后时期的宫廷内外流行，这种流行也随着波斯文明的向外传播而影响到周边及更远的东西方。尤其是萨珊波斯统治历时 4 个多世纪，覆盖区域广大，与东方联系密切，马球在这个时期东传吐蕃、西域（包括中亚）、中原等地也就不奇怪了。

据《新唐书》载，开元十四年（726），安国（今乌兹别克斯坦布哈拉一带）王"笃萨波提遣弟阿悉烂达拂耽发黎来朝……后八年，献……拂菻绣氍球一……其妻可敦，献柘辟大氍球二、绣氍球一……"③。这里提到的"拂菻绣氍球""柘辟大氍球"等应当是指打马球所用之物，如果这个推测没有错，安国既献此物，可知中亚等地此时期也比较流行此运动。

值得一提的是前述公元 751 年怛逻斯（Taraz，今哈萨克斯

---

① 〔波斯〕昂苏尔·玛阿里:《卡布斯教诲录》第 19 章 "论打马球" 条，张晖译，宁夏人民出版社，2007，第 85～86 页。

② H. E. Chehabi, Allen Guttmann, "From Iran to all of Asia: The origin and diffusion of Polo", *The International Journal of the History of Sport*, 19：2－3，2002，P. 387.

③ 《新唐书》卷 221 下《西域传下》"安国" 条，第 6245 页。

坦江布尔）之战中被俘的杜环在其所著《经行记》中亦提到木禄国（Murv，今土库曼斯坦马雷一带），有如下记载：

> 其俗以五月为岁，每（一作首）岁以画缸相献，有打球节、秋千节。其大食东道使镇于此。从此至西海以来，大食、波斯参杂居止。其俗礼天，不食自死肉及宿肉，以香油涂发。①

杜环所提到的有打球节的木禄国应该就是波斯马球所流行地区，此处虽为"大食东道使镇于此"，但也是波斯的主要统治地区，当然也是波斯文化的传播地区，因而"大食、波斯参杂居止"。大食征服了波斯，也自然继承了其文化习俗。杜环被俘曾流浪至此，见过或听闻过此类活动，故而得以记载下来，由此也可以说明大食对波斯文化的承袭，包括马球文化。

三　唐代马球运动的来源

唐代马球运动的异军突起显然是受到外来影响，这种影响是直接来自波斯还是吐蕃虽不好直接定论，但多少能够追溯其大致源流及传播脉络。马球起源于波斯无疑，至于其传播途径是波斯还是吐蕃似乎并不是非此即彼的定论。

从吐蕃方面来说，据学者研究最晚在萨珊帝国时期马球已传入象雄（zhangzhun，今西藏阿里一带）等地区，接着为雅隆吐

---

① （唐）杜佑撰《通典》卷193《边防九》"大食"条引杜环《经行记》，第5280页。

蕃人所接受。在吐蕃王室征服象雄以后，这种技艺的交流和传播有了更好的条件。马球戏进入吐蕃无疑是通过其统治下的今西藏西北部、印度西北部和阿富汗北部地区来实现的。① 因而吐蕃是当时马球运动的影响与传播区，并非发源地。

有西方学者认为，Polo 实际上是一个巴尔蒂（Balti）词语，指柳树的圆球部分，本义指球，这一运动据说早在纪元前就已为这里的人们所喜爱，举行马球比赛时，乐师们要用鼓和笛子演奏专门的乐曲。在中亚特别是约旦、土耳其、埃及和伊朗诸国，马备受崇敬，甚至还用人来换马。巴基斯坦、阿富汗北部地区的居民同中西亚的渊源颇深，他们之间还有一些相似的习俗。② 但这并非说明阿富汗、巴基斯坦北部地区就是马球的起源地，正因为这里和中西亚地区有相似的习俗，因而相互影响也不奇怪。Polo 这个词虽起源于此，但出现不会太早，也主要在该地区及西藏西北部、印度等地区使用与流行。

此后随着蒙古大军的征服，大概这种运动也从阿富汗、巴基斯坦等地传入印度。莫卧儿帝国（Mughal Empire）时代，这一运动的影响更加广泛。根据乌尔都语一些书刊记载，阿克巴大帝（Akbar the Great）尤其热衷于马球（Polo）运动，据说他晚上还要点起灯来打马球，为此发明了一种闪光的球，这种球据说是使用"达哈"（紫柳）木做成的照明球，点燃后产生烟火③，以便在夜晚也能比赛。阿克巴时期建了不少马球场，他的儿子贾汉吉

---

① 张云：《上古西藏与波斯文明》，第 311 页。
② 陆水林选译《巴基斯坦北部地区的马球》，第 195 – 196 页。
③ 《阿克巴律例》卷 1，第 215 页，载陆水林选译《巴基斯坦北部地区的马球》，第 208 页；〔印度〕斯迪芬·麦勒迪斯·爱德华兹·赫伯特·利奥纳德·奥富雷·加勒特著《莫卧儿帝国》，尚劝余译，青海人民出版社，2009，第 223 页。

尔 （Jahangir） 继位后，依旧保留这种运动，他个人回忆录
（Jahangir nama） 中多次提及在马球场进行一些放生活动。① 该运
动至 19 世纪中期还在印度北部一带流行，随着英国对印度开始
殖民统治，这种运动大概也由此传入欧洲甚至美洲。② Polo 也由
此流行于英语世界，此为后话，不赘述。

因而从这一方面来说，马球在吐蕃的流行区域并不平衡，主
要还是以吐蕃西北部为中心发展，这一地区显然也和萨珊波斯等
的文化传播区域有密切关系，因而吐蕃的马球运动也是受波斯影
响的。

从隋唐两朝来说，隋炀帝时方勤远略，致力于招致西域诸
胡，西域胡风胡俗开始侵染中原，这其中亦包括游艺技击之术，
不排除有马球运动的传入。唐朝立国后，丝路交通大开，国威远
播，胡风胡俗逾盛于隋。此时波罗球戏的兴起与传播是其中一个
代表，其风气大概自太宗开始，且影响深远，因而并不能单纯认
为和吐蕃有直接关系。

此外，唐代重视马政，并大量从北方草原及西域进口良种
马，马匹资源丰富，这其中除了作战、训练等用马之外，也进口
专为打球而来的打球马。据《册府元龟》记载：玄宗开元五年
"是月，习阿薛般国王安杀遣使朝贡，于阗国遣使献打球马两
匹，风脚野驼一头，豹一头"③。这里提到于阗国所献的打球马
显然是训练好用于马球运动的。至于为何由于阗国来献，大概是

---

① Wheeler M. Thackston. *The Jahangir nama*: *memoirs of Jahangir*, *Emperor of India*, Oxford University Press, 1999. p127, 81a, p. 299 – 300, 214a.

② Charles parrish," Origin, diffusion, and development of polo: an East to West cultural flow", *Sport in Society*, 21: 8, 2018, p. 1160 – 1162.

③ 《册府元龟》卷 971《外臣部·朝贡四》，第 11405 页。

一种中转贸易，作为唐代丝路交通的要冲，于阗投唐朝所好，献打球马，这也从另一个方面看出吐蕃并非主要传播路径。不过该打球马是转贩过来还是本地特产，我们还不清楚。此外《安禄山事迹》亦记载安禄山曾向朝廷进贡"打球土生马三十匹"①。这些生马大概是待驯之马，其来源地应该是中亚或北方草原一带。这些打球马的进口，为唐代马球运动的广泛开展奠定了良好的基础。

至于马球能最终在唐代盛行一时，主要应当和当时的交流开放及统治者的喜好有关。唐朝统治阶层本身就热衷于此道，上行下效，遂使马球运动风靡全国。这其中李唐王朝鲜卑血统决定其对狩猎文化的喜爱，有学者指出"唐朝需要马匹是出于军事原因，但同时也因为其带有游牧色彩的贵族投入大量时间和金钱培养了所谓的'欧亚大陆王室马文化'；唐朝贵族对皇家狩猎和马球的热爱也反映了这种迷恋——在当时的绘画和雕塑中，甚至出现了妇女马球比赛的场面。因而他认为马球是从波斯（那里的妇女和国王也玩马球）经过新疆的绿洲城市传入中国的，继而又从中国传到了高丽和日本。与此同时，拜占庭也同样从萨珊王朝治下的伊朗学会了一种马球的玩法，在伊斯兰教扩张之后，伊斯兰世界也非常流行马球。拜占庭和唐朝的宫廷都有自己的马球场。与西洋棋、框架故事寓言以及鲁特琴一样，马球也是文化从波斯和印度中心向欧洲和东亚的丝绸之路外围地带传播的一个例子"②。这个观点也同样说明了唐代中原马球的流行与波斯文化

---

① （唐）姚汝能撰，曾贻芬点校《安禄山事迹》卷上，上海古籍出版社，1983，第9页。

② 〔美〕米华健：《丝绸之路》，马睿译，译林出版社，2017，第51页。

经陆上丝绸之路的传播有关。有学者研究萨珊波斯沙普尔一世（Shāpūr I）纵马刻石模本与唐人马球图中的跑马姿势对照图，从中可见唐代马姿绘画与波斯的源流关系。[1] 虽然这只是图像艺术上的推测，不过也反映出唐与波斯文化交流的一个侧面，唐代马球运动受波斯的影响可见一斑。

此外，马球的技巧和价值观念本身来自狩猎和战争，特别是在马背上进行的战争，因而这三种活动都需要骑马技巧。马球对马匹、场地、装具配备等都有要求，是一项较为昂贵的运动，其背后既需要经济实力的支撑，也需要统治者的支持才能长盛不衰。因而如果长远来看，这是在整个欧亚大陆都兴盛的一项运动，从波斯至拜占庭、中亚、印度、吐蕃以及中国唐朝，甚至远至高丽和日本等地。可以说这其实是当时欧亚大陆君主所热衷的运动，而且是精英地位的标志。《阿克巴本纪》（Akbarnama）的作者，莫卧儿王朝时期学者阿布尔·法兹尔（Abū 'l Fazl）就指出马球这项运动"可以体现人的价值，增强相互间的友爱，强壮有力的人由这一运动而成为出色的骑手，马匹也因此变得驯良而敏捷。正因为如此，皇帝对这一运动十分热衷"[2]。有学者也认为马球运动是当时欧亚大陆第一项国际运动，是国际文化（International culture）出现的表现。其特征之一是由于广泛的国际流行性而变得受欢迎。在一种文化内部，其威望可能会因外国起源或在外国流行而增强，是那些更加开放和往往更加革新的外

---

① 唐均：《西域狮名入华勘同与早期丝绸之路的伊朗因素》，《丝绸之路研究集刊》第三辑，商务印书馆，2019，第139页。
② 陆水林选译《巴基斯坦北部地区的马球》，第208页。

围地区对核心区域施加了影响。① 唐代马球的流行多少可以反映出这个特征。从某种程度上来说，和波斯、拜占庭等地一样，马球在唐代是皇室成员、达官贵人、贵族子弟追求时尚与社会地位的一种表现，也是受欧亚大陆贵族运动或马文化等因素影响的结果。因而唐朝的马球运动风靡一时，多少也和这种国际化风气的流行有一定关系。

马球运动虽兴盛于初盛唐，但并没有中断，唐末五代宋时也继续存在。前引《封氏闻见记》曾载唐代后期"打（马）球乃军中常戏，虽不能废，时复为耳"②。敦煌作为边陲重镇，也流行这种运动。唐末归义军节度使张议潮为提高将士的身体素质，增强作战能力，一直把马球运动作为重要的军事训练内容，并修筑了球（毬）场。敦煌遗书中不少材料，记述了敦煌地区在仲春时月赛马球的情况。如敦煌遗书 S. 2049、P. 2544 二写本《杖前飞·马球》提供了生动形象的图景：

> 时仲春，草木新，□初雨后露无尘，林间往往临花马，楼上时时见美人。青一队，红一队，敲磕玲珑得人爱，前回断当不赢输，此度若输后须赛。脱绯紫，著锦衣，银镫金鞍耀日辉，场里尘飞马后去，空中球势杖前飞。球似星，杖如月，骤马随风直冲穴，□□□□□□□，□□□□□□□。人衣湿，马汗流，传声相问且须休，或为马乏人力尽，还须

---

① 〔美〕托马斯·爱尔森：《欧亚皇家狩猎史》，马特译，社会科学文献出版社，2017，第 413~414 页，423 页。
② （唐）封演撰，赵贞信校注《封氏闻见记校注》，中华书局，2005，第 54 页。

连夜结残筹。①

　　由此可以感知敦煌马球运动激烈的场面。其中"脱绯紫，著锦衣，银镫金鞍耀日辉，场里尘飞马后去，空中球势杖前飞。"明确说打马球时脱掉绯紫袍服，穿上各式锦衣，这里的锦衣，就是打球衣。李廓元和年间写的《长安少年行》也说"追逐轻薄伴，闲游不著绯，长拢出猎马，数换打球衣"②，描写的也是这个场景，而这样的场景也见于敦煌壁画中。

　　马球运动在敦煌等地的流行，说明这种运动仍然受到欢迎。即便至宋及以后，这种活动也继续存在并见诸记载。如《宋史·礼志》载：

　　　打球，本军中戏……三月，会鞠大明殿。有司除地，竖木东西为球门，高丈余，首刻金龙，下施石莲华坐，加以采缋。左右分朋主之，以承旨二人守门，卫士二人持小红旗唱筹，御龙官锦绣衣持哥舒棒，周卫球场。殿阶下，东西建日月旗。教坊设龟兹部鼓乐于两廊，鼓各五。③

　　由此看来，马球运动在此时期已趋向制度化，不过与唐代这种上行下效的流行运动相比，宋及以后更多是一种部分人参与的与礼仪有关的运动了。

---

① 任半塘：《敦煌歌辞总编》中册，卷三"杂曲普通联章"，上海古籍出版社，1987，第 727 页。徐俊：《敦煌诗集残卷辑考》上编卷中，法藏部分下，中华书局，2000，第 473 ~ 474 页。
② 李廓：《长安少年行》，《全唐诗》卷 479，第 5455 页。
③ 《宋史》卷 121《礼志二十四》"打球"条，中华书局，1977，第 2841 ~ 2842 页。

由以上分析可以大致梳理出马球传播路线：马球活动乃古波斯一种以皇家为中心的运动，大约自阿契美尼德王朝时期就出现，此后一直在波斯文化传播区流行，萨珊波斯王朝时期达到鼎盛，皇室贵族及普通百姓皆热衷于此。随着波斯帝国的扩张征服活动，作为波斯文化一部分的马球运动也向东西方传播。就东方来说，马球显然沿丝绸之路陆路交通进一步向东方传播，其中有一些可能随着波斯、中亚、西域等地胡人的东来在两京等地区流行，受到了唐朝王室贵族等的喜爱与追捧。而另一支则随着波斯统治或影响下的地区向青藏高原北部或西北部传播，如经过巴尔底斯坦、拉达克等地，以骑术高强、骁勇善战著称的吐蕃人很快就接受了这种运动。唐代前中期是吐蕃与中原交往密切的时期，也是中西之间文化交流密切的时期，盛行于欧亚大陆的这项运动也很快在唐代两京地区得到流行与发展，并风靡一时，进而扩展到北方广大地区，并影响后世。因而可以说波斯、吐蕃和唐在马球运动方面是相互发展相互成就的关系，既有独立性，亦有交融性，马球这项运动在唐代的异军突起也反映出丝绸之路上中西文明之间的交流与影响。

第四章　中古外来宗教与波斯文明

在对外开放及对外交流空前繁荣的唐代，早已传入中国的佛教依旧方兴未艾，自西方传来的祆教、景教、摩尼教亦先后流行于以长安为中心的中原地区，这早已不是一个新鲜的话题。但随着中外学者研究的进一步开展及有关考古文物的不断出土，学术界已开始慢慢认识到：中古时期特别是唐代以长安为中心地区所流行的祆教、景教、摩尼教及佛教的部分宗派等并不完全是直接来自西亚、罗马、印度或经中亚传播而来的宗教，而是指其在东传的过程中，受到中西亚等地政治、文化等方面的影响而带有中西亚风格与色彩的宗教。换句话说，中古特别是唐代中原一带的外来宗教与中西亚文明有着更为直接的关系，它们在传播过程中受到中亚文明的改造，但又多多少少与波斯文明有着扯不断的联系。关于这个问题，以往学者多就其中某个方面进行专门研究，目前似还未有人从波斯文明的角度对此问题进行论述。本章即试以中古都城长安为中心，对此问题作一探讨。

第一节　从琐罗亚斯德教到祆教——波斯国教的东传

祆教是公元前 6 世纪或更早由波斯人琐罗亚斯德（Zoroaster）

所创立的宗教，波斯人称之为琐罗亚斯德教。该教以阿胡拉·马兹达（Ahura Mazda）为至高之神，以波斯古经《阿维斯塔》（Avesta）为经典，崇敬光明，对火的崇拜在宗教仪式中具有重要地位，故又被称为拜火教。此教在古波斯及萨珊波斯时被奉为国教。

琐罗亚斯德教（祆教）曾是米底人和波斯人共奉的宗教。在希罗多德的《历史》中，曾提到该教的祭司麻葛（Magi）是米底六部之一。① 但至古波斯阿契美尼德时期（前550～前330），该教在波斯帝国境内风靡一时，大概在大流士一世（前522～前486年在位）时期，被定为国教，包括曾附属于帝国的粟特、花剌子模、巴克特里亚等中亚地区也流行此教。在古波斯都城波斯波利斯遗址的百柱宫、薛西斯一世陵等处出土有琐罗亚斯德教的主神阿胡拉·马兹达的石刻像。② 阿契美尼德时期的滚筒印章上所刻绘的大流士射狮子场景，阿胡拉·马兹达像高悬空中。③ 关于阿契美尼德时期的宗教，据希腊史学家希罗多德记载："据我所知，波斯人所遵守的风俗习惯是这样的：他们不供养神像，不修建神殿，不设立祭坛……他们不相信神和人是一样的。"④ 可能当时的琐罗亚斯德教主要是崇拜圣火，独尊阿胡拉·马兹达。⑤

---

① 〔古希腊〕希罗多德：《历史（希腊波斯战争史）》上册，王以铸译，第66页。
② Shāpur Shahbazi, *The Authoritative Guide to Persepolis*, Safiran Mirdashti, 2014, p. 179, pl. 143 – 144, p. 218, pl. 179.
③ 〔匈牙利〕哈尔马塔主编《中亚文明史》第2卷，徐文堪译，第29页，图6。
④ 〔古希腊〕希罗多德：《历史（希腊波斯战争史）》上册，第68页。
⑤ J. Darmesteter Transl, *The Zend-Avesta*, Part I, *The Vendidād*, in F. Max Müller ed. SBE, Vol. IV, Oxford University Press, 1887, repr. Motilal Bararsidass, 1965, 1969, 1974, 1980, pp. 112 – 116. 转引自张小贵《中古华化祆教考述》，文物出版社，2010，第62、87页。

　　希腊地理学家斯特拉波（Strab，前 64～23）记录了波斯境内琐罗亚斯德教十分活跃的卡帕多启亚（Cappadocia）地区的习俗："他们有火庙，其四周显然有围墙，中间有祭坛，坛上有大量的火烬。麻葛们保持着火永燃不灭。他们每天都到火坛里祈祷一个小时……在火前，他们披戴头巾，头巾垂至面颊，遮住嘴唇。"斯特拉波把拜火与琐罗亚斯德教僧侣麻葛联系起来，应该是当时该教信仰的主要特色。[①]

　　随着马其顿亚历山大对波斯的征服，琐罗亚斯德教有所衰弱，但在帕提亚时期开始恢复，至萨珊波斯时期重振辉煌，成为波斯的国教。不过，萨珊王朝并非简单恢复阿契美尼德王朝的宗教，而是在新的时期对这个古老宗教进行了体系化、规范化。现存的琐罗亚斯德教经典，绝大部分就是在这个时期，通过国家的力量，按统治者的旨意整理形成的，因而萨珊朝的琐罗亚斯德教才是严格意义上的宗教。[②] 它有系列化经典、完整的戒律礼仪及教会组织等。

　　公元 7 世纪伊始，阿拉伯征服波斯，琐罗亚斯德教波斯国教的地位逐渐让位于伊斯兰教，但这种转换持续了相当长的一段时间。至今在伊朗亚兹德（Yazd）一带，仍有琐罗亚斯德教徒村落，如沙里发巴特一带等，保留了该教大量的古老行为和信条。还有一部分教徒在 9 世纪后半期受伊斯兰教势力排挤向印度西海岸孟买一带发展，成为印度的帕尔西人（Parsis）。[③]

---

① Strab, *Geography*, ⅩⅤ, 3.15.（Loeb Classical Library），转引自林悟殊《波斯拜火教与古代中国》，新文丰出版公司，1985，第 55 页。

② 张小贵：《中古华化祆教考述》，第 4 页。

③ 〔英〕玛丽·博伊斯：《伊朗琐罗亚斯德教村落》，张小贵、殷小平译，中华书局，2005，第 1 页。

由于萨珊波斯在欧亚社会的交往中处于十分活跃的地位，琐罗亚斯德教后亦广泛流行于广大的中亚地区，在粟特、花剌子模、七河流域等地发现了大批的殓葬死者（拜火教徒）烧余之骸骨的小棺材。这种小棺材，亦称"盛骨瓮"（或称纳骨器），王室用金瓮。《隋书·西域传》云："正月六日、七月十五日以王父母烧余之骨，金瓮盛之，置于床上，巡绕而行，散以花香杂果，王率臣下设祭焉。"① 而民间则流行陶制盛骨瓮，其形状不一，主要是长方形和椭圆形瓮状，内装死者骨殖，外饰各种人、动物、植物或其他图案。在今天中国新疆焉耆、吉木萨尔等地也曾发现与七河流域类似的盛骨瓮，② 但多为素面，而且没有装饰。苏联学者根据在撒马尔罕发现的陶制骨灰盒认为，这种用专门的棺材盛置尸骨的安葬方法与波斯地区不同，波斯的拜火教信徒是将尸骨安葬于一种圆形的无顶盖的石塔上，以便让其自然风化。③ 而粟特等地区的葬俗是以盛骨瓮代替波斯的安息塔（寂寞塔）。这种礼俗的形成，是东伊朗部落两大葬仪，即天葬（陈尸供鸟或凶兽啄食）和火葬合流的结果。④

此外，与萨珊波斯正统的琐罗亚斯德教不同，中亚地区没有将其定为国教，因为这里不曾有过统一的国家，存在着多神崇拜。苏联学者加富罗夫亦根据在粟特地区发现的某些宗教仪式用具和壁画，断定粟特人的拜火教和当时伊朗萨珊王朝典型的拜火

---

① 《隋书》卷83《西域传》，第1850页。
② 姜伯勤：《中国祆教艺术史研究》，第185~194页。
③ 〔苏联〕A. IO. 雅库鲍夫斯基：《边吉肯特绘画研究诸问题》，佟景韩译，《美术研究》1958年第3期，第77~103页。
④ 蔡鸿生：《唐代九姓胡与突厥文化》，中华书局，1998，第135页。

教有很大差别。粟特拜火教的特点是它保留了当地古代祭祀的部分（包括祭祀祖先和天体——太阳与月亮）。[①] 另一位苏联学者斯塔维斯基亦认为，前穆斯林时期中亚地区这种有别于萨珊波斯正统琐罗亚斯德教的官定的神祇的多神崇拜，可以相对地称为马兹达教。[②] 苏联考古工作者在中亚粟特地区的考古发现也证明了这一点，如布哈拉的瓦拉赫沙（Varakhsha）古城、撒马尔罕的阿弗拉希亚伯（Afrāsiāb）古城以及撒马尔罕之东约 60 公里的片治肯特（Panjikent）古城的 6~8 世纪的壁画中，就有诸多祆神形象。索格底亚那出土粟特语文书提及了各种神祇，如佐尔万（Zrw）、阿德巴德（Ãδβaγ）、维什帕尔卡尔神（Wšprkr）、娜娜（Nanai）等，但波斯的琐罗亚斯德教的最高神阿胡拉·马兹达则较少提及。因而有学者指出，东伊朗地区也即索格底亚那宗教可以归为琐罗亚斯德教教义影响下的索格底亚那本地的偶像崇拜或者说是本地的伊朗偶像崇拜，因为这里事先已经存在当地信仰和实践的基础。[③] 也可以说，粟特地区祆神崇拜多元化的特点也反映了波斯正统琐罗亚斯德教在东传过程中发生的变异。当变异的粟特祆神传入中国以后，自然呈现出不同的表现形式。[④]

南北朝时，这种中亚化马兹达教亦通过今新疆传入内地，称"胡天"或"天神"。其传入时间大概在 5 世纪中叶前后，[⑤] 其信教群体主要是东来的以粟特诸部为主的伊朗系人种的各

---

① 〔苏联〕Б. Г. 加富罗夫：《中亚塔吉克史》，肖之兴译，第 121 页。
② 姜伯勤：《敦煌吐鲁番文书与丝绸之路》，第 242 页。
③ 〔俄〕В. А. 李特文斯基主编《中亚文明史》第 3 卷，马小鹤译，第 367~368 页。
④ 张小贵：《中古华化祆教考述》，第 69 页。
⑤ 林悟殊：《波斯拜火教与古代中国》，第 119 页。

个民族，他们往往以商团的形式进入中国从事贸易活动，在一些重要的城镇及交通要道，建立他们的聚落。故凡是丝路沿线粟特移民聚落区内，都有该教活动的记载。在高昌麴氏王朝时期的文书中，就有一种神祠被称为"胡天"，至唐代西州时期，则被称为胡祆。《魏书·高昌传》云高昌地区"俗事天神，兼信佛法"；同书《焉耆传》云焉耆"俗事天神，并崇信佛法"。[1] 而北魏、北齐、北周的统治者亦有信奉胡天者。北魏灵太后时（516～527），曾临幸嵩高山，"夫人、九嫔、公主已下从者数百人，升于顶中。废诸淫祀，而胡天神不在其列"[2]，显然是崇信胡天神。北齐后主末年亦"祭非其鬼，至于躬自鼓舞，以事胡天。邺中遂多淫祀，兹风至今不绝。后周欲招来西域，又有拜胡天制，皇帝亲焉。其仪并从夷俗，淫僻不可纪也"[3]。姜伯勤先生通过对吐鲁番出土高昌时期的文书研究后认为，在十六国北朝时期流行的祆教，即所谓的"胡天"崇拜，主要即指中亚马兹达教或粟特人对 Baga（或称 Adbag）的崇拜。吐鲁番阿斯塔那 524 号墓所出《高昌章和五年（535）取牛羊供祀账》中有云："丁谷天。次取孟阿石儿羊一口，供祀大坞阿摩。"姜伯勤认为此"大坞"之坞为一种设防的城堡或庄堡，而"阿摩"二字之中古河西音拟音为 'a，ba，是粟特语 Adbag 的对音，因此"大坞阿摩"即大城堡奉祀的 Adbag 神。粟特语的 Adbag 意为大神，是粟特人对祆教最高神阿胡拉·马兹达（Ahura Mazda）的称呼，粟特人避讳，

---

① 《魏书》卷 101《高昌传》，卷 102《焉耆传》，第 2243、2265 页。
② 《魏书》卷 13《皇后列传一》，第 338 页。
③ 《隋书》卷 7《礼仪志二》，第 149 页。

避免直称其名，故称大神 Adbag。而 Baga 即是"胡天"神，亦即祆神。[1]

至唐时，这种"胡天"在文献中又称"胡祆"或祆神，其多神崇拜的特点比较明显，同时又夹杂一些幻术成分。敦煌文书 S.367《沙州伊州地志》（所记唐前期事）记伊州（即伊吾，今新疆哈密）：

> 火祆庙中有素书（即素画）形象无数。有祆主翟槃陀者，高昌未破以前，槃陀因入朝至京，即下祆神，以利刀刺腹，左右通过，出腹外，截弃其余，以发系其本，手执刀两头，高下绞转，说国家所举百事，皆顺天心，神灵助，无不征验。神没之后，僵仆而倒，气息奄，七日即平复如旧。有司奏闻，制受游击将军。[2]

P.2005《沙州图经》（约在唐高宗时期）卷3记敦煌祆神庙云："祆神，右在州东一里，立舍，画神主，总有廿龛，其院周回一百步。"[3] 看来中土的祆教保留了各种圣像崇拜，并掺杂一些西域幻术成分。另外，法国国立图书馆藏敦煌文书 P.4518 中的一幅纸本白画有两位女神像的图画，左边一位一手执盅，一手执盘，盘中蹲坐一小犬；右边的女神共有四臂，后两臂一手执日，一手执月，前面两臂一手执蛇，一手执蝎。其风格与粟特地

---

[1]　姜伯勤：《敦煌吐鲁番文书与丝绸之路》，第243~260页。
[2]　唐耕耦、陆宏基编《敦煌社会经济文献真迹释录》第一辑，书目文献出版社，1986，第40~41页。
[3]　唐耕耦、陆宏基编《敦煌社会经济文献真迹释录》第一辑，第13页。

区阿弗拉希亚伯壁画及片治肯特 XXIV：13 号地点壁画上的若干男女粟特神像非常相似，有学者认为他们都应纳入祆教的粟特神祇。① 此后，更有学者进一步研究认为敦煌白画中着汉装的四臂女神正是粟特娜娜女神的流变形态。②

隋唐时期，中国同西方的交往更加密切而频繁，更有一批胡人深入内地，当时长安、洛阳等地聚居不少这类以粟特人为主的伊朗系人种的各个民族。这种祆教信仰亦被带进来，据韦述《两京新记》等书记载，长安城就设有五处祆祠，分布在布政坊西南隅、醴泉坊西北隅、普宁坊西北隅、靖恭坊街南之西，此外崇化坊亦立有一处祆祠。洛阳有四处祆祠，分布在会节坊、立德坊、修善坊、南市西坊③等。这些祆祠的主要功能就是给来自西域、中亚等地的移民提供一个宗教活动的场所。长安等地区应与丝路沿线的其他地区如高昌、焉耆、伊吾、敦煌等地一样，亦主要流行中亚化的马兹达教（祆教）。最主要的就是它仍保留了中亚一带多神崇拜及一些西域幻术的成分，前引《沙州伊州地志》即记载，伊州祆主翟槃陀在贞观初就已在长安进行了所谓以刀刺腹等的下神幻术表演。另外，唐人张鷟《朝野金载》记载：

> 河南府立德坊及南市西坊，皆有胡祆神庙。每岁商胡祈福，烹猪羊，琵琶鼓笛，酣歌醉舞。酬神之后，募一僧

---

① 张广达：《祆教对唐代中国之影响三例》，载《法国汉学》第 1 辑，清华大学出版社，1996，第 143~154 页。

② 姜伯勤：《中国祆教艺术史研究》，第 269 页。

③ 向达：《唐代长安与西域文明》，第 87~88 页。

（胡）为祆主，看者施钱并与之。其祆主取一横刀，利同霜血，吹毛不过，以刀刺腹，刃出于背，仍乱扰肠肚流血。食顷，喷水咒之，平复如故。此盖西域之幻法也。

同卷又记：

凉州祆神祠，至祈祷日，祆主以铁钉从额上钉之，直洞腋下，即出门，身轻若飞，须史数百里。至西祆神前舞一曲即却，至旧祆所乃拔钉，无所损。卧十余日，平复如故。莫知其所以然也。①

文中提到的所谓的"酬神""西祆神"，都是中亚一带多神崇拜的表现；而伊州、凉州、洛阳等地的祆祠在祭神过程中所表演的西域幻术，也体现出他们之间一脉相承的关系。长安亦有数处祆祠，其祭神情况大概也当如此。所以有学者认为，唐代这种与百戏（西域幻术等）相结合的祆神崇拜和具有完整宗教体系的波斯琐罗亚斯德教，显然已有本质上的不同，不可等量齐观。② 亦有学者明确指出，这一时期的祆教"已非波斯本土之正宗，而为昭武九姓之变种"③。也可以说，中古中国所流行的祆教，主要是通过陆路东渐，经由粟特人的传播间接而来。粟特祆教徒多因经商等原因迁徙而传播，和摩尼教、景教不同，其并不致力于向外族传播本教，因而也没有什么经典译成汉语，

① （唐）张鷟著，赵守俨点校《朝野金载》卷3，中华书局，1979，第64~65页。
② 林悟殊：《中古三夷教辨证》，中华书局，2005，第338页。
③ 蔡鸿生：《学境》，博士苑出版社，2001，第154~155页。

往往通过自身的礼俗如拜火、事天等影响中国人，因而中国人也想当然地给其教安一个祆字并沿袭下来。① 这也是从波斯琐罗亚斯德教到中亚马兹达教最后到中国祆教的传播与变化过程。

值得注意的是，祆教在东传过程中，亦与佛教相互借鉴。前引《魏书·高昌传》云：高昌地区"俗事天神，兼信佛法"；敦煌 S.272 号"大蕃国庚辰五年廿三日沙州"所书《太史杂占历》中即有"将佛似祆"的记载。② 前述敦煌发现的具有祆教特征的图像发现在佛教石窟当中，似乎也透露出这幅画像后来已被看作佛教图像。③ 而长安城同一坊内祆祠往往与众多佛寺林立，布政坊的祆祠就与同坊内之佛寺如善果寺、镇国大般若寺、法海寺、济法寺、明觉寺等并列存在，似亦可说明这一点。韦述的《两京新记》卷3记长安布政坊胡祆祠："武德四年（621）所立，西域胡天神，佛经所为摩醯首罗也。"这正是以佛教的眼光看祆教图像的结果。④ 唐代中后期，河西路绝，许多中亚胡人转为佛门弟子，长安一带亦有不少中亚祆教徒转为佛门弟子，从另一个方面说明佛教对祆教的渗透。⑤

武宗会昌毁佛后，祆教也一同被禁断，"勒大秦穆护、祆三

---

① 张小贵：《中古华化祆教考述》，第 8 ~ 10 页。

② 姜伯勤：《敦煌吐鲁番文书与丝绸之路》，第 248 页。

③ 荣新江：《中古中国与外来文明》，第 323 页。

④ （唐）韦述撰《两京新记》，中华书局，1985，第 7 页；姜伯勤：《敦煌艺术宗教与礼乐文明》，中国社会科学出版社，1996，190 ~ 191 页；荣新江：《中古中国与外来文明》，第 323 页。

⑤ 韩香：《唐代长安中亚人的聚居及汉化》，《民族研究》2000 年第 3 期，第 63 ~ 72 页；又见氏著《隋唐长安与中亚文明》，第 321 页。

千余人还俗"①，作为一种以胡人群体为信仰主体的宗教，祆教并不主动传教，也没有携带经典，其只能作为一种习俗，以感性的方式为汉人不同程度地接受，从而影响汉人社会。因而祆教在遭到禁断后，最终的走向是以胡俗的方式影响汉人，逐渐走向汉人的民间，汇入中土的民俗，即祆教的民俗化。② 根据宋代文献记载，民间依然有祆庙、祆祠存在，成为民间信仰的一部分，和唐代拜火事天等行为已完全不同了。唐以后有"祆"无"教"是这一外来宗教进一步民俗化的表现，③ 和其源头波斯地区的琐罗亚斯德教更是大相径庭了。

第二节 摩尼教——创于波斯而向外发展的宗教

摩尼教是波斯人摩尼（216~277）于公元 3 世纪所创立的，主要吸收了琐罗亚斯德教（祆教）、基督教、巴比伦古代宗教及佛教等教义思想而形成的一种宗教，主张光明与黑暗、善与恶的对立，是彻底的二元论。作为一种世界性宗教，祆教的排他性使之不易于在伊朗语之外流行，摩尼教的这种折中性在其传播中发挥了巨大的作用。④

摩尼诞生地为萨珊波斯的泰西封（Ctesiphon，今伊拉克首都巴格达南面），但其传教之地最初是在经波斯向北渡海至印度一带，他到土兰（Tūrān，今伊朗锡斯坦俾路支省东北）等地传教，

---

① 《旧唐书》卷 18 上《武宗本纪》，第 606 页。
② 林悟殊：《中古三夷教辨证》，第 360~361 页。
③ 张小贵：《中古华化祆教考述》，第 208 页。
④ 张广达、王小甫：《天涯若比邻——中外文化交流史略》，（香港）中华书局，1988，第 123 页。

可能还到访过犍陀罗地区。有学者研究指出，这大概和摩尼的母族式微、摩尼没有足够的政治力量来支持自己的传教事业有关。他也可能追随印度使徒托马斯的足迹前往南亚一带。[①] 摩尼曾派弟子前往呼罗珊及伊拉克北部传教。

摩尼创教之初曾得到萨珊国王沙普尔一世（Shāhpūr Ⅰ，240～272 年在位）的保护，因为摩尼世界性宗教的理念符合沙普尔一世向外扩张领土、建立霸权政治的需要。但因为受到萨珊国教琐罗亚斯德教的压制，摩尼教不久即遭到萨珊波斯统治者白赫兰一世（Bahram Ⅰ，273～275）的禁绝，教徒四处出逃。许多人越过阿姆河向东逃至诸国林立的中亚索格底亚那，在摩尼教徒的影响下，当地信教者日益增多。公元 7 世纪后，粟特语逐渐代替帕提亚语成为摩尼教教会用语，从而使该地区成为摩尼教在东方传教的中心，它也是后来位于更东边的西域乃至中原地区摩尼教的端绪所在。[②] 林悟殊先生亦认为，在中亚地区信奉摩尼教的不仅仅是粟特人，还有当地的其他诸多民族。随着公元 8 世纪阿拉伯对中亚的入侵加强，索格底亚那承受了相对大的压力，摩尼教将其发展中心移到宗教与政治环境稍为缓和的吐火罗地区。[③] 因而吐火罗地区的摩尼教受到索格底亚那的影响，亦有一定的发展，唐玄宗时期该地区曾有摩尼教法师大慕阇到访大唐。

西域地区也是摩尼教东传的重要地区。在吐鲁番地区发现的大量摩尼教文献残片，主要是用古突厥文和三种著名中古伊朗文（即中古波斯文、巴列维文和粟特文）写成的。中古波斯文和帕

---

① 王媛媛：《从波斯到中国：摩尼教在中亚和中国的传播》，中华书局，2012，第 21 页。
② 王媛媛：《从波斯到中国：摩尼教在中亚和中国的传播》，第 24 页。
③ 王媛媛：《从波斯到中国：摩尼教在中亚和中国的传播》，第 31 页。

提亚文属西伊朗文，系中亚教会用语，粟特文属东伊朗文，系中亚的地方语言。此处还有一小块残片是用大夏文写的，两块残片是用乙种吐火罗文写的，故可知古代中亚的各个民族，都曾不同程度地流行过摩尼教。[①] 吐鲁番的摩尼教信仰主体，应当主要是粟特及回鹘人。而新疆焉耆、龟兹、和田等地，也发现若干中古波斯文、粟特文的关于摩尼教的文献材料，如摩尼教赞美诗跋文、信件等。另外，吐鲁番地区 K 遗址发现的有关摩尼教的壁画，绘有身穿白色衣服、戴白色帽子的摩尼及他的选民，画像上或画像旁有粟特文题记。[②] 其绘画的艺术风格，很多方面受中亚中世纪细密画艺术的影响。

摩尼教之所以在中亚、西域获得发展，一方面是与中亚地区诸国林立的社会状况有关，另一方面与其灵活折中的传教方式不无关系。在东传的过程中，摩尼教教义有很多方面同佛教教义相折中，中亚和中国的摩尼教经文越来越受到佛教的影响。吐鲁番发现的摩尼教文献残片中，亦往往把摩尼与佛教的神划一。[③] 西域高昌等地的摩尼教在回鹘西迁以前就有了一定的发展。至少在 8 世纪晚期及 9 世纪初，西域的高昌或已成为东方摩尼教徒理想的聚居地，回鹘西迁以后，高昌回鹘更是大力支持摩尼教，自然这里成为东方摩尼教的一个重要中心。

摩尼教大概于武周延载元年（694）传入中国内地。史载该年"波斯国人拂多诞，持《二宗经》伪教来朝"[④]。该教教义中

---

① 林悟殊：《摩尼教及其东渐》，第 40、183～190、191～207 页。

② 王媛媛：《从波斯到中国：摩尼教在中亚和中国的传播》，第 227～246 页。

③ 林悟殊：《摩尼教及其东渐》，第 43 页。

④ （宋）志磐撰，释道法校注《佛祖统纪校注》卷 40，上海古籍出版社，2012，第 931 页。

一些类似弥勒下生的说法符合武则天的政治宣传需要，受到武后的赏识，允许其公开传播。其后又凭借回鹘的势力在长安等地建立寺院，广为流传。《佛祖统纪》载代宗大历三年（768）正月"敕回纥奉末尼者建大云光明寺"①。不过长安等地流行的摩尼教，并非直接来自摩尼教发祥地，即古波斯巴比伦一带的摩尼教团，而是来自中亚摩尼教团。因为其东来显然经过中亚，而且中亚胡人本就是各种宗教的热心传播者，对摩尼教亦是如此。《册府元龟》卷971记载开元七年（719）：

> 吐火罗国支汉那王帝赊，上表献解天文人大慕阇。其人智慧幽深，问无不知。伏乞天恩，唤取慕阇亲问，臣等事意及诸教法，知其人有如此之艺能。望请令其供奉，并置一法堂，依本教供养。②

大慕阇为摩尼教法师，应该是中亚摩尼教会最高领袖的称号，请置法堂应该就是请求设立摩尼教寺。吐火罗国（今阿姆河北岸支流苏尔汉河上游一带）支汉那王信仰摩尼教，所以欲将其教介绍给中国，也可能是此时吐火罗受到阿拉伯势力东侵的压力，欲向东寻求更大的支持。

而回鹘政权中的摩尼教徒亦多是粟特人，1909年在外蒙古发现的《九姓回鹘可汗碑》可以证明这一点，该碑用回鹘文、汉文、粟特文三种文字写成，上面记载了回鹘可汗（牟羽可汗）

---

① （宋）志磐撰，释道法校注《佛祖统纪校注》卷42，第962页。
② 《册府元龟》卷971《外臣部·朝贡四》，第11406页。

助唐平"安史之乱"后,于唐代宗宝应二年(763)携睿息等摩尼教四僧返回漠北,从而开正教于回鹘之事。① 当然,这些粟特人多为经商之人,常依回鹘势力而辗转内地来经商。《新唐书·回鹘传》记载:"摩尼至京师,岁往来西市,商贾颇与囊橐为奸",同卷又记"始回纥至中国,常参以九姓胡,往往留京师,至千人,居赀殖产甚厚"。② 九姓胡即昭武九姓胡人,也即粟特人,他们的到来,也使得摩尼教在长安及江淮一带开始盛行。《佛祖统纪》云"回纥请于荆、扬、洪、越等州置大云光明寺,其徒白衣白冠"③。《册府元龟》卷999载宪宗元和二年(807)正月"回鹘使者请于河南府、太原府置摩尼寺三所,许之"④。

和祆教一样,摩尼教亦在武宗会昌法难中遭到重创,如会昌三年(843)四月,"敕下,令煞天下摩尼师。剃发,令着袈裟,作沙门形而煞之"⑤。摩尼教寺院被取缔,僧侣被屠杀。此后逐渐转入民间,成了农民起义利用的工具,也成了宋代明教的渊源所在。该教于清末民国时在福建沿海一带依然有一定影响。例如在福建霞浦、福州、屏南等地相继发现摩尼教遗存,既有文献、文物,也有摩尼教庙宇。当然,与原始摩尼教不同,霞浦摩尼教在流播过程中,因应形势的不同而逐步佛道化甚至民间化,这大概是霞浦摩尼教在福建、浙江一带绵延不

---

① 林梅村、陈凌、王海城:《九姓回鹘可汗碑研究》,载《欧亚学刊》第1辑,中华书局,1999,第151~171页。

② 《新唐书》卷217上《回鹘传上》,第6126、6121页。

③ (宋)释志磐撰《佛祖统纪》卷42,载《大正新修大藏经》第49册,第962页。

④ 《册府元龟》卷999《外臣部·请求》,第11724页。

⑤ 〔日〕圆仁著,白化文、李鼎霞、许德楠校注,周一良审阅《入唐求法巡礼行记校注》卷3,花山文艺出版社,1992,第416页。

绝的原因所在。①

此外，同祆教、景教一样，摩尼教在东传的过程中，也多依托佛教。中国国家图书馆所藏的《摩尼教残经》，是现存最早的汉译摩尼教经典，大约传译于武后时代，其中已充斥佛教术语。而21世纪初在敦煌发现了一部摩尼教残经《摩尼光佛教法仪略》，它是开元十九年（731）驻唐京城的摩尼传教士奉诏而作的一个解释性文件。林悟殊先生通过分析国外学者对其进行研究的成果认为，《摩尼光佛教法仪略》里所用的一些音译词语，多源自中亚的语言（包括中古波斯语、婆罗钵语及粟特语），并认为随着摩尼教的东向发展，这个教团的佛教色彩进一步加深佛化，如教主摩尼就被称为摩尼光佛，该经典还将摩尼与佛陀、老子合为一体，三圣同一，其内容与行文，亦多依托佛教。这是唐代长安等地摩尼教直接来自中亚摩尼教团的一个极好的例证。②

作为一种二元论的世界性宗教，摩尼教经历了从波斯到中亚，又从中亚、西域到中国以及从中原经漠北西传的过程，这其中大量吸收了琐罗亚斯德教、佛教、道教等的文化因子，也使得其本原的面貌发生了很大改变。但无论如何，摩尼教所吸收、借鉴的其他宗教特别是佛教的文化元素等并没有改变其本质，也使得其在有唐一代并没有走上与其他宗教的融合之路，其本身的独立性依旧存在，也就是说来自波斯本原的二元论的本质还是没有改变的。

---

① 杨富学、李晓燕、彭晓静：《福建摩尼教遗存踏查之主要收获》，《宗教学研究》2017年第4期，第259～270页。

② 林悟殊：《摩尼教及其东渐》，第63～73页。

第三节　大秦景教——带有浓厚波斯血统的宗教

景教即西方基督教派的一支聂斯托里派（Nestorianism），从属于东西两个基督教会中的东方教会，也即东罗马帝国的教会。

景教产生于公元5世纪上半叶。其创立者聂斯托尔（又称聂斯托里）为叙利亚人，出生于泽曼泥西阿（Germanicia）。他是安都市外圣攸普雷庇阿斯修道院（St. Euprepius）的修道僧，属于安都学派。他因博学多闻、善于说教而崭露头角，名声亦传至东罗马朝廷中。公元427年，东罗马帝国首都君士坦丁堡（Constantinpole）的教长锡辛纽斯（Sisinius）逝世，东罗马皇帝迪奥多斯二世（Theodosius Ⅱ）拔擢聂斯托尔为后继者，继法主位。因其讲论主张与正统基督教义相左，遭到反对派的激烈攻击。其主要论敌是埃及亚历山大城教父圣西理禄（Saint Cyril），他发起了排斥聂斯托尔运动，并屡呈文书于西罗马教会法王塞雷斯恩泰（Pope Celestine）控告聂斯托尔，于是迪奥多斯二世于公元431年在小亚细亚的以佛所（Ephesus）开会，正式宣布聂斯托尔为异端，剥夺其君士坦丁堡法主的教职。公元435年，聂斯托尔被流配埃及，其后备受迫害而死。[①] 景教的大部分文书被烧毁。

聂斯托尔自公元431年在以佛所的宗教会议上惨败，被基督教法规和罗马帝国法律判为异端以后，其残党从罗马帝国领土进

---

① 〔日〕佐伯好郎：《景教の研究》，东方文化学院东京研究所，1935；见朱谦之《中国景教——中国古代基督教研究》，东方出版社，1993，第16～21页。

入波斯领土，得到波斯统治者卑路斯（Peroz Ⅰ）的保护与支持，遂得到发展。于公元498年前后成立了一个独立的基督教会，即景教会。有学者认为波斯有基督教徒，可能在萨珊以前，不过真正以聂斯托里信仰为模式的独立基督教会，即汉文所称的景教会，则是在公元498年正式确立的。[①]

波斯景教会的独立，有其重要的政治原因，主要是由于罗马与波斯断交，波斯朝廷与聂斯托里派有相互结合的倾向。[②] 景教徒不得志于罗马教廷，乃向东发展，至公元498年，景教徒集会于当时的波斯京城塞琉西亚（Seleucia），组织名副其实的独立教会，而与罗马教廷断绝关系。景教在波斯的发展虽然依旧保持着希腊思想文化特色，但显然也受到当地正统宗教拜火教的影响，如僧侣、传道士可以娶妻生子。

其后阿拉伯征服波斯，萨珊波斯王朝内的景教徒虽然未被强迫改宗，但受到重重限制，并被课以重税。聂斯托里教信徒亦纷纷逃到中亚，故其教又在中亚、西域一带广泛流行开来，唐代开始进一步东传中国。有学者指出，波斯向来以袄教为国教，中亚民族也多信奉；而佛教早在西域广为流行；因此，虽然有不少人，包括上层人物，甚至某些小部落皈依景教，但景教毕竟没有被西域哪个国家奉为国教，未能与当地强大的政治势力结合。[③]因而在东传的过程中，景教只能向中国政府或中央朝廷靠拢，希求得到政治上的保护。

---

① Matti Moosa, "Nestorian Church", *The Encyclopedia of Religion*, New York 1987, p. 370. 转引自林悟殊《唐代景教再研究》，中国社会科学出版社，2003，第87页。
② 朱谦之：《中国景教——中国古代基督教研究》，东方出版社，1993，第30页。
③ 林悟殊：《唐代景教再研究》，第88页。

从某些方面来说，唐代来华的景教徒，更多走的是一条上层路线。约在贞观九年（635），景教经中亚传入中国，据明天启年间（1621～1627）出土的《大秦景教流行中国碑》记，该年大秦国上德阿罗本（Alopen）始来长安，诏于义宁坊造大秦寺一所，度僧 21 人。又据该碑所述，从太宗以降直到立碑时的德宗，除武则天外，最高统治者几乎都对景教表示了好感，景教徒也曾公开在汉人中传教。如景教碑所言：

　　神天宣庆，室女诞圣于大秦；景宿告祥，波斯睹耀以来贡……真常之道，妙而难名，功用昭彰，强称景教……高宗大帝，克恭缵祖，润色真宗；而于诸州各置景寺，仍崇阿罗本为镇国大法主。法流十道，国富元休；寺满百城，家殷景福。圣历年，释子用壮，腾口于东周。先天末，下士大笑，讪谤于西镐。有若僧首罗含，大德及烈，并金方贵绪，物外高僧，共振玄纲，俱维绝纽。玄宗至道皇帝，令宁国等五王，亲临福宇，建立坛场。法栋暂桡而更崇，道石时倾而复正。天宝初，令大将军高力士，送五圣写真，寺内安置；赐绢百匹，奉庆睿图。龙髯虽远，弓剑可攀；日角舒光，天颜咫尺。三载，大秦国有僧佶和，瞻星向化，望日朝尊。诏僧罗含、僧普论等一七人，与大德佶和，于兴庆宫修功德。于是天题寺榜，额载龙书；宝装璀翠，灼烁丹霞；睿札宏空，腾凌激日。宠赍比南山峻极，沛泽与东海齐深。道无不可，所可可名；圣无不作，所作可述。肃宗文明皇帝，于灵武等五郡，重立景寺。元善资而福祚开，大庆临而皇业建。代宗文武皇帝，恢张圣运，从事无为。每于降诞之辰，锡天香以告成功，颁御馔以光景众。且乾以美利，故能广生。圣以体元，故能亭毒。我建中圣神文武皇帝，披八政以黜陟幽明，阐九畴以惟新景命。化通玄理，祝无愧心。至于方大而虚，专静而恕，广慈救众苦，善贷被群生者，我修行之大猷，汲引之阶渐也。若使风雨时，天下静，人能理，物能清，存能昌，殁能乐，念生响应，情发自诚者，我景力能事之功用也。大施主金紫光禄大夫、同朔方节度副使、试殿中监、赐紫袈裟僧伊斯，和而好惠，闻道勤行。远自王舍之城，聿来中夏，术高三代，艺博十全。①

特别是在"安史之乱"时，立此碑的景教徒大施主伊斯也曾效力于郭子仪的朔方军中，"效节于丹廷，策名于王帐"，使得肃宗"于灵武等五郡，重立景寺"作为奖励。② 可见，景教的发展与取得唐代统治者的信任和得到他们的支持分不开。

唐代传入的景教应源自波斯，是具有浓厚波斯血统并受中亚、西域等地文化影响的宗教。

来中国的景教徒中，有相当一批波斯人，亦有不少中亚人。《大秦景教流行中国碑》碑文所录的景教僧首罗含、大德及烈，还有撰述此碑的景净等即为伊兰血统之波斯僧人。景教碑所提到的"金方贵绪，物外高僧"的罗含、大德及烈也有见载于其他史籍。如《册府元龟》载开元二年（714），柳泽"为殿中侍御史，岭南监选使。会市舶使右卫威中郎将周庆立，波斯僧及烈

---

① 张星烺编注，朱杰勤校订《中西交通史料汇编》第一册，中华书局，第 215～219 页；路远：《景教与〈景教碑〉》，西安出版社，2009，第 322～323 页。

② 张星烺编注，朱杰勤校订《中西交通史料汇编》第一册，第 218 页。

等，广造奇器异巧以进"，遭到柳泽的劝谏。"开元二十年
（732）九月，波斯王遣首领潘那蜜与大德僧及烈朝贡。"① 这里
的波斯王似是冒称，因为大德及烈原本就在唐代的岭南，为了其
他什么缘故，在开元二十年，他又与大首领潘那蜜等来到京城长
安，这必然壮大了景教声势。② 此波斯大德僧及烈应该是自海路
而来，将奇器异巧随市舶使进贡朝廷。而罗含，据学者考证，应
该是卒于景云元年（710）的波斯国大酋长右屯卫将军上柱国金
城郡开国公阿罗憾，③ 在清末洛阳曾出土有《阿罗憾墓志》。而关
于撰写景教碑的景净等，在《贞元新定释教目录》中记载波斯僧
景净曾和北天竺迦毕试国法师般若三藏合译佛经《六波罗蜜经》。

> 乃与大秦寺波斯僧景净，依胡本《六波罗蜜》译成七
> 卷。时为般若不闲胡语，复未解唐言，景净不识梵文，复未
> 明释教。虽称传译未获半珠……夫释氏伽蓝大秦僧寺居止既
> 别，行法全乖。景净应传弥尸诃教，沙门释子弘阐佛经。④

说明景净也是一位来自波斯的景教僧人，其所传弥尸诃教
（景教）显然与佛教有别。

---

① 《册府元龟》卷546《谏净部·直谏十三》、卷971《外臣部·朝贡四》，第6547~
　6548、11409页。
② 荣新江：《一个入仕唐朝的波斯景教家族》，载《中古中国与外来文明》，第247~
　248页。朱谦之：《中国景教——中国古代基督教研究》，东方出版社，1993，第
　71页。
③ 朱谦之：《中国景教——中国古代基督教研究》，东方出版社，1993，第156页；
　罗香林：《唐元二代之景教》，中国学社，1966，第62页。
④ （唐）圆照：《大唐贞元续开元释教录》卷十七，《大正新修大藏经》，第55册，
　第892页。

值得一提的是，景教碑上一名叫"文贞"的波斯僧人还曾在唐朝入仕，据荣新江先生考证，此人便是 1980 年西安出土的《大唐故李府君墓志铭》的主人李素。李素墓志载："字文贞，西国波斯人也。"李素是唐朝散大夫守广州别驾上柱国李志的长子，大历年间，李素因有天文星历方面的专长而被征召入京，任职于司天台，前后共五十余年，最终以"行司天监兼晋州长史翰林待诏"的身份，于元和十二年（817）去世。李素字"文贞"的字，就镌刻在《大秦景教流行中国碑》侧叙利亚文和汉文对照书写的僧侣名单左侧第三栏，作"Luka（路加）、僧文贞"；此外墓志载李素的几个儿子名字中均有一个"景"字，由此暗示李素家族"是一个入仕唐朝波斯的景教家族"。[①] 而碑文所记大施主伊斯"远自王舍之城，聿来中夏"，王舍城即今阿富汗北部的巴尔赫（Balkh），也属于波斯的一部分。

另外，西安西郊出土的唐代《米继芬墓志》云：

> 其父米国人也。代为君长，家不乏贤……父讳突骑施，远慕皇化，来于王庭，邀质京师，永通国好……公有二男，长曰国进，任右神威军散将，宁远将军……幼曰僧思圆，住大秦寺。[②]

从铭文中可知，米继芬为中亚米国人后裔，其父突骑施以王

---

① 荣新江：《一个入仕唐朝的波斯景教家族》，载叶奕良主编《伊朗学在中国论集》第 2 集，北京大学出版社，1988，第 82~90 页。荣新江：《中古中国与外来文明》，第238~257 页。

② 阎文儒：《唐米继芬墓志考释》，《西北民族研究》1989 年第 2 期，第 154~160 页。

子的身份作质长安，其继续以质子的身份留居长安。其幼子僧思圆住大秦寺，大秦寺即景教寺院，可知长安米国人中亦有景教徒。

从景教所建寺庙来看，也和波斯有密切的联系。《大秦景教流行中国碑》记载的唐贞观九年大秦国景教僧阿罗本于义宁坊造大秦寺一所，据《唐会要》载，义宁坊是波斯僧阿罗本所立。唐韦述《两京新记》亦云："义宁坊，十字街之东北，波斯胡寺。"[①] 可知其建寺之初，官寺必为波斯寺或波斯胡寺。此外，据韦述《两京新记》记载高宗仪凤二年（677），唐应波斯王子卑路斯之请，于醴泉坊十字街东设波斯胡寺，此寺大概是因为其王后信景教而为景教寺院。[②] 该寺后迁于布政坊西南隅、祆祠之西。唐以波斯胡寺命名，说明景教在入唐过程中，更多的是以波斯胡人所信仰的宗教而为唐人所认识。随着对景教真正来源的了解，唐廷才于天宝四载（745）下诏以大秦寺来称呼：

> 波斯经教，出自大秦，传习而来，久行中国。爰初建寺，因以为名。将欲示人，必修其本。其两京波斯寺宜改为大秦寺。天下诸府郡置者亦准此。[③]

可知在从天宝初开始，两京和一些地方都立有大秦寺。

从景教经典及景教徒译经活动上看，景教在东传的过程中，

---

① （唐）韦述撰，辛德勇辑校《两京新记辑校》卷3，三秦出版社，2006，第58页。
② 荣新江：《中古中国与外来文明》，第245页。
③ （宋）王溥：《唐会要》卷49"大秦寺"条，上海古籍出版社，1991，第864页。

亦免不了受伊朗及中亚文化的影响。该教经典本用叙利亚文，但在古高昌地区（今吐鲁番）发现既有叙利亚文，也有巴列维文（Pahlavi）、粟特文和突厥文的福音书和教论，还有景教内容的壁画。亦有汉文景教经典，法国的伯希和（P. Pelliot）从敦煌携走的文书中就有汉文景教抄本，如《景教三威蒙度赞》《尊经》等，其中《尊经》列举了著名的景教僧景净译出的 30 种经书的名称。① 而著名的《大秦景教流行中国碑》亦是汉文与叙利亚文的对照。另外如前所述，李素、大德及烈等波斯景教僧因其天文星历及数术、机械等见长，为唐廷所重，显然他们是继承了阿拉伯和叙利亚地区传来的希腊文化等，拥有高超丰富的医学、天文、算数等学科知识，也就是说这些波斯僧人将希腊等文化传入中国。《新唐书·艺文志》丙部历算类著录有："《都利聿斯经》二卷。贞元中，都利术士李弥乾传自西天竺，有璩公者译其文。陈辅《聿斯四门经》一卷。"② 关于《都利聿斯经》《聿斯四门经》，据学者研究，大概是有关波斯占星术的书，经西印度、中亚粟特地区向敦煌及以东地区传播；③ 而"都利聿斯"从对音上看，实即"托勒密"（巴列维文 PTLMYWš 或 PTLMYWS、叙利亚文 P-T-L-M-W-S、阿拉伯文 B-T-L-M-Y-W-S）的音译，而《聿斯四门经》可能是托勒密的天文著作 Tetrabiblos。④ 荣新江先生据此指出，《都利聿斯经》和《聿斯四门经》源出希腊托勒密的天文

---

① 〔日〕羽田亨：《西域文化史》，耿世民译，第 61 页。
② 《新唐书》卷 59《艺文志三》，第 1548 页。
③ 姜伯勤：《敦煌吐鲁番文书与丝绸之路》，第 59～63 页。
④ Michio Yano, "A Note on Ptolemy in China", *Documents et Archives Provenant de l' Asie Centrale. Actes du Colloque Franco-Japonais Kyoto 4 – 8 octobre 1988*, ed. Akira Haneda Kyoto, 1990, pp. 217 – 220.

学著作，经过波斯人的转译和改编，向东传播，其中有传到西印度的版本，经过某些改造，最后在贞元初年由李弥乾带到中国，此李弥乾应为波斯人。而此时也是李素任职司天台时，应是由李素主持翻译的。[①] 由此可以看出，波斯人李素家族的景教信仰及波斯天文历算对唐朝的影响。

此外，值得一提的是，景教在传教过程中亦借助佛教的外衣。如汉译景教经典《志玄安乐经》的笔法、内容，充满佛教净土的色彩；《尊经》则是效法佛教忏悔灭罪的敬礼文。[②] 而景教碑文的作者景净还曾与迦毕试（罽宾）高僧般若合译佛经《六婆罗密经》；立于唐建中二年（781）的《大秦景教流行中国碑》重译耶和华为阿罗诃，与佛教中的阿罗汉相近。[③] 另外，长安城中祆祠、大秦寺（亦称波斯胡寺）与佛寺并立的现象亦存在，如唐仪凤二年（677），波斯王子卑路斯曾请于醴泉坊置波斯胡寺，波斯胡寺即为景教寺，亦称大秦寺，而醴泉坊西北隅本就立有一处祆教祠。前云米继芬的幼子景教徒僧思圆，其名字本身就带有浓厚的佛教色彩，从另一个方面也说明其传教政策的灵活性与入乡随俗的特征。

作为中古三夷教之一，景教也没有逃脱武宗会昌毁佛的命运。会昌五年八月，武宗下制书"勒大秦穆护、祆三千余人还俗，不杂中华之风"[④]。景教受到沉重打击，但并没有灭绝，此后或逐渐依附佛、道二教，或因擅长医道而存在，按照林悟殊先

---

① 荣新江：《中古中国与外来文明》，第 246～251 页。
② 林悟殊：《唐代景教再研究》，第 99 页。
③ 沈福伟：《中西文化交流史》，上海人民出版社，1985，第 165～168 页。
④ 《旧唐书》卷 18 上《武宗本纪》，第 606 页。

生的说法，逐渐具有方技化的倾向了。① 但景教在传播过程中所带有的浓厚的波斯色彩也是不可忽视的重要因素。

第四节　入乡随俗与文化转型——唐代入华中西亚胡人宗教信仰变化

有唐一代，中西交通大开，有相当多的中西亚胡人②循着丝绸之路来到中国，其中有官员、使者、僧人等，还有大量的商胡。这些人在入华的同时，也将他们的文化带进来。唐代长安、洛阳等地的"胡化"风气与之有很大的关系。其中，宗教生活是他们文化的一个重要组成部分，他们在进入中国的同时，也将其宗教信仰带到中国。

中西亚地处中西交通要道，也是多种文明汇聚的中心，所以中西亚胡人的信仰也是多种多样的。不过中古时期他们主要信仰祆教、景教、摩尼教（即唐人所谓的三夷教）等。如前所述有唐一代，这些人大量入华，这几种宗教也开始在中土出现、发展并流行，同时仰赖唐代统治者开明宽容的宗教政策，三夷教教徒得以在长安、洛阳等地建祠立寺，并翻译经典。不过在具有强大的儒释道传统底蕴的中国文化面前，这些人所崇奉的三夷教到底会有怎样的发展，或者说他们的三夷教信仰到底能走多远呢？

总体来看，唐代入华的中西亚三夷教教徒在宗教信仰方面，有两种汉化趋势：一是有很多中西亚祆教徒、景教徒、摩尼教徒

---

① 林悟殊：《中古三夷教辨证》，第 361～366 页。
② 这里提到的中西亚胡人主要包括粟特人、波斯人、吐火罗人，甚至包括更远的拂菻等地的人。

因入华已久，入乡随俗，在生活习俗上开始汉化；在经典翻译上，此时期出现了汉译的景教、摩尼教文献，以适应周围广大汉族人等的习俗。二是许多中西亚胡人因种种原因，改信已中国化之佛教，而进一步汉化。我们下面分别加以叙述。

一 入乡随俗——习俗的汉化与经典的汉译

唐代入华的中西亚三夷教教徒主要为波斯人、粟特人，也包括一些吐火罗人、叙利亚人等，这些人以官员、使者、质子、商贩、艺人、传教士等各种身份来到中国。他们不仅传播了来自西方的物质文明，而且将其精神支柱即宗教信仰带入中国，这就是中古时期特别是唐代曾一度流行的祆教、景教、摩尼教。在唐武宗会昌法难之前，唐廷对三夷教政策基本上是宽容的，即不干预其宗教活动，允许其设立寺庙、进行译经活动等。但随着其入华深入，或因经商需求，或因传教便利，或因希冀得到统治者的支持等，很多方面免不了要入乡随俗。其表现一是生活习俗等的汉化，二是汉译经典的出现。

中西亚诸国人来华者有很多为祆教徒，亦有景教徒与摩尼教徒等，故唐代长安、洛阳等地设有祆祠、景教寺（大秦寺）与摩尼寺等，这些人来华既久，已逐渐接受中国习俗。其中，祆教如前所述是公元前6世纪波斯人琐罗亚斯德创立的，波斯人称之为琐罗亚斯德教。虽然该教曾为古波斯及萨珊波斯的国教，但其后流行于广大的中亚地区。中古时期入华中西亚胡人的祆教信仰群体主要是粟特人，丝路沿线各个据点都能见到他们的身影，在长安、洛阳以及包括敦煌、凉州在内的碛西诸州也有他们建立的祆祠。祆教徒在波斯、中亚本土流行火葬，人死后烧余之骨，盛行用一种特殊容器，即"盛骨瓮"来盛放。故中亚粟特、花刺子模、七河流域等地发现了大批殓葬死者（祆教徒）烧余之骸骨的"盛骨瓮"。但这些人入华后，更多地采用中原社会传统的殡葬习俗，即土葬，用棺椁，并立墓志。如西安出土《米萨宝墓志》，志文云米萨宝为米国人，天宝元年卒于长安县崇化里。萨宝即唐政府承认的一个管理祆教的官职，向达先生推测，米萨宝或即长安一祆教徒。[①] 米萨宝卒于天宝元年（742），其来长安大概时间已久，故死后立有墓志。

西安发现的属于祆教徒的墓志还有 1956 年于枣园西出土的《安万通墓志》，志文记载：

> （安万通高祖安但为）西域安息国人……大魏初……奉使入朝，帝恭其 □□□□□□□ 家三品，位至摩诃萨宝。[②]

安万通高祖安但因"奉使入朝"而受到特别礼遇，官至相当于三品大员的摩诃萨宝。"摩诃"是梵文 Maha 的译音，这个词的基本意义是 mahaj，即大、伟大之意。"摩诃"一词在中亚被广泛使用，有的粟特人用之为名，也译作"莫贺"，摩诃萨宝的职位应高于萨宝。[③] 考虑到这个背景，加之安万通生前所居之地为长安普宁坊，而唐在普宁坊设有祆祠，此安万通很可能亦为

---

① 向达：《唐代长安与西域文明》，第 30 页。
② 《安万通墓志》，载吴刚主编《全唐文补遗》第二辑，三秦出版社，1995，第 129 页。
③ 罗丰：《固原南郊隋唐墓地》，文物出版社，1996，第 187～189 页。

祆教徒，但从其立墓志的情况看，似已受汉文化影响很深了。

波斯人中亦多有祆教徒。如 1955 年在发现《安万通墓志》的西安西郊枣园村不远的土门村出土的《唐苏谅妻马氏墓志》，为汉文与波斯巴列维文合璧，中外学者对墓志进行过考释，其中巴列维文中祝祷词所称：

> 此乃已故王族，出身苏谅［家族］之左神策骑兵之长的女儿马昔师，于已故伊嗣侯二四〇年……（愿）其［住］地与阿胡拉·马兹达及天使们同在极美好的天堂里。祝福。①

其意思为"祝愿她（马氏）与祆教主神阿胡拉·马兹达及天使们同在美好的天堂"，由此可以看出这对夫妇应为祆教徒。婆罗钵文是用阿拉美字母拼写的中古波斯文，在长安有人使用婆罗钵文，恐是已知关于这种文字使用的最东界限。② 从墓志中可看出，苏谅一家在唐咸通年间（马氏卒于咸通十五年）仍保持波斯祆教传统，如信奉阿胡拉·马兹达神，使用巴列维文及以伊嗣侯为纪年。不过，从另一方面看，苏谅家族在长安已历任几代军职，汉文墓志部分采用汉文标准纪年，如马氏，"己巳年生，年廿六，于咸通十五年甲午□二月辛卯建廿八日丁巳申时身亡故记"，且巴列维文中亦将唐咸通年月与伊朗历并用，说明他们已

---

① 刘迎胜：《唐苏谅妻马氏汉、巴列维文墓志再研究》，《考古学报》1990 年第 3 期，第 299 页。

② 夏鼐：《唐苏谅妻马氏墓志跋》，《考古》1964 年第 9 期；刘迎胜：《唐苏谅妻马氏汉、巴列维文墓志再研究》，《考古学报》1990 年第 3 期，第 297～299 页。

有一定程度的汉化。

前述荣新江先生曾对 1980 年在西安西北国棉四厂职工子弟学校操场出土的"西国波斯人"李素及其妻卑失氏的墓志进行了深入研究，揭示了李素家族应是入仕唐朝的一个波斯景教家族。在李素六子的名字中，都有一个值得注意的"景"字，如李景伏、李景亮等，而"景"字是景教徒名字中最常见的字。以"景"字命名的大秦寺僧有不少，如景净、景福等。李素曾在司天台任职，曾主持翻译过《聿斯四门经》等天文学经典。此经见于敦煌发现的景教写卷《尊经》所列景教经典目录中，这些景教经典都是大秦寺景教高僧景净在建中、贞元年间所译，这正好也是李素组织翻译《聿斯四门经》的时间，所以李素诸子以"景"命名，或许暗示着这个家族固有的景教背景。不过从志文可看出，李素诸子均在长安地区和河内道任职，其第三子李景亮博学而攻文，第五子李景度为太庙太郎，可见李素一家已基本汉化了。

关于长安摩尼教徒的情况，碑石墓志均未有发现。该教集合祆教、景教之长，入华后，有不少汉人信奉。唐代中后期摩尼教在回鹘地区大为兴盛，"安史之乱"后，教徒凭借回鹘的势力而在长安等地建立寺院。《佛祖统纪》记载，代宗大历三年正月，"敕回纥奉末尼者建大云光明寺"；大历六年，"回纥请于荆、扬、洪、越等州置大云光明寺"；[①]《册府元龟》载，宪宗元和二年（807）正月，"回鹘使者请于河南府、太原府置摩尼寺三所，

---

① （宋）释志磐撰《佛祖统纪》卷 41，载《大正新修大藏经》第 49 册，第 378、474 页。

许之"。① 可见摩尼教传播之广，故其汉化速度也会较快。

在经典翻译上，唐代出现了汉译的景教、摩尼教文献。祆教比较保守，封闭性较强，一般不主动传教，所以入华后也谈不上经典的翻译，目前中国境内也未发现被译为汉文的祆教原始经典。倒是不少中西亚的景教徒、摩尼教徒等在入华后，开始经典翻译工作，并随着不少汉人信仰景教、摩尼教等，出现了汉文景教、摩尼教经典。

景教在东传的过程中，免不了受伊朗及中亚文化的影响。该教经典本用叙利亚文记录，但在古高昌地区（今吐鲁番）发现既有叙利亚文，也有婆罗钵文、粟特文和突厥文的福音书和教论，还有景教内容的壁画。该教传入中国，亦有汉文景教经典。前述《大秦景教流行中国碑》碑文所记贞观十二年，"大秦国大德阿罗本，远将经像，来献上京"，其所献经本当已为汉译经典了。伯希和从敦煌携走的文书中就有汉文景教抄本，如《景教三威蒙度赞》《尊经》等，其中《景教三威蒙度赞》记录了一些祈祷用的赞美诗等，而《尊经》则列举了著名的景教僧景净译出的 30 多种经书的名称。学者认为《尊经》是直接用汉文撰写的经典，具有较强的佛教化色彩。② 还有清末大收藏家李盛铎收藏，后流入日本的《志玄安乐经》《大秦景教宣元至本经》等，也是比较有代表性的汉文景教文献。不过这些经典也在一定程度上本土化了，如《志玄安乐经》的笔法、内容，充满佛教净土宗的色彩，而《大秦景教宣元至本经》的遣词造句状类道经，

①　《册府元龟》卷 999《外臣部·请求》，第 11724 页。
②　林悟殊：《唐代景教再研究》，第 136 ~ 137 页；林悟殊：《中古三夷教辨证》，第 163 ~ 169 页。

是在华的景教传教士面向中国信徒直接用汉文撰写的经籍。① 这些汉文景教经典的出现，说明了景教入乡随俗的特征。

　摩尼教亦是如此。林悟殊先生认为在中亚地区，信奉摩尼教的不仅仅是粟特人，还有当地的其他诸多民族。在吐鲁番地区发现的大量摩尼教文献残片，主要是用古突厥文和三种著名中古伊朗文即中古波斯文、婆罗钵文和粟特文写成的。② 当然也出现了汉文摩尼教经典，20 世纪初在敦煌藏经洞发现了三部汉文摩尼教写经，即《摩尼教残经》《摩尼光佛教法仪略》《摩尼教下部赞》。中国国家图书馆所藏的《摩尼教残经》，是现存最早的汉译摩尼教经典，大约传译于武后时代，其中已充斥佛教术语。③而另一部摩尼教残经《摩尼光佛教法仪略》上下半篇，分别为斯坦因、伯希和所得，收藏于伦敦大英图书馆、巴黎法国国家图书馆。据学者研究，它是开元十九年（731）驻唐京城的摩尼传教士奉诏而写的一个解释性文件。林悟殊先生通过利用国外学者对其研究成果认为：《摩尼光佛教法仪略》里所用的一些音译词语，多源自中亚的语言（包括中古波斯语、婆罗钵语及粟特语），并认为随着摩尼教的东向发展，这个教团的佛教色彩进一步深化，如教主摩尼被称为摩尼光佛，该经典还将摩尼与佛陀、老子合为一体，三圣同一，其内容与行文，亦多依托佛教。④ 因而有学者认为摩尼是借鉴了相当多的佛教文化而创建摩尼教的，

---

① 林悟殊：《唐代景教再研究》，第 99、175～185 页。
② 林悟殊：《摩尼教及其东渐》，第 2～3 页。
③ 林悟殊：《摩尼教及其东渐》，第 191～205 页。
④ 林悟殊：《摩尼教及其东渐》，第 65～72、183～189 页。

以致其宗教号称"摩尼"也来源于佛教。[1]

《摩尼教下部赞》为斯坦因所得，收藏于伦敦大英博物馆，其内容是摩尼教徒在举行宗教仪式时所使用的赞美诗，该经将摩尼教的众神都冠以佛号。[2] 有学者研究指出，《摩尼教下部赞》中多处借用了佛教的常见术语，如"佛性""轮回""涅槃""伽蓝""金刚"等，以至于常常被世人目之为佛教文书。[3] 另外，日本龙谷大学收藏的"大谷4982号文书"被学者认定为在吐鲁番地区发现的汉文写本《摩尼教下部赞》残片，与敦煌本属于同一个汉译本系统。[4] 这些在中国发现的汉文摩尼教文书说明摩尼教在传播过程中更多地受到了中国传统文化及中国化的佛教的影响，经文汉译也是中西亚摩尼教徒入乡随俗的一种表现。

二　文化转型——信仰的转变

唐代入华的中西亚胡人在宗教信仰上的另一个汉化趋势就是许多人改信已经中国化的佛教。作为当时唐代社会的主流信仰，佛教在民众生活中影响很大。唐代的大部分皇帝尊崇佛教，给予佛教较高的地位，有些帝王本就事佛，武后就曾借助佛教为其上台制造舆论，如利用佛教经典《大云经》中以女身受记为转轮

---

① 芮传明：《东方摩尼教的"佛教色彩"论考》，《暨南史学》第八辑，广西师范大学出版社，2013，第67页。

② 林悟殊：《摩尼教及其东渐》，第208～216页。

③ 芮传明：《东方摩尼教的"佛教色彩"论考》，《暨南史学》第八辑，第82～84页。

④ 王媛媛：《从波斯到中国——摩尼教在中亚和中国的传播》，第196～204页。

圣王成佛之教义为其女身治天下进行政治宣传,[①] 又 "令释教在道法之上,僧尼处道士女冠之前"[②]。这样的大环境,不能不对入华的外来移民产生影响。

吐鲁番出土文书记载,在唐代西州高昌县崇化乡,存在来自昭武九姓的粟特聚落,并有祆祠。[③] 在吐鲁番文书中也有名为 "康寺" 的家寺,这是粟特大姓所立的家寺,表明康姓中早就有富有实力的家族放弃粟特传统的祆教,而皈依佛教了。国家图书馆善本部收藏有 1912 年大谷探险队得自吐鲁番高昌故城的《武周康居士写经功德记碑》拓本,此康居士原是西域之康国贵族,此碑文拓片也证明了武周时期吐鲁番的粟特人的佛教信仰情况。[④]

进入内地的中西亚胡人信仰佛教的情况更为常见。如西安出土《安菩墓志》记载,安菩字萨,其先人为安国大首领,安菩本人曾为唐定远将军、六胡州大首领。安菩于麟德元年（664）卒于长安金城坊的私第。[⑤] 安菩显然为中亚安国人,也即粟特人。不过其子金藏、金刚的名字,极具佛教色彩,说明这个进入长安的家族,已经信仰了佛教。[⑥]

笔记小说中亦有胡人事佛的相关记载。如《太平广记》记载:

---

① 陈寅恪:《武曌与佛教》,载《金明馆丛稿二编》,生活·读书·新知三联书店,2001,第 164 ~ 168 页。
② 《旧唐书》卷 6《则天皇后本纪》,第 121 页。
③ 姜伯勤:《敦煌吐鲁番文书与丝绸之路》,第 154 ~ 173 页。
④ 荣新江:《吐鲁番出土〈武周康居士写经功德记碑〉校考——兼谈胡人对武周政权之态度》,《中古中国与外来文明》,第 219 页;荣新江、张志清主编《从撒马尔干到长安——粟特人在中国的文化遗迹》,北京图书馆出版社,2004,第 133 页。
⑤ 《安菩墓志》,《全唐文补遗》第四辑,三秦出版社,1997,第 402 ~ 403 页。
⑥ 荣新江、张志清主编《从撒马尔干到长安——粟特人在中国的文化遗迹》,第 139 页。

则天时，西国献毗娄博义天王下颔骨及辟支佛舌，并青泥珠一枚……珠类拇指，微青，后不知贵，以施西明寺僧，布金刚额中。后有讲席，胡人来听讲，见珠纵视，目不暂舍，如是积十余日，但于珠下谛视，而意不在讲。僧知其故，因问故欲买珠耶，胡云："必若见卖，当致重价。"……遂定至十万贯，卖之。胡得珠，纳腿肉中，还西国……①

这则故事里提到胡人来听讲，却意不在讲而在宝珠，反映了中西亚胡人商贩们也经常出入佛寺等地，也说明佛教对其文化生活的渗透。

中唐以后，这种情况表现得更为明显。如洛阳出土的《康庭兰墓志》载，康庭兰"暨于晚岁，耽思禅宗，勇施罄于珍财，慧解穷于法要"②，可知康庭兰晚年对佛教中的禅宗产生了浓厚兴趣。志文记载，康庭兰的曾祖康匡，为唐游击将军，祖宁为唐归德将军，父烦陀，为唐云麾将军、上柱国，宿卫阙庭。康庭兰一家进入中国较早，其名字已经是典型的汉名，不过其曾祖、父亲的名字都还保留着中亚粟特人名的一些特征，③ 说明康庭兰来自粟特后裔家庭，其晚年转向信仰禅宗，显然其汉化程度已较深。还有西安出土的《石崇俊墓志》，其墓志记其曾祖以使者身份"至自西域"，其祖宁芬，为本国大首领、"散将军"，可以推知石崇俊家族应来自中亚的石国，其家先至张掖，而后至长安。

---

① 《太平广记》卷 402 "青泥珠"条，第 3237 页。
② 《康庭兰墓志》，《全唐文补遗》第四辑，第 438 页。
③ 荣新江、张志清主编《从撒马尔干到长安——粟特人在中国的文化遗迹》，第 145 页。

志文载石崇俊"而后迴向释氏，克崇胜因。转读真乘，冥和旨趣"，[1] 可知其转信佛教，且造诣较深。石崇俊本人于贞元十三年（797）终于群贤里之私第，从其祖父典型的粟特风格的名字来看，可能其祖父辈都是信仰自己本民族的祆教的，他自己最初也是信仰祆教的，"而后迴向释氏"，显然后来才皈依佛教。[2]

中唐以后出现这种局面，主要原因在于"安史之乱"后，中西亚胡人归路断绝，更多的胡人将信仰转向了在中国底蕴深厚且在社会上比较流行的佛教。《大正新修大藏经》卷52《史传部四》所收的《代宗朝赠司空大辨正广智三藏和上表制集》卷2，录有大历二年（767）十月十三日的《请降诞日度僧五人制》，制中载有五名剃度僧。

> 行者毕数延年五十五，无州贯，请法名惠达，住庄严寺；行者康守忠年四十三，无州贯，请法名惠观，住东京广福寺大弘教三藏昆卢舌那院；行者毕越延年四十三，无州贯，请法名惠日，住庄严寺；童子石惠璨年十三，无州贯，请法名惠光，住西明寺；童子罗诠年十五，无州贯，法名惠俊，住西明寺。

同卷中又录有大历三年十月十三日的《降诞日度三僧制》，制中载有三名剃度僧。

---

① 《石崇俊墓志》，《全唐文补遗》第四辑，第472页。
② 荣新江、张志清主编《从撒马尔干到长安——粟特人在中国的文化遗迹》，第155页。

罗文成年三十，贯土火罗国，法名惠弘，请住西明寺；
罗伏磨年四十五，宝应功臣□武校尉守右羽林大将军员
[外]试太常卿上柱国赐紫金鱼袋，贯凉州天宝县高亭乡
□□里，法名惠成，请住化度寺；童子曹摩诃年□□，贯京
兆府万年县安宁乡永安里，父为户……法名惠顺，请住千
福寺。①

　　从姓名上看，这些人均为中西亚胡人，包括粟特人、吐火罗
人等，在长安寺院剃度出家。此事发生在大历年间，"安史之
乱"后，吐蕃占领河西路，中亚诸国人与家乡的联系中断，许
多人转为佛门弟子，而其中有不少应是从祆教徒转变而来的，如
曹摩诃等，其名字本身带有较明显的祆教色彩，此可说明佛教对
祆教的渗透，以及胡人汉化的趋势。

　　胡人聚居的河西地区亦是如此，此时期的河西地区，经过吐
蕃、回鹘等交互占领，有不少胡人聚落被分离、打散，并同化于
汉族等，加之佛教对河西的深刻影响，有不少中西亚祆教徒转变
成佛门弟子。敦煌莫高窟有不少晚唐五代粟特等供养人的题记，
斯坦因、伯希和等掠走的敦煌文书的辨牒、写经施入疏中也有许
多粟特人等的姓名，② 说明了社会变革与中国本土深厚的佛教文
化对胡人的影响。正如陈国灿先生所说："宗教信仰与民族特征

---

① 〔日〕高楠顺次郎等编《大正新修大藏经》第 52 册，大正一切经刊行会，1934，
　　第 835 ~ 837 页；〔日〕池田温：《中国古代籍帐研究》，龚泽铣译，中华书局，
　　1984，第 350 ~ 353 页。
② 郑炳林：《唐五代敦煌的粟特人与佛教》，载《敦煌归义军史专题研究》，兰州大
　　学出版社，1997，第 433 ~ 465 页。

一旦分离，会给该民族的成员赋予新的活力和发展。"① 唐代中后期以后，长安、河西等地胡人与祆教分离的情况，使得这些地区的胡人后裔加快了与汉族融合的步伐。不能不说中唐以后是入华的中西亚胡人的一个文化转型时期。

综上所述，在唐代入华的外来移民中，中西亚胡人可以说是一个特殊的群体，他们活跃于丝绸之路沿线的各个地区，传播着东西方的物质文明，其特殊的宗教信仰也给唐代文明增添了色彩，仰赖唐代统治者宽容、开明的政策，他们所信奉的祆教、景教、摩尼教等都在唐代社会找到了自己发展的空间。不过我们从上述的讨论中也可以看到，在唐代社会所形成的强大的儒释道文化面前，他们不可能长久地保持着自身的信仰，无论是为了生存发展，还是为了传教便利，他们都不得不入乡随俗，趋附已中国化的佛教，并一步步走向汉化之路。特别是中唐以后社会大动荡、变革，严峻的生存环境也迫使他们做出了信仰上的文化转型，改信已中国化的佛教，并进一步汉化。可以说这是当时作为外来移民的中西亚胡人一个总的发展趋势。

---

① 陈国灿：《魏晋至隋唐河西人的聚居与火祆教》，《西北民族研究》1988 年第 1 期，第 209 页。

第五章　东方中国文明对波斯文明的影响

文明之间的交流是双向的，方豪先生就曾指出，"东西民族，既有接触，文化亦发生交流，有来者，亦必有往者"①。在中古时期波斯及中亚文明向东方中国传播与影响的同时，中国的文明也沿着丝绸之路向西渗透与传播，对中西亚文明的发展也产生一定的影响。鉴于西方文献史籍对此阙载或语焉不详，我们对这个问题仍旧需要更多地从考古文物或者史籍中的蛛丝马迹等方面来爬梳整理。

第一节　丝绸、铁器、瓷器等的西传

一　丝绸

中古时期陆海丝绸之路的交流，东方中国输出的最主要的商品是丝绸、铁器与瓷器等。前两者是陆上丝绸之路的主要输出品，后者则随着海上丝绸之路的发展而成为主要贸易品。

---

① 方豪：《中西交通史》，岳麓书社，1987，第61页。

　　古代中国对丝绸之路最大的贡献就是丝绸。早在丝绸之路正式开通之前，丝绸就已经经过游牧的中介民族之手传到西方。在著名的南西伯利亚早期铁器时代的墓地巴泽雷克（Pazyryk）古墓（今俄罗斯的巴泽雷克盆地）中就发现来自长江流域的凤凰缠枝纹织物。[①] 当然大规模的丝绸输出则是在张骞出使西域、丝绸之路正式开通之后。

　　汉代的丝绸产业已经比较发达。当时的蜀地、长江流域、两京等地都是丝织业中心。1972 年和 1974 年在湖南长沙马王堆 1 号、3 号汉墓出土纺织品和衣物有 200 种，其中丝绸品种囊括汉代所生产的大多数种类，如平纹组织的绢、缣、纱，绞经组织的素罗和花罗，斜纹组织的绮、锦、绒圈锦，袋状组织的绦带以及彩绘印花纱等。[②] 汉代丝织技术在文献记载中亦有体现，如东晋葛洪辑抄的汉代笔记小说《西京杂记》中载，汉昭帝权臣霍光的妻子赠淳于衍蒲桃锦二十四匹、散花绫二十五匹，"绫出钜鹿（今河北平乡）陈宝光家，宝光妻传其法。霍显召入其第，使作之，机用一百二十镊，六十日成一匹，匹直万钱"[③]。蒲桃（葡萄）锦、散花绫应该都是采用当时最新纹样及技法，虽然只有少数人掌握，但可以看出当时丝织业的发达程度。

　　汉代丝绸出口、输出等也达到相当规模。据《汉书·西域

---

① 〔苏联〕М. П. 格里亚兹诺夫、О. И. 达维母、К. М. 斯卡郎：《阿尔泰巴泽雷克的五座古冢》，《考古》1960 年第 7 期，第 66 ~ 67 页。

② 上海市纺织科学研究院上海市丝绸工业公司文物研究组：《长沙马王堆一号汉墓》，文物出版社，1980，第 22 ~ 55 页；傅举有、陈松长编著《马王堆汉墓文物画册》，湖南出版社，1992，图版第 82 ~ 105。

③ （晋）葛洪撰，周天游校注《西京杂记》卷一"霍显为淳于衍起第赠金"条，三秦出版社，2006，第 33 页。

传》载，元康元年（前65）龟
兹王及夫人来朝，一次就赏赐
了"绮绣杂缯琦珍凡数千
万"[①]。除了赏赐之物外，丝绸
也应是民间及官方进行商贸的
大宗货物。在汉晋时期丝绸之
路沿线多有发现汉地的丝绸，
如楼兰、尼雅、尉犁营盘等地
多发现汉晋时期汉地丝绸。[②]
1995年在民丰尼雅遗址就曾发
现有轰动一时的"五星出东方

**图5-1　新疆尼雅出土"五星
出东方利中国"织锦**

资料来源：于志勇：《新疆民丰县尼雅
遗址95MNI墓地 M8 发掘简报》，《文物》
2000 年第 1 期，图四九。

利中国"织锦（见图5-1），[③] 弥足珍贵，从文字及图案上来
看，应该是中原地区赏赐之物。

　　中原丝绸经过丝绸之路一路向西，经中亚、西亚可到安息、罗
马等地。在今叙利亚帕尔米拉（Palmyr，今大马士革东北）遗址就
发现有不少来自东方中国的汉代丝绸残片（见图5-2）。[④]

　　而罗马应该是消费中国丝绸最大的主顾。在公元前53年发生的
卡莱（Carhae）战役中，安息人就使用了丝制的旗帜，那是罗马人

①　《汉书》卷96 下《西域传下》，第3916 页。
②　赵丰主编《丝路之绸：起源、传播与交流》，浙江大学出版社，2015，第132～
　　158 页。
③　于志勇：《新疆尼雅出土"五星出东方利中国"彩锦织纹初析》，《西域研究》
　　1996 年第 3 期，第43～46 页；于志勇：《新疆民丰县尼雅遗址95MNI 墓地 M8 发
　　掘简报》，《文物》2000 年第 1 期，第23～24 页，图四九；尼雅：《尼雅遗址出土
　　"五星出东方织锦纹"浅析》，《鉴赏家》1988 年第 8 期，第30～37 页。
④　Pfister Rudolf，"Textiles de Palmyr"，*édidtions D'art et d'historie*，Paris 1934；Otto
　　Maenchen-Helfen，"From Rome to Palmyra"，*The Art Bulletin*，Vol 25，Vol.（4），
　　1943，pp. 358－362，fig. 1，fig. 3.

图 5-2　叙利亚帕尔米拉遗址出土的丝绸残片

资料来源：Otto Maenchen-Helfen，"From Rome to Palmyra"，*The Art Bulletin*，Vol 25，Vol.（4），1943，fig.1，fig.3.

图 5-3　罗马坎培尼亚壁
画上的舞蹈

资料来源：〔英〕吴芳思：《丝绸之路二千年》，赵学工译，上海辞书出版社，2016，第 22 页图。

第一次见到丝绸。其中安息（帕提亚）作为丝路要道，充当汉和大秦（罗马）的中间商，垄断丝绸贸易，以至于双方经常兵戈相见。外交的发展和交通网络的维护刺激了贸易、宗教的传播，并促进整个大陆的地理知识的普遍提高。卡莱战役数十年后，丝绸也逐渐流入罗马，对罗马社会产生一定影响，罗马共和国和帝国时期，帝王贵族们对东方的丝绸趋之若鹜，丝绸价格甚至一度等同于黄金，罗马社会上下竞相购买。由于丝绸昂贵，罗马人甚至把丝绸边料拆开，抽取其中的丝来用。罗马帝国时期，丝绸开始普及。罗马坎培尼亚（Canberia）地区壁画上的舞蹈图，有穿着透明衣料的舞者（见图 5-3），学者判断应

是丝绸织物，时间约在公元2～3
世纪，[1] 如果确定的话，这也是
汉地丝绸传入罗马的佐证。

　　中古时期随着陆上丝绸之路
的活跃，丝绸继续充当这条商道
上的大宗贸易品。丝路沿线敦
煌、吐鲁番等地均发现不少晋唐
时期的织物。[2] 7～8世纪撒马尔
罕阿弗拉希亚伯（Afrasiab）的
壁画上也有中国使团贡献丝绸等
物品的场面（见图5－4）。[3]

　　中国与罗马、中国与拜占庭
之间，都以安息、萨珊波斯作为
中间商，他们控制着海陆两道，
垄断商道贸易，在两汉至隋唐时

**图5－4　乌兹别克斯坦撒马尔
罕阿弗拉希亚伯古城
遗址壁画上的中国使团**

　　资料来源：Grenet, M. Samibaev, "Hall
of Ambassadors" in the Museum of Afrasiab
(middle of Ⅶth century), *Samarkand State
Museum of History and Art*, 2002（乌兹别克斯
坦撒马尔罕阿弗拉希亚伯历史博物馆"大使
厅"壁画英文版介绍手册）。

期的丝路交通中都起着至关重要的作用。在隋唐时期，萨珊波斯
更多地垄断中国、突厥和东罗马之间的贸易。因而在西突厥强盛
时期，昭武九姓也即粟特人掌握的丝绸贸易是通过突厥治下的中

---

①　〔英〕吴芳思：《丝绸之路二千年》，赵学工译，上海辞书出版社，2016，第22页图。

②　夏鼐：《新疆新发现的古代丝织品——绮、锦和刺绣》，《考古学报》1963年第1
期，第45～76页；武敏：《新疆出土汉—唐丝织品初探》，《文物》1962年第7、
8期，第64～75页；武敏：《吐鲁番古墓出土丝织品新探》，载《敦煌吐鲁番研
究》第4卷，北京大学出版社，1999，第299～318页。

③　A. M. Belenitskii, B. I. Marshak, and Mark J. , Dresden, *Sogdian Painting the Pictorial
Epic in Oriental Art*, University of California Press, Berkeley. Los Angeles London, 1981；
Grenet, M. Samibaev, "Hall of Ambassadors" in the Museum of Afrasiab (middle of Ⅶth
century), *Samarkand State Museum of History and Art*, 2002（来自乌兹别克斯坦撒马
尔罕阿弗拉希亚伯历史博物馆"大使厅"壁画英文版介绍手册）。

亚（以撒马尔罕为中心），经里海北岸、高加索北部山区而进入东罗马地区的。选择这条路线就躲开了萨珊王朝的控制。

在西方对丝绸大量需求的背景下，养蚕缫丝技术也传播到西方。至少在公元 4～5 世纪，养蚕业传到了波斯，进而至拜占庭。[①]这其中西域地区是主要传播路径，如斯坦因在于阗丹丹乌里克遗址发现的"蚕种西传"木版画（见图 5－5)[②] 可以说明这一点。玄奘《大唐西域记》、敦煌藏文《于阗国授记》（li yul lung bstan

图 5－5　斯坦因在新疆丹丹乌里克遗址
发现的"蚕种西传"的木版画

资料来源：Sir Aurel Stein, *Ancient Khotan*: *Detailed Report of Explorations in Archaeological Explorations in Chinese Turkestan*, Oxford: Clarendon Press, 1907, Vol II, pl. LX III.

---

① 如《南史》记载南朝梁普通元年（520），曾"遣使献黄师子、白貂裘、波斯锦等物"，此波斯锦应是来自伊朗一带的锦缎（见《南史》卷 79《夷貊下》，第 1984 页）。《北史》又载大秦国"其土宜五谷、桑、麻，人务蚕、田"（见《北史》卷 97《西域传》，第 3227～3228 页）。拜占庭史学家普罗科庇斯的（Procopius）《哥特战争》中亦有关于印度人将蚕种西传罗马的记载，稍晚的塞奥凡尼斯（Theophones）也记载了波斯人将塞里斯蚕卵放入手杖中带至拜占庭一事（参见〔英〕裕尔撰，〔法〕考迪埃修订《东域纪程录丛——古代中国闻见录》，第 165～166 页）。

② Sir Aurel Stein, *Ancient Khota*: *Detailed Report of Explorations in Archaeological Explorations in Chinese Turkestan*, Oxford: Clarendon Press, 1907, Vol II, pl. LXIII.

pa）等也记载了相关传说，^① 可以看出养蚕技术在丝绸之路上的传播路径及流传情况，锦缎在波斯及以西拜占庭等地成为非常受欢迎的贵重衣料及装饰品。

二　铁器、漆器与瓷器

铁器、漆器的西传历史轨迹与丝绸相同，但数量并不算大宗。汉代或之前塞里斯铁就以其精良工艺闻名。《史记·大宛列传》记载："自大宛以西至安息，国虽颇异言，然大同俗，相知言……其地皆无丝漆，不知铸钱器。及汉使亡卒降，教铸作他兵器。得汉黄白金，辄以为器，不用为币。"^② 古罗马学者老普林尼（Pline L'Ancien）就提到"在各种铁中，塞里斯铁名列前茅。塞里斯人在出口服装和皮货的同时也出口铁"，塞里斯人"不与别人交往，坐等贸易找上门来成交"。^③ 由此可见，塞里斯铁基本上是经中介民族之手转运贩出的。

丝路沿线也有铁器、漆器等出土。1981 年陕西兴平茂陵 1 号无名冢出土鎏金银铜漆耳杯；^④ 1980 年楼兰故城高台东汉古墓出土漆盖、漆杯；^⑤ 1995 年尼雅精绝王墓 M3 出土黑漆奁盒、龙

---

① （唐）玄奘、辩机原著，季羡林等校注《大唐西域记校注》卷 12 "麻射僧伽蓝及蚕种之传入"条，第 1021～1022 页；《新唐书》卷 221 上《西域传上》，第 6235 页；朱丽双：《〈于阗国授记〉译注》上，《中国藏学》2012 年第 S1 期，第 251～252 页。

② 《史记》卷 123《大宛列传》，第 3174 页。

③ 〔古罗马〕老普林尼：《自然史》，载〔法〕戈岱司编《希腊拉丁作家远东古文献辑录》，耿昇译，第 10～13 页。

④ 陕西历史博物馆编《古罗马与汉长安——东西方文明比较大展》，陕西历史博物馆印制，2005，第 45 页。

⑤ 祁小山编《西域国宝录》，新疆人民出版社，2000，第 56 页。

凤纹铜镜一面，铜镜保存极佳，光可鉴人。[①] 前述叙利亚帕尔米拉遗址也出土有铁器等。[②]

瓷器的西传要晚一些，唐后期兴起的民间瓷器手工业产品逐渐上升为重要的文化交流项目。出现这种情况一方面是从此时期开始，中西之间海路的来往逐渐超过了陆路；另一方面此时期唐代的瓷器制造业有了很大发展，南北地区均有名窑，包括北方的定窑、邢窑，南方的越窑、长沙窑等。这些名窑产品随着海上丝绸之路的发展而输入波斯、阿拉伯地区，其中除了一些属于使节、官员等的馈赠之物，大多应属于贸易物品。

当时从位于南中国海的广州出发，可以一路航行到波斯湾，无论是中国船还是波斯舶、阿拉伯舶等都可以直航。如公元9世纪阿拉伯商人苏莱曼访问过波斯湾，其在游记中记载："货物从巴士拉、阿曼及其他地方运到尸罗夫（Siraf），大部分中国船在此装货：因为这里巨浪滔滔，在许多地方淡水稀少"[③]。唐代名臣杜佑族子杜环随镇西节度使高仙芝西征，在怛逻斯之战中被俘，其在中西亚流浪了一圈后，于肃宗宝应初年（762）搭商贾船舶至广州而回，他选择的也是海路。我们在第一章中所述唐德宗时期宰相贾耽的《皇华四达记》也记载了广州至波斯湾一带的海路行程。[④]

---

① 于志勇：《1995 年尼雅考古的新发现》，《西域研究》1996 年第 1 期，第 116～117 页。

② Otto Maenchen-Helfen, "From Rome to Palmyra", *The Art Bulletin*, Vol 25, No. 4, 1943, pp. 358 – 362.

③ 〔阿拉伯〕佚名：《中国印度见闻录》卷 1，穆根来、汶江、黄倬汉译，第 7 页。

④ 《新唐书》卷 58《艺文志二》，中华书局，1976，第 1506 页。《新唐书》卷 43《地理志》所收"广州东南海行"段，据考证为贾耽所记《皇华四达记》的片段，《新唐书》卷 43 下《地理志七下》，中华书局，1976，第 1153～1154 页。参见荣新江《唐朝与黑衣大食关系史新证》，载氏著《丝绸之路与东西文化交流》，第 92～95 页。

近些年，随着这些地区考古工作的开展，出土有不少属于中古时期的华瓷。

这里最值得一提的就是尸罗夫港，其地在今伊朗布什尔省（Bushehr）南部村庄塔赫里（Tahiri）以西约 2.4 公里，考古发现表明，唐朝出口中东的货物主要是长沙窑外销瓷，其次是越窑青瓷，只有少量邢窑和定窑白瓷。1966~1972 年，英国考古学家怀特豪斯（D. Whitehouse）对尸罗夫遗址进行了六次大规模发掘，并在五个地点发现长沙窑的外销瓷。① 这些发现为我们研究唐代海上交通提供了重要的实物证据。

1998 年在印度尼西亚苏门答腊岛东南勿里洞岛以北地方发现一艘唐代沉船，后命名为"黑石号"沉船。据专家勘测考察，认为这是一艘来自波斯湾的阿拉伯缝合船，船上承载了 60000 多件瓷器，其中有大量的长沙窑瓷器。② 巴基斯坦印度河口的邦保尔（Banbhore）也发现了黄褐釉绿彩小花的长沙窑瓷器。③ 大概这些瓷器自扬州港或明州、广州等地运出，前往波斯湾尸罗夫口岸，尸罗夫港是唐代伊斯兰世界与中国贸易的重要港口。

1968~1971 年，英国考古学家安德鲁·乔治·威廉姆森（Andrew George Willianmson）在波斯湾北岸伊朗南部开展了为期三年的考古调查，主要是对萨珊王朝和伊斯兰时期文明的重要调

---

① 林梅村：《波斯湾古港的变迁——2012 年伊朗考察记之一》，《紫禁城》2012 年第 4 期，第 26 页。
② 杜文：《永恒的黑石号——黑石号沉船打捞长沙窑珍瓷》，《收藏》2012 年第 2 期，第 64~65 页；齐东方：《"黑石号"沉船出水器物杂考》，《故宫博物院院刊》2017 年第 3 期，第 12~13 页；上海博物馆编《宝历风物："黑石号"沉水珍品》，上海书画出版社，2020，第 11~12、85~158 页。
③ 宿白：《考古发现与中西文化交流》，文物出版社，2012，第 102 页。

图 5 − 6　波斯湾出土唐代长沙窑碗残片

资料来源：翟毅、张然：《英藏威廉姆森波斯湾北岸调查所获的中国古代瓷片》，《文物》2019 年第 5 期，图五四。

图 5 − 7　波斯湾出土宋代青白瓷

资料来源：翟毅、张然：《英藏威廉姆森波斯湾北岸调查所获的中国古代瓷片》，《文物》2019 年第 5 期，图六〇。

查，所调查的标本收藏于英国牛津大学阿什莫林博物馆（Ashmolean Museum）和伊朗国家博物馆（National Museum of Iran）。英国收藏的这些标本中包含中国陶瓷残片 3400 件，囊括了从唐到清晚期中国各地窑址的陶瓷产品，是目前伊朗境外收藏的最能够反映出口西亚的中国外销瓷面貌的一批考古资料。虽然霍尔木兹甘省东西部、克尔曼省等均有唐瓷残片出土，包括克尔曼省出土相对较多的唐宋白瓷，如唐巩义窑白釉绿彩瓷片、越窑青瓷、广东青瓷等，但最多的唐瓷还是以尸罗夫港所在的布什尔省为主。威廉姆森在此地调查时正值英国考古学家大卫·怀特豪斯（David Whitehouse）在尸罗夫港进行考古发掘，所以他采集的中国陶瓷数量并非全部。这些陶瓷以唐宋时期为主，包括唐代的长沙窑瓷、邢窑或定窑白瓷、浙江越窑青瓷和宋代南方青白瓷（见图 5 −6、图 5 −7）等。①

---

① 翟毅、张然：《英藏威廉姆森波斯湾北岸调查所获的中国古代瓷片》，《文物》2019 年第 5 期，第 64 页，图五四、图六〇。

晚唐时期，中国陶瓷虽然零星分布在波斯湾北岸各地，但尸罗夫港出土了大量的中国标本，凸显了其一港独大的垄断地位。该港是阿巴斯王朝在波斯湾最重要的对外贸易口岸，也是与唐代中国贸易的终点港。远道而来的中国瓷器从波斯湾北岸港口登陆，一旦进入伊朗市场，绝大部分都流向皇宫，再就是地方行政、宗教中心，商贾云集之所，以及仿制中国产品的手工业中心、陶瓷生产地。因而，可以说，中国瓷器在伊朗与皇室、政治和宗教权力有着密切的关系，并集中出现在贸易交通的重要城市。[①] 宋代以后，尸罗夫港地位下降，贸易转向以霍尔木兹为中心的波斯湾下游。[②]

国内一些学者通过梳理英藏威廉姆森采集的中国陶瓷标本的大致分布与种类情况，初步分析了波斯湾北岸贸易海港的变迁与陶瓷贸易路线的走向：贸易港口从萨珊时期的布什尔地区逐渐转向伊斯兰早期的尸罗夫港和中世纪时期的基什岛与霍尔木兹岛；航运中心从上波斯湾地区逐渐下移至阿曼湾。[③] 这也是唐以后海上丝绸之路发展的一个趋势。

通过以上分析可知，中古时期通过陆海丝绸之路，来自东方的丝绸、漆器、铁器及后来居上的瓷器向西传入西域、中亚、西亚甚至地中海一带，其中尤以丝绸、瓷器输出量为巨，说明了这些中国产品的巨大影响，也说明了陆海丝绸之路的发展对东方文明的传播所起到的促进作用。

---

① 张然、翟毅：《古代中国与伊朗南部地区陶瓷贸易管窥——以安德鲁·乔治·威廉姆森的调查为中心》，《故宫博物院院刊》2019 年第 7 期，第 23 页。

② 林梅村：《波斯湾古港的变迁——2012 年伊朗考察记之一》，《紫禁城》2012 年第 4 期，第 24～27 页。

③ 翟毅、张然：《英藏威廉姆森波斯湾北岸调查所获的中国古代瓷片》，《文物》2019 年第 5 期，第 68 页。

第二节　从中国到波斯——丝绸之路上的
麝香、樟脑等贸易

　　尽管你衣襟浸透着芳香，风儿呵，我为此感到惊异，

　　为什么不用那和田麝香，撒遍你经过的大地？

　　假如在我心的血液里，散发出芬芳的热情，

　　请君别吃惊，只因我，同和田麝香息息相通。

——《哈菲兹抒情诗选》

　　中古时期是陆上丝绸之路达到鼎盛的时期，与此同时，海上丝绸之路也有了进一步的发展。中国和丝路沿线西方各国展开密切的交流，很多异域物品经商人、使者等之手传入中国，丰富了中国人的物质文化生活。作为文明的双向交流，中国或中国周边所产的黄连、大黄、肉桂、生姜、土茯苓、麝香、樟脑等药材也沿着丝绸之路先后传到了中西亚，如麝香、樟脑等对中西亚波斯、阿拉伯一带的文化产生了较大影响。这里尝试以这两种药材为例，探讨丝绸之路上贸易往来及文化传播的影响。

一　和田麝香与波斯社会

　　麝香是雄麝的麝香腺中分泌物干燥而成的香料，色黄味苦，尽管重量很小，但气味浓郁。当麝香干燥时只能勉强闻到，但稍受碱水浸湿立即会香味再生。[①] 波斯诗人哈菲兹（Hafez）诗中对和田

---

　　① 〔法〕阿里·玛扎海里：《丝绸之路——中国–波斯文化交流史》，耿昇译，中华书局，1993，第522页。

麝香的描绘使我们看到 12 世纪以来，和田麝香在波斯、阿拉伯世界的影响。然而中国麝香如何西传，为何如此受欢迎？仍需要从中古时期的历史脉络中寻找线索。

中国古代对麝及麝香的了解大约可以追溯到战国至秦汉时期，《尔雅》《后汉书》等都有对麝及其香味的记载。[①] 麝香作为一种名贵的香料和药材，在我国很早就被利用，应该主要充作药用，而且其药用价值在中国古代开发较早，使用也较广泛。约成书于公元 1 世纪的《神农本草经》说："麝香，味辛，温，主辟恶气，杀鬼精物、温疟、蛊毒，痫痉，去三虫，久服除邪，不梦寤魇寐。生中台山谷。"[②] 明代李时珍在《本草纲目》引南朝陶弘景《名医别录》也指出：

> 麝生中台山谷，及益州、雍州山中。春分取香，生者益良……麝形似獐而小，黑色，常食柏叶，又啖蛇。其香正在阴茎前皮内，别有膜袋裹之。五月得香，往往有蛇皮骨……今除羌夷者多真好。出随郡、义阳、晋溪诸蛮中者亚之。出益州者形扁，乃以皮膜裹之，多伪……

北宋苏颂《本草图经》（又称《图经本草》）亦云：

---

① （晋）郭璞注，王世伟校点《尔雅》卷 10《释兽》提到"麝父，䴥足，注曰，脚似䴥，有香"，上海古籍出版社，2015，第 190 页。《后汉书》卷 86《南蛮西南夷列传》载"冄駹夷者，武帝所开。元鼎六年，以为汶山郡。……又有五角羊、麝香……"，第 2858 页。王一丹：《波斯、和田与中国的麝香》，《北京大学学报》（哲学社会科学版）1993 年第 2 期，第 79 页。

② 尚志均辑校，尚元胜等整理《神农本草经辑校》卷 3"麝香"条，学苑出版社，2013，第 118 页。

今陕西、益、利、河东诸路山中皆有，而秦州、文州诸蛮中尤多。蕲州、光州或时亦有，其香绝小，一子才若弹丸，往往是真，盖彼人不甚作伪尔。其香有三等：第一生香，名遗香，乃麝自剔出者，然极难得，价同明珠。其香聚处，远近草木不生或焦黄也。今人带香过园林，则瓜果皆不实，是其验也。其次脐香，乃捕得杀取之。其三心结香，乃麝见大兽捕逐，惊畏失心，狂走坠死。人有得之，破心见血流出脾上，作干血块者，不堪入药……

此后各代对麝香的认识都是在此基础上发展而来的，李时珍的《本草纲目》则对麝香药性及药用价值做了全面的总结。

麝之香气远射，故谓之麝。或云麝父之香来射，故名，亦通。其形似獐，故俗称香獐。……麝居山，獐居泽，以此为别。麝出西北者香结实；出东南者谓之土麝，亦可用，而力次之。南中灵猫囊，其气如麝，人以杂之。

其麝脐香药效除上述本草等经所述作用外，亦为：

通诸窍，开经络，透肌骨，解酒毒，消瓜果食积，治中风、中气、中恶，痰厥，积聚症瘕。[1]

可知古代中国对麝香的认知很早，对其药效也较为熟悉。

---

[1] 《本草纲目》（校点本）卷51《兽部》"麝"条，第2867~2869页。

唐代的笔记小说里有关于麝香救命的记载。唐代李复言《续玄怪录》卷 3 "钱方义"的故事中就有这样的记载。宝历初年居于长乐第的殿中刺史钱方义夜如厕，忽见蓬头青衣者求之书写《金刚经》：

> （青衣者曰）："登以阴气侵阳，贵人虽福力正强，不成疾病，亦当有少不安，宜急服生犀角、生玳瑁，麝香塞鼻，则无苦矣。"方义到中堂，闷绝欲倒，遽服麝香等并塞鼻。尚书门人王直温者，居同里，久于江岭从事，飞书求得生犀角，又服之，良久方定。[①]

此外，唐段成式的《酉阳杂俎》亦提到香狸，曾"取其水道连囊，以酒浇干之，其气如真麝"[②]。

由此看来，唐代民众对麝香的用途较为熟悉，也是经常备用的药物，官僚贵族阶层使用较多。玄宗天宝二年（743），鉴真和尚东渡日本之前，在扬州"备办海粮"，在采集的物品清单中，可做药物的"麝香廿（剂），沉香、甲香、甘松香、龙脑、香胆、唐香、安息香、栈香、零陵香、青木香、薰陆香都有六百余斤"[③]。如此大量的采购，可知麝香等药物需求量不小。

关于中国古代麝香的产地，据前述苏颂《本草图经》载："陕西、益、利、河东诸路山中皆有，而秦州、文州诸蛮中尤

---

① （唐）牛僧儒、李复言撰，程毅中点校《玄怪录·续玄怪录》卷 3，中华书局，2006，第 180、181 页。

② （唐）段成式撰，方南生点校《酉阳杂俎》前集卷 16 "毛篇"，第 161 页。

③ 〔日〕真人元开著，汪向荣校注《唐大和上东征传》，第 47 页。

多。"《新唐书·地理志》亦载:"嘉州犍为郡,中……土贡:麸金、紫葛、麝香""均州武当郡,下……土贡:山鸡尾、麝香""岚州楼烦郡,下……土贡:熊鞟,麝香"等。[①] 由此可见,当时麝香的产地似乎已遍及今陕西、甘肃、宁夏、内蒙古、河南、河北、山西、安徽、辽宁、四川、湖北、青海、新疆、云南等省和自治区的某些地区,以北方地区居多。

不过,虽然古代医书强调使用真麝香一类中土或者外来皆有的药物,这样的例子不在少数,但是真正的好麝香或用于出口的麝香应该是来自吐蕃。

麝香在吐蕃所在的青藏高原比较流行,关于其药效等的记载主要保存在藏文文献中。约成书于公元8世纪的吐蕃医书《四部医典》总述要义一章中便说:"一切炎症用安息香、麝香施治。"[②] 英藏敦煌吐蕃文书 S. t. 756 记载"伤口治疗法":"如流血不止者,将麝香碾碎放入一木碗中分顿服下,每次一小碗即见效。"[③] 可见,麝香在吐蕃社会中使用较广泛,吐蕃人对其医用价值还是较为熟悉的,主要用于消炎、止血等。

不过虽然麝香在中原、吐蕃等地主要有止血、镇痛、祛痰化积等药用价值,但因其气味浓郁,又具有性诱惑色彩,因而在西方尤受欢迎。可以说,麝香是中世纪亚洲掌握其奥妙的所有香料中最受重视和需求量最大者,上流社会对麝香的追求超过了龙涎香、甘松茅、樟脑和芦荟等。

---

① 《新唐书》卷42《地理志六》,第1081页;卷40《地理志四》,第1032页;卷39《地理志三》,第1005页。

② 宇妥·元丹贡布等:《四部医典》第四部"总述要义"条,马世林等译注,上海科学技术出版社,1987,第303页。

③ 罗秉芬主编《敦煌本吐蕃医学文献精要》,第2页。

西方较早记载麝香的是拜占庭僧侣科斯马斯（Cosmas），他在其著作《基督教国家风土记》（约545年成书）中就有提到麝香。[①] 不过麝香在萨珊波斯似乎更受欢迎，学者所记载的成书于公元6世纪的萨珊朝文献《科斯洛埃斯二世及其侍从官》中，提到胡斯洛二世（即库思老二世，590～628年在位）问其侍从：

> 天空的香味是什么？侍从回答："是由科斯洛埃斯的仙露、波斯的玫瑰、撒马尔罕的罗勒、塔布拉斯坦的枸橼、伊斯法罕的堇菜、科姆的红花、谢尔宛的睡莲、印度的从龙涎香到芦荟的一系列香料、吐蕃的麝香和希赫尔的琥珀。这就是真福者在天空闻到的香味。"[②]

由此可知，萨珊波斯时期的波斯人比较熟悉和喜欢这种来自吐蕃的麝香，这类麝香在当时应该主要应用于宗教仪式中。据《唐会要》载：波斯"俗事天地水火诸神，西域诸胡事火袄者，皆诣波斯受法焉。其事神，以麝香和苏涂须点额，及于耳鼻，用以为敬"[③]。《新唐书》亦记载：波斯人"祠天地日月水火。祠夕，以麝揉苏，泽耏颜鼻耳。西域诸胡受其法，以祠袄"[④]。这里麝香在袄教诸神祭祀中是表示崇敬的重要物品，也和波斯文献中用以表示天空的香味是一个功能。

---

① 〔东罗马〕科斯马斯：《基督教国家风土记》；〔英〕裕尔撰，〔法〕考迪埃修订《东域纪程录丛——古代中国闻见录》，第192页。
② 〔法〕阿里·玛扎海里：《丝绸之路——中国－波斯文化交流史》，耿昇译，中华书局，1993，第523页。
③ （宋）王溥：《唐会要》卷100"波斯国"条，第1783页。
④ 《新唐书》卷221下《西域传下》，第6258页。

由于长期需从境外输入麝香，作为一个喜爱香料的民族，波斯人及其临近的阿拉伯人对识别麝香的产地及其真伪格外重视。① 尤其是 7 世纪中叶后，阿拉伯人占领该地区后更是如此。

阿拉伯人对麝香同样有着极大的兴趣。据成书于公元 872 年的雅库比（Ya'qubi）的《阿巴斯人史》载：

> 最好的麝香是吐蕃麝香，其次是粟特（Sogdiana）麝香，再次是中国（内地）麝香。中国（内地）最好的麝香来自广府（Khānfū）。广府乃一很大的城市，伊斯兰教徒的船只在那里停泊，是前往中国的必由之地。②

这里的广府即广州地区，阿拉伯进口的中国麝香显然是通过海上丝绸之路运输的。

关于吐蕃麝香，约 10 世纪末成书的《世界境域志》载："吐蕃有金矿，并出产大量麝香、黑狐、灰鼠、黑貂、银鼠与犀牛角。"③ 另外，据约成书于公元 943 年的马苏第（Mas'ūdī）的《黄金草原》记载更为详细："吐蕃麝香麂生活的地方和供应汉地麝香人居住的地区彼此互为毗邻，实际上仅形成了同一块领土。然而吐蕃麝香的优势是无可争议的。"他还指出原因有二：首先，吐蕃麝以熏衣香草和其他香料植物为食；而汉地麂则啃吃不及吐蕃香草那样香的野草。其次，吐蕃人不肯冒险把囊袋中的麝香取

① 王一丹：《波斯、和田与中国的麝香》，《北京大学学报》（哲学社会科学版）1993 年第 2 期，第 83 页。
② 〔法〕费琅辑注《阿拉伯波斯突厥人东方文献辑注》上，耿昇、穆根来译，第 67 页。
③ 〔阿拉伯〕佚名：《世界境域志》，王治来译注，上海古籍出版社，2010，第 65 页。

出，力求使之保留自然状态；而汉人则将其取了出来并欺诈性地加入血或使用另一种伪造掺假的做法。此外，他认为汉地麝香穿过大海，受到了湿气和所有气候变化的影响。因此，他认为如果汉人不对他们的麝香掺假伪造，如果他们将之盛入密封的和堵口的玻璃容器中，然后就这样运往诸如阿曼、波斯、伊拉克等一些地区，其质量将与吐蕃麝香相同。[①] 可知，这里提到的吐蕃麝香应该是经丝绸之路从青藏高原进口的麝香，而不是通过海路从广州运往波斯湾的中国中原麝香。其原因大概是在走海路的过程中因为潮湿和炎热麝香变质了。至于《阿巴斯人史》所提到的粟特麝香，应该是负责转运吐蕃麝香贸易的中介商人的物品，波斯阿拉伯世界所获得的吐蕃麝香大概也主要经粟特商人之手转贩而来。

约成书于 9 世纪中叶至 10 世纪初的阿拉伯作家的《中国印度见闻录》亦和马苏第的记载大同小异。

中国（内地）麝香鹿生息的地方，实际上是在同西藏完全没有间隔的一块土地上。中国（内地）人猎取生息在自己这一边的麝香鹿，而西藏人则猎取他们那一边的麝香鹿。可是西藏出产的麝香比中国（内地）的更好，其中有两个原因。首先，生长在西藏境内的麝香鹿，吃的是甘松，而中国（内地）这边的麝香鹿，是以其他草木作为食料。另一个原因，是西藏人把麝香鹿的腺囊原封不动地保存起来，中国（内地）人却把到手的麝香，弄得失去了原来的质地，加上从海路辗转运输，还难免不受潮湿。

---

① 〔阿拉伯〕马苏第：《黄金草原》，耿昇译，第 205 页。

书中也提到，在所有的麝香中，以麝香鹿留在山间岩石上的麝香质量最好，而在西藏，常常有人出去寻找这种麝香，他们具有这方面的特长。一旦发现麝香，便把它收集起来，装入腺囊，送去给王爷。麝香，只有在麝香鹿的腺囊里自然成熟的，才是最上等的麝香，它的质量远比其他麝香更为优异。①

从阿拉伯文献记载可知，吐蕃麝香因其独特的生长条件及获取与运输方式，在阿拉伯世界颇受欢迎，也为阿拉伯人所熟知。

由以上论述可以看出，中古时期波斯、阿拉伯人所使用的麝香应该来自东方，它们或是自海路而来的中原麝香，或是来自青藏高原的吐蕃麝香等。因为无论是在伊朗，还是在帕米尔以西的任何地方都不出产麝香，为了得到这种产品，必须与中国人，而不是与中东诸民族做交易。② 当然，在波斯、阿拉伯人的心目中，最好的麝香来自吐蕃地区。波斯、阿拉伯文献所提到的吐蕃麝香应该是从青藏高原运到伊朗的。

当时，波斯人大概可以从几条不同的道路与吐蕃人进行贸易。其中一条是从吐蕃西南部进入犍陀罗、迦毕试等地，或者也可以自克什米尔进入巴达克山等地。唐代这里是吐蕃挺进中亚的主要通道，也是唐与吐蕃争夺之地，当时称为勃律道，因勃律位于吐蕃和罽宾（克什米尔一带）之间，也被称作罽宾之路，或迦湿弥罗（Kaśmira）之道。吐蕃可以通过今巴尔底斯坦（Baltistan）到达迦毕试的贝格拉姆（Begram）（今阿富汗喀布尔以北）。尤其是波斯帝国占领中亚、南亚后，随着吐蕃的西进，双方在青藏

---

① 〔阿拉伯〕佚名：《中国印度见闻录》，穆根来、汶江、黄倬汉译，第119页。
② 〔法〕阿里·玛扎海里：《丝绸之路——中国 - 波斯文化交流史》，耿昇译，中华书局，1993，第524页。

高原西部地区发生过直接联系，因而双方之间的贸易也自然得到开展。[①] 罽宾道的重要输出物品，除丝绸之外，即是麝香。

还有一条路是青藏高原以北的于阗之路，即从阿里西北进入于阗，然后越过帕米尔西行进入中亚地区，后者就直接参与到古代著名的东西方交流大动脉——丝绸之路中去了。[②] 这条路最重要的交通要冲就是于阗。北魏使者韩羊皮，曾于魏文成帝时奉使波斯，波斯王遣使贡象及珍物，取道于阗，皆为于阗中于王尉迟秋仁截留。魏献文帝天安元年（466）复遣使于阗，于阗遂来贡，并奉还波斯馈赠。[③] 由此可知，北朝时期北魏通使波斯主要经西域南道于阗而出，波斯遣使朝贡也取道于阗。因而自于阗（和田）传入波斯的麝香也由此得名，当时这条塔里木之路（即于阗道）的作用不容忽视。不过于阗的大部分麝香来源是青藏高原地区，可以说麝香是吐蕃经过于阗道输出高原的重要商品。因此，于阗成为吐蕃与中亚地区进行麝香贸易的中转中心，在波斯人的眼中，最好的麝香即来自于阗（和田），而于阗则以输出麝香而闻名。同时，因为于阗位于昆仑山北麓，是丝绸之路西域境内南道西行的必经之地，因而于阗道也是通往波斯的重要交通要道，也是麝香输出之路。

虽然于阗不一定出产麝香，但是由于"河西路""青海路"等丝绸之路的存在，它可以成为古代中国境内各地出产麝香向西输出的集散地。四川、陕西、甘肃、青海、西藏等地出产的麝香都可以由各条丝绸之路转运至于阗，再从于阗向西经中亚粟特等

① 张云：《上古西藏与波斯文明》，第 273～278 页。
② 张云：《上古西藏与波斯文明》，第 275 页。
③ 《魏书》卷 102《西域传》："先是，朝廷遣使者韩羊皮使波斯，波斯王遣使献驯象及珍物。经于阗，于阗中于王秋仁辄留之，假言虑有寇不达。羊皮言状，显祖怒，又遣羊皮奉诏责让之，自后每使朝献。"中华书局，1974，第 2263 页。

地转运到波斯。斯坦因 1907 年在敦煌发现的公元 4 世纪粟特文古信札中的二号信札里就提到从外地发往敦煌有三十二个囊的麝香等。[①] 由于这些麝香多从于阗传入波斯，所以往往就被称为于阗来的麝香，而一般波斯人也就渐渐地以为于阗盛产麝香了，虽然在之后的阿拉伯文献中可以看出，阿拉伯人、波斯人等也知道真正的优质麝香产地在吐蕃。

麝香传入波斯、阿拉伯等地后，这些地区的人们不同于东方中国人的习惯，更重视麝香的香味作用和性刺激的功能，当然在某些情况下也用作特效解毒药。当地的富裕之家从来不会忘记在他们烹调的菜肴中加入麝香。麝香尤其受到波斯妇女的欢迎，她们流行在秀发中喷洒麝香，以增加魅力。波斯诗人哈菲兹就曾吟道：

即便你的麝香秀发招来灾祸，我也心甘情愿，绝不难过，即便你的娇容媚眼招惹战乱，我也满怀欣喜，绝无指责。

当那秀发的麝香气息，吹遍郁郁葱葱的草原，风儿将风信子的花絮，撒在羞涩的蔷薇的额前。

从美人卷发的梳理中，我嗅到了麝香的芬芳，赢得那诱人的"哈塔"，才是我遥远的幻想。[②]

波斯地区流行的麝香大概主要是经过波斯及粟特等商人之手传入的。中古时期，波斯等商贾活跃于海陆两道，陆上丝绸之路

---

① 毕波：《粟特文古信札汉译与注释》，《文史》2004 年第 2 辑，第 89~90 页。
② 《哈菲兹抒情诗选》，邢秉顺译，第 65、126、155 页。

的西域、河西走廊、长安、洛阳、青藏高原等地都有他们的足迹，且大商贾居多；海上丝绸之路沿线的广州、扬州等地也是波斯等商贾行经之处。可以说，他们承担了丝绸之路上丝绸、麝香等的进出口贸易，因而中古时期波斯、阿拉伯等地区东方麝香的流行和波斯、阿拉伯等商人的努力是分不开的。

二　樟脑的西传与应用

和麝香相提并论的往往是樟脑，它也是自中国或东南亚一带西传的重要香药之一。其实二者是相克的，功效也相反。从颜色上看，麝香黑而樟脑白；从药性上讲，麝香能做兴奋剂，而樟脑则可做镇静剂，不过这样两种不同的香药依旧在古代西方有着独特的魅力。

樟脑在中国古代出现和使用的时间较麝香更早，上古时期据说就有了。中国樟脑（Cinanamomum camphora）为"右旋樟脑"。这种樟脑是从中国、日本以及北部湾的一种树木中提取出来的结晶状物质。樟脑树主要生长在南方，长江以南的海南、福建、广东、广西、台湾等地都是樟脑的重要产地。宋时，福建漳州一带上贡朝廷的贡品中就有樟脑，当时亦称龙脑。[①] 在中国的医药学中，樟脑被用作镇静剂、祛风剂、驱虫剂等。中国人从公元最初几个世纪就懂得通过蒸馏而获得樟脑，通过升华而净化樟脑，并且还拥有化学家的仪器，所有这一切均早于印度人、波斯人和拜占庭人。

---

① 《宋史》卷 483《陈氏世家》载漳州刺史陈文颢"入贡乳香万斤、象牙三千斤、龙脑香五斤"。（中华书局，1977，第 13961 页）

宋代陈衍较早在本草书中记载了樟脑的产地、来源、性味功用等，其所著《宝庆本草折衷》汇集了南宋众多药性理论知识，且补充了作者许多临床用药经验。该书记载了南宋许多本草书目，是了解南宋及其以前医药的宝贵史料，书中对樟脑、龙脑等亦有记载。如书中引《苏沈方》：

> 用者名樟木香脑，乃南蕃樟木中所出也，其味辛、苦、平、寒，无毒。主心腹邪气，风湿，耳聋，明目，去目赤肤翳……①

李时珍的《本草纲目》中亦记载：

> 又称"韶脑"……樟脑出韶州、漳州。状似龙脑，白色如雪，樟树脂膏也……通关窍，利滞气，治中恶邪气，霍乱心腹痛，寒湿脚气，疥癣风瘙，龋齿，杀虫辟蠹。着鞋中，去脚气。②

由上可知，樟脑主要生长在中国南方，和麝香一样，古代中国很早就掌握其提取技术，对其疗效还是较为熟悉的。

除福建、两广、海南等地外，马来西亚、波斯亦出产樟脑（Dryobalanops aromatica），又称婆罗洲樟脑。它是从印度尼西亚和马来亚的一种高大的树木中提取出来的。在中古时期，婆罗洲

---

① 郑金生整理《南宋珍稀本草三种》，人民卫生出版社，2007，第516页。
② 《本草纲目》（校点本）卷34《木部》"樟脑"条，第1968~1969页。

樟脑有时又称婆律膏或龙脑香。据《酉阳杂俎》载：

> 龙脑香树，出婆利国，婆利呼为固不婆律。亦出波斯
> 国，树高八九丈，大可六七围，叶圆而背白，无花实。其树
> 有肥有瘦，瘦者有婆律膏香。一曰瘦者出龙脑香，肥者出婆
> 律膏也。在木心中，断其树辟取之，膏于树端流出，斫树作
> 坎而承之。入药用，别有法。①

此波斯显然非伊朗波斯，应指马来波斯。李时珍在《本草
纲目》载：

> 龙脑者，因其状加重贵之称也，以白莹如冰，及作梅花
> 片者为良，故俗称为冰片脑，或云梅花脑……（苏）恭曰：
> "龙脑是树中干脂。婆律香是根下清脂。"旧出婆律国，因
> 以为名也……主治心腹邪气，风湿积聚，耳聋，明目，去目
> 赤肤翳。内外障眼，镇心秘精，治三虫五痔。②

李时珍所提到的龙脑应指婆律膏。

波斯、阿拉伯世界对樟脑亦不陌生。在公元 6 世纪时，樟脑作
为出自远东的作物而在萨珊王朝中占有重要地位，它同时被用于制
药业和香料业中。中世纪的波斯文著作《库思老和勒泰克》记载了
樟脑作为香料的用法，《列王纪》中亦有类似记载；对于其医药用

---

① （唐）段成式撰，方南生点校《酉阳杂俎》前集卷 18 "木篇"，第 177 页。
② 《本草纲目》（校点本）卷 34 《木部》"龙脑香"条，第 1965～1966 页。

途，公元 9 世纪成书的伊本·赖班·泰伯里的药典《智慧的乐园》里有介绍，其时代可以追溯到公元 4 世纪，阿拉伯人称之为 kafûr。[①]可知萨珊时期的伊朗比较熟悉樟脑在医药中的作用。

伊朗是世界贸易中的樟脑仓库。当阿拉伯人征服了波斯，在萨珊都城泰西封的仓库里发现囤积有大量樟脑，不过他们最初并不熟悉这种产品，误把它们当作盐。但阿拉伯人很快熟悉它，也接受了萨珊人用樟脑来熏香死者遗骸的宗教习惯。[②] 阿拉伯地理学家伊本·胡尔达兹比赫（Ibn Khurdadhhh，820 ~ 912）在《道里邦国志》一书中首次记录了来自东方的肉桂、土茯苓、芦荟、樟脑等。[③] 另外 12 世纪末 13 世纪初阿拉伯医学家伊本·巴伊塔尔［Ibn Baytar，1197（？）~1248］也在其著作《药草志》中记载樟脑的疗效。

> 樟脑可以做成眼药水或配入眼药，治疗眼睛发炎，效果良好。也可以在鼻子中滴几滴樟脑水来治疗鼻子出血。樟脑作为祛热和解毒之药，拥有奇特的治牙龈病扩大的作用，把樟脑放在牙槽内，能防腐蚀。在防腐方面，效力明显。[④]

可以说，伊斯兰世界使用樟脑的习惯要追溯到萨珊王朝时代，

① 〔法〕阿里·玛扎海里：《丝绸之路——中国—波斯文化交流史》，耿昇译，中华书局，1993，第 444 ~ 446 页。
② 〔法〕阿里·玛扎海里：《丝绸之路——中国—波斯文化交流史》，耿昇译，中华书局，1993，第 445 页。
③ 〔阿拉伯〕伊本·胡尔达兹比赫：《道里邦国志》，宋岘译注，第 114、164 页。
④ 〔法〕费琅辑注《阿拉伯波斯突厥人东方文献辑注》上，耿昇、穆根来译，第 311 ~ 314 页。

而这一习惯本身可追溯到中国人身上。《中国印度见闻录》也记载：中国的国王去世后尸体要用沉香液和樟脑做防腐处理。[①] 中国当时是世界上最大的樟脑生产国和消费国。可能直到 6 ~ 7 世纪时，中国樟脑才在伊朗被人所知道和使用。[②]

在黑衣大食哈里发时代，穆斯林既可以通过丝绸之路又可以通过香料之路（海上丝路）获得热带和赤道两种樟脑。一般来说，东伊朗（呼罗珊）和中亚是通过陆路而获得樟脑的，西伊朗（波斯）和阿拉伯地区（伊拉克、阿拉伯半岛、叙利亚和埃及）的穆斯林通过香料之路也即海路进口樟脑。在整个中世纪，粟特人和突厥人通过丝绸之路进口中国樟脑，在巴格达可以同时发现上述两种樟脑。通过海路进口很昂贵的苏门答腊樟脑以及通过陆路进口非常廉价的中国樟脑，前一种作香料用，后一种作医药用。[③]

中国的樟脑应主要是通过陆上丝绸之路运输到阿拉伯世界。1907 年斯坦因在敦煌发现粟特文古信札，其中在属于 4 世纪的六号信札中，寄信的商人叮嘱对方如果从中国到楼兰，一定要买丝织品或樟脑（龙脑），并带回去。该信札出自敦煌，而楼兰在敦煌以西，由此可知樟脑（龙脑）是一种由东向西贩运的商品。[④] 当然，樟脑也可能随着丝绸之路进一步传入波斯。

---

① 〔阿拉伯〕佚名：《中国印度见闻录》，穆根来、汶江、黄倬汉译，第 16 页。

② 〔法〕阿里·玛扎里：《丝绸之路——中国—波斯文化交流史》，耿昇译，中华书局，1993，第 445、451 页。

③ 〔法〕阿里·玛扎里：《丝绸之路——中国—波斯文化交流史》，耿昇译，中华书局，1993，第 451 ~ 452 页。

④ 毕波：《粟特人与晋唐时期陆上丝绸之路香药贸易》，《台湾东亚文明研究学刊》第 10 卷第 2 期，2013 年 12 月，第 304 ~ 305 页。

阿拉伯地区则主要是通过香料之路（海上丝绸之路）从苏
门答腊进口马来西亚、印度尼西亚等地的樟脑。《中国印度见闻
录》一书记载了在印度海和中国海一些岛上有黑檀、苏枋木、
竹子、沉香、龙脑、肉豆蔻等的果实。① 前述阿拉伯医药学家伊
本·巴伊塔尔在其所著的《药草志》中也记载：在印度和中国
诸岛的大山里，有樟脑树。樟脑有很多种，最好的樟脑乃里雅赫
樟脑，是天然的，呈红色，闪闪发光，升华后即变成白色。这种
樟脑之所以被称为里雅赫樟脑，是因为最早发现这种樟脑的人是
一个叫里雅赫的国王。出产樟脑的国家是班卒尔（印度的一个
地区），故有班卒尔樟脑之称。班卒尔樟脑渗透性最强，质地最
纯，颜色最白，乃是最好的樟脑，而且也是块最大的。这些樟脑
均通过升华作用而变得纯净。这就是被称之为加工过的樟脑，人
们用樟脑配制各种香料。樟脑性凉，有清脑热，利睡眠，治头痛
及各种止血、防腐作用。他也举了很多服用樟脑的临床案例及副
作用等。② 阿拉伯文献中所提到的印度海、中国海岛屿上所产樟
脑，应该就是指印度尼西亚、马来西亚一带的樟脑（龙脑、婆
律膏）。

由此可知，8～9世纪以后的波斯、阿拉伯世界对樟脑功能
等较为熟悉，对樟脑的东方产地亦有一定的了解。此外，由于海
路的发达，印度洋上的樟脑产地及运输航路也较为清楚。《道里
邦国志》记载到东方的海上航程：

① 〔阿拉伯〕佚名：《中国印度见闻录》，穆根来、汶江、黄倬汉译，第131页。
② 〔法〕费琅辑注《阿拉伯波斯突厥人东方文献辑注》上，耿昇、穆根来译，第
311～314页。

　　凯莱赫（Kalah）岛（今马来半岛马六甲一带）……左
方前行 2 日即达巴陆斯（Bālūs）岛……岛上盛产优质樟脑
及香蕉、椰子、甘蔗、稻米……

　　由此东方海洋，可以从中国输入丝绸、宝剑、花缎、麝香、
沉香、马鞍、貂皮、陶瓷……可以从印度输入沉香、檀香、樟
脑、玛卡富尔（意为“樟脑油”、樟脑精）、肉豆蔻……①

　　此外，在描述“拉赞尼亚（Rādhāniyyah，即拉丁之意，当
指操拉丁语的民族所生活的欧洲地中海地区）犹太商人的商道”
一节中也提到：

　　操着阿拉伯语、波斯语、罗马语、法兰克语、安达鲁西
亚语、斯拉夫语的商人经陆路和海路，从东方行至西方，又
从西方行至东方。他们从西方贩来奴隶、婢女、娈童、绸缎、
毛皮、皮革、黑貂、宝剑等，从西海……出航……再负载商
品到红海……再从红海出发行在东海上……至信德、印度、
中国。然后，他们从中国携带着麝香、沉香、樟脑、肉桂及
其他各地商货返回红海……再航行于西海中……陆续到阿曼、
信德、印度及中国。所有这些道路都是彼此相通的。②

　　由此可以看出，樟脑等贸易在当时阿拉伯的海上贸易中达到

---

① 〔阿拉伯〕伊本·胡尔达兹比赫：《道里邦国志》“到东方去的海上航程”，宋岘
　　译注，第 69、73 页。
② 〔阿拉伯〕伊本·胡尔达兹比赫：《道里邦国志》“拉赞尼亚犹太商人的商道”，
　　宋岘译注，第 164 页。

相当发达的程度。

虽说我们对樟脑在波斯阿拉伯世界的具体使用情况不甚明晰，但波斯、阿拉伯文献的只言片语记载仍为我们揭示出樟脑在中古阿拉伯世界的使用与影响。这其中虽然他们更看重来自南海、印度洋的婆律膏（龙脑），但中国樟脑也因出产量大而得以流行。

综上所述，中古时期随着陆海丝绸之路的发展，中国和西方诸国有了进一步的交往，随着交流的双向进行，中国的丝绸、铁器、药材、纸张等也随着丝绸之路传入中西亚地区，其中包括麝香与樟脑。这两种以中国为中心的物产在中古波斯、阿拉伯世界受到欢迎，并对其文化生活产生一定影响。

第三节　中古丝绸之路上的中国故事与中国元素

一　中古丝绸之路上的中国故事

劳费尔在《中国伊朗编》中通过对中西植物等传播的研究指出，"中国人是熟思，通达事理，心胸开豁的民族，向来乐于接受外人所能提供的好事物"[①]。说明在他眼里，古代中国人民是包容开放的，对外来事物、外来文化是乐于接受的。那么在古代中国以西的波斯、阿拉伯等人的眼中，东方中国是一种什么样的存在呢？

公元前 5 世纪波斯古文献记载，东方中国的被称呼为 Cini、

---

① 〔美〕劳费尔：《中国伊朗编》，林筠因译，第 9 页。

Saini，这和之后的古代波斯语对中国的其他称呼Čin、Činistan，或Činastan 等源出一体，发音近乎"秦那""亲奈"，可能和来自中国的"秦"有关。在中古波斯语里除了Čēn 和Čēnastān 之外，也为亚美尼亚语Čen-k、Čenastan（"中国皇帝"）、Čenazneay（"开始于中国"）、Čenik（"中国的"）等词所证实，又为粟特语Čynstan（Činastān）所证实，[1] 通常这些波斯、阿拉伯语名称只应用于真正的中国产品，也说明他们对中国的了解有一个发展的过程。

中古时期波斯、阿拉伯文献多多少少都有一些关于东方中国的故事记载，虽然有演绎杜撰的成分，但也反映出当时波斯、阿拉伯世界对中国的了解程度，我们试举几例说明。

（一）摩西（Moses）《史记》中的中国故事

公元4 世纪初，叙利亚人蔡奴伯（Zenob）用亚美尼亚文著成《中国史》一书，公元440 年后亚美尼亚史学家摩西的《史记》又据蔡奴伯之书，记载了萨珊波斯与东方中国的故事。书中称中国为"哲那斯坦国（Jenasdan = Chinistan），国境皆为平原，位于西提亚（Scythia，也即西徐亚）之东，为世界最东之国。人民富裕，文物昌明，民性温和。其国产丝甚旺。自上而下，视丝衣为寻常，而在亚美尼亚则至稀罕，且极珍贵。又产麝香、红花、棉花、孔雀。境内有二十九国，文明程度，不能齐等"[2]。亨利玉尔认为哲那斯坦，或即后魏，张星烺先生采此说。摩西书中对于中国的记载，其方位、民俗等大体准确，产丝国之物产描述亦不谬，大概东方中国在中古时期西方人的眼中形象亦

---

① 〔美〕劳费尔：《中国伊朗编》，林筠因译，第 403 页。

② 张星烺编注，朱杰勤校订《中西交通史料汇编》第二册，第 959 ~ 960 页。〔英〕裕尔撰，〔法〕考迪埃修订《东域纪程录丛——古代中国闻见录》，第 74 页注②。

大抵如此。

摩西书中又提及萨珊建立者波斯阿尔戴细尔王（即阿尔达希尔）在位时，与亚美尼亚、中国均有联系。如书载波斯阿尔达希尔王时，"尝与亚美尼亚王柯斯鲁一世（Khosrau I，即胡斯洛一世）龃龉，中国皇帝代为调停"。书中亦载："波斯萨珊王朝国王阿尔达希尔末年，中国国王阿尔伯克（Arpog）有子名马姆康（Mamkon）者，犯法当诛，逃至波斯避之。中国人追至，因波斯保护罪人，以宣战相恫吓。马姆康不得已，乃西至亚美尼亚。国王梯力代梯斯（Tiridates）优待之，封以大龙（Daron）省，使马姆康及所率领之人居焉。"马姆康即世家马密哥尼之祖先，其来自中国，亚美尼亚各史家皆有详记。波斯王阿尔达希尔卒于公元240年，也即三国曹魏废帝正始元年。张星烺先生指出马姆康王子西奔之事，不见于中国正史，可见其非汉室或曹魏之裔也。东汉之末，三国之初，中国本土分崩离析，群雄割据，自王一方，马姆康或为甘凉边陲土豪之裔也，虽不见中国史书，而亚美尼亚各史家皆详言之，其为真确事实，可无庸疑。① 摩西书中对中国和波斯的记载，虽然不见载于中古史籍，所言中国也不一定代表中原王朝的中国，也可能是比甘凉边陲土豪之裔更西的地域，但至少可以看出东方中国在亚美尼亚等的印象中是一个与波斯、亚美尼亚等有政治诉求、经济来往的国度，也是一个不可忽视的存在。

（二）马尔科姆《波斯史》中提到的中国故事

张星烺先生曾引用过马尔科姆（J. Malcolm）1915年所著

---

① 张星烺编注，朱杰勤校订《中西交通史料汇编》第二册，第960~961页。

《波斯史》（The History of Persia）的部分章节。[1] 书中记载波斯国王胡斯洛一世在位时"中国皇帝遣使献假豹一只，全以珍珠珞成，两眼以红宝石嵌之。天青色绣锦袍一件，光彩华丽夺目，上有金丝绣群臣朝见波斯王图，袍以金钵盛之"。胡斯洛一世当政为公元531～579年，其领土向东扩张时期大概在公元560年以后，和中国西魏北周政权的时间相当，张星烺先生据此估计"波斯与宇文周时互通使节"，他通过考证《周书》记波斯王遣使来献方物，而波斯史又记中国献方物于波斯，认为大概当时两国确有通好之使可无疑也。[2] 笔者同意这个看法，萨珊胡斯洛一世时是其向东方扩张时期，也是同中国政治联系较为密切的时期，双方互通遣使是完全有可能的。我们在本书第一章中也提到了有关西魏时期波斯使主张道义的问题。

至于所献缀满珍珠的假豹、光彩夺目的天青色绣锦袍，中国史书阙载。当时双方联系密切，波斯也好东方之物，中国假面狮子等动物亦开始流行，至于丝绸（即中国锦缎）更是波斯人、罗马人倚重的重要物品。自汉以来的丝绸之路，即横贯波斯抵东罗马，因而丝绸也是波斯与拜占庭交战所攫取的主要物品，控制通往波斯的丝绸之路，就是要垄断中国的丝绸贸易。《波斯史》的这段记载也可以说是反映公元5～6世纪丝绸之路上流行的关于波斯与中国交往的一个生动故事。值得玩味的

---

[1]　John Malcolm, *The History of Persia: From the Most Period to the Present Time*, Vol I, Chap. VI, 1915, pp. 144 – 145.

[2]　张星烺编注，朱杰勤校订《中西交通史料汇编》第二册，第1053页。〔英〕裕尔撰，〔法〕考迪埃修订的《东域纪程录丛——古代中国闻见录》也有相关论说，见第75页。张星烺先生关于此事的记载也主要来自该书。

是，中国所献这件绣锦袍上有金丝绣群臣朝见波斯王图，类似波斯阿契美尼德王朝都城波斯波利斯石刻所表现的万邦来朝、群臣朝贡的传统，也类似我们在第一章所提到的梁元帝萧绎的《职贡图》模式，我们不清楚梁朝时期的《职贡图》是否受到波斯的影响？如果真有其事，该丝绸是不是中国专为出口而做呢？还是波斯专门定制的物品，这应该是值得关注的有趣事例。

马尔科姆大概是引用波斯历史学家 Mirkhond（1433～1498）等的著作，这些材料大概来自更早的波斯、阿拉伯文材料。约10世纪初阿拉伯学者马苏第所著《黄金草原》记载类似情节，当时波斯国王记为阿努希尔宛，来自中国所献方物亦大同小异，"这一宝物还伴有一块有黄金烘托的中国丝绸，上面绘有国王坐在其宫殿中的画像。国王身上佩戴有他的装饰品和王冠。在他的上面站有手持尘拂的奴婢，这一画面用黄金织在天青石色的蓝底上。这块丝绸放在由一名妙龄女郎手捧的金匣钵中，少女的面部漂亮得鲜艳夺目，由其长长的青丝遮住了面庞。除了这些礼物之外，还有其他出自中国的珍异物，国王一般都习惯于将此赐给与他们身份相同的人"①。该书成书虽然在10世纪初，这也从另一个方面说明了此故事的流传或更早，也说明了这个故事的影响力。

（三）《列王纪》中的中国影像

波斯诗人菲尔多西（Firdousi，935～1025）曾著有著名史诗《列王纪》（一称"王书"），是其大量收集民间历史故事、传说

---

① 〔阿拉伯〕马苏第：《黄金草原》，耿昇译，第335页。

而用波斯文写成的，其中有不少来自萨珊时期游吟诗人歌颂古代波斯英雄和君王的史诗《列王咏》。《列王纪》长达 60000 行，叙述内容时间跨度达 4000 年，从远古写到公元 651 年波斯帝国灭亡为止。其中也有一些关于中国的记载，例如亚历山大故事中的中国天子，书中记载亚历山大自己以使节的身份来到中国，Fagfur（天子）以上宾之礼相待。他向天子递书，声明如果天子承认他为君主，进贡本国宝物，他可以允许天子保有领土和职位。天子应允了这要求：

> 亚历山大前来镇静从容，当他缓步登上中国天子的大殿，看到人数众多的军队威武庄严……他在太子的殿上坐了很长时间，天子热情接待让他坐上座位，与他亲切交谈彼此从容应对……他把带来的信呈献给皇上……如若你要来朝见天下之王，从你的宫中出发来欢迎你的王上，你要随身携带中国的宝物献礼……如果不想我大军带来破坏，要及早准备把贡物礼品呈献上来……尊贵的天子吩咐把库门打开，他慷慨大方拿出礼物钱财……命人把一千峰骆驼迁来，骆驼背上装好金银钱财，还有丝绸绫绢及锦幛……还有三百峰红毛驼参加送礼队伍，背上驮的都是中国的稀有之物……①

马其顿亚历山大大帝以使节身份来见中国天子，显然是一种杜撰，非信史，但至少说明了东方中国在西方的影像由来源远

---

① 〔波斯〕菲尔多西：《列王纪全集》第 6 卷，张鸿年、宋丕方译，第 133~139 页。

流长。

《列王纪》中也记载了萨珊波斯与西魏北周的关系。如关于波斯王胡斯洛在位时，中国可汗向波斯派使节的记载，在"中国可汗向霍斯鲁（胡斯洛）国王派使者"一节中写到：

> 伊朗国王的胜利、土兰人的遭遇，终于传到秦和马秦那里……
>
> 中国与和田着手进行安排，准备赠送重礼和珠宝钱财，然后招来办事老练的使节，细细交代使者去了如何说。
>
> 中国国内奇珍异货真不少，还有大量第纳尔和珍贵的珠宝。
>
> 向国王送去以求得他的宽恕，使者衔命迅速登上了去路，七天之后便到了冈格。
>
> 常胜之王对他们善加款待，礼貌周到地做了一切安排。
>
> 送来的礼物一律照收不拒，成袋的珠宝金钱，还有奴隶。
>
> 对来使说："回去向你王报告，对我们的承诺切不可忘掉。"
>
> ……使者马上回国如疾风一样，把回话一一转告中国国王。[1]

张星烺先生认为《列王纪》之中国可汗（国王），必即宇文周，宇文周之出兵，必为援波斯也。其援助原因应该是希望其东

---

[1] 〔波斯〕菲尔多西：《列王纪全集》第4卷，张鸿年、宋丕方译，第476~477页。

连中国以对抗突厥。① 这点和《波斯史》记载一样。考虑到波斯
胡斯洛一世在位期间，也是萨珊波斯极盛时期，随着其势力向东
方的推进，和嚈哒发生冲突，此时期突厥势力也崛起于东方，西
部可汗室点密势力控制了西域，波斯与突厥为邻。胡斯洛一世与
突厥结盟，共同对抗嚈哒，其后双方于公元 558 年前后，联兵灭
嚈哒，双方以阿姆河为界，中分其地。第一章所述在敦煌"行
州事"的波斯使主大概负有一定的政治使命，如果其能顺利出
使，大概也是希望和波斯联合对抗突厥等。

　　波斯、阿拉伯等文献所提到的中国故事虽然并非准确，有的
也非信史，但关于东方中国的雪泥鸿爪多少可以反映出当时中古
中国在西方的基本影像：中国这个东方古国在他们心中既是独一
无二的丝国，也是一个以帝国形式存在的文明体。

二　中古丝绸之路上的中国元素

　　中古时期，随着陆海丝绸之路的发展，中国与中西亚之间的
交流达到一个高峰。在外来文化大量输入中国时，中国文化也由
此进一步西传，虽然文献记载不详，但随着丝绸之路上考古工作
的开展，我们也在帕米尔东西丝路沿线等地区看到中国元素的
存在。

　　（一）唐风唐韵：丝路沿线上唐代建筑风格与艺术形象

　　1. 中亚碎叶——唐代长安城的缩影

　　碎叶又叫作素叶城、素叶水城，因其依傍素叶水，故得此
名，其故址在今吉尔吉斯斯坦托克马克市西南 8 公里处的阿克 -

---

　　①　张星烺编注，朱杰勤校订《中西交通史料汇编》第二册，第 1053 页。

贝希姆（Ak-Beshim）。唐初玄奘西行，曾在此地见过西突厥统叶护可汗。据《大慈恩寺三藏法师传》载：

> 至素叶城，逢突厥叶护可汗，方事畋游，戎马甚盛……既与相见，可汗欢喜，云："暂一处行，二三日当还，师且向衙所。"……三日可汗方归，引法师入。可汗居一大帐，帐以金华装之，烂眩人目……法师去帐三十余步，可汗出帐迎拜……因停留数日……又施绯绫法服一袭，绢五十匹，与群臣送十余里。[①]

碎叶城曾与龟兹、于阗、疏勒并称为安西四镇，是唐王朝经营西域的四镇之一，也是最西边一个边防重镇，其设置时间没有确切记载，有贞观说，也有显庆说。考虑到贞观时碎叶仍属于西突厥居地，直到显庆二年（657），唐平阿史那贺鲁，分西突厥地置昆陵、濛池二都护府，以碎叶河为界分为东西两部，碎叶城大概此时已存在。高宗调露元年（679）安西四镇复置时，碎叶取代焉耆成为四镇之一，开元以后碎叶镇成为突骑施的领地。

各国学者曾对碎叶城进行发掘。古城主要由三个部分组成，根据中国史籍记载，"凡大城谓之罗城，小城谓之子城"[②]，这几部分分别称为子城（šahristan）、宫城（citadel）和罗城（rabad）。古城规模相当大，属于七河流域大城市行列，人口众多。[③]

---

① （唐）慧立、彦悰著，孙毓棠、谢方点校《大慈恩寺三藏法师传》卷2，中华书局，1983，第27~29页。

② 《资治通鉴》卷241"宪宗元和十四年（819）"条胡三省注，第7764页。

③ 努尔兰·肯加哈买提：《碎叶》，上海古籍出版社，2017，第84页。

碎叶城具备了当时中亚城市所具有的一切特征。虽然该城在形制上同于中亚其他粟特城市，但城中遗存数量可观的汉风遗址，为其他粟特城市所没有，也为他处的七河流域古城所罕见，因而十分引人注目。这些遗址在建筑技术、建筑形式、建筑材料、布局特征、规划特点、宗教艺术诸方面，具有鲜明的中原地区的汉族风格，或受到中原强烈影响。这类汉风遗址和典型的粟特风格遗址有着非常明显的区别，应属于汉文化建筑艺术系统，是在特定的历史背景和条件下产生的。[①]

考古学者曾对碎叶古城进行过多次发掘。子城中心Ⅱ号发掘点文化层丰富，有5~10世纪的4个文化层，表明子城营建年代久远。子层出土有唐开元通宝2枚、大历元宝1枚、喀喇汗钱币1枚等。[②] 罗城的兴盛主要是在7世纪下半叶、8世纪初，出土遗物建筑材料有花纹方砖、条砖、陶、板瓦、陶水管等，也有开元通宝、突骑施钱币等。[③]

20世纪40年代发掘出土的伯恩施塔姆（Bernštam A. N.）遗迹，与历史文献所叙述的内容基本吻合，证明此遗迹就是王方翼衙署遗址及佛寺。王方翼于公元679年"筑城碎叶"[④]，这是碎叶城中第一座汉式建筑。值得注意的是，王方翼衙署的形制布局、建筑材料、土坯规格是这个时期新出现的，在中亚不见，其样式无疑来自东方，应该是仿长安城而设置的。城中属于唐朝的

---

① 努尔兰·肯加哈买提：《碎叶》，第88页。

② 努尔兰·肯加哈买提：《碎叶》，第97~99页。

③ Lcerard Clauson，"Ak-Beshim"，*Joural of the Royal Asiatic Society*，London，1962，pp. 1 – 13.

④ 《唐会要》卷73"安西都护府"条载：调露元年九月"安西都护王方翼筑碎叶城，四面十二门，作屈曲隐伏出没之状，五旬而毕"（第1571页）。

纪念性建筑不少，仅见于记载的就有裴行俭纪功碑、[①] 大云寺[②]
等。除此之外，还有两座佛寺，即第二佛寺和伯恩施塔姆佛寺，
这些佛寺的出现与来碎叶戍边的大批唐军及其家眷和吐蕃人有密
切关系。因而有学者指出，中原风格遗址、遗迹的出现应该同唐
朝在碎叶设镇、大量汉兵屯戍、汉僧移居有着密切的关系。[③]

作为唐朝经营西域的一个最西边的边防重镇，碎叶承担了军
事上的防卫与政治上的管理的重任，从这里唐风建筑与文化的遗
存来看，唐代的中原文化因素有着较大的影响。

*2. 中亚古城壁画上的唐人形象——以撒马尔罕、片治肯特等地考古
发现为中心*

苏联考古工作者及近些年一些欧美等国学者在撒马尔罕及
其近郊的阿弗拉希亚伯、片治肯特及布哈拉地区的瓦拉赫沙古
城遗址等进行了发掘，出土了不少建筑遗址及大量珍贵的壁画，
为我们提供了阿拉伯人占领前夕粟特乃至中亚城市生活和文化相
当完整的画面，其中也包括一些中国元素。像在乌兹别克斯坦的
公元 7~8 世纪撒马尔罕阿弗拉希亚伯古城出土的壁画上有唐人
形象：如龙舟上的唐代贵妇形象、骑马射猎的武将形象，以及贡

---

① 高宗仪凤年间，吏部侍郎裴行俭以册送波斯王泥涅师为掩护，准备计擒都支、遮
匐，次年行动取得成功，"立碑于碎叶城以纪其功，擒都支、遮匐而还"，见《旧唐
书》卷 84《裴行俭传》，第 2803 页。20 世纪 80 年代，在吉尔吉斯斯坦托克马克西
南的阿克别西姆古城（Ak-Beshim）遗址发现一块汉文残碑，据周伟洲先生考证，
此碑就是裴行俭平西突厥都支、遮匐之乱后，于碎叶所立纪功碑之残石，碑文也有
可能系裴行俭本人所书写。见周伟洲《吉尔吉斯斯坦阿克别希姆遗址出土残碑考》，
载氏著《边疆民族历史与文物考论》，第 307~310 页。
② 怛逻斯之战被俘的杜环在其所著《经行记》中云："碎叶城，天宝七年，北庭节
度使王正见薄伐，城壁摧毁，邑居零落。昔交河公主所居止之处，建大云寺，犹
存。"载（唐）杜佑撰《通典》卷 193《边防九》，第 1043 页。
③ 努尔兰·肯加哈买提：《碎叶》，第 201 页。

方物的唐代使臣形象（见图5－8、
图5－9）。①

在塔吉克斯坦片治肯特遗址，考
古工作者发现了琐罗亚斯德教神殿遗
址以及贵族宅第的壁画，画中绘有印
度《五卷书》的故事、娜娜（Nana）
女神，还有出行图、宴饮图等内容，
其中也有唐代妇女形象（见图5－
10）。②

**图5－8　撒马尔罕阿弗拉希亚伯
古城龙舟壁画**

资料来源："Hall of Ambassadors in
the Museum on Afrasiab（middle of Ⅶ th
century）"，Samarkand State Museum of
History and Art，2002（乌兹别克斯坦
撒马尔罕阿弗拉希亚伯历史博物馆
"大使厅"壁画英文版介绍手册）。

图5－9　撒马尔罕古城大使厅壁画

资料来源："Hall of Ambassadors in the
Museum on Afrasiab（middle of Ⅶth
century）"，Samarkand State Museum of History
and Art，2002（乌兹别克斯坦撒马尔罕阿弗
拉希亚伯历史博物馆"大使厅"壁画英文版
介绍手册）。

**图5－10　片治肯特古城唐代
妇女形象壁画**

资料来源：A. M. Belenitskii，B. I.
Marshak，and Mark. J. Dresden，*Sogdian
Painting the Pictorial Epic in Oriental Art*，
University of California Press，Berkeley. Los
Angeles London，1981，fig. 26。

① A. M. Belenitskii，B. I. Marshak，and Mark. J.，Dresden，*Sogdian Painting the
Pictorial Epic in Oriental Art*，University of California Press，Berkeley. Los Angeles
London，1981. "Hall of Ambassadors in the Museum on Afrasiab（middle of Ⅶth
century）"，Samarkand State Museum of History and Art，2002（来自乌兹别克斯坦撒
马尔罕阿弗拉希亚伯历史博物馆"大使厅"壁画英文版介绍手册）。
② A. I. Marshak，V. Raspopova，"Wall Painting from a House with a Granary. Panjikent，1st
Quarter of the Eighth Century A. D."，*Silk Road Art and Archaeology*，1990. A. M. Belenitskii，
B. I. Marshak，and Mark. J.，Dresden，*Sogdian Painting the Pictorial Epic in Oriental Art*，
University of California Press，Berkeley. Los Angeles London，1981，p. 60，fig. 26.

此外，当地还出土了大量汉式铜钱，保持方孔圆环的形制，但上面的文字已经不再是汉字，表明了汉式铜钱的在地化。作为陆上丝绸之路的交通要道，片治肯特遗址壁画及出土文物也多体现出多元文明的特色。除了本土粟特文明因素外，还有波斯文明、中国文明、印度文明及草原文明等的交互影响。

撒马尔罕的阿弗拉希亚伯古城龙舟图、射猎图，古城的大使厅唐人使臣壁画以及塔吉克斯坦片治肯特古城的唐人形象壁画，均表明了中亚粟特一带和唐代中国的密切联系与交流，这样的交流也随着唐代经营西域的深入而得到更深一步的发展。

（二）华风西渐：伊朗、土库曼斯坦等地的考古发掘与中国制造

中古已降，随着陆海丝绸之路的进一步发展，中国文化进一步向西传播，影响到波斯、阿拉伯等地区，以伊朗为中心，有不少华瓷、三彩器等在这个地区出现，其中一些著名城市如木鹿城、尼沙布尔、戈尔甘等地都是中古时期华风西渐的重要地区。

木鹿城（Murv）。其地即今土库曼斯坦马雷，两汉时期属于安息国东界，也是以后马尔基安纳（Marchiana）地区的首府。其地为中国与罗马帝国属地之间商道的要冲，土地肥沃，手工业、商业都很发达。公元3世纪和7世纪，该城先后被波斯人、阿拉伯人征服，后被蒙古军摧毁。苏联学者曾在这里做过长期发掘。在外区和城郭，发现有3~7世纪的佛寺和基督教寺庙遗址。另外在9~10世纪的地层中出土了不少釉陶和瓷器片。[①] 这些釉陶和瓷器片或是经陆路而来的唐宋时期中国陶瓷制品。

---

① 宿白：《考古发现与中西文化交流》，第100页。

尼沙布（普）尔（Nīshāpūr）。从木鹿向西南，就到了今伊朗东北地区的尼沙布（普）尔，古城在城东南，大约是沙普尔一世或二世时期建立的。该城是中亚最西一座方形十字街的城址，与唐州县类似。唐灭西突厥后，于高宗龙朔元年（661）在中亚建立羁縻府州，这里是安西都护府管辖的范围，所以尼沙布尔城的类型与唐朝州县相似并不是不可理解的。城址坐落在丝绸之路沿线上，所以一直是一个重要的交通要道与据点。它曾是呼罗珊最大和最富庶的城镇，也是商人们常去的地方和军队指挥官的驻地。[①] 大食占领之后，置呼罗珊总督于此。公元1221年成吉思汗西征，此城遭受破坏，后来遭遇地震，渐渐沦为废墟。1964年和1967年美国人曾来这里发掘，并盗走全部发掘品，他们在8~9世纪的地层中发掘出不少来自中国的陶瓷器，有三彩盘、三彩子母盏盘、邢窑白瓷罐，还有绿釉碗，这些都属于中国北方系统的陶瓷，大约属于公元8世纪的。当然也有9~10世纪南方系统的越窑青瓷碗，长沙窑黄釉褐彩罐并有贴花的带耳小罐。[②] 长沙窑的贴花细颈罐和鸟纹残片等大概都是中国的出口物品。[③] 可见中世纪的尼沙布尔人对中国陶瓷的喜爱。

戈尔甘（Vərgan）。尼沙布尔西边的戈尔甘地方出土了中国中原地区制造的海兽葡萄镜。另外，伊朗西部古城苏萨（今伊朗胡齐斯省的重要城市）也出土了海兽葡萄镜的仿制品。看来唐代海兽葡萄镜得到大食人的欣赏和喜爱，宿白先生怀疑唐代

---

① 佚名：《世界境域志》，王治来译注，第89页。
② 宿白：《考古发现与中西文化交流》，第101页。
③ 〔日〕三上次男：《陶瓷之路》，李锡经、高喜美译，蔡伯英校，文物出版社，1984，第98页。

7～8世纪突然发展的这种新式纹饰铜镜目的可能是为了向西方
输出。①

从尼沙布尔向西约 600 公里是雷依（Rey）古城，它是丝绸
之路在伊朗北部最大的一个站，位于今德黑兰南部，后被成吉思
汗军破坏。美国、法国考古专家在这里发掘出不少唐代瓷器。其
中在波士顿美术馆藏有玉璧型碗足的唐代后期越窑瓷碗残片，碗
内侧底部有流利的划花花草纹的残片，还有元代的龙泉青瓷的残
片。在巴黎的集美博物馆里有一个陈列着据说是雷伊出土的唐白
瓷菱口碟子、邢窑白瓷配有铁彩绘的贴花蝴蝶纹盒子等。在宾夕
法尼亚大学博物馆（Penn Museum）也有雷依出土的青白瓷碗。
说明在 9 世纪前，中国陶瓷已运进伊朗的中央地区了。②

从德黑兰继续往西就进入今伊拉克境内，当时也曾属于萨
珊波斯及其后大食统治范围，也是大食都城所在地。巴格达以
北 120 公里的萨马拉（Samarra），1911～1913 年德国人在这里
发掘，第一次世界大战后伊拉克自己发掘。德国人的报告中记
录了这处古城里三个地区都出土了唐代瓷器：一是在一座宫殿
的库房中发现了刑窑白瓷、越窑青瓷和绿釉、黄釉陶罐，还出
土了仿制的三彩碗盘；二是在一座宗教建筑内的废井中发现了
越窑青瓷；三是在一处宫殿的底层发现了邢窑白瓷等，另外从
幼发拉底河进入今叙利亚境内的腊卡，发现了三彩壶等。③ 不
一而足。在伊朗、伊拉克等地发现的仿制三彩器，应当为波斯
三彩，受唐三彩影响十分明显，其器型、彩釉等与中国三彩相

① 宿白：《考古发现与中西文化交流》，第 101 页。
② 〔日〕三上次男：《陶瓷之路》，李锡经、高喜美译，蔡伯英校，第101～102 页。
③ 参见宿白《考古发现与中西文化交流》，第 101～102 页。

同，但在装饰上融入了波斯一带的元素。在日本的冈山市立东方美术馆及私人手中多收藏有出自伊朗一带的波斯三彩，如白地三彩带把壶、三彩釉刻植物花纹钵等。[①]

　　总之，中古时期，在丝绸之路沿线以伊朗为中心的地区及周边，发现有不少中国制造的产品，主要以古代中国南北方出产的瓷器、三彩器等为主，其中有不少属于唐宋时期的南北瓷器遗存，说明了中古时期西亚波斯、阿拉伯地区与中国交往的密切，也说明中国文化对中西亚地区社会生活的影响。

---

① 〔日〕江上波夫监修《大三彩：唐三彩　辽三彩　波斯三彩　奈良三彩》，第一企划株式会社，1989，第121～136页。

终　章　碰撞与融合：中国文明与波斯文明交流的特点

　　中古时期是陆上丝绸之路得到发展并达到顶峰的时期，海上丝绸之路在公元 7 世纪以后也有了进一步的发展，中国的船只可以直航波斯湾，而阿拉伯、波斯、东南亚等地的船只更是活跃于印度洋上以及阿拉伯海、红海、南海之间。中国和周边诸国有了更为紧密的交往，包括中亚、南亚、东南亚、东亚等都和中国在政治、经济、文化上展开密切的联系与交流。至于中国以西更远的西亚（波斯）、罗马及以后的拜占庭在这一时期也通过直接或间接的方式和中国有着相互的交流。尤其是作为丝绸之路两端的萨珊波斯与中国，都是重要文明中心，都具有深远的国际影响，双方在中古时期的联系更加紧密，即便是中国和罗马或拜占庭有来往，也绕不过波斯。虽然双方这种联系更多是经中亚、西域或东南亚等中间环节而发生，但不能否认两大文明之间的相互吸引与相互影响，因而对两个文明本源之间交流的探讨更有重要意义。

　　萨珊波斯帝国存在的时间相当于中国魏晋南北朝至唐朝中前

期，历史有 400 多年的重合，双方的政治联系大概从南北朝开始一直到唐代中前期，即在波斯被大食灭亡之后的近一百年时间还有波斯通使唐朝的记载，这不能不说波斯对唐有着更为重要的政治与经济上的需求，这种需求也伴随着双方海陆交通的发展而得以满足。随着波斯人的足迹遍布中古中国南北地区，双方在文化等方面的交流也日益加强，相对于政治经济上的交往来说，这种文化上的交流更为广泛而深远。

从物质上的交流来说，双方间的需求和联系强烈而紧密，波斯在输入中国的丝绸、漆器、铁器、瓷器等物时，也通过波斯或中亚人之手将古波斯积累起来的丰富发达的物质文化向东方输出。如动物中以鸵鸟和驯狮等为代表，植物类中以枣椰、阿月浑子、郁金香、青黛等为代表，香药类中以龙涎香、安息香、苏合香等为代表，宝石类以珍珠、金花、水精等为代表，手工制品中以波斯锦和锁子甲为代表，它们或产自或制作于波斯，或经波斯之手转输，但都以各种不同的方式沿着丝绸之路传播到东方中国，对古代中国人的生活及生活方式产生了一定影响。

从造型装饰艺术上来说，波斯文明也以其独特的文化对东方产生强大的吸引力。如来通角杯（兽首杯）的使用及传播，在波斯装饰文化中占有较大比重的联珠纹等装饰艺术的东传，中西亚印章及其艺术对中古中国的影响，还有唐代游艺文化中具有较大影响的马球运动等也和波斯文化有着密切的联系，这些或多或少、或隐或现的影响都可以在考古文物及艺术品等上面找到它们的痕迹。

在宗教思想上，对中古时期中国人精神生活有着冲击和影响的三夷教也和波斯帝国及波斯文化有着密不可分的关系。如中古中国流行的祆教是由波斯地区的琐罗亚斯德教、中亚地区的马兹达教等发展而来的；摩尼教则是创自波斯并经过中亚、西域等地传入中国的；景教虽产生于叙利亚，但因为得到波斯统治者的保护而得以发展，唐代传入的景教应源自波斯，应该是具有浓厚波斯血统并受中亚、西域等地文化影响的宗教。但无论是不对外传教且缺少经典的祆教，还是极力与本土的佛教、道教等寻求发展平衡的摩尼教、景教等，最后都免不了会入乡随俗，并走上文化转型之路。

当然文明的交流是双向的，作为文明的两大本源之间，双方本身就有着交流的需求和需要，中国的丝绸、漆器、铁器等西传自不必说，中国文化的影响也一样沿丝绸之路传播到西方，虽然史料没有提供更丰富的信息，但我们依然可以从碎片化的史籍及考古发现中找到其传播的痕迹与影响。如丝绸之路上流传的一些中国故事与中国元素，包括唐风唐韵——丝路沿线上唐代建筑风格与艺术形象等，华风西渐——伊朗、土库曼斯坦等地的考古发掘与中国制造等，以麝香和樟脑等为代表的物品对波斯、阿拉伯世界的影响等。这些来自中国或东方的文化元素也丰富了中西亚各国的文化生活。

在探索波斯与中国文明交流的过程中，我们所做的都是一些寻找蛛丝马迹的工作，但这些琐碎而零星的发现与探讨，多少使得我们可以进一步对中古时期文明间交流产生几点思考。

第一，文明之间的交流是有选择性的。是什么决定文明的交流？这应该是由不同文化环境与文化背景来决定的。自张骞通使西域，中西间的交流就达到一个高潮，中国文化在向西传播的过程中，西方的各种异域文化也大量涌进来，如葡萄、苜蓿、胡

桃、胡瓜、胡豆等都对中国人的社会生活产生了影响。但总体来
看，东西方之间在文化交流上是具有选择性的，即往往接受更符
合自己文化传统的东西。中国的丝绸以其华丽轻柔风靡西方世
界，罗马世界重金以求之，以至于波斯等地往往以"塞里斯"
称呼东方丝国，足见丝绸在西方世界的影响力。华瓷在海上丝绸
之路兴起以后，也远销阿拉伯世界，成为当地人趋之若鹜的高端
产品。但农业文明创造的文化并不是都如丝绸、瓷器一样为其他
文化所接纳，像前述的漆器、铁器、三彩器等，影响力有限。从
西方文化对中国的影响来看，似乎范围更广、影响更大，但大部
分能够移植的文化也都是选择的结果，这些进入中国的文化更能
满足中国人的需求并符合中国人的文化传统。像西方狮子这类动
物的传入，其艺术形象就进一步本土化了。而有些物品或装饰技
术、游艺等也只能是符合当时的时尚，时过境迁，也就淡忘或不
流行了。如马球在唐代上自宫廷、下至民间风靡一时，但至宋以
后成为只有一部分人参与的与礼仪有关的运动了。联珠纹饰及西
亚印章艺术等也都和西方移民有关，也仅是作为一种异域时尚而
流行一时，并没有融入或者完全融入中国文化，有些文化随着交
流的中断也就消失了。从某种程度上来说，文明间的交流与接受
和双方文化传统与社会发展模式有密切的关系。

　　第二，不同文化环境下交流产生的变异性。也可以说文化传
播会随着时空变化而发生变异、转变等，也可以称为一种文化的
转译。与今天全球化时代不同，古代中西文明之间的交流并非原
汁原味地输入与输出，而是经过重重中间环节，这其中既包括陆
路上的高山、峡谷、平原、大漠，也包括海路上的海湾、半岛、
群岛、中转站等，中西文明在交流过程中免不了受当地环境与当

地文化的影响，或多或少会吸收当地的文化因子，从而影响文化传播的轨迹，使得文化本原的面貌模糊不清，中间地域的文化色彩更浓厚。三夷教在中国的传播就说明了这个问题。祆教在中亚是以马兹达教的方式传播，具有地域文化特色，至中国则以其拜火事天特色而被称为祆教；中国的摩尼教本身就是来自中亚摩尼教团，是创于波斯而向外发展的宗教；而景教在入华过程中，因无外来势力可以依靠，更多走的是一条上层路线，依靠统治者的支持，也相应借助佛教的外衣，在很多方面表现出入乡随俗的特征。因而，可以说文化在传播中会发生一些变化，加了一些本地化阐释与再创造，这也是文化传播的通则。

此外，不同地区不同的审美情感与社会因素，也影响了他们对文明因子的吸收。从某些方面来说，异国事物的传播与移入，不仅仅是文化的复制与移植，而且是有一些"看似相同，实则有异"的暧昧转变。① 东西方审美与社会文化不同，同一种文化在传播中其成效与功能发生变化，更加具有了入乡随俗的特征。例如中国的丝绸虽然在西方世界大放异彩，但罗马人似乎更喜欢素色绢纱或生丝，这样他们可以在此基础上用金线进行再加工，制成更符合自身审美习惯与奢侈品位的产品。麝香在中国是药物，而在西方则是香药，同时具有性诱惑的功能，波斯的妇女们喜欢在秀发上喷洒麝香，以增添魅力，古代中国则没有这个功能；狮子在西方是狩猎的对象，而在中国则逐渐成为娱乐的对象，并进一步艺术化，由驯狮转变而来的狮子舞等则逐渐发展成

① 张宁：《异国事物的转译：近代上海的跑马、跑狗和回力球赛》，社会科学文献出版社，2020，第4页。

为一种国粹，这是外来动物及艺术形象本土化的一个典型例证。另外，像西亚、中亚一带流行的联珠纹饰，本身带有一定的宗教色彩，联珠圈内的动物装饰也多为中西亚等地崇拜的诸神形象。这种装饰纹饰向东传播的过程中，宗教色彩逐渐消失，更多是一种时尚和流行样式了。还有像西亚等地流行的来通角杯，本身有宗教祭祀及宴享的功能，体现出西方躺卧式饮酒风尚，但这种舶来品在东方则纯粹成为一种奢侈品和时尚，而且鉴于其饮酒方式与中国人习惯不符，其器型还经过改进和加工，成为具有中国风的饮酒器了。可以说在文化互动中存在着变异性，这种变异性恰恰说明了东西方审美文化的不同，以及客体文化为适应主体文化而发生的改变。因而有学者指出，文化转译的强度与文化的强势程度有关，这种文化强势的表现有可能是国家的力量，也可能是文明的厚度。① 可以说文化互动中发生的变异或转译，脱离不开其所处的社会环境与文明的发展程度，无论是国家的意志还是民间的力量，都或多或少起到助推作用，中国文化对外来文化强大的吸纳力和融通性更能很好地说明这一点。

第三，东西方文明交流的不对等性和不平衡性。从中古中国与波斯文明的交流上来看，我们更多的是看到中西亚等文明对古代中国社会文化生活，小到物品、物种等的交流，大到技术、思想、宗教等方面的交流，无不产生一定的影响。而与此同时，我们对东方中国文明的传播与影响除了丝绸、瓷器等物品外，并没有找到太多的交流痕迹，即便是丝绸这种硬通货，中西亚地区也

---

① 张宁：《异国事物的转译：近代上海的跑马、跑狗和回力球赛》，社会科学文献出版社，2020，第6页。

更多承担了居间贸易的任务，丝绸更多作为赏赐品、贡物或奢侈品等输送到罗马等地。这样的情况显然和西方典籍及出土文物文献的阙载有关，但我们也应该考虑到农业文明所孕育的中国文化的自给自足的特性，"贸易都由外人来承担"的对外交往的不主动性，朝贡制度所主导的贡赐贸易的特性，或者是我们缺少像波斯、粟特一类的移民的影响等因素，也使得中国文明的对外传播不够广泛而深入，使得很多文明交流的痕迹幽晦不明。这些都是我们应该思索的问题。

当然，中古时期萨珊波斯与中国交流的探讨远远不止我们所讨论的这些方面，两个文明本源之间的交流应该是广泛而深远的，我们所做的也只能是窥一斑而难见全豹，但这零星的豹斑也足以让我们看到文明间相互影响的魅力，也使得我们对中西之间的交流有一个渐次深入的了解与思考的过程，这也将是我们今后努力探索的方向。

参考文献

一　典籍文献

（西汉）司马迁：《史记》，中华书局，1959。

（东汉）班固：《汉书》，中华书局，1962。

（南朝）范晔：《后汉书》，中华书局，1965。

（北齐）魏收：《魏书》，中华书局，1974。

（唐）房玄龄等：《晋书》，中华书局，1974。

（唐）姚思廉：《梁书》，中华书局，1973。

（唐）令狐德棻等：《周书》，中华书局，1971。

（唐）李百药：《北齐书》，中华书局，1972。

（唐）李延寿：《南史》，中华书局，1975。

（唐）李延寿：《北史》，中华书局，1974。

（唐）魏征：《隋书》，中华书局，1973。

（宋）欧阳修、宋祁等：《新唐书》，中华书局，1975。

（后晋）刘昫等：《旧唐书》，中华书局，1975。

（宋）薛居正等：《旧五代史》，中华书局，1976。

（元）脱脱等：《宋史》，中华书局，1977。

（清）张廷玉等：《明史》，中华书局，1974。

（东汉）刘珍等撰，吴树平校注《东观汉记校注》，中华书局，2008。

（晋）葛洪撰，周天游校注《西京杂记》，三秦出版社，2006。

陈直校证《三辅黄图校证》，陕西人民出版社，1982。

（北魏）杨衒之撰，范祥雍校注《洛阳伽蓝记校注》，上海古籍出版社，1982。

（梁）萧统编，（唐）李善注《文选》，中华书局，1977。

〔日〕広池千九郎训点，内田智雄补订《大唐六典》，広池学园事业部，昭和四十八年十二月一日。

（唐）段成式撰，方南生点校《酉阳杂俎》，中华书局，1981。

（唐）李肇：《唐国史补》上、下，上海古籍出版社，1979。

（唐）杜佑撰《通典》，中华书局，1984。

（唐）玄奘、辩机原著，季羡林等校注《大唐西域记校注》，中华书局，1985。

（唐）义净原著，王邦维校注《大唐西域求法高僧传校注》，中华书局，1988。

（唐）慧立、彦悰著，孙毓棠、谢方点校《大慈恩寺三藏法师传》，中华书局，1983。

（唐）牛僧孺、李复言撰，程毅中点校《玄怪录·续玄怪录》，中华书局，2006。

（唐）封演撰，赵贞信校注《封氏闻见记校注》，中华书局，2005。

（唐）韦述撰，辛德勇辑校《两京新记辑校》，三秦出版社，2006。

（唐）张鷟著，赵守俨点校《朝野佥载》，中华书局，1979。

（唐）慧超著，张毅笺释《往五天竺国传笺释》，中华书局，2000。

（唐）欧阳询撰，汪绍楹校《艺文类聚》，上海古籍出版社，1982。

（唐）崔令钦撰，吴企明点校《教坊记》（外三种），中华书局，2012。

（五代）孙光宪撰，贾二强点校《北梦琐言》，中华书局，2002。

（五代）李珣原著，尚志均辑校《海药本草》（辑校本），人民卫生出版社，1997。

（宋）司马光编著，（元）胡三省音注，"标点资治通鉴小组"校点《资治通鉴》，中华书局，1956。

（宋）王溥：《唐会要》，上海古籍出版社，1991。

（北宋）王钦若等编《册府元龟》，中华书局影印，1960。

（宋）宋敏求著，（清）毕沅校正《长安志》（一），（台北）成文出版社有限公司，1970。

（宋）李昉等撰《太平御览》，中华书局，1963。

（宋）赜藏主编《古尊宿语录》，上海古籍出版社，1991。

（宋）庄绰撰，萧鲁阳点校《鸡肋编》，中华书局，1983。

（宋）赵汝适原著，杨博文校释《诸蕃志校释》，中华书局，1996。

（宋）周去非著，杨武泉校注《岭外代答校注》，中华书局，1999。

（宋）赞宁撰，范祥雍点校《宋高僧传》，中华书局，1987。

（宋）李昉等编《太平广记》，中华书局，1961。

（宋）释志磐撰《佛祖统纪》，载《大正新修大藏经》第 49 册，东京大正一切经刊行会，1934。

（宋）志磐撰，释道法校注《佛祖统纪校注》，上海古籍出版社，2012。

（宋）宋敏求编《唐大诏令集》，商务印书馆，1959。

（宋）李昉等编《文苑英华》，中华书局，1982。

（宋）王谠撰，周勋初校证《唐语林》，中华书局，1997。

（宋）洪迈撰，何卓点校《夷坚志》，中华书局，1981。

（元）刘郁：《西使记》，清照旷阁刻本。

（明）陈诚著，周连宽点校《西域行程记　西域番国志》，中华书局，2000。

（明）李时珍：《本草纲目》（校点本），人民卫生出版社，1982。

（明）费信：《星槎胜览》，丛书集成初编，中华书局，1985。

（明）马欢：《瀛涯胜览》，丛书集成初编，中华书局，1985。

（明）黄省曾著，谢方校注《西洋朝贡典录》，中华书局，1982。

（明）陈仁锡撰《皇明世法录》，台湾学生书局，1986。

（明）严从简著，余思黎点校《殊域周咨录》，中华书局，2004。

（清）董浩等编《全唐文》，中华书局，1983。

（清）彭定求编《全唐诗》，中华书局，1985。

（清）吴兰修撰，王甫校注《南汉纪》，广东高等教育出版社，1993。

逯钦立辑校《先秦汉魏晋南北朝诗》，中华书局，1983。

（清）王有光著，石继昌点校《吴下谚联》，中华书局，1982。

（清）赵学敏辑《本草纲目拾遗》，人民卫生出版社，1963。

张星烺编注，朱杰勤校订《中西交通史料汇编》（全四册），中华书局，2003。

唐长孺主编《吐鲁番出土文书》录文本（1～10），文物出版社，1981；图录本，文物出版社，1992～1996。

唐耕耦、陆宏基编《敦煌社会经济文献真迹释录》第一辑，书目文献出版社，1986。

唐耕耦、陆宏基编《敦煌社会经济文献真迹释录》第二辑，全国图书馆文献缩微复制中心，1990。

吴刚等主编《全唐文补遗》第二辑，三秦出版社，1995；第三辑，三秦出版社，1996；第四辑，三秦出版社，1997。

宇妥·元丹贡布等：《四部医典》，马世林等译注，上海科学技术出版社，1987。

任半塘：《敦煌歌辞总编》，上海古籍出版社，1987。

徐俊：《敦煌诗集残卷辑考》，中华书局，2000。

郑金生整理《南宋珍稀本草三种》，人民卫生出版社，2007。

尚志均辑校，尚元胜等整理《神农本草经辑校》，学苑出版社，2013。

陈长安主编《隋唐五代墓志汇编》陕西卷第 4 册，天津古籍出版社，1991。

西安市长安博物馆编《长安新出墓志》，文物出版社，2011。

吴敏霞编《长安碑刻》，陕西人民出版社，2014。

于安澜编《画品丛书》，上海人民美术出版社，1982。

罗秉芬主编《敦煌本吐蕃医学文献精要》，民族出版社，2002。

〔日〕真人元开著，汪向荣校注《唐大和上东征传》，中华书局，1979。

〔日〕圆仁著，白化文、李鼎霞、许德楠校注，周一良审阅《入唐求法巡礼行记校注》，花山文艺出版社，1992。

〔法〕沙畹：《西突厥史料》，冯承钧译，中华书局，1958。

岑仲勉：《西突厥史料补阙及考证》，中华书局，2004。

〔英〕裕尔撰，〔法〕考迪埃修订《东域纪程录丛——古代中国闻见录》，张绪山译，中华书局，2008。

〔法〕费琅辑注《阿拉伯波斯突厥人东方文献辑注》，耿昇、穆根来译，中华书局，1989。

〔法〕戈岱司编《希腊拉丁作家远东古文献辑录》，耿昇译，中华书局，1987。

〔波斯〕菲尔多西：《列王纪全集》，张鸿年、宋丕方译，商务印书馆，2017。

〔阿拉伯〕伊本·胡尔达兹比赫：《道里邦国志》，宋岘译注，中华书局，1991。

〔阿拉伯〕佚名：《中国印度见闻录》，穆根来、汶江、黄倬汉译，中华书局，1983。

〔阿拉伯〕佚名：《世界境域志》，王治来译注，上海古籍出版社，2010。

〔波斯〕萨迪：《蔷薇园》，水建馥译，人民文学出版社，1980。

《哈菲兹抒情诗选》，邢秉顺译，外国文学出版社，1981。

二 著作

蔡鸿生：《学境》，博士苑出版社，2001。

蔡鸿生：《中外交流史事考述》，大象出版社，2006。

蔡鸿生：《广州海事录——从市舶时代到洋舶时代》，商务印书馆，2018。

陈安利：《唐十八陵》，中国青年出版社，2001。

陈春声主编《海陆交通与世界文明》，商务印书馆，2013。

陈怀宇：《动物与中古政治宗教秩序》，上海古籍出版社，2012。

陈明：《殊方异药——出土文书与西域医学》，北京大学出版社，2005。

陈明：《中古医疗与外来文化》，北京大学出版社，2013。

程征、李惠编《唐十八陵石刻——三百里雕刻艺术馆》，陕西人民美术出版社，1994。

程彤主编《丝绸之路上的照世杯——"中国与伊朗：丝绸之路上的文化交流"国际研讨会论文集》，中西书局，2016。

陈垣：《陈垣学术论文集》第一集，中华书局，1980。

陈寅恪：《隋唐制度渊源略论稿》，中华书局，1963。

陈寅恪：《金明馆丛稿二编》，生活·读书·新知三联书店，2001。

段文杰：《敦煌石窟艺术论集》，甘肃人民出版社，1988。

段文杰主编《中国新疆壁画全集2 克孜尔》，天津人民美术出版社、新疆美术摄影出版社，1995。

方豪：《中西交通史》，岳麓书社，1987。

傅举有、陈松长编著《马王堆汉墓文物画册》,湖南出版社,1992。

葛嶷、齐东方主编《异宝西来——考古发现的丝绸之路舶来品研究》,上海古籍出版社,2017。

拱玉书:《西亚考古史(1842-1939)》,文物出版社,2002。

龚方震、晏可佳:《祆教史》,上海社会科学院出版社,1998。

郭筠:《阿拉伯地理典籍中的中国》,商务印书馆,2020。

韩升主编《古代中国:社会转型与多元文化》,上海人民出版社,2007。

韩伟编著《海内外唐代金银器萃编》,三秦出版社,1989。

韩香:《隋唐长安与中亚文明》,中国社会科学出版社,2006。

韩香:《两汉迄五代中亚胡人来华及活动》,中国社会科学出版社,2015。

黄纯艳:《宋代朝贡体系研究》,商务印书馆,2014。

姜伯勤:《敦煌吐鲁番文书与丝绸之路》,文物出版社,1994。

姜伯勤:《敦煌艺术宗教与礼乐文明》,中国社会科学出版社,1996。

姜伯勤:《中国祆教艺术史研究》,生活·读书·新知三联书店,2004。

李铁匠选译《古代伊朗史料选辑(上古史部分)》,商务印书馆,1992。

李铁匠:《伊朗古代历史与文化》,江西人民出版社,1993。

李铁匠:《古代伊朗文化史》,苏州大学出版社,2003。

李学勤:《缀古集》,上海古籍出版社,1998。

李零:《入山与出塞》,文物出版社,2004。

辽宁省博物馆编著《北燕冯素弗墓》，文物出版社，2015。

梁银锦：《隋代佛教壁龛研究》，文物出版社，2004。

刘统：《唐代羁縻府州研究》，西北大学出版社，1998。

刘向阳：《唐代帝王陵墓》，三秦出版社，2003。

罗丰：《胡汉之间——"丝绸之路"与西北历史考古》，文物出版社，2004。

罗丰：《丝绸之路考古》第1、2、3辑，科学出版社，2017，2018，2019。

罗香林：《唐元二代之景教》，中国学社，1966。

罗香林：《唐代文化史研究》，上海书店，1992。

罗新：《中古北族名号研究》，北京大学出版社，2009。

林梅村：《西域文明：考古、民族、语言和宗教新论》，东方出版社，1996。

林梅村：《西域考古与艺术》，北京大学出版社，2017。

林悟殊：《波斯拜火教与古代中国》，新文丰出版公司，1985。

林悟殊：《摩尼教及其东渐》，中华书局，1987。

林悟殊：《唐代景教再研究》，中国社会科学出版社，2003。

林悟殊：《中古三夷教辨证》，中华书局，2005。

路远：《景教与景教碑》，西安出版社，2009。

马小鹤：《摩尼教与古代西域史研究》，中国人民大学出版社，2008。

马雍：《西域史地文物丛考》，文物出版社，1990。

穆舜英主编《中国新疆古代艺术》，新疆美术摄影出版社，2015。

宁夏回族自治区固原博物馆、中日原州联合考古队编《原州古墓集成》，文物出版社，1999。

努尔兰·肯加哈买提：《碎叶》，上海古籍出版社，2017。

齐东方：《唐代金银器研究》，中国社会科学出版社，1999。

清华大学艺术博物馆编《器服物佩好无疆：东西文明交汇的阿富汗国家宝藏》，上海书画出版社，2019。

陕西历史博物馆、北京大学考古文博学院、北京大学震旦古代文明研究中心编著《花舞大唐春——何家村遗宝精粹》，文物出版社，2003。

祁小山编《西域国宝录》，新疆人民出版社，2000。

冉万里：《丝路豹斑——不起眼的交流，不经意的发现》，科学出版社，2016。

荣新江：《中古中国与外来文明》，生活·读书·新知三联书店，2001。

荣新江、张志清主编《从撒马尔干到长安——粟特人在中国的文化遗迹》，北京图书馆出版社，2004。

荣新江、李孝聪主编《中外关系史：新史料与新问题》，科学出版社，2004。

荣新江：《丝绸之路与东西文化交流》，北京大学出版社，2015。

陕西省考古研究所编著《西安北周安伽墓》，文物出版社，2003。

陕西省考古研究所等编著《唐新城长公主墓发掘报告》，科学出版社，2004。

陕西历史博物馆编《陕西历史博物馆新入藏文物精粹》，三秦出版社，2011。

陕西历史博物馆编《古罗马与汉长安——东西方文明比较大展》，陕西历史博物馆印制，2005。

陕西省考古研究院编著《唐嗣虢王李邕墓发掘报告》，科学出版社，2012。

山西博物院编《山西博物院珍粹》，山西人民出版社，2005。

山西省考古研究所、太原市文物考古研究所、太原市晋源区文物旅游局：《太原隋虞弘墓》，文物出版社，2005。

上海博物馆编《宝历风物："黑石号"沉船出水珍品》，上海书画出版社，2020。

上海市纺织科学研究院上海市丝绸工业公司文物研究组：《长沙马王堆一号汉墓》，文物出版社，1980。

石云涛：《早期中西交通与交流史稿》，学苑出版社，2004。

宋岘：《古代波斯医学与中国》，经济日报出版社，2001。

孙机：《中国圣火——中国古文物与东西文化交流中的若干问题》，辽宁教育出版社，1996。

孙培良：《伊朗通史》，西南大学出版社，1995。

孙培良：《萨珊朝伊朗》，西南师范大学出版社，1995。

唐长孺：《魏晋南北朝史论拾遗》，中华书局，1983。

孙慰祖：《中国玺印篆刻通史》，中国出版集团 东方出版中心，2016。

沈从文：《中国古代服饰研究》，上海世纪出版集团 上海书店出版社，2005。

沈福伟：《中西文化交流史》，上海人民出版社，1985。

沈睿文：《中古中国祆教信仰与丧葬》，上海古籍出版社，2019。

宿白：《考古发现与中西文化交流》，文物出版社，2012。

太原市文物考古研究所编《北齐徐显秀墓》，文物出版社，2005。

王炳华：《西域考古历史论集》，中国人民大学出版社，2008。

王双怀：《荒冢残阳——唐代帝陵研究》，陕西人民教育出版社，2000。

王新中、冀开运：《中东国家通史·伊朗卷》，商务印书馆，2002。

王尧：《西藏文史考信集》，中国藏学出版社，1994。

王媛媛：《从波斯到中国：摩尼教在中亚和中国的传播》，中华书局，2012。

王治来：《中亚史纲》，湖南教育出版社，1986。

温翠芳：《唐代外来香药研究》，重庆出版集团 重庆出版社，2007。

温翠芳：《中古中国外来香药研究》，科学出版社，2016。

温廷宽编《中国肖形印大全》，山西古籍出版社，1995。

魏庆征编《古代伊朗神话》，北岳文艺出版社 山西人民出版社，1999。

巫鸿、郑岩主编《古代墓葬美术研究》第一辑，文物出版社，2011。

向达：《唐代长安与西域文明》，河北教育出版社，2001。

《新疆艺术》编辑部编《丝绸之路造型艺术》，新疆人民出版社，1985。

西安文物保护考古所编著《西安文物精华·佛教造像》，世界图书出版西安公司，2010。

姚崇新：《中古艺术宗教与西域历史论稿》，商务印书馆，2011。

西安市文物保护考古研究院编著，杨泓著《中国古兵器论丛（增订本）》，文物出版社，1985。

杨军凯：《北周史君墓》，文物出版社，2014。

扬之水：《与正仓院的七次约会：奈良博物馆观展散记》，上海书画出版社，2021。

叶奕良编《伊朗学在中国论文集》（第一集、第二集、第三集），北京大学出版社，1993，1998，2003。

余太山：《嚈哒史研究》，齐鲁出版社，1986。

余太山：《两汉魏晋南北朝正史西域传研究》，中华书局，2003。

余太山、李锦绣主编《丝瓷之路——古代中外关系史研究》第二辑、第五辑，商务印书馆，2012，2016。

余太山：《两汉魏晋南北朝正史西域传要注》，商务印书馆，2013。

元文琪：《二元神论：古波斯宗教神话研究》，中国社会科学出版社，1997。

赵丰：《丝绸艺术史》，浙江美术出版社，1992。

赵丰、齐东方主编《锦上胡风——丝绸之路纺织品上的西方影响（4～8世纪)》，上海古籍出版社，2011。

赵丰主编《丝路之绸：起源、传播与交流》，浙江大学出版社，2015。

张广达、王小甫：《天涯若比邻——中外文化交流史略》，（香港）中华书局，1988。

张广达：《西域史地丛稿初编》，上海古籍出版社，1995。

张广达：《文本图像与文化流传》，广西师范大学出版社，2008。

张鸿年：《列王纪研究》，北京大学出版社，2009。

张庆捷、李书吉、李纲主编《4~6世纪北中国与欧亚大陆》，科学出版社，2006。

张小贵：《中古华化祆教考述》，文物出版社，2010。

张铁伟编著《伊朗》，社会科学文献出版社，2005。

张云：《上古西藏与波斯文明》，中国藏学出版社，2005。

张云：《吐蕃丝绸之路》，江苏人民出版社，2017。

中国壁画全集委员会：《中国壁画全集　敦煌5初唐》，辽宁美术出版社，1989。

周伟洲：《长安与南海诸国》，西安出版社，2003。

周伟洲：《边疆民族历史与文物考论》，黑龙江教育出版社，2000。

周伟洲：《汉唐气象——长安遗珍与汉唐文明》，中国社会科学出版社，2013。

周伟洲：《新出土中古有关胡族文物研究》，社会科学文献出版社，2016。

周一良：《魏晋南北朝史札记》，中华书局，1985。

周一良：《魏晋南北朝史论集》，北京大学出版社，1997。

朱雷：《敦煌吐鲁番文书论丛》，上海古籍出版社，2012。

朱谦之：《中国景教——中国古代基督教研究》，东方出版社，1993。

朱杰勤：《中国与伊朗关系史稿》，新疆人民出版社，1988。

郑炳林主编《敦煌归义军史专题研究》，兰州大学出版社，1997。

中国社会科学院考古研究所编著《唐长安城郊隋唐墓》，文物出版社，1980。

中国社会科学院考古研究所、西安市大明宫遗址区改造保护领导小组编《唐大明宫遗址考古发现与研究》，文物出版社，2007。

中国社会科学院考古研究所、西安市隋唐长安城遗址保护中心、西安市世界遗产监测管理中心编《隋唐长安城遗址（考古资料编)》（上、下），文物出版社，2017。

三　译著（文）

〔英〕奥雷尔·斯坦因：《亚洲腹地考古图记》第三卷，巫新华等译，广西师范大学出版社，2004。

〔法〕阿里·玛扎海里：《丝绸之路——中国－波斯文化交流史》，耿昇译，中华书局，1993。

〔伊朗〕阿卜杜·侯赛因·扎林库伯：《波斯帝国史》，张鸿年译，复旦大学出版社，2011。

〔古希腊〕阿里安：《亚历山大远征记》，〔英〕E.伊利夫·罗布逊英译，李活译，商务印书馆，1979。

〔波斯〕昂苏尔·玛阿里：《卡布斯教诲录》，张晖译，宁夏人民出版社，2007。

〔俄〕B.A.李特文斯基主编《中亚文明史》第3卷，马小鹤译，中国对外翻译出版公司，2003。

〔俄〕巴托尔德：《蒙古入侵时期的突厥斯坦》，张锡彤、张广达译，上海古籍出版社，2007。

〔英〕珀西·塞克斯：《阿富汗史》，张家麟译，潘庆舲校，商务印书馆，1972。

〔日〕长泽和俊：《丝绸之路史研究》，钟美珠译，天津古籍出版社，1990。

〔日〕池田温：《中国古代籍帐研究》，龚泽铣译，中华书局，1984。

〔法〕戴密微：《吐蕃僧诤记》，耿昇译，甘肃人民出版社，1984。

〔法〕雷奈·格鲁塞：《近东与中东的文明》，常任侠、袁音译，童儁、乐佩蒂校对，上海人民美术出版社，1981。

〔德〕冯佳班：《高昌回鹘王国的生活》，邹如山译，吐鲁番市地方志编辑室出版，1989。

〔匈牙利〕哈尔马塔主编《中亚文明史》第 2 卷，徐文堪译，中国对外翻译出版公司，2001。

〔苏联〕弗鲁姆金：《苏联中亚考古》，黄振华译，新疆维吾尔自治区博物馆，1981。

〔英〕G. 勒·斯特兰奇：《大食东部历史地理研究——从阿拉伯帝国兴起到帖木儿朝时期的美索不达米亚、波斯和中亚诸地》，韩中义译注，何志龙校订，社会科学文献出版社，2018。

〔苏联〕Б. Г. 加富罗夫：《中亚塔吉克史》，肖之兴译，中国社会科学出版社，1985。

〔日〕加藤繁：《唐宋时代金银之研究——以金银之货币机能为中心》，中华书局，2006。

〔美〕劳费尔：《中国伊朗编》，林筠因译，商务印书馆，1964，2001 年第 2 次印刷。

〔日〕林巳奈夫：《对洛阳卜千秋墓壁画的注释》，蔡凤书译，《华夏考古》1999 年第 4 期。

〔俄〕M. M. 梯亚阔诺夫：《边吉坎特的壁画和中亚的绘画》，佟景韩等译，《美术研究》1958 年第 2 期。

〔英〕C. E. 博斯沃思、〔塔吉克斯坦〕M. S. 阿西莫夫主编《中亚文明史》第 4 卷，华涛译，中国对外翻译出版公司，2010。

〔英〕玛丽·博伊斯：《伊朗琐罗亚斯德教村落》，张小贵、殷小平译，中华书局，2005。

〔阿拉伯〕马苏第：《黄金草原》，耿昇译，青海人民出版社，1998。

〔美〕米夏埃尔·比尔冈：《古代波斯诸帝国》，李铁匠译，商务印书馆，2015。

〔美〕米华健：《丝绸之路》，马睿译，译林出版社，2017。

〔日〕三上次男：《陶瓷之路》，李锡经、高喜美译，蔡伯英校，文物出版社，1984。

〔伊朗〕穆罕默德·巴格尔·乌苏吉：《波斯湾航海家在中国港口的遗迹——广州、泉州、杭州》，穆宏燕译，四川人民出版社，2020。

〔苏联〕Б. Я. 斯塔维斯基：《古代中亚艺术》，路远译，陕西旅游出版社，1992。

〔印度〕斯迪芬·麦勒迪斯·爱德华兹、赫伯特·利奥纳德·奥富雷·加勒特：《莫卧儿帝国》，尚劝余译，青海人民出版社，2009。

〔日〕石田干之助：《长安之春》，张鹏译，三秦出版社，2021。

〔日〕樋口隆康：《巴米羊石窟》，刘永增译，《敦煌研究》创刊号，1983。

〔英〕汪涛:《安瑙印章及其引出的问题》,韩香译,《西域文史》第六辑,科学出版社,2012。

〔古希腊〕希罗多德:《历史(希腊波斯战争史)》上、下册,王以铸译,商务印书馆,1997。

〔日〕西谷正:《丝绸之路的考古学》,侯灿、孙允华译,《新疆师范大学学报》(哲学社会科学版)1992年第2期。

〔美〕谢弗:《唐代的外来文明》,吴玉贵译,中国社会科学出版社,1995。

〔日〕羽田亨:《西域文化史》,耿世民译,新疆人民出版社,1981。

〔日〕羽田亨:《西域文明史概论(外一种)》,耿世民译,中华书局,2005。

〔日〕原田淑人:《中国服装史研究》,常任侠、郭淑芬、苏兆祥译,黄山书社,1988。

〔苏联〕A. Ю. 雅库保夫斯基:《边吉肯特绘画研究诸问题》,佟景韩译,《美术研究》1958年第3期。

四 论文(国内)

安英新:《新疆伊犁昭苏县古墓葬出土金银器等珍贵文物》,《文物》1999年第9期。

巴兹尔·格雷、安文英:《八至十五世纪中国艺术中的波斯影响》,《新美术》1990年第4期。

毕波:《粟特文古信札汉译与注释》,《文史》2004年第2辑。

毕波:《粟特人与晋唐时期陆上丝绸之路香药贸易》,《台湾东亚文明研究学刊》第 10 卷第 2 期，2013 年 12 月。

薄小莹：《吐鲁番地区发现的联珠纹织物》，《纪念北京大学考古专业三十周年论文集（1952－1982）》，文物出版社，1990。

薄小莹：《敦煌莫高窟六世纪末至九世纪中叶的装饰图案》，《敦煌吐鲁番文献研究论集》第五集，北京大学出版社，1990。

陈明：《"商胡辄自夸"：中古胡商的药材贸易和作伪》，《历史研究》2007 年第 4 期。

陈明：《法出波斯——"三勒浆"源流考》，《历史研究》2012 年第 1 期。

陈国灿：《唐乾陵石人像及其衔名的研究》，《文物集刊》第 2 辑，文物出版社，1980。

陈国灿：《魏晋至隋唐河西人的聚居与火祆教》，《西北民族研究》1988 年第 1 期。

陈晓露：《"倚榻饮酒"图像的嬗变》，《西域研究》2013 年第 2 期。

陈彦姝：《六世纪中后期的中国联珠纹织物》，《故宫博物院院刊》2007 年第 1 期。

程彤、吴冰冰：《伊朗古代钱币的宗教内涵》，《世界宗教研究》2007 年第 4 期。

程林泉、张翔宇：《第七座有围屏石榻的粟特人墓葬——北周康业墓》，《文物天地》2005 年第 3 期。

程林泉、张翔宇、山下将司：《北周康业墓志考略》，《文物》2008 年第 6 期。

杜文：《永恒的黑石号——黑石号沉船打捞长沙窑珍瓷》，《收藏》2012 年第 2 期。

冯承钧：《大食人米撒儿行纪中之西域部落》，《西域南海史地考证论著汇辑》，中华书局，1957。

高寿田：《太原西郊出土唐青釉人物狮子扁壶》，《考古》1963 年第 5 期。

葛承雍：《"醉拂菻"：希腊酒神在中国——西安隋墓出土驼囊外来神话造型艺术研究》，《文物》2008 年第 1 期。

关友惠：《莫高窟隋代图案初探》，《敦煌研究》创刊号，1983。

郭物：《固原史诃耽夫妻合葬墓所出宝石印章图案考》，《考古与文物》2015 年第 5 期。

郝贵远：《唐朝时期中国波斯友好往来的见证》，《世界历史》1995 年第 3 期。

韩回之：《印章的起源流传和中国古玺的崛起》，《中国书法》2017 年第 11 期。

河南省博物馆：《河南安阳北齐范粹墓发掘简报》，《文物》1972 年第 1 期。

华涛：《中文和阿拉伯－波斯文古籍中的"一带一路"》，《新世纪图书馆》2016 年第 11 期。

韩香：《唐代长安中亚人的聚居及汉化》，《民族研究》2000 年第 3 期。

韩香：《绮席卷龙须，香杯浮玛瑙——何家村出土玛瑙杯与中西文化交流》，载《西北民族论丛》第 8 辑，中国社会科学出版社，2012。

姜伯勤《敦煌与波斯》，《敦煌研究》1990 年第 3 期。

姜伯勤：《莫高窟隋说法图中龙王与象王的图像学研究——兼论有联珠纹边饰的一组说法图中晚期犍陀罗派及粟特画派的影

响》,《敦煌吐鲁番研究》第一卷,北京大学出版社,1996。

金维诺:《"职贡图"的时代与作者——读画札记》,《文物》1960 年第 1 期。

贾志刚:《隋唐时期中外贸易纠纷及其解决》,《陕西师范大学学报》(哲学社会科学版) 2011 年第 2 期。

赖存理:《唐代"住唐"阿拉伯、波斯商人的待遇和生活》,《史学月刊》1988 年第 2 期。

蓝琪:《西突厥汗国与萨珊波斯的关系》,《贵州师范大学学报》(社科版) 1986 年第 2 期。

郎樱:《波斯神话及其在新疆的流传》,《新疆大学学报》(哲学社会科学版) 1988 年第 2 期。

梁加龙:《新出丝绸与中西交通》,《史学月刊》1991 年第 6 期。

梁银景:《莫高窟隋代联珠纹与隋王朝的西域经营》,载《唐研究》第九卷,北京大学出版社,2003。

李锦绣:《西安出土波斯胡伊娑郝银铤考》,《丝瓷之路》第 2 辑,商务印书馆,2012。

李锦绣:《银币与银铤:西安出土波斯胡伊娑郝银铤再研究》,《丝瓷之路》第 5 辑,商务印书馆,2016。

林梅村:《固原粟特墓所出中古波斯文印章及其相关问题》,《考古与文物》1997 年第 1 期。

林梅村:《稽胡史迹考——太原新出隋代虞弘墓志的几个问题》,《中国史研究》2002 年第 1 期。

林梅村:《波斯湾古港的变迁——2012 年伊朗考察记之一》,《紫禁城》2012 年第 4 期。

刘文锁：《中亚的印章艺术》，载《艺术史研究》第 4 辑，中山大学出版社，2002。

刘文锁汉译，余太山笺注《〈太伯里史〉波斯文本有关嚈哒的史料》，载《探索西域文明——王炳华先生八十华诞祝寿论文集》，中西书局，2017。

刘进宝：《丝路交流的功能和特征——双向交流与转输贸易》，《中国史研究》2019 年第 1 期。

刘迎胜：《唐苏谅妻马氏汉、巴列维文墓志再研究》，《考古学报》1990 年第 3 期。

陆水林选译《巴基斯坦北部地区的马球》，载《国外藏学研究译文集》第十六辑，西藏人民出版社，2002。

罗丰：《五代后周冯晖墓出土彩绘乐舞砖雕考》，《考古与文物》1998 年第 6 期。

罗丰：《一件关于柔然民族的重要史料——隋〈虞弘墓志〉考》，《文物》2002 年第 6 期。

吕树芝：《唐西亚舞狮人物石雕像》，《历史教学》1981 年第 11 期。

马冬、陶涛：《锁子甲的起源、形制及传入中国》，《中国典籍与文化》2005 年第 1 期。

马雍：《北魏封和突墓及其出土的波斯银盘》，《文物》1983 年第 8 期。

莫任南：《裴矩所记"丝路"考略》，《西北史地》1988 年第 3 期。

若思：《关于"波罗球"一词的商榷》，《历史研究》1959 年第 8 期。

彭树智：《伊朗古代祆教的文化内涵》，《中东研究》1996年第 1 期。

钱江：《古代波斯湾的航海活动与贸易港埠》，《海交史研究》2010 年第 2 期。

齐东方：《虞弘墓人兽搏斗图像及其文化属性》，《文物》2006 年第 8 期。

齐东方：《"黑石号"沉船出水器物杂考》，《故宫博物院院刊》2017 年第 3 期。

荣新江：《波斯与中国——两种文化在唐朝的交融》，载《中国学术》第 4 辑，商务印书馆，2002。

荣新江：《略谈徐显秀墓壁画的菩萨联珠纹》，《文物》2003年第 10 期。

荣新江：《何谓胡人——隋唐时期胡人族属的自认与他认》，载《乾陵文化研究》（四），三秦出版社，2008。

芮传明：《东方摩尼教的"佛教色彩"论考》，《暨南史学》第八辑，广西师范大学出版社，2013。

沙武田：《莫高窟石室瘗窟随葬波斯银币与中古敦煌佛教》，《西夏研究》2013 年第 4 期。

陕西省文物管理委员会：《西安发现晚唐祆教徒的汉、婆罗钵文合璧墓志——唐苏谅妻马氏墓志》，《考古》1964 年第 10 期。

陕西省文管会：《陕西省三原县双盛村隋李和墓清理简报》，《文物》1966 年第 1 期。

尚刚：《吸收与改造：六至八世纪的中国联珠圈纹织物与其启示》，《大匠之门》16，2017。

石云涛：《北魏中西交通的开展》，《社会科学辑刊》2007年第1期。

山西省考古研究所、太原市文物考古研究所：《太原北齐徐显秀墓发掘简报》，《文物》2003年第10期。

施安昌：《北齐粟特贵族墓石刻考——故宫博物院藏建筑型盛骨瓮初探》，《故宫博物院院刊》1999年第2期。

石家庄地区革委会文化局文物发掘组：《河北赞皇东魏李希宗墓》，《考古》1977年第6期。

天水市博物馆：《天水市发现隋唐屏风石棺床墓》，《考古》1992年第1期。

唐均：《西域狮名入华勘同与早期丝绸之路的伊朗因素》，《丝绸之路研究集刊》第三辑，商务印书馆，2019。

西安市文物保护考古所：《西安北周凉州萨保史君墓发掘简报》，《文物》2005年第3期。

夏鼐：《新疆新发现的古代丝织品——绮、锦和刺绣》，《考古学报》1963年第1期。

夏鼐：《唐苏谅妻马氏墓志跋》，《考古》1964年第9期。

夏鼐：《北魏封和突墓出土萨珊银盘考》，《文物》1983年第8期。

熊存瑞：《隋李静训墓出土金项链、金手镯的产地问题》，《文物》1987年第10期。

许新国：《都兰吐蕃墓出土含绶鸟织锦研究》，《中国藏学》1996年第1期。

薛中正：《波斯萨珊王裔联合吐火罗抗击大食始末——兼论唐与大食中亚对峙形势的演变》，《新疆社会科学》1988年第

6 期。

王克林：《北齐库狄迴洛墓》，《考古学报》1979 年第 3 期。

王庆卫：《墓葬中的窣堵波：再论武惠妃石椁勇士神兽图》，《敦煌学辑刊》2014 年第 1 期。

王一丹：《波斯、和田与中国的麝香》，《北京大学学报》（哲学社会科学版）1993 年第 2 期。

王银田：《萨珊波斯与北魏平城》，《敦煌研究》2005 年第 2 期。

王尧：《马球（Polo）新证》，载《西藏文史考信集》，中国藏学出版社，1994。

王子今：《说犀角杯——一种东西文化交流的文物见证》，《四川文物》2008 年第 1 期。

王珍仁、孙慧珍：《新疆出土的肖形印介绍》，《文物》1999 年第 3 期。

温翠芳：《波斯珠宝商在唐土贸易试探》，《云南社会科学》2009 年第 1 期。

武敏：《新疆出土汉—唐丝织品初探》，《文物》1962 年第 7、8 期。

武敏：《吐鲁番古墓出土丝织品新探》，载《敦煌吐鲁番研究》第 4 卷，北京大学出版社，1999。

肖超宇：《阿月浑子考》，载《民族史研究》第 12 辑，中央民族大学出版社，2015。

邢富华：《洛阳杨文村唐墓 C5M1045 发掘简报》，《考古与文物》2002 年第 6 期。

许新国、赵丰：《都兰出土丝织品初探》，《中国历史博物馆馆刊》，第 15、16 期，1991。

阎文儒：《唐米继芬墓志考释》，《西北民族研究》1989 年第 2 期。

杨忠敏、阎可行：《陕西彬县五代冯晖墓彩绘砖雕》，《文物》1994 年第 11 期。

尹伟先：《青藏高原的麝香与麝香贸易》，《西藏研究》1995 年第 1 期。

应琳：《英语中的藏语借词》，《民族语文》1980 年第 1 期。

阴法鲁：《唐代西藏马球戏传入长安》，《历史研究》1959 年第 6 期。

于志勇：《1995 年尼雅考古的新发现》，《西域研究》1996 年第 1 期。

于志勇：《尼雅遗址出土"五星出东方利中国"锦织纹浅析》，《鉴赏家——新疆文物考古成就特辑》，上海译文出版社，1998。

赵喜惠：《唐朝与罗马的艺术交流》，《唐都学刊》2013 年第 1 期。

翟毅、张然：《英藏威廉姆森波斯湾北岸调查所获的中国古代瓷片》，《文物》2019 年第 5 期。

张广达：《祆教对唐代中国之影响三例》，载《法国汉学》第 1 辑，清华大学出版社，1996。

张箭：《下西洋与非洲动物的引进》，《西亚非洲》2005 年第 2 期。

张然、翟毅：《古代中国与伊朗南部地区陶瓷贸易管窥——以安德鲁·乔治·威廉姆森的调查为中心》，《故宫博物院院刊》2019 年第 7 期。

张庆捷、常一民:《北齐徐显秀墓出土的嵌蓝宝石金戒指》,《文物》2003 年第 10 期。

张绪山:《萨珊波斯帝国与中国—拜占庭文化交流》,载《全球史评论》第三辑,中国社会科学出版社,2010。

张荫麟:《五代时期波斯人之华化》,《张荫麟全集》下卷,清华大学出版社,2013。

赵静:《唐代来华的波斯使臣、僧侣和商人》,《黑龙江史志》2009 年第 20 期。

周运中:《唐代扬州波斯人李摩呼禄墓志研究》,《文博》2017 年第 6 期。

郑阳、陈德勇:《扬州新发现唐代波斯人墓碑意义初探》,《中国穆斯林》2015 年第 3 期。

杜平:《萨珊王朝后期伊朗与突厥的关系》,《西北史地》1996 年第 2 期。

昭陵博物馆:《唐昭陵段简璧墓清理简报》,《文博》1989 年第 6 期。

中国社会科学院考古研究所河南二队:《河南偃师市杏园村唐墓的发掘》,《考古》1996 年第 12 期。

中国社会科学院考古研究所唐城工作队:《唐大明宫含元殿遗址 1995 - 1996 年发掘报告》,《考古学报》1997 年第 3 期。

朱丽双:《〈于阗国授记〉译注》(上、下),《中国藏学》2012 年第 S1 期、2014 年第 S1 期。

五 西文论著

A. D. H. Bivar, *Catalogue of the Western Asiatic Seals in the*

British Museum: *Ⅱ the Sassnian Dynasty*, The Trustees of the British Museum, 1969.

Ann C. Gunter and Paul Jett, *Ancient Iiranian Metalwork—In the Arhhur M. Sackler Gallery and the Freer Gallery of Art*, Smithsonian Instition, Washington D. C. 1992.

Shāpur Shahbazi, *The Authoritative Guide to Persepolis*, Safiran Mirdashti, 2014.

M. Belenitskii, B. I. Marshak and Mark. J. Dresden, *Sogdian Painting the Pictorial Epic in Oriental Art*, University of California Press, Berkeley, Los Angeles London, 1981.

Berthold Laufer, "Ostrich egg-shell Cups of Mesopotamia and the Ostrich in Ancient and Modern Times", *Field Museum of Natural History* , Chicago, 1926.

B. I. Marshak, V. Raspopova, "Wall Painting from a House with a Granary, Panjikent, 1ˢᵗ Quarter of the Eighth Century A. D. ", *Silk Road Art and Archaeology*, 1990.

C. E. Bosworth Translated and Annotated, *The History of al-Tabari*, Vol. V , State University of New York Press, 1999.

Charles Parrish, "Origin, Diffusion, and Development of Polo: an East to West Cultural Flow", *Sport in Society*, 21: 8, 2018.

Dominique Collon, *Ancient Near Eastern Art*, University of California Press, 1995.

Dominique Collon (ed.), *7000 Years of Seals*, London: British Museum Press, 1997.

G. Scaglia, "Central Asian on a Northern Chi Gate Shire",

Artibus Asiae, Institute of Fine Arts, Vol, X X I , 1958.

Hādī Hasan, *A History of Persian Navigation*, London: Methuen & CO. , LTD, 1928.

Harper, P. O. J. Aruz and F. Tallon eds, *The Royal City of Susa*, New York: Metropolitan Museum of Art, 1992.

H. E. Chehabi, Allen Guttmann, "From Iran to all of Asia: The Origin and Diffusion of Polo", *The International Journal of the History of Sport*, 19: 2 - 3, 2002.

Herrmann, *The Iranian Revival*, Elsevier Phaidon, 1977.

J. Darmesteter Transl, *The Zend-Avesta*, Part I , The Vendidād, in F. Max Müller ed. SBE, Vol. Ⅳ, Oxford University Press, 1887, repr. Motilal Banrarsidass, 1965, 1969, 1974, 1980.

Jahangir, Emperor of Hindustan, *The Jahangirnama* : *Memoirs of Jahangir, Emperor of India*, Oxford University Press, 1999.

Jenny Rose, *Zorostrianism*, I. B. Tauris, 2001.

John Curtis, *Ancient Persia*, The British Museum Press, 2000.

John Curtis and Nigel Tallis, *Forgotten Empire—The World of Ancient Persia*, The British Museum Press, 2005.

John Malcolm, *The History of Persia: From the most Period to the Present Time*, Vol I , 1915.

Julian Reade, *Assrian Sculpture*, The British Museum Press, 2012.

Lcerard Clauson, "Ak-Beshim", *Joural of the Royal Asiatic Society*, London, 1962.

Maria Brosiu Michio Yano, "A Note on Ptolemy in China",

Documents et Archives Pravenant de l' Asie Centrale. Actes du Colloque Franco-Japonais Kyoto 4 – 8 *Octobre 1988* , ed. Akira Haneda Kyoto, 1990s, The Persians, Routledge, 2006.

Nile Green, "Ostrich Eggs and Peacock Feathers: Sacred Objects as Cultural Exchange between Christianity and Islam" , *Al-Masaq*, 2006.

M. Dalton, *The Treasure of the Oxus: with other Examples of Early Oriental Mental-work* , The British Museum 1964.

Otto Maenchen-Helfen, " From Rome to Palmyra ", *the Art Bulletin*, Vol 25, No. 4, 1943.

Parrot, "Acquisitions et Inédits du Musée du Louvre: 3, Bronze iraniens", *Syria*, 1953.

Porada eds, *Corpus of Ancient Near Eastern Seals*, Vol i. ii. Bolligen Foundation, Washington, D. C. , 1948.

Predirk Hiebert and Pierre Cambon, *Afghanistan: Crossroads of the Ancient World*, The British Museum Press, 2011.

Prudence O. Happer, Joan Aruz and Francoisse Tallon, *The Royal City of Susa—Ancient Near Eastern Treasures in the Louvre*, The Metropolitan Museum of Art, New York, 1992.

Ptrick F. Houlihan. *The Birds of Ancient Egypt*, Warminster: Aris and Phillips, 1986.

Prudence O. Happer, *Silver Vessels of the Sasanian Period*, *the Metropolitan Museum of Art*, New York, 1981.

Prudence O. Harper, *In Search of a Cultural Identity: Monuments and Artifacts of the Sasanian Near East*, 3rd to 7th *Century A. D.* , Bibliotheca Persica, New York, 2006.

Sir Aurel Stein, *The Serindia—Detailed Report of the Explorations in Central Asia and Westernmost China*, Oxford University Press, 1921, Vol. Ⅳ.

Sir Aurel Stein, Ancient Khotan, *Detailed Report of Explorations in Archaeological Explorations in Chinese Turkestan*, Oxford: Clarendon Press, 1907.

Tamara Talbot Rice, *Ancient Arts of Central Asia*, London, Thams and Hudson, 1965.

Touraj Daryaee, *Sasanian Persia: The Rise and Fall of an Empire*, I. B. Tauris & Co Ltd, 2009.

Vesta Sarkhosh Curtis, Robert Hillienbrand and J. M. Rogers, *The Art and Archaeology of Ancient Persian: New Light on the Parthian and Sasanian Empires*, I. B. Tauris Publishers, 1998.

Vesta Sarkhosh Curtis and Sarah Stewart Edited, *The Sasanian Era: The Idea of Iran*, Volume Ⅲ, I. B. Tauris, 2008.

Vladimir G. Lukonin, *The Archaeologia Mavid: the Persia* Ⅱ, The World Publishing Company, Cleveland and New York, 1967.

Woollley, C. L., *Ur Excavation* Ⅱ: *The Royal Cemetery*, London and Philadelphia, 1934.

六 日文论著

《大系世界の美术》第二卷,《古代西アジア美术》, 株氏会社, 学习研究社, 1980。

道明三保子:《ササンの连珠文锦成立と意味》,《ミルク-ド美術論文集),吉川鸿文馆, 1987。

江上波夫监修《大三彩：唐三彩　辽三彩　波斯三彩　奈良三彩》，第一企划株式会社，1989。

田边胜美：《所谓大鸟、大鸟卵にする西アジア美术史の考察》，《东洋文化研究所纪要》，第 89 册，1982。

田边胜美：《がングーラ美術後期の片岩彫刻とハィル・ハネー出土の大理石彫刻の製作年代》，《东洋文化研究所纪要》，第 127 册，1995。

原田淑人：《东亚古文化研究・正仓院御物を通して观たる东西文化の交涉》，坐右宝刊行会，1940。

伊藤义教：《波斯文化渡来考——从丝绸之路到飞鸟时代的日本》，1980。

后　记

　　我出生于新疆博尔塔拉蒙古自治州阿拉山口气象站，那是一个边远且自然条件艰苦的风云前哨。作为新中国支边气象人的第二代，我童年的世界就是方圆几十里的戈壁和草滩，夏天只有梭梭和芨芨草的绿色，冬天就是茫茫雪原，未曾想到我今后的足迹可以远远超过这片苍茫戈壁，甚至漂洋过海；也未曾想到有一天我可以从事跨文化的交流研究。

　　帕米尔以西的那片地区神秘而辽阔，那里和中国因新疆（西域）而产生联系，也是我学术生涯了解世界的开始。从长安、西域至中亚再至波斯，我一路追寻着它们之间这种文化交流的轨迹，虽然道路坎坷、跌跌撞撞，但仍在求索的旅途上，因为它们就像远方微弱但持久的灯火，令我欲罢不能，努力前行。

　　研究东西文化交流对于资质不高的我而言，并非易事，要学习的东西太多，暴露出的短板也很多，深知许多问题并没有得到很好的解决。因而在小书付梓之际，没有多少轻松和喜悦，更多的是不安和忐忑，书中难免出现问题和讹误，敬请读者不吝赐教。

　　尽管如此，感谢仍是我后记的主题。本人生性愚钝，各方面都平平常常，但一路走来，一直得到众多师友的关照和帮助，为此我常常充满深深的感激。

感谢我的老师们,求学、工作路上一直有他们的照拂,没有他们,也没有我的今天。我的硕士、博士导师周伟洲先生,一直以来像大树一样给予我宽厚的庇护,他是最早支持我从事交流史研究的人,很幸运这么多年来可以留在先生身边,时时得到他的教诲。我多年前曾在北京大学荣新江先生处做过一年访问学者,以后一直得到他的关照与帮助,荣先生中外关系史的研究对我影响至深,这本小书也可以说是对荣先生的学习之作。

感谢我的家人和朋友们,本人心直口快,中年以后更加肆无忌惮,感谢他们的包容,使我人生下半场可以过得轻松而愉快。

感谢我的学生们,年轻的心灵纯真而热情,每每带给我惊喜与感动,他们是我努力的动力和快乐的源泉。

责任编辑高振华先生,为本书付出大量心血,无论是内容的编排,封面、插图等的设计,还是文字的校对等,都曾和我一起反复推敲、修改,本书能够顺利付梓,离不开高先生的辛劳,在此深表感谢!

最后,谨以此书献给已在天国的双亲,他们眼中当年的"戈壁娃娃"如今已过知天命之年,但渴望了解世界的心依旧未变。父亲生命的最后两年基本上是在西安和我一起度过的,他见证了我写作此书的辛苦,也分享了我的点滴收获。我希望可以此书告慰他们。

韩 香

2022 年 7 月于西安

图书在版编目（CIP）数据

波斯锦与锁子甲：中古中国与萨珊文明/韩香著
. ——北京：社会科学文献出版社，2022.8（2023.2 重印）
（西部边疆研究丛书）
ISBN 978 - 7 - 5201 - 9852 - 3

Ⅰ.①波…　Ⅱ.①韩…　Ⅲ.①中国历史 - 中古史 - 研
究 ②文化史 - 研究 - 波斯帝国　Ⅳ.①K240.7 ②K124.4

中国版本图书馆 CIP 数据核字（2022）第 040013 号

·西部边疆研究丛书·

波斯锦与锁子甲
——中古中国与萨珊文明

著　　者/韩　香

出 版 人/王利民
责任编辑/高振华
责任印制/王京美

出　　版/社会科学文献出版社（010）59367143
　　　　　地址：北京市北三环中路甲 29 号院华龙大厦　邮编：100029
　　　　　网址：www.ssap.com.cn
发　　行/社会科学文献出版社（010）59367028
印　　装/三河市东方印刷有限公司

规　　格/开　本：787mm × 1092mm　1/16
　　　　　印　张：27.25　插　页：0.5　字　数：311 千字
版　　次/2022 年 8 月第 1 版　2023 年 2 月第 2 次印刷
书　　号/ISBN 978 - 7 - 5201 - 9852 - 3
定　　价/98.00 元

读者服务电话：4008918866